大学赤本シリーズ

405

明治大学

法学部－学部別入試

教学社

は　し　が　き

おかげさまで，大学入試の「赤本」は，今年で創刊70周年を迎えました。

これまで，入試問題や資料をご提供いただいた大学関係者各位，掲載許可をいただいた著作権者の皆様，各科目の解答や対策の執筆にあたられた先生方，そして，赤本を使用してくださったすべての読者の皆様に，厚く御礼を申し上げます。

以下に，創刊初期の「赤本」のはしがきを引用します。これからも引き続き，受験生の目標の達成や，夢の実現を応援してまいります。

本書を活用して，入試本番では持てる力を存分に発揮されることを心より願っています。

編者しるす

＊　＊　＊

学問の塔にあこがれのまなざしをもって，それぞれの志望する大学の門をたたかんとしている受験生諸君！　人間として生まれてきた私たちは，自己の欲するままに，美しく，強く，そして何よりも人間らしく生きることをねがっている。しかし，一朝一夕にして，この純粋なのぞみが達せられることはない。私たちの行く手には，絶えずさまざまな試練がまちかまえている。この試練を克服していくところに，私たちのねがう真に人間的な世界がはじめて開かれてくるのである。

人生最初の最大の試練として，諸君の眼前に大学入試がある。この大学入試は，精神的にも身体的にも，大きな苦痛を感ぜしめるであろう。あるスポーツに熟達するには，たゆみなき，はげしい練習を積み重ねることが必要であるように，私たちは，計画的・持続的な努力を払うことによって，この試練を克服し，次の一歩を踏みだすことができる。厳しい試練を経たのちに，はじめて満足すべき成果を獲得できるのである。

本書は最近の入学試験の問題に，それぞれ解答を付し，さらに問題をふかく分析することによって，その大学独特の傾向や対策をさぐろうとした。本書を一般の参考書とあわせて使用し，まとはずれのない，効果的な受験勉強をされるよう期待したい。

（昭和35年版「赤本」はしがきより）

挑む人の、いちばんの味方

赤本創刊70周年

1954年に大学入試の過去問題集を刊行してから70年。赤本は大学に入りたいと思う受験生を応援しつづけてきました。これからも，苦しいとき落ち込むときにそばで支える存在でいたいと思います。

そして，勉強をすること，自分で道を決めること，努力が実ること，これらの喜びを読者の皆さんが感じることができるよう，伴走をつづけます。

そもそも赤本とは…

受験生のための大学入試の過去問題集！

70年の歴史を誇る赤本は，500点を超える刊行点数で全都道府県の370大学以上を網羅しており，過去問の代名詞として受験生の必須アイテムとなっています。

…………… なぜ受験に過去問が必要なのか？ ……………

大学入試は大学によって問題形式や頻出分野が大きく異なるからです。

赤本の掲載内容

傾向と対策

これまでの出題内容から，問題の「**傾向**」を分析し，来年度の入試に向けて具体的な「**対策**」の方法を紹介しています。

問題編・解答編

- 年度ごとに問題とその解答を掲載しています。
- 「**問題編**」ではその年度の試験概要を確認したうえで，実際に出題された過去問に取り組むことができます。
- 「**解答編**」には高校・予備校の先生方による解答が載っています。

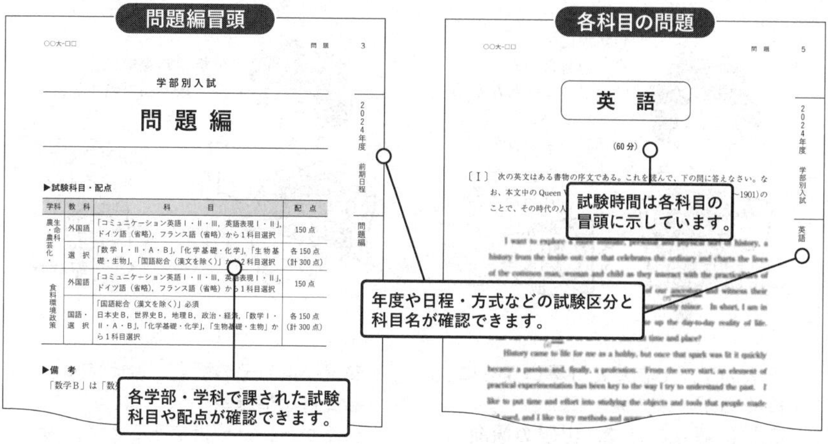

他にも，大学の基本情報や，先輩受験生の合格体験記，在学生からのメッセージなどが載っていることがあります。

掲載内容について

著作権上の理由やその他編集上の都合により問題や解答の一部を割愛している場合があります。
なお，指定校推薦入試，社会人入試，編入学試験，帰国生入試などの特別入試，英語以外の外国語科目，商業・工業科目は，原則として掲載しておりません。また試験科目は変更される場合がありますので，あらかじめご了承ください。

受験勉強は

過去問に始まり，

STEP 1

なにはともあれ

まずは解いてみる

しずかに…
今，自分の心と
向き合ってるんだから
ムーン
それは
問題を解いて
からだホン!

過去問は，**できるだけ早いうちに解く**のがオススメ！
実際に解くことで，**出題の傾向，問題のレベル，今の自分の実力**がつかめます。

STEP 2

じっくり具体的に

弱点を分析する

分析の結果だけど
英・数・国が苦手みたい
スリー
必須科目だホン
頑張るホン

間違いは自分の弱点を教えてくれる**貴重な情報源。**
弱点から自己分析することで，**今の自分に足りない力や苦手な分野**が見えてくるはず！

合格者があかす赤本の使い方

傾向と対策を熟読

（Fさん／国立大合格）

大学の出題傾向を調べるために，赤本に載っている「傾向と対策」を熟読しました。

繰り返し解く

（Tさん／国立大合格）

1周目は問題のレベル確認，2周目は苦手や頻出分野の確認に，3周目は合格点を目指して，と過去問は繰り返し解くことが大切です。

赤本の使い方 解説

過去問に終わる。

STEP 3

志望校にあわせて

苦手分野の重点対策

明日からはみんなで頑張るよ！
参考書も！ 問題集も！
よろしくね！
呼んだ？
なにを!?
どこから!?
グッ
グッ

参考書や問題集を活用して，苦手分野の**重点対策**をしていきます。**過去問を指針**に，合格へ向けた具体的な学習計画を立てましょう！

STEP 1 ▶ 2 ▶ 3

サイクルが大事!

実践を繰り返す

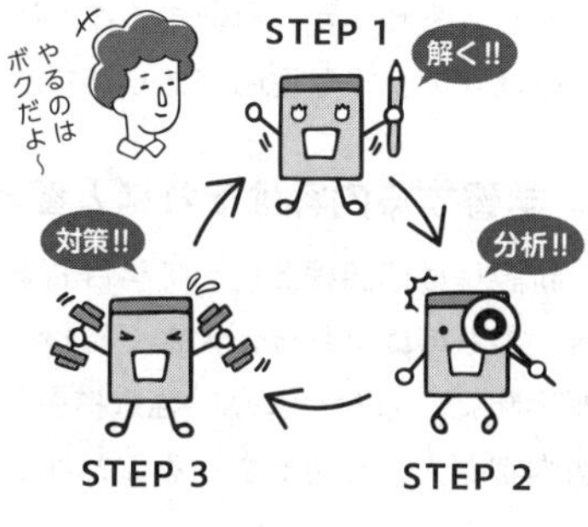

やるのはボクだよ～
STEP 1
解く!!
分析!!
STEP 2
対策!!
STEP 3

STEP 1～3を繰り返し，実力アップにつなげましょう！
出題形式に慣れることや，**時間配分を考えること**も大切です。

目標点を決める

(Yさん／私立大合格)

赤本によっては合格者最低点が載っているので，それを見て目標点を決めるのもよいです。

時間配分を確認

(Kさん／私立大学合格)

赤本は時間配分や解く順番を決めるために使いました。

添削してもらう

(Sさん／私立大学合格)

記述式の問題は先生に添削してもらうことで自分の弱点に気づけると思います。

新課程入試 Q&A

2022 年度から新しい学習指導要領（新課程）での授業が始まり，2025 年度の入試は，新課程に基づいて行われる最初の入試となります。ここでは，赤本での新課程入試の対策について，よくある疑問にお答えします。

Q1. 赤本は新課程入試の対策に使えますか？

A. もちろん使えます！

旧課程入試の過去問が新課程入試の対策に役に立つのか疑問に思う人もいるかもしれませんが，心配することはありません。旧課程入試の過去問が役立つのには次のような理由があります。

● 学習する内容はそれほど変わらない

新課程は旧課程と比べて科目名を中心とした変更はありますが，学習する内容そのものはそれほど大きく変わっていません。また，多くの大学で，既卒生が不利にならないよう「経過措置」がとられます（Q３参照）。したがって，出題内容が大きく変更されることは少ないとみられます。

● 大学ごとに出題の特徴がある

これまでに課程が変わったときも，各大学の出題の特徴は大きく変わらないことがほとんどでした。入試問題は各大学のアドミッション・ポリシーに沿って出題されており，過去問にはその特徴がよく表れています。過去問を研究してその大学に特有の傾向をつかめば，最適な対策をとることができます。

出題の特徴の例	・英作文問題の出題の有無 ・論述問題の出題（字数制限の有無や長さ） ・計算過程の記述の有無

新課程入試の対策も，赤本で過去問に取り組むところから始めましょう。

Q2. 赤本を使う上での注意点はありますか？

A. 志望大学の入試科目を確認しましょう。

過去問を解く前に，過去の出題科目（問題編冒頭の表）と 2025 年度の募集要項とを比べて，課される内容に変更がないかを確認しましょう。ポイントは以下のとおりです。科目名が変わっていても，実際は旧課程の内容とほとんど同様のものもあります。

英語・国語	科目名は変更されているが，実質的には変更なし。 **▶▶ ただし，リスニングや古文・漢文の有無は要確認。**
地歴	科目名が変更され，「歴史総合」「地理総合」が新設。 **▶▶ 新設科目の有無に注意。ただし，「経過措置」（Q3参照）により内容は大きく変わらないことも多い。**
公民	「現代社会」が廃止され，「公共」が新設。 **▶▶「公共」は実質的には「現代社会」と大きく変わらない。**
数学	科目が再編され，「数学 C」が新設。 **▶▶「数学」全体としての内容は大きく変わらないが，出題科目と単元の変更に注意。**
理科	科目名も学習内容も大きな変更なし。

数学については，科目名だけでなく，どの単元が含まれているかも確認が必要です。例えば，出題科目が次のように変わったとします。

旧課程	「数学Ⅰ・数学Ⅱ・数学 A・数学 B（数列・ベクトル）」
新課程	「数学Ⅰ・数学Ⅱ・数学 A・**数学 B（数列）・数学 C（ベクトル）**」

この場合，新課程では「数学C」が増えていますが，単元は「ベクトル」のみのため，実質的には旧課程とほぼ同じであり，過去問をそのまま役立てることができます。

Q3. 「経過措置」とは何ですか?

A. 既卒の旧課程履修者への対応です。

多くの大学では，既卒の旧課程履修者が不利にならないように，出題において「経過措置」が実施されます。措置の有無や内容は大学によって異なるので，募集要項や大学のウェブサイトなどで確認しておきましょう。

◯旧課程履修者への経過措置の例

- 旧課程履修者にも配慮した出題を行う。
- 新・旧課程の共通の範囲から出題する。
- 新課程と旧課程の共通の内容を出題し，共通範囲のみでの出題が困難な場合は，旧課程の範囲からの問題を用意し，選択解答とする。

例えば，地歴の出題科目が次のように変わったとします。

旧課程	「日本史 B」「世界史 B」から 1 科目選択
新課程	「**歴史総合**，日本史探究」「**歴史総合**，世界史探究」から 1 科目選択※ ※旧課程履修者に不利益が生じることのないように配慮する。

「歴史総合」は新課程で新設された科目で，旧課程履修者には見慣れないものですが，上記のような経過措置がとられた場合，新課程入試でも旧課程と同様の学習内容で受験することができます。

要チェックだホン

新課程の情報は WEB もチェック！
より詳しい解説が赤本ウェブサイトで見られます。
https://akahon.net/shinkatei/

科目名が変更される教科・科目

	旧課程	新課程
国語	国語総合 国語表現 現代文A 現代文B 古典A 古典B	現代の国語 言語文化 論理国語 文学国語 国語表現 古典探究
地歴	日本史A 日本史B 世界史A 世界史B 地理A 地理B	歴史総合 日本史探究 世界史探究 地理総合 地理探究
公民	現代社会 倫理 政治・経済	公共 倫理 政治・経済
数学	数学Ⅰ 数学Ⅱ 数学Ⅲ 数学A 数学B 数学活用	数学Ⅰ 数学Ⅱ 数学Ⅲ 数学A 数学B 数学C
外国語	コミュニケーション英語基礎 コミュニケーション英語Ⅰ コミュニケーション英語Ⅱ コミュニケーション英語Ⅲ 英語表現Ⅰ 英語表現Ⅱ 英語会話	英語コミュニケーションⅠ 英語コミュニケーションⅡ 英語コミュニケーションⅢ 論理・表現Ⅰ 論理・表現Ⅱ 論理・表現Ⅲ
情報	社会と情報 情報の科学	情報Ⅰ 情報Ⅱ

目　次

解答用紙は，赤本オンラインに掲載しています。

https://akahon.net/kkm/mej/index.html

※掲載内容は，予告なしに変更・中止する場合があります。

UNIVERSITY GUIDE

大学情報

基本情報

沿革

1881（明治 14）	明治法律学校開校
1903（明治 36）	専門学校令により明治大学と改称
1904（明治 37）	学則改正により法学部・政学部・文学部・商学部を設置
1920（大正　9）	大学令により明治大学設立認可
1949（昭和 24）	新制明治大学設置認可。法学部・商学部・政治経済学部・文学部・工学部・農学部を置く
1953（昭和 28）	経営学部設置
1989（平成元年）	工学部を理工学部に改組
2004（平成 16）	情報コミュニケーション学部設置
2008（平成 20）	国際日本学部設置
2013（平成 25）	総合数理学部設置
2021（令和　3）	創立 140 周年

大学マーク

明治大学には，「伝統を受け継ぎ，新世紀に向けて大きく飛躍・上昇する明治大学」をイメージした大学マークがあります。この大学マークのコンセプトは，明治大学の「M」をモチーフとして，21 世紀に向けて明治大学が「限りなく飛翔する」イメージ，シンプルなデザインによる「親しみやすさ」，斬新な切り口による「未来へのメッセージ」を伝えています。

学部・学科の構成

大　学

●**法学部**　1・2 年：和泉キャンパス／3・4 年：駿河台キャンパス

法律学科（ビジネスローコース，国際関係法コース，法と情報コース，公共法務コース，法曹コース）

●**商学部**　1・2 年：和泉キャンパス／3・4 年：駿河台キャンパス

商学科（アプライド・エコノミクスコース，マーケティングコース，ファイナンス＆インシュアランスコース，グローバル・ビジネスコース，マネジメントコース，アカウンティングコース，クリエイティブ・ビジネスコース）

●**政治経済学部**　1・2 年：和泉キャンパス／3・4 年：駿河台キャンパス

政治学科

経済学科

地域行政学科

●**文学部**　1・2 年：和泉キャンパス／3・4 年：駿河台キャンパス

文学科（日本文学専攻，英米文学専攻，ドイツ文学専攻，フランス文学専攻，演劇学専攻，文芸メディア専攻）

史学地理学科（日本史学専攻，アジア史専攻，西洋史学専攻，考古学専攻，地理学専攻）

心理社会学科（臨床心理学専攻，現代社会学専攻，哲学専攻）

●**理工学部**　生田キャンパス

電気電子生命学科（電気電子工学専攻，生命理工学専攻）

機械工学科

機械情報工学科

建築学科

応用化学科

情報科学科

数学科

物理学科

●**農学部**　生田キャンパス

農学科

農芸化学科

生命科学科

食料環境政策学科

●**経営学部**　1・2年：和泉キャンパス／3・4年：駿河台キャンパス

経営学科

会計学科

公共経営学科

（備考）学部一括入試により，2年次から学科に所属となる。

●**情報コミュニケーション学部**　1・2年：和泉キャンパス／3・4年：駿河台キャンパス

情報コミュニケーション学科

●**国際日本学部**　中野キャンパス

国際日本学科

●**総合数理学部**　中野キャンパス

現象数理学科

先端メディアサイエンス学科

ネットワークデザイン学科

大学院

法学研究科 / 商学研究科 / 政治経済学研究科 / 経営学研究科 / 文学研究科 / 理工学研究科 / 農学研究科 / 情報コミュニケーション研究科 / 教養デザイン研究科 / 先端数理科学研究科 / 国際日本学研究科 / グローバル・ガバナンス研究科 / 法務研究科（法科大学院）/ ガバナンス研究科（公共政策大学院）/ グローバル・ビジネス研究科（ビジネススクール）/ 会計専門職研究科（会計大学院）

（注）学部・学科・専攻および大学院に関する情報は 2024 年 4 月時点のものです。

大学所在地

中野キャンパス

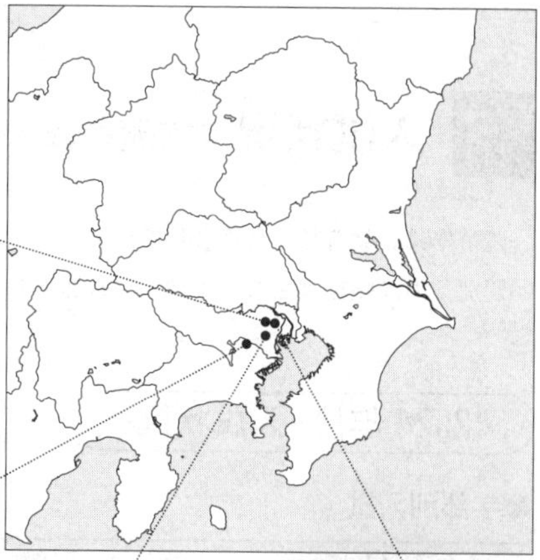

生田キャンパス

和泉キャンパス

駿河台キャンパス

駿河台キャンパス	〒 101-8301	東京都千代田区神田駿河台 1-1
和泉キャンパス	〒 168-8555	東京都杉並区永福 1-9-1
生田キャンパス	〒 214-8571	神奈川県川崎市多摩区東三田 1-1-1
中野キャンパス	〒 164-8525	東京都中野区中野 4-21-1

入試データ

入試状況（志願者数・競争率など）

○競争率は受験者数÷合格者数で算出。

○個別学力試験を課さない大学入学共通テスト利用入試は１カ年分のみ掲載。

2024 年度 入試状況

●学部別入試

（ ）内は女子内数

学部・学科等			募集人員	志願者数	受験者数	合格者数	競争率
法	法律		315	3,971(1,498)	3,283(1,229)	771(256)	4.3
商	学部別		485	8,289(2,589)	7,251(2,278)	1,301(346)	5.6
商	英語4技能試験利用		15	950(402)	834(351)	173(62)	4.8
政治経済	政治		105	1,132(346)	1,057(321)	453(130)	2.3
政治経済	経済		290	3,779(785)	3,564(740)	1,137(234)	3.1
政治経済	地域行政		70	769(249)	730(240)	223(71)	3.3
文	文	日本文学	70	1,018(587)	896(520)	180(107)	5.0
文	文	英米文学	68	912(440)	833(402)	182(79)	4.6
文	文	ドイツ文学	23	393(177)	359(166)	67(30)	5.4
文	文	フランス文学	24	297(151)	270(139)	62(31)	4.4
文	文	演劇学	29	245(191)	213(167)	44(35)	4.8
文	文	文芸メディア	43	617(388)	547(347)	105(58)	5.2
文	史学地理	日本史学	51	760(250)	683(229)	138(42)	4.9
文	史学地理	アジア史	20	282(115)	249(103)	51(22)	4.9
文	史学地理	西洋史学	32	452(163)	392(143)	69(23)	5.7
文	史学地理	考古学	24	358(133)	321(115)	57(13)	5.6
文	史学地理	地理学	27	318(72)	279(63)	55(13)	5.1
文	心理社会	臨床心理学	24	524(337)	460(288)	58(38)	7.9
文	心理社会	現代社会学	26	606(361)	534(318)	96(53)	5.6
文	心理社会	哲学	20	279(110)	239(94)	48(17)	5.0

（表つづく）

学部・学科等		募集人員	志願者数	受験者数	合格者数	競争率
理工	電気電子生命 電気電子工学	80	835(62)	795(59)	308(28)	2.6
	電気電子生命 生命理工学	27	406(131)	382(125)	123(37)	3.1
	機械工	75	1,784(137)	1,715(128)	413(37)	4.2
	機械情報工	66	754(76)	719(73)	276(27)	2.6
	建築	88	1,542(465)	1,473(448)	340(105)	4.3
	応用化	60	1,509(465)	1,442(442)	472(126)	3.1
	情報科	65	1,853(238)	1,745(222)	418(43)	4.2
	数	32	556(56)	529(52)	192(11)	2.8
	物理	35	908(111)	867(103)	273(22)	3.2
農	農	90	1,240(426)	1,049(351)	266(98)	3.9
	農芸化	84	1,037(647)	860(527)	201(116)	4.3
	生命科	92	1,316(630)	1,060(494)	257(113)	4.1
	食料環境政策	79	1,158(470)	1,037(414)	186(89)	5.6
経営	3科目	342	7,211(2,169)	6,938(2,088)	1,457(404)	4.8
	英語4技能試験活用	40	248(105)	240(100)	64(27)	3.8
情報コミュニケーション	情報コミュニケーション	357	5,014(2,249)	4,855(2,189)	971(422)	5.0
国際日本	3科目	130	2,182(1,389)	2,105(1,347)	554(341)	3.8
	英語4技能試験活用	100	1,079(687)	1,051(669)	536(346)	2.0
総合数理	現象数理	35	678(103)	579(95)	99(11)	5.8
	先端メディアサイエンス	51	931(269)	792(232)	128(36)	6.2
	ネットワークデザイン	27	359(58)	292(47)	62(10)	4.7
合計		3,716	58,551(20,287)	53,519(18,458)	12,866(4,109)	—

（備考）数値には追加合格・補欠合格（農学部のみ）を含む。

●全学部統一入試

( )内は女子内数

学部・学科等			募集人員	志願者数	受験者数	合格者数	競争率
法	法律		115	2,343(894)	2,237(849)	570(208)	3.9
商	商		80	2,310(832)	2,232(808)	349(113)	6.4
政治経済	政治		20	523(172)	502(162)	117(32)	4.3
	経済		50	1,517(335)	1,447(319)	316(59)	4.6
	地域行政		20	495(157)	480(154)	82(23)	5.9
文	文	日本文学	16	409(234)	387(221)	77(46)	5.0
		英米文学	18	441(236)	430(229)	92(37)	4.7
		ドイツ文学	7	125(56)	122(55)	22(10)	5.5
		フランス文学	8	181(85)	169(82)	37(20)	4.6
		演劇学	8	155(124)	150(120)	26(18)	5.8
		文芸メディア	7	268(170)	254(161)	45(25)	5.6
	史学地理	日本史学	15	318(102)	310(99)	66(18)	4.7
		アジア史	6	129(60)	121(58)	24(9)	5.0
		西洋史学	8	232(89)	220(84)	52(17)	4.2
		考古学	7	162(63)	159(63)	29(12)	5.5
		地理学	11	191(48)	186(45)	49(8)	3.8
	心理社会	臨床心理学	11	285(199)	275(193)	42(28)	6.5
		現代社会学	10	371(241)	356(233)	57(32)	6.2
		哲学	8	144(56)	131(53)	35(12)	3.7
理工	電気電子生命	電気電子工学	20	283(28)	263(27)	104(13)	2.5
		生命理工学	10	174(61)	165(59)	67(22)	2.5
	機械工		12	514(35)	451(31)	100(5)	4.5
	機械情報工		17	302(32)	278(28)	99(9)	2.8
	建築		19	513(161)	477(147)	108(35)	4.4
	応用化		12	314(96)	280(84)	92(15)	3.0
	情報科		12	543(84)	495(79)	93(10)	5.3
	数		10	181(26)	172(23)	49(3)	3.5
	物理		5	185(25)	165(22)	51(6)	3.2

(表つづく)

学部・学科等			募集人員	志願者数	受験者数	合格者数	競争率
農	3科目	農	15	501(174)	464(165)	95(38)	4.9
		農芸化	15	399(269)	384(260)	78(49)	4.9
		生命科	10	423(209)	398(196)	74(35)	5.4
		食料環境政策	5	254(106)	241(104)	56(23)	4.3
	英語4技能3科目	農	5	148(67)	140(65)	29(14)	4.8
		農芸化	5	172(121)	167(118)	27(18)	6.2
		生命科	5	171(93)	164(88)	32(17)	5.1
		食料環境政策	3	178(95)	173(93)	28(12)	6.2
経営	3科目		27	1,505(521)	1,454(503)	134(40)	10.9
	英語4技能3科目		3	517(234)	506(228)	55(19)	9.2
情報コミュニケーション	情報コミュニケーション		25	1,469(706)	1,424(684)	166(70)	8.6
国際日本	3科目		10	680(415)	662(401)	59(29)	11.2
	英語4技能3科目		18	774(494)	759(482)	117(64)	6.5
総合数理	3科目	現象数理	4	78(13)	73(12)	8(1)	9.1
		先端メディアサイエンス	2	65(24)	54(22)	2(0)	27.0
	4科目	現象数理	12	207(38)	201(37)	43(4)	4.7
		先端メディアサイエンス	15	326(107)	308(102)	63(10)	4.9
		ネットワークデザイン	26	293(51)	277(46)	82(5)	3.4
	英語4技能4科目	現象数理	1	79(17)	76(16)	12(1)	6.3
		先端メディアサイエンス	2	101(37)	95(35)	18(6)	5.3
		ネットワークデザイン	1	90(15)	87(15)	14(1)	6.2
合計			751	22,038(8,507)	21,021(8,160)	4,042(1,301)	—

●大学入学共通テスト利用入試

（　）内は女子内数

学部・方式・学科等					募集人員	志願者数	受験者数	合格者数	競争率
前期日程	法	3科目	法律		60	2,367(1,017)	2,364(1,016)	927(445)	2.6
		4科目	法律		40	582(251)	581(250)	318(155)	1.8
		5科目	法律		40	1,776(631)	1,774(630)	990(365)	1.8
	商	4科目	商		50	542(203)	539(203)	193(70)	2.8
		5科目	商		45	371(124)	370(123)	147(59)	2.5
		6科目	商		30	1,041(319)	1,037(317)	412(140)	2.5
	政治経済	3科目	政治		8	343(121)	342(121)	80(33)	4.3
			経済		15	640(164)	638(163)	103(28)	6.2
		7科目	政治		15	295(93)	293(92)	165(62)	1.8
			経済		50	1,487(284)	1,469(282)	720(145)	2.0
			地域行政		12	201(68)	199(68)	78(28)	2.6
	文	3科目	文	日本文学	7	434(279)	433(278)	72(49)	6.0
				英米文学	6	235(121)	234(120)	49(24)	4.8
				ドイツ文学	3	78(46)	77(45)	18(10)	4.3
				フランス文学	2	53(26)	52(26)	12(5)	4.3
				演劇学	3	133(101)	133(101)	28(20)	4.8
				文芸メディア	5	250(162)	250(162)	54(37)	4.6
			史学地理	日本史学	6	281(94)	281(94)	54(16)	5.2
				アジア史	3	134(53)	131(52)	27(17)	4.9
				西洋史学	4	213(88)	213(88)	53(18)	4.0
				考古学	4	164(81)	164(81)	32(20)	5.1
				地理学	4	150(39)	150(39)	34(12)	4.4
			心理社会	臨床心理学	4	194(138)	192(136)	36(31)	5.3
				現代社会学	3	246(147)	245(147)	35(25)	7.0
				哲学	4	153(74)	153(74)	37(18)	4.1
		5科目	文	日本文学	3	57(24)	57(24)	20(5)	2.9
				英米文学	3	28(12)	28(12)	14(6)	2.0
				ドイツ文学	2	25(13)	25(13)	6(2)	4.2
				フランス文学	1	6(2)	6(2)	3(0)	2.0
				演劇学	1	15(13)	15(13)	2(2)	7.5
				文芸メディア	2	26(17)	26(17)	11(7)	2.4
			史学地理	日本史学	4	74(18)	74(18)	21(2)	3.5
				アジア史	2	27(7)	26(7)	10(1)	2.6
				西洋史学	1	51(14)	51(14)	10(2)	5.1
				考古学	1	22(6)	22(6)	6(2)	3.7
				地理学	1	55(13)	54(12)	10(3)	5.4

（表つづく）

学部・方式・学科等					募集人員	志願者数	受験者数	合格者数	競争率
前期日程	文	5科目	心理社会	臨床心理学	2	72(42)	71(42)	10(8)	7.1
				現代社会学	2	81(53)	81(53)	20(16)	4.1
				哲学	2	46(18)	46(18)	15(6)	3.1
	理工	3教科	電気電子生命	電気電子工学	9	297(25)	297(25)	122(10)	2.4
				生命理工学	3	259(74)	258(73)	78(21)	3.3
			機械工		5	804(70)	802(70)	221(22)	3.6
			機械情報工		6	460(61)	460(61)	168(20)	2.7
			情報科		7	784(100)	783(100)	211(21)	3.7
		4教科	電気電子生命	電気電子工学	5	163(28)	163(28)	69(11)	2.4
				生命理工学	2	200(89)	200(89)	71(35)	2.8
			機械工		7	639(109)	636(109)	219(46)	2.9
			建築		12	793(292)	792(292)	175(66)	4.5
			応用化		7	762(250)	759(249)	203(76)	3.7
			情報科		7	589(115)	586(115)	171(27)	3.4
			数		6	294(44)	293(44)	136(19)	2.2
			物理		6	573(93)	571(91)	210(35)	2.7
	農		農		12	644(248)	631(245)	192(70)	3.3
			農芸化		12	529(359)	526(357)	186(131)	2.8
			生命科		15	851(427)	839(425)	331(184)	2.5
			食料環境政策		16	446(199)	442(198)	157(78)	2.8
	経営	3科目			25	1,468(540)	1,460(539)	300(128)	4.9
		4科目			25	531(187)	531(187)	171(61)	3.1
	情報コミュニケーション	3科目	情報コミュニケーション		30	1,362(648)	1,344(638)	244(127)	5.5
		6科目	情報コミュニケーション		10	449(177)	449(177)	161(65)	2.8
	国際日本	3科目	国際日本		20	1,277(813)	1,275(812)	350(217)	3.6
		5科目	国際日本		10	313(195)	312(195)	184(119)	1.7
	総合数理		現象数理		7	167(31)	167(31)	55(8)	3.0
			先端メディアサイエンス		10	278(95)	273(92)	68(21)	4.0
			ネットワークデザイン		4	183(48)	180(47)	54(18)	3.3

（表つづく）

学部・方式・学科等				募集人員	志願者数	受験者数	合格者数	競争率
後期日程	商	商		30	138(46)	134(45)	43(13)	3.1
	理工	電気電子生命	電気電子工学	3	72(11)	72(11)	32(4)	2.3
			生命理工学	2	30(12)	29(12)	14(6)	2.1
		機械情報工		3	45(7)	45(7)	23(4)	2.0
		建築		2	46(18)	46(18)	17(4)	2.7
		応用化		2	23(12)	23(12)	5(2)	4.6
		情報科		2	55(6)	55(6)	23(2)	2.4
		数		2	22(6)	22(6)	4(2)	5.5
		物理		2	22(1)	22(1)	3(0)	7.3
	総合数理	現象数理		1	15(4)	14(4)	3(1)	4.7
		先端メディアサイエンス		1	20(5)	20(5)	5(0)	4.0
		ネットワークデザイン		1	19(9)	19(9)	3(2)	6.3
合計				779	28,570(10,430)	28,426(10,384)	9,514(3,570)	—

2023年度 入試状況

●学部別入試

（　）内は女子内数

学部・学科等			募集人員	志願者数	受験者数	合格者数	競争率
法	法律		375	4,325(1,510)	3,637(1,254)	1,027(342)	3.5
商	学部別		485	8,504(2,660)	7,481(2,322)	1,513(433)	4.9
商	英語4技能試験利用		15	936(409)	808(352)	151(64)	5.4
政治経済	政治		105	1,642(498)	1,540(466)	450(138)	3.4
政治経済	経済		290	4,418(927)	4,204(879)	1,204(225)	3.5
政治経済	地域行政		70	534(174)	511(170)	160(49)	3.2
文	文	日本文学	70	1,062(591)	947(515)	203(111)	4.7
文	文	英米文学	68	822(400)	721(360)	220(100)	3.3
文	文	ドイツ文学	23	305(139)	283(127)	87(35)	3.3
文	文	フランス文学	24	291(163)	268(149)	55(32)	4.9
文	文	演劇学	29	275(214)	245(189)	54(40)	4.5
文	文	文芸メディア	43	719(428)	639(382)	123(73)	5.2
文	史学地理	日本史学	51	679(225)	610(191)	154(45)	4.0
文	史学地理	アジア史	20	201(77)	171(65)	55(21)	3.1
文	史学地理	西洋史学	32	479(174)	409(148)	93(37)	4.4
文	史学地理	考古学	24	254(89)	220(78)	64(21)	3.4
文	史学地理	地理学	27	268(62)	229(48)	68(14)	3.4
文	心理社会	臨床心理学	24	592(373)	528(337)	61(40)	8.7
文	心理社会	現代社会学	26	594(352)	518(308)	111(69)	4.7
文	心理社会	哲学	20	312(122)	266(103)	67(21)	4.0
理工	電気電子生命	電気電子工学	80	817(59)	772(54)	289(23)	2.7
理工	電気電子生命	生命理工学	27	360(96)	331(85)	120(37)	2.8
理工	機械工		75	1,291(81)	1,239(76)	463(26)	2.7
理工	機械情報工		66	847(91)	799(83)	250(29)	3.2
理工	建築		88	1,521(437)	1,447(421)	332(104)	4.4
理工	応用化		60	1,350(399)	1,293(381)	495(167)	2.6
理工	情報科		65	1,853(172)	1,752(161)	374(32)	4.7
理工	数		32	519(67)	484(62)	178(21)	2.7
理工	物理		35	789(95)	740(85)	276(29)	2.7

（表つづく）

<table>
<tr><th colspan="3">学部・学科等</th><th>募集人員</th><th>志願者数</th><th>受験者数</th><th>合格者数</th><th>競争率</th></tr>
<tr><td rowspan="4">農</td><td colspan="2">農</td><td>90</td><td>1,136(　425)</td><td>912(　334)</td><td>275(　120)</td><td>3.3</td></tr>
<tr><td colspan="2">農芸化</td><td>84</td><td>929(　580)</td><td>773(　482)</td><td>232(　157)</td><td>3.3</td></tr>
<tr><td colspan="2">生命科</td><td>92</td><td>1,381(　655)</td><td>1,123(　531)</td><td>304(　154)</td><td>3.7</td></tr>
<tr><td colspan="2">食料環境政策</td><td>79</td><td>1,106(　425)</td><td>1,008(　378)</td><td>217(　76)</td><td>4.6</td></tr>
<tr><td rowspan="6">経営</td><td rowspan="3">3科目</td><td>経営</td><td rowspan="3">342</td><td rowspan="3">7,428(2,264)</td><td rowspan="3">7,165(2,191)</td><td rowspan="3">1,772(　526)</td><td rowspan="3">4.0</td></tr>
<tr><td>会計</td></tr>
<tr><td>公共経営</td></tr>
<tr><td rowspan="3">英語4技能試験活用</td><td>経営</td><td rowspan="3">40</td><td rowspan="3">320(　146)</td><td rowspan="3">309(　139)</td><td rowspan="3">68(　34)</td><td rowspan="3">4.5</td></tr>
<tr><td>会計</td></tr>
<tr><td>公共経営</td></tr>
<tr><td>情報コミュニケーション</td><td colspan="2">情報コミュニケーション</td><td>372</td><td>4,878(2,129)</td><td>4,741(2,075)</td><td>1,005(　441)</td><td>4.7</td></tr>
<tr><td rowspan="2">国際日本</td><td colspan="2">3科目</td><td>130</td><td>2,418(1,503)</td><td>2,332(1,449)</td><td>589(　372)</td><td>4.0</td></tr>
<tr><td colspan="2">英語4技能試験活用</td><td>100</td><td>1,225(　795)</td><td>1,198(　778)</td><td>592(　387)</td><td>2.0</td></tr>
<tr><td rowspan="3">総合数理</td><td colspan="2">現象数理</td><td>35</td><td>690(　115)</td><td>554(　91)</td><td>95(　18)</td><td>5.8</td></tr>
<tr><td colspan="2">先端メディアサイエンス</td><td>51</td><td>952(　245)</td><td>813(　214)</td><td>108(　23)</td><td>7.5</td></tr>
<tr><td colspan="2">ネットワークデザイン</td><td>28</td><td>521(　80)</td><td>416(　59)</td><td>31(　4)</td><td>13.4</td></tr>
<tr><td colspan="3">合計</td><td>3,792</td><td>59,543(20,446)</td><td>54,436(18,572)</td><td>13,985(4,690)</td><td>－</td></tr>
</table>

（備考）数値には追加合格・補欠合格（農学部のみ）・特別措置を含む。

●全学部統一入試

（　）内は女子内数

学部・学科等			募集人員	志願者数	受験者数	合格者数	競争率
法*		法律	115	2,620(1,011)	2,489(966)	577(217)	4.3
商*		商	80	1,834(632)	1,764(661)	348(116)	5.1
政治経済*		政治	20	467(156)	445(148)	109(36)	4.1
		経済	50	1,281(320)	1,204(303)	263(77)	4.6
		地域行政	20	251(76)	244(73)	60(18)	4.1
文	文	日本文学	16	346(185)	328(172)	71(44)	4.6
		英米文学	18	458(257)	440(248)	108(57)	4.1
		ドイツ文学	7	109(58)	108(58)	30(17)	3.6
		フランス文学	8	138(72)	134(70)	36(19)	3.7
		演劇学	8	180(144)	176(140)	32(23)	5.5
		文芸メディア	7	334(212)	320(204)	58(36)	5.5
	史学地理	日本史学	15	300(102)	292(98)	68(29)	4.3
		アジア史	6	110(49)	109(48)	28(14)	3.9
		西洋史学	8	206(69)	200(67)	64(17)	3.1
		考古学	7	97(37)	93(37)	19(6)	4.9
		地理学	11	141(42)	136(40)	40(11)	3.4
	心理社会	臨床心理学	11	333(210)	324(203)	41(25)	7.9
		現代社会学	10	309(201)	300(196)	75(56)	4.0
		哲学	8	151(57)	147(57)	39(13)	3.8
理工*	電気電子生命	電気電子工学	20	307(22)	281(18)	109(10)	2.6
		生命理工学	10	201(59)	188(56)	71(20)	2.6
		機械工	12	418(35)	362(29)	130(13)	2.8
		機械情報工	17	344(34)	320(29)	113(10)	2.8
		建築	19	489(163)	447(147)	110(39)	4.1
		応用化	12	374(126)	350(119)	110(46)	3.2
		情報科	12	636(90)	585(85)	107(21)	5.5
		数	10	161(19)	151(19)	60(7)	2.5
		物理	5	138(9)	118(6)	41(0)	2.9

（表つづく）

学部・学科等			募集人員	志願者数	受験者数	合格者数	競争率
農	3科目	農	15	378(157)	346(146)	86(35)	4.0
		農芸化	15	290(195)	274(183)	63(41)	4.3
		生命科	10	387(172)	358(162)	69(35)	5.2
		食料環境政策	5	218(110)	210(107)	32(17)	6.6
	英語4技能3科目	農	5	166(83)	159(80)	22(10)	7.2
		農芸化	5	164(115)	161(115)	28(21)	5.8
		生命科	5	162(81)	153(76)	21(9)	7.3
		食料環境政策	3	166(82)	163(81)	24(13)	6.8
経営*	3科目	経営	27	1,388(471)	1,343(459)	134(34)	10.0
		会計					
		公共経営					
	英語4技能3科目	経営	3	623(271)	605(265)	48(17)	12.6
		会計					
		公共経営					
情報コミュニケーション	情報コミュニケーション		25	1,298(652)	1,260(640)	170(91)	7.4
国際日本	3科目		10	679(433)	661(420)	62(39)	10.7
	英語4技能3科目		18	815(530)	798(520)	123(73)	6.5
総合数理*	3科目	現象数理	4	71(15)	68(15)	12(1)	5.7
		先端メディアサイエンス	3	64(16)	55(15)	4(1)	13.8
	4科目	現象数理	12	199(29)	194(28)	58(9)	3.3
		先端メディアサイエンス	20	400(113)	385(110)	53(9)	7.3
		ネットワークデザイン	27	282(54)	267(51)	85(17)	3.1
	英語4技能4科目	現象数理	1	63(8)	61(8)	15(3)	4.1
		先端メディアサイエンス	2	122(37)	117(36)	13(2)	9.0
		ネットワークデザイン	1	47(9)	45(8)	15(0)	3.0
合計			758	20,715(8,080)	19,738(7,772)	4,054(1,474)	—

（備考）

- ＊印の学部の数値には，追加合格・特別措置を含む。
- 農学部は補欠合格を含む。

2022 年度 入試状況

●学部別入試

(　)内は女子内数

学部・学科等			募集人員	志願者数	受験者数	合格者数	競争率
法	法律		375	4,739(1,582)	3,996(1,312)	844(303)	4.7
商	学部別		485	7,568(2,246)	6,664(1,954)	1,628(468)	4.1
商	英語4技能試験利用		15	910(425)	798(365)	150(60)	5.3
政治経済	政治		105	1,377(427)	1,284(391)	508(172)	2.5
政治経済	経済		290	3,685(685)	3,490(648)	1,329(252)	2.6
政治経済	地域行政		70	632(201)	598(189)	189(56)	3.2
文	文	日本文学	70	994(550)	889(492)	216(126)	4.1
文	文	英米文学	68	736(355)	660(317)	210(105)	3.1
文	文	ドイツ文学	23	355(160)	319(146)	85(44)	3.8
文	文	フランス文学	24	325(183)	295(167)	76(45)	3.9
文	文	演劇学	29	317(238)	270(201)	56(40)	4.8
文	文	文芸メディア	43	694(435)	621(394)	138(96)	4.5
文	史学地理	日本史学	51	753(232)	672(205)	134(32)	5.0
文	史学地理	アジア史	20	218(81)	187(66)	63(14)	3.0
文	史学地理	西洋史学	32	458(138)	384(108)	98(27)	3.9
文	史学地理	考古学	24	277(100)	242(84)	63(16)	3.8
文	史学地理	地理学	27	312(77)	273(63)	71(15)	3.8
文	心理社会	臨床心理学	24	588(363)	512(315)	90(56)	5.7
文	心理社会	現代社会学	26	588(337)	517(298)	108(64)	4.8
文	心理社会	哲学	20	288(114)	251(97)	62(21)	4.0
理工	電気電子生命	電気電子工学	80	1,079(74)	1,028(69)	320(18)	3.2
理工	電気電子生命	生命理工学	27	316(83)	295(77)	131(36)	2.3
理工	機械工		75	1,377(109)	1,305(103)	480(44)	2.7
理工	機械情報工		66	706(50)	671(48)	274(19)	2.4
理工	建築		88	1,669(501)	1,597(482)	326(105)	4.9
理工	応用化		60	1,259(330)	1,204(316)	472(129)	2.6
理工	情報科		65	1,706(175)	1,621(168)	375(28)	4.3
理工	数		32	394(42)	373(39)	155(14)	2.4
理工	物理		35	673(64)	637(58)	253(18)	2.5

(表つづく)

<table>
<tr><th colspan="3">学部・学科等</th><th>募集人員</th><th>志願者数</th><th>受験者数</th><th>合格者数</th><th>競争率</th></tr>
<tr><td rowspan="4">農</td><td colspan="2">農</td><td>90</td><td>1,132(406)</td><td>942(323)</td><td>297(110)</td><td>3.2</td></tr>
<tr><td colspan="2">農芸化</td><td>90</td><td>852(524)</td><td>698(420)</td><td>250(166)</td><td>2.8</td></tr>
<tr><td colspan="2">生命科</td><td>92</td><td>1,081(467)</td><td>916(404)</td><td>306(133)</td><td>3.0</td></tr>
<tr><td colspan="2">食料環境政策</td><td>79</td><td>1,108(430)</td><td>996(376)</td><td>211(91)</td><td>4.7</td></tr>
<tr><td rowspan="6">経営</td><td rowspan="3">3科目</td><td>経営</td><td rowspan="3">342</td><td rowspan="3">6,316(1,781)</td><td rowspan="3">6,041(1,693)</td><td rowspan="3">1,638(435)</td><td rowspan="3">3.7</td></tr>
<tr><td>会計</td></tr>
<tr><td>公共経営</td></tr>
<tr><td rowspan="3">英語4技能試験活用</td><td>経営</td><td rowspan="3">40</td><td rowspan="3">337(135)</td><td rowspan="3">327(129)</td><td rowspan="3">96(34)</td><td rowspan="3">3.4</td></tr>
<tr><td>会計</td></tr>
<tr><td>公共経営</td></tr>
<tr><td>情報コミュニケーション</td><td colspan="2">情報コミュニケーション</td><td>392</td><td>4,887(2,143)</td><td>4,741(2,100)</td><td>1,078(460)</td><td>4.4</td></tr>
<tr><td rowspan="2">国際日本</td><td colspan="2">3科目</td><td>130</td><td>2,420(1,525)</td><td>2,335(1,475)</td><td>681(441)</td><td>3.4</td></tr>
<tr><td colspan="2">英語4技能試験活用</td><td>100</td><td>1,516(992)</td><td>1,476(962)</td><td>664(421)</td><td>2.2</td></tr>
<tr><td rowspan="3">総合数理</td><td colspan="2">現象数理</td><td>35</td><td>717(132)</td><td>574(107)</td><td>97(13)</td><td>5.9</td></tr>
<tr><td colspan="2">先端メディアサイエンス</td><td>51</td><td>889(216)</td><td>749(173)</td><td>101(14)</td><td>7.4</td></tr>
<tr><td colspan="2">ネットワークデザイン</td><td>28</td><td>494(74)</td><td>414(62)</td><td>55(5)</td><td>7.5</td></tr>
<tr><td colspan="3">合計</td><td>3,818</td><td>56,742(19,182)</td><td>51,862(17,396)</td><td>14,378(4,746)</td><td>—</td></tr>
</table>

(備考) 数値には追加合格・補欠合格・特別措置を含む。

●全学部統一入試

(　)内は女子内数

学部・学科等			募集人員	志願者数	受験者数	合格者数	競争率
法	法律		115	2,348(818)	2,224(772)	687(215)	3.2
商	商		80	1,674(569)	1,607(546)	332(109)	4.8
政治経済	政治		20	427(134)	407(128)	101(33)	4.0
	経済		50	1,399(316)	1,330(291)	253(55)	5.3
	地域行政		20	458(154)	443(149)	68(29)	6.5
文	文	日本文学	16	356(196)	343(190)	70(42)	4.9
		英米文学	18	281(165)	272(158)	93(55)	2.9
		ドイツ文学	7	118(56)	113(54)	24(12)	4.7
		フランス文学	8	201(113)	191(104)	39(17)	4.9
		演劇学	8	152(115)	145(109)	40(29)	3.6
		文芸メディア	7	279(187)	265(180)	61(38)	4.3
	史学地理	日本史学	15	325(102)	314(98)	78(27)	4.0
		アジア史	6	82(30)	78(29)	30(17)	2.6
		西洋史学	8	176(62)	171(60)	43(15)	4.0
		考古学	6	133(51)	128(50)	30(10)	4.3
		地理学	11	236(58)	231(56)	40(12)	5.8
	心理社会	臨床心理学	11	313(200)	302(192)	63(39)	4.8
		現代社会学	10	296(184)	287(181)	55(29)	5.2
		哲学	8	140(50)	133(47)	30(8)	4.4
理工	電気電子生命	電気電子工学	20	404(24)	366(24)	120(13)	3.1
		生命理工学	10	153(55)	141(50)	55(19)	2.6
	機械工		12	347(28)	318(23)	109(11)	2.9
	機械情報工		17	289(26)	270(24)	96(9)	2.8
	建築		19	514(152)	473(144)	99(33)	4.8
	応用化		12	327(103)	306(97)	105(44)	2.9
	情報科		12	532(69)	482(63)	76(11)	6.3
	数		10	158(20)	149(19)	52(6)	2.9
	物理		5	189(18)	177(17)	52(1)	3.4

(表つづく)

学部・学科等			募集人員	志願者数	受験者数	合格者数	競争率
農	3科目	農	15	411(163)	385(149)	90(41)	4.3
		農芸化	15	336(222)	314(211)	62(44)	5.1
		生命科	10	341(133)	311(127)	58(23)	5.4
		食料環境政策	5	245(103)	239(98)	34(15)	7.0
	英語4技能3科目	農	5	119(52)	114(50)	25(9)	4.6
		農芸化	5	163(116)	156(110)	31(23)	5.0
		生命科	5	142(76)	135(75)	21(16)	6.4
		食料環境政策	3	196(106)	190(103)	22(14)	8.6
経営	3科目	経営	27	833(282)	792(265)	158(54)	5.0
		会計					
		公共経営					
	英語4技能3科目	経営	3	480(202)	461(194)	59(20)	7.8
		会計					
		公共経営					
情報コミュニケーション	情報コミュニケーション		25	1,204(615)	1,154(595)	151(83)	7.6
国際日本	3科目		10	750(474)	722(454)	60(29)	12.0
	英語4技能3科目		18	940(596)	915(578)	120(71)	7.6
総合数理	3科目	現象数理	4	63(19)	57(17)	13(1)	4.4
		先端メディアサイエンス	4	58(29)	53(28)	5(3)	10.6
	4科目	現象数理	12	174(37)	166(36)	56(12)	3.0
		先端メディアサイエンス	20	332(92)	313(89)	57(14)	5.5
		ネットワークデザイン	27	265(44)	249(42)	77(21)	3.2
	英語4技能4科目	現象数理	1	52(11)	51(11)	14(5)	3.6
		先端メディアサイエンス	2	99(32)	96(31)	11(3)	8.7
		ネットワークデザイン	1	76(20)	72(18)	5(1)	14.4
合計			758	19,586(7,479)	18,611(7,136)	4,030(1,440)	―

（備考）数値には特別措置を含む。

合格最低点（学部別・全学部統一入試）

2024年度 合格最低点

●学部別入試

学部・学科等			満点	合格最低点	合格最低得点率
法	法律		350	241	68.9
商	学部別		350	241	68.9
商	英語4技能試験利用		550	378	68.7
政治経済	政治		350	237	67.7
政治経済	経済		350	242	69.1
政治経済	地域行政		350	235	67.1
文	文	日本文学	300	209	69.7
文	文	英米文学	300	207	69.0
文	文	ドイツ文学	300	196	65.3
文	文	フランス文学	300	195	65.0
文	文	演劇学	300	201	67.0
文	文	文芸メディア	300	212	70.7
文	史学地理	日本史学	300	216	72.0
文	史学地理	アジア史	300	207	69.0
文	史学地理	西洋史学	300	214	71.3
文	史学地理	考古学	300	211	70.3
文	史学地理	地理学	300	208	69.3
文	心理社会	臨床心理学	300	216	72.0
文	心理社会	現代社会学	300	214	71.3
文	心理社会	哲学	300	205	68.3

（表つづく）

学部・学科等			満点	合格最低点	合格最低得点率
理工	電気電子生命	電気電子工学	360	243	67.5
		生命理工学	360	257	71.4
	機械工		360	269	74.7
	機械情報工		360	252	70.0
	建築		360	274	76.1
	応用化		360	266	73.9
	情報科		360	275	76.4
	数		360	255	70.8
	物理		360	276	76.7
農	農		450	317	70.4
	農芸化		450	318	70.7
	生命科		450	320	71.1
	食料環境政策		450	328	72.9
経営	3科目	経営	350	231	66.0
		会計			
		公共経営			
	英語4技能試験活用	経営	230	128	55.7
		会計			
		公共経営			
情報コミュニケーション	情報コミュニケーション		300	189	63.0
国際日本	3科目		450	332	73.8
	英語4技能試験活用		250	170	68.0
総合数理	現象数理		320	192	60.0
	先端メディアサイエンス		320	190	59.4
	ネットワークデザイン		320	173	54.1

●全学部統一入試

学部・学科等			満点	合格最低点	合格最低得点率
法	法律		300	197	65.7
商	商		450	304	67.6
政治経済	政治		350	238	68.0
	経済		350	232	66.3
	地域行政		350	232	66.3
文	文	日本文学	300	202	67.3
		英米文学	300	195	65.0
		ドイツ文学	300	191	63.7
		フランス文学	300	192	64.0
		演劇学	300	196	65.3
		文芸メディア	300	210	70.0
	史学地理	日本史学	300	205	68.3
		アジア史	300	199	66.3
		西洋史学	300	207	69.0
		考古学	300	201	67.0
		地理学	300	197	65.7
	心理社会	臨床心理学	300	201	67.0
		現代社会学	300	206	68.7
		哲学	300	200	66.7
理工	電気電子生命	電気電子工学	400	234	58.5
		生命理工学	400	247	61.8
	機械工		400	260	65.0
	機械情報工		400	243	60.8
	建築		400	264	66.0
	応用化		400	257	64.3
	情報科		400	280	70.0
	数		400	243	60.8
	物理		400	255	63.8

（表つづく）

学部・学科等			満点	合格最低点	合格最低得点率
農	3科目	農	300	184	61.3
		農芸化	300	187	62.3
		生命科	300	195	65.0
		食料環境政策	300	192	64.0
	英語4技能3科目	農	300	231	77.0
		農芸化	300	227	75.7
		生命科	300	225	75.0
		食料環境政策	300	231	77.0
経営	3科目	経営	350	244	69.7
		会計			
		公共経営			
	英語4技能3科目	経営	350	292	83.4
		会計			
		公共経営			
情報コミュニケーション	情報コミュニケーション		350	240	68.6
国際日本	3科目		400	285	71.3
	英語4技能3科目		400	343	85.8
総合数理	3科目	現象数理	400	266	66.5
		先端メディアサイエンス	400	274	68.5
	4科目	現象数理	500	317	63.4
		先端メディアサイエンス	500	333	66.6
		ネットワークデザイン	500	297	59.4
	英語4技能4科目	現象数理	400	297	74.3
		先端メディアサイエンス	400	305	76.3
		ネットワークデザイン	400	294	73.5

2023年度 合格最低点

●学部別入試

学部・学科等			満点	合格最低点	合格最低得点率
法	法律		350	222	63.4
商	学部別		350	238	68.0
	英語4技能試験利用		550	388	70.5
政治経済	政治		350	240	68.6
	経済		350	233	66.6
	地域行政		350	227	64.9
文	文	日本文学	300	209	69.7
		英米文学	300	201	67.0
		ドイツ文学	300	196	65.3
		フランス文学	300	198	66.0
		演劇学	300	204	68.0
		文芸メディア	300	213	71.0
	史学地理	日本史学	300	211	70.3
		アジア史	300	202	67.3
		西洋史学	300	211	70.3
		考古学	300	200	66.7
		地理学	300	200	66.7
	心理社会	臨床心理学	300	216	72.0
		現代社会学	300	214	71.3
		哲学	300	211	70.3
理工	電気電子生命	電気電子工学	360	233	64.7
		生命理工学	360	243	67.5
	機械工		360	236	65.6
	機械情報工		360	245	68.1
	建築		360	257	71.4
	応用化		360	244	67.8
	情報科		360	259	71.9
	数		360	235	65.3
	物理		360	247	68.6

（表つづく）

学部・学科等			満点	合格最低点	合格最低得点率
農		農	450	263	58.4
		農芸化	450	263	58.4
		生命科	450	268	59.6
		食料環境政策	450	300	66.7
経営	3科目	経営	350	211	60.3
		会計			
		公共経営			
	英語4技能試験活用	経営	230	128	55.7
		会計			
		公共経営			
情報コミュニケーション		情報コミュニケーション	300	203	67.7
国際日本		3科目	450	354	78.7
		英語4技能試験活用	250	186	74.4
総合数理		現象数理	320	228	71.3
		先端メディアサイエンス	320	238	74.4
		ネットワークデザイン	320	235	73.4

●全学部統一入試

学部・学科等			満点	合格最低点	合格最低得点率
法	法律		300	211	70.3
商	商		450	312	69.3
政治経済	政治		350	251	71.7
	経済		350	243	69.4
	地域行政		350	234	66.9
文	文	日本文学	300	212	70.7
		英米文学	300	206	68.7
		ドイツ文学	300	209	69.7
		フランス文学	300	202	67.3
		演劇学	300	207	69.0
		文芸メディア	300	218	72.7
	史学地理	日本史学	300	211	70.3
		アジア史	300	209	69.7
		西洋史学	300	214	71.3
		考古学	300	205	68.3
		地理学	300	205	68.3
	心理社会	臨床心理学	300	218	72.7
		現代社会学	300	207	69.0
		哲学	300	215	71.7
理工	電気電子生命	電気電子工学	400	237	59.3
		生命理工学	400	249	62.3
	機械工		400	246	61.5
	機械情報工		400	250	62.5
	建築		400	269	67.3
	応用化		400	270	67.5
	情報科		400	284	71.0
	数		400	234	58.5
	物理		400	248	62.0

（表つづく）

<table>
<tr><th colspan="3">学部・学科等</th><th>満点</th><th>合格最低点</th><th>合格最低得点率</th></tr>
<tr><td rowspan="8">農</td><td rowspan="4">3科目</td><td>農</td><td>300</td><td>190</td><td>63.3</td></tr>
<tr><td>農芸化</td><td>300</td><td>198</td><td>66.0</td></tr>
<tr><td>生命科</td><td>300</td><td>196</td><td>65.3</td></tr>
<tr><td>食料環境政策</td><td>300</td><td>208</td><td>69.3</td></tr>
<tr><td rowspan="4">英語4技能3科目</td><td>農</td><td>300</td><td>241</td><td>80.3</td></tr>
<tr><td>農芸化</td><td>300</td><td>233</td><td>77.7</td></tr>
<tr><td>生命科</td><td>300</td><td>241</td><td>80.3</td></tr>
<tr><td>食料環境政策</td><td>300</td><td>241</td><td>80.3</td></tr>
<tr><td rowspan="6">経営</td><td rowspan="3">3科目</td><td>経営</td><td rowspan="3">350</td><td rowspan="3">258</td><td rowspan="3">73.7</td></tr>
<tr><td>会計</td></tr>
<tr><td>公共経営</td></tr>
<tr><td rowspan="3">英語4技能3科目</td><td>経営</td><td rowspan="3">350</td><td rowspan="3">310</td><td rowspan="3">88.6</td></tr>
<tr><td>会計</td></tr>
<tr><td>公共経営</td></tr>
<tr><td>情報コミュニケーション</td><td colspan="2">情報コミュニケーション</td><td>350</td><td>250</td><td>71.4</td></tr>
<tr><td rowspan="2">国際日本</td><td colspan="2">3科目</td><td>400</td><td>300</td><td>75.0</td></tr>
<tr><td colspan="2">英語4技能3科目</td><td>400</td><td>353</td><td>88.3</td></tr>
<tr><td rowspan="8">総合数理</td><td rowspan="2">3科目</td><td>現象数理</td><td>400</td><td>250</td><td>62.5</td></tr>
<tr><td>先端メディアサイエンス</td><td>400</td><td>287</td><td>71.8</td></tr>
<tr><td rowspan="3">4科目</td><td>現象数理</td><td>500</td><td>303</td><td>60.6</td></tr>
<tr><td>先端メディアサイエンス</td><td>500</td><td>350</td><td>70.0</td></tr>
<tr><td>ネットワークデザイン</td><td>500</td><td>301</td><td>60.2</td></tr>
<tr><td rowspan="3">英語4技能4科目</td><td>現象数理</td><td>400</td><td>291</td><td>72.8</td></tr>
<tr><td>先端メディアサイエンス</td><td>400</td><td>314</td><td>78.5</td></tr>
<tr><td>ネットワークデザイン</td><td>400</td><td>275</td><td>68.8</td></tr>
</table>

2022 年度 合格最低点

●学部別入試

学部・学科等			満点	合格最低点	合格最低得点率
法	法律		350	238	68.0
商	学部別		350	243	69.4
	英語4技能試験利用		550	401	72.9
政治経済	政治		350	221	63.1
	経済		350	216	61.7
	地域行政		350	217	62.0
文	文	日本文学	300	183	61.0
		英米文学	300	177	59.0
		ドイツ文学	300	176	58.7
		フランス文学	300	174	58.0
		演劇学	300	182	60.7
		文芸メディア	300	187	62.3
	史学地理	日本史学	300	190	63.3
		アジア史	300	184	61.3
		西洋史学	300	194	64.7
		考古学	300	178	59.3
		地理学	300	183	61.0
	心理社会	臨床心理学	300	184	61.3
		現代社会学	300	192	64.0
		哲学	300	186	62.0
理工	電気電子生命	電気電子工学	360	246	68.3
		生命理工学	360	236	65.6
	機械工		360	248	68.9
	機械情報工		360	241	66.9
	建築		360	265	73.6
	応用化		360	240	66.7
	情報科		360	261	72.5
	数		360	239	66.4
	物理		360	255	70.8

（表つづく）

学部・学科等			満点	合格最低点	合格最低得点率
農		農	450	257	57.1
		農芸化	450	257	57.1
		生命科	450	262	58.2
		食料環境政策	450	295	65.6
経営	3科目	経営	350	225	64.3
		会計			
		公共経営			
	英語4技能試験活用	経営	230	132	57.4
		会計			
		公共経営			
情報コミュニケーション		情報コミュニケーション	300	187	62.3
国際日本		3科目	450	338	75.1
		英語4技能試験活用	250	173	69.2
総合数理		現象数理	320	191	59.7
		先端メディアサイエンス	320	195	60.9
		ネットワークデザイン	320	181	56.6

●全学部統一入試

学部・学科等			満点	合格最低点	合格最低得点率
法	法律		300	222	74.0
商	商		450	350	77.8
政治経済	政治		350	275	78.6
	経済		350	274	78.3
	地域行政		350	268	76.6
文	文	日本文学	300	226	75.3
		英米文学	300	216	72.0
		ドイツ文学	300	221	73.7
		フランス文学	300	218	72.7
		演劇学	300	219	73.0
		文芸メディア	300	230	76.7
	史学地理	日本史学	300	231	77.0
		アジア史	300	222	74.0
		西洋史学	300	227	75.7
		考古学	300	224	74.7
		地理学	300	225	75.0
	心理社会	臨床心理学	300	224	74.7
		現代社会学	300	230	76.7
		哲学	300	224	74.7
理工	電気電子生命	電気電子工学	400	280	70.0
		生命理工学	400	276	69.0
	機械工		400	286	71.5
	機械情報工		400	286	71.5
	建築		400	302	75.5
	応用化		400	290	72.5
	情報科		400	321	80.3
	数		400	293	73.3
	物理		400	299	74.8

（表つづく）

学部・学科等			満点	合格最低点	合格最低得点率
農	3科目	農	300	219	73.0
		農芸化	300	225	75.0
		生命科	300	228	76.0
		食料環境政策	300	230	76.7
	英語4技能3科目	農	300	232	77.3
		農芸化	300	243	81.0
		生命科	300	250	83.3
		食料環境政策	300	250	83.3
経営	3科目	経営	350	264	75.4
		会計			
		公共経営			
	英語4技能3科目	経営	350	303	86.6
		会計			
		公共経営			
情報コミュニケーション	情報コミュニケーション		350	274	78.3
国際日本	3科目		400	326	81.5
	英語4技能3科目		400	353	88.3
総合数理	3科目	現象数理	400	270	67.5
		先端メディアサイエンス	400	300	75.0
	4科目	現象数理	500	363	72.6
		先端メディアサイエンス	500	383	76.6
		ネットワークデザイン	500	344	68.8
	英語4技能4科目	現象数理	400	318	79.5
		先端メディアサイエンス	400	330	82.5
		ネットワークデザイン	400	324	81.0

募集要項（出願書類）の入手方法

一般選抜（学部別入試・全学部統一入試・大学入学共通テスト利用入試）はWeb出願となっており，パソコン・スマートフォン・タブレットから出願できます。詳細は一般選抜要項（大学ホームページにて11月上旬公開予定）をご確認ください。

問い合わせ先

明治大学　入学センター事務室

〒101-8301　東京都千代田区神田駿河台1-1

月曜～金曜：9：00～11：30，12：30～17：00

土　　曜：9：00～12：00

日曜・祝日：休　業

TEL　03-3296-4138

https://www.meiji.ac.jp/

明治大学のテレメールによる資料請求方法

スマートフォンから　QRコードからアクセスしガイダンスに従ってご請求ください。

パソコンから　教学社 赤本ウェブサイト(akahon.net)から請求できます。

気になること、聞いてみました！

在学生メッセージ

大学ってどんなところ？　大学生活ってどんな感じ？
ちょっと気になることを，在学生に聞いてみました。

以下の内容は 2020～2023 年度入学生のアンケート回答に基づくものです。ここで触れられている内容は今後変更となる場合もありますのでご注意ください。

メッセージを書いてくれた先輩　［商学部］N.S. さん　A.N. さん　［政治経済学部］R.S. さん
［文学部］R.Y. さん　［経営学部］M.H. さん
［情報コミュニケーション学部］I.M. さん

大学生になったと実感！

自由になったのと引き換えに，負わなければならない責任が重くなりました。例えば，大学では高校のように決められた時間割をこなすということはなくなり，自分が受けたい授業を選んで時間割を組むことができるようになります。時間割は細かいルールに従って各々で組むため，さまざまなトラブルが発生することもありますが，その責任は学生個人にあり，大学が助けてくれることはありません。大学に入ってから，高校までの手厚い支援のありがたみに気づきました。（N.S. さん／商）

自由な時間が増えたことです。それによって遊びに行ったりバイトをしたりとやりたいことができるようになりました。その反面，自由なので生活が堕落してしまう人もちらほら見られます。やるべきことはしっかりやるという自制心が必要になると思います。（R.S. さん／政治経済）

自分から行動しないと友達ができにくいことです。高校まではクラスが存在したので自然と友達はできましたが，私の所属する学部に存在するのは便宜上のクラスのみで，クラス単位で何かをするということがなく，それぞれの授業でメンバーが大幅に変わります。そのため，自分から積極的に話しかけたり，サークルに入るなど，自分から何かアクションを起こさないとなかなか友達ができないなということを実感しました。（I.M. さん／情報コミュニケーション）

大学生活に必要なもの

持ち運び可能なパソコンです。パソコンが必須の授業は基本的にありませんが，課題でパソコンを使わない授業はほとんどありません。大学には借りられるパソコンもありますが，使用できる場所や時間が決まっていたり，データの管理が難しくなったりするので，自分のパソコンは必要です。私の場合はもともとタブレットをパソコン代わりにして使っていたので，大学では大学のパソコン，自宅では家族と共用しているパソコン，外出先では自分のタブレットとキーボードというふうに使い分けています。（N.S. さん／商）

パソコンは必要だと思います。また，私は授業のノートを取ったり，教科書に書き込む用の iPad を買いました。パソコンを持ち歩くより楽だし，勉強のモチベ－ションも上がるのでおすすめです！（M.H. さん／経営）

この授業がおもしろい！

演劇学という授業です。グループのなかで台本，演出，演者の役割に分かれて，演劇を作成し発表します。自分たちで演劇を作り上げるのは難しいですが，ああでもない，こうでもない，と意見を交換しながら作り上げる作業はやりがいを感じられて楽しいです。また，１，２年生合同のグループワーク形式で行うため，同級生はもちろん，先輩や後輩とも仲良くなれます。（I.M. さん／情報コミュニケーション）

ビジネス・インサイトという，ビジネスを立案する商学部ならではの授業です。この授業の最大の特徴は，大学の教授だけでなく，皆さんも知っているような大企業の方も授業を担当されるということです。金融や保険，不動産，鉄道など，クラスによって分野が異なり，各クラスで決められた分野について学んだ後，与えられた課題についてビジネスを立案し，その内容を競うというアクティブな授業です。準備は大変でしたが，グループの人と仲良くなれたり，プレゼンのスキルが上がったりと，非常に充実した授業でした。（N.S. さん／商）

ネイティブスピーカーによる英語の授業です。発音などを教えてくれるので，高校まででではあまり学べなかった，実際に「話す」ということにつながる内容だと思います。また，授業中にゲームや話し合いをすることも多いので，友達もたくさん作れます!!（M.H. さん／経営）

大学の学びで困ったこと＆対処法

時間の使い方が難しいことです。私は，大学の授業と並行して資格試験の勉強に力を入れているのですが，正直，今のところうまくいっていません。特に空きコマの時間の使い方が難しいです。やっと大学の仕組みがわかってきたので，これからは課題や自習も時間割化して，勉強のペースを整えたいと思います。（N.S. さん／商）

「大学のテストはどのように勉強すればよいのだろうか？　高校と同じような方法でよいのか？」 ということです。サークルに入るなどして，同じ授業を履修していた先輩から過去問をゲットしたり，アドバイスをもらったりするのが最も効果的だと思います。（I.M. さん／情報コミュニケーション）

困ったのは，履修登録の勝手がわからず，1年生はほとんど受けていない授業などを取ってしまったことです。周りは2年生だし，友達同士で受講している人が多かったので課題やテストで苦しみました。しかし，違う学年でも話しかければ「最初，履修全然わかんないよね～」と言って教えてくれました。何事も自分から動くことが大切だと思います。（M.H. さん／経営）

部活・サークル活動

マーケティング研究会という，マーケティングを学ぶサークルに入っています。基本的には週１回１コマの活動なので，他のサークルを掛け持ちしたり，勉強やバイトに打ち込んだりしながら，サークル活動を続けることができます。他大学との合同勉強会やビジネスコンテストもあり，とても刺激を受けます。（N.S. さん／商）

バドミントンサークルに所属しています。土日や長期休みに，長野や山梨などに合宿に行くこともあります！（R.Y. さん／文）

運動系のサークルに入っています。週１，２回活動しています。サークルなので行けるときに行けばよく，それでも皆が歓迎してくれるし，高校の部活のように厳しくなくてマイペースに活動できているので，とても楽しいです。友達も増えるので何かしらのサークルに入るのはとてもおススメです。（I.M. さん／情報コミュニケーション）

交友関係は？

自分の所属するコミュニティはそこまで広くなく，クラスとしか関わりはありません。クラスは高校のときとほとんど変わりありません。先輩と交友関係をもちたいのであれば，やはりサークルに入ることをおススメします。入学して２カ月ほどは新入生歓迎会をやっているサークルがほとんどなので，ぜひ参加してみてください。（R.S. さん／政治経済）

SNS で「＃春から明治」を検索して同じ専攻の人と仲良くなりました。

また，専攻ごとに交流会があるので，そこでも仲良くなれます。先輩とはサークルや部活で知り合いました。(R.Y. さん／文)

経営学部にはクラスがあり，特に週に2回ある語学の授業で毎回会う友達とはかなり仲が良くて，遊びに行ったり，空きコマでご飯に行ったりします。なお，サークルは男女関係なく集団で仲良くなれるので，高校までの友達の感覚とはちょっと違う気がします。サークルの先輩は高校の部活の先輩よりラフな感じです。気楽に話しかけることが大切だと思います！(M.H. さん／経営)

いま「これ」を頑張っています

英語の勉強です。やりたい職業は決まっているのですが，少しでも夢に近づきたいのと，やりたいことが現在所属している学部系統から少し離れるので，進路選択に柔軟性をもたせたいという意味でも，英語の勉強に力を入れています。(N.S. さん／商)

高校野球の指導です。自分は少しですが野球が得意なので現在母校で学生コーチをやらせてもらっています。大学生になると本気で何かに打ち込むということは少なくなるので，選手が必死に球を追いかけている姿を見るととても刺激になります。(R.S. さん／政治経済)

普段の生活で気をつけていることや心掛けていること

授業にしっかり出席するということです。高校生からすると当たり前と思うかもしれませんが，大学は欠席連絡をする必要もないし，大学から確認の電話がかかってくることも基本的にはありません。どうしても夜寝る時間が遅くなってしまう日もあると思いますが，そんなときでも授業には絶対に出席するようにして生活が乱れないようにしています。(R.S. さん／政治経済)

提出物の期限やテストの日程などを忘れないようにすることです。一人ひとり時間割が違うので，自分で気をつけていないと，忘れてしまって単位を落としてしまうということにもなりかねません。また，バイトやサークルなどの予定も増えるので，時間をうまく使うためにもスケジュール管理が大切です。（M.H. さん／経営）

おススメ・お気に入りスポット

ラーニングスクエアという施設です。とてもきれいで近未来的なデザインなので，気に入っています。（R.Y. さん／文）

明治大学周辺には，美味しいご飯屋さんが数多く存在し，大抵のものは食べることができます。特に，「きび」という中華そば屋さんがとても美味しいです。こってり系からあっさり系まで自分好みの中華そばを食べることができます。（I.M. さん／情報コミュニケーション）

食堂がお気に入りです。お昼休みの時間に友達と話をするためによく使っています。3階建てで席数も多く，綺麗なので快適です。Wi-Fi もあるので，パソコン作業をすることもできます。また，隣にコンビニがあるので食べたいものが基本的に何でもあり便利です。（A.N. さん／商）

入学してよかった！

施設が全体的に新しく，充実していることです。快適に過ごせるので，大学に行くモチベーションになったり，勉強が捗ったりしています。また，各キャンパスが大きすぎないのも，移動時間の観点から効率が良くて気に入っています。（N.S. さん／商）

厳しい受験を乗り越えてきた人たちばかりなので，「やるときはちゃんとやる」人が多いように感じます。テスト前に「一緒に勉強しよう！」と誘ってきてくれたり，わからないところを教え合ったりできるので，「真面目なことが恥ずかしいことではない」と感じることができ，毎日とても楽しいです。（I.M. さん／情報コミュニケーション）

たくさんの友達と出会えることです。明治大学では，自分でチャンスを探せばたくさんの人と出会えるし，コミュニティも広がると思います。また，図書館が綺麗で空きコマや放課後に作業するにも快適で気に入っています。ソファ席もたくさんあるので，仮眠も取れてとてもいいと思います。（M.H. さん／経営）

高校生のときに「これ」をやっておけばよかった

写真や動画をたくさん撮っておきましょう。文化祭や体育祭など，行事の際はもちろんですが，休み時間や，皆で集まって試験勉強をしているときなど，高校での日常の１コマを残しておくことも，後で見返したときにとても良い思い出になります。今になってそれらを見返して，ああ制服って愛おしかったな，とノスタルジーをおぼえます。（I.M. さん／情報コミュニケーション）

英語の勉強をもっとしておけばと思いました。英語は大学生になっても，社会人になっても必要です。大学では英語の授業だけでなく，他の授業でも英語を読まなければならないときがあるので，とても大事です。高校生のときにちゃんと勉強しておくだけでだいぶ変わってくると思います。（A.N. さん／商）

合格体験記

みごと合格を手にした先輩に，入試突破のためのカギを伺いました。
入試までの限られた時間を有効に活用するために，ぜひ役立ててください。

（注）ここでの内容は，先輩方が受験された当時のものです。2025 年度入試では当てはまらないこともありますのでご注意ください。

・アドバイスをお寄せいただいた先輩・

Message

M.O. さん　文学部（文学科文芸メディア専攻）
全学部統一入試 2024 年度合格，栃木県出身

合格のポイントは，反復を行うこと。単語であっても問題集であっても，繰り返し解くことで身につき，長期記憶にも定着するので，反復を「無意味」と切り捨てず，根気よく続けることが大切です。

その他の合格大学　法政大（文〈日本文〉），日本大（文理〈国文〉共通テスト利用）

N.S. さん　商学部
学部別入試 2023 年度合格，東京都出身

合格のポイントは，どんなことがあっても常にいつもの自分でいたことです。受験生だからといって，特別何かを我慢するということはしませんでした。また，自分を責めたり過信したりすることもせず，ありのままの自分を受け入れました。精神的に不安定になると，体調を崩したり勉強に手がつかなくなったりしたので，勉強すること以上に精神の安定を大切にして，勉強の効率を上げることを意識していました。模試や入試の結果がどうであれ，その結果を次にどう活かすかが一番大切です。結果に一喜一憂せず，次につなげるものを一つでも多く探して，それを積み重ねていった先に合格があります。

何があるかわからない受験ですが，意外とどうにかなります。だから，多少の緊張感は持っていても，受験を恐れる必要はありません！

その他の合格大学　東京女子大（現代教養）

R.K. さん　文学部（史学地理学科地理学専攻）
全学部統一入試 2023 年度合格，埼玉県出身

自分の限界まで勉強したことがポイントだと思います。浪人が決まり受験勉強を始めた頃は，何度も勉強が嫌になってスマホに逃げてしまいそうになりましたが，「ここでスマホをいじったせいで不合格になったら一生後悔する」と自分に言い聞かせているうちに，だんだん受験勉強のみに専念できるようになりました。また，1日の生活を見直して無駄にしている時間はないかを考えて，勉強に充てられる時間を作り出しました。次第に参考書がボロボロになり，ペンがよく当たる指は皮が剝けたりペンだこになったりしました。自分で努力した証こそ試験会場で一番のお守りになると思うので，皆さんも頑張ってください！　応援しています！

その他の合格大学　明治大（政治経済，農），法政大（文），日本大（文理），駒澤大（文〈共通テスト利用〉）

Message

R.S. さん　政治経済学部（地域行政学科）
学部別入試 2023 年度合格，東京都出身

合格した先輩や先生の意見を取り入れることが合格のポイントです。スポーツや楽器のように，勉強も初めから上手くできる人などいません。受験を経験した先輩や先生の意見は，失敗談も含めて合格への正しい道を教えてくれると思います。全てを取り入れる必要はなく，多様な意見をまずは聞いてみて，試しながら取捨選択をしていくと，自ずと自分にとって最適な勉強法が確立できると思います。

その他の合格大学　明治大（文・経営），法政大（人間環境），東洋大（福祉社会デザイン〈共通テスト利用〉）

Message

S.O. さん　情報コミュニケーション学部
一般入試 2023 年度合格，埼玉県出身

この大学に絶対受かるぞ！という強い意志が合格のポイントだと思います。私は最後の模試がE判定でした。「このままだと受からないかもしれない」と何度も不安に思いました。しかし他の大学に行くことが考えられなかったので，必死で勉強しました。試験当日は緊張しすぎて一睡もできないまま本番を迎えることになったのですが，「自分が一番ここに行きたい気持ちが強いし，誰よりも過去問も解いた！」と自分に言い聞かせて，何とか緊張を乗り越えることができました。受験は先が見えず不安ばかりだと思いますが，それは周りの受験生も同じです。今までやってきたことを信じて，最大限の結果が出せるように頑張ってください！　応援しています。

その他の合格大学　明治大（文），中央大（文），武蔵大（社会〈共通テスト利用〉），東洋大（社会〈共通テスト利用〉），東京女子大（現代教養〈共通テスト利用〉）

入試なんでもQ&A

受験生のみなさんからよく寄せられる，
入試に関する疑問・質問に答えていただきました。

Q 「赤本」の効果的な使い方を教えてください。

A 過去問対策として使っていました。過去の赤本にも遡って，合計6年分の問題を解きました。一度解いてから丸付けをして，その後すぐにもう一度解き，時間が経った頃に3回目を解くようにしていました。すぐにもう一度解くことで定着を図り，また時間が経った後に解くことで定着度の確認ができます。入試本番の前日にも解いて，最後の仕上げにしました。また，入試データを見ながら，どのくらいの得点率が必要なのかを計算し，その得点率のプラス5～10%を目標に定めて解くようにしていました。

（M.O. さん／文）

A 私は科目によって赤本の使い方を変えていました。英語は，単語・文法がある程度固まったら，どんどん赤本を解いていきました。具体的なやり方としては，初めは時間を意識せずに何分かかってもいいから100点を取るんだという意識で解いていきました。最初は思ってる以上に時間がかかって苦しいと思うかもしれませんが，これを続けていくうちに時間を意識していないにもかかわらず，自然と速く正確に読むことが可能になっていきます。社会と国語は参考書を中心におき，その確認として赤本を使用していました。

（R.S. さん／政治経済）

Q どのように学習計画を立て，受験勉強を進めていましたか？

A 計画は2週間単位で立てていました。内訳は，前半1週間で，できればやりたいという優先順位の低いことまで詰め込んでできる限り消化し，残った分は後半1週間に持ち越して，時間が余ればまた別の課題を入れました。私は達成できそうもない計画を立てる割には，計画を少しでも守れないと何もやる気が出なくなってしまうタイプだったので，計画には余裕をもたせることを強く意識しました。また，精神の安定のために，まとまった休憩時間を積極的に取るようにして，効率重視の勉強をしていました。（N.S. さん／商）

Q 明治大学を攻略する上で，特に重要な科目は何ですか？ また，どのように勉強しましたか？

A 圧倒的に英語だと思います。とにかく英文が長く難しいので，まずは長文に慣れておくことが必要不可欠です。そのため日頃から，「受験本番では3ページ程度の長文を2つ読むことになるんだ」と意識しながら，英語の学習を行うとよいと思います。また，速読力はもちろん大切ですが，表面を大まかに理解するだけでなく，隅々まで読まないと解答できないという選択肢も多いので，精読力も必要になります。『速読英単語』（Z会）や音読を通して速読力と英文理解力を高めておくことが重要です。（M.O. さん／文）

A 世界史などの暗記科目だと思います。特に私が受けた情報コミュニケーション学部は，国語が独特な問題が多く点数が安定しなかったので，世界史で安定した点数を取れるように対策しました。具体的には一問一答の答えをただ覚えるのではなく，問題文をそのまま頭に入れるつもりで覚えました。MARCH レベルになると，ただ用語を答えるのではなく思考力を問う問題が多いので，日頃から出来事や人物の結びつきを意識して覚えました。（S.O. さん／情報コミュニケーション）

Q 学校外での学習はどのようにしていましたか？

A 個別指導塾に週一で通って英語の授業を受けていたのと，季節ごとの特別講習と受験直前期は週二で授業を受けていました。また，学校の授業が早く終わる水曜日は塾の自習室で赤本を解くと決めていました。個人的に苦手な範囲のプリントや，授業ではやらなかったものの「欲しい人は言ってください」と先生に言われたプリントなどは絶対にもらうようにして，解かないということがないようにしました。

（M.O. さん／文）

Q 時間をうまく使うためにしていた工夫を教えてください。

A 1日のうちのどのタイミングでどの勉強をするか，ルーティン化して決めてしまうといいと思います。私の場合，朝起きたら音読，登校中は古典単語と文学史，食事中は地図帳，下校中は英単語をやることにしていました。本番ではできるだけ解答用紙から情報を集めることが大切です。問題の詳細はわからなくても，大問の数や記述の型が過去問と違っていたとき，試験開始までに心を落ち着かせ，解くスピードや順番を考えておけば焦らなくてすみます。

（R.K. さん／文）

Q 苦手な科目はどのように克服しましたか？

A 私は国語がとても苦手でした。自分の実力より少し上の大学の問題を解いて，間違えた原因や，どうすれば解けたのかを徹底的に復習して克服しました。国語は，面倒ではあるけれど復習が一番大事だと思います。ただダラダラたくさん問題を解くよりも，一つの問題を徹底的に復習するほうが合格への近道になると思います。私は復習することを怠っていたので，ずっと現代文の成績が伸びませんでした。けれど1月末に復習方法を理解してから，私大入試直前の2月になって正答率が一気に上がったので，面倒だとは思うけれどしっかり復習することをオススメします。
（S.O. さん／情報コミュニケーション）

Q スランプに陥ったとき，どのように抜け出しましたか？

A 焦らないことです。誰にでもくるもので自分だけだと思わないようにして，焦って方法を変えると逆効果だと言い聞かせました。あまり気にしすぎないほうがよいです。気にせずに同じように勉強を続けていたら，そのうち元通りになっていました。ただ，あまりにも点数の落ち方がひどいときや期間が長いときは，塾の先生に相談をしました。問題は何なのか，どこで躓いているのかを一緒に考えてもらうことで，安心感を得られたり，不安が解消されたりしました。（M.O. さん／文）

Q 模試の上手な活用法を教えてください。

A 模試ごとに試験範囲が設定されている場合には，その試験範囲に合わせて勉強するとペースがつかみやすいです。また，模試は復習が命です。模試の問題以上にその解説が大切です。間違えた問題は必ず，できれば曖昧な問題も解説を確認して，１冊のノートにポイントとして簡単に書き留めておくと，直前期に非常に役立ちます。特に社会系科目はその時の情勢などによって出題のトレンドがあるので，それの把握と演習に役立ちます。判定に関しては，単純に判定だけを見るのではなく，志望校内での順位を重視してください。特にＥ判定は幅があるので，Ｄ判定に近いのか，そうでないのかは必ず確認するべきです。（N.S. さん／商）

Q 併願をする上で重視したことは何ですか？
また，注意すべき点があれば教えてください。

A 自分の興味のある分野を学べる大学であること，第一志望の選択科目で受験できること，３日以上連続にならないことの３点を重視して選びました。私は地理選択で，大学では地理を勉強したいと思っていたので，明治大学以外で併願校を選ぶ時に選択肢が少ない分，割と簡単に決められました。あと，第一志望の大学・学部の前に，他の大学や学部で試験会場の雰囲気を感じておくと，とてもいい練習になると思います。明治大学の全学部統一入試は2月の初旬に行われますが，その前に他の大学を受験したことで新たに作戦を立てることができました。

（R.K. さん／文）

Q 試験当日の試験会場の雰囲気はどのようなものでしたか？緊張のほぐし方，交通事情，注意点等があれば教えてください。

A 試験会場は，とても静かで心地良かったです。荷物は座席の下に置くように指示があったので，それを見越した荷物の量やバッグにするとよいでしょう。また，携帯電話を身につけていると不正行為になるので（上着のポケットに入っているのもだめです），しまえるようにしておきましょう。また，新宿行きの電車はすごく混むので，ホテルなどを取る場合はなるべく新宿寄りの場所にして，当日は新宿と逆方向の電車に乗るようにするほうが賢明です。電車内では身動きが取れないので，参考書などはホームで待っている間に手に持っておくほうがよいです。

（M.O. さん／文）

Q 受験生のときの失敗談や後悔していることを教えてください。

A 基礎を疎かにしてしまったことです。単語・文法など基礎の勉強は私にとっては楽しくなく，演習のほうをやりがちになっていました。しかし，基礎が固まっているからこそ演習の意義が高まるのであり，基礎を疎かにすることは成績が伸びづらくなる要因になっていました。12月頃に学校の先生にこのことを言われて，もう一度基礎を徹底させ，なんとか受験までには間に合わせることができましたが，勉強をし始めた時期にもっと徹底的に固めていれば，と後悔しています。

（R.S. さん／政治経済）

Q 受験生へアドバイスをお願いします。

A 受験報告会などで先輩たちはたくさんの勉強をしていたと聞いて,「自分には無理だ」と思ってしまうかもしれません。しかし,そのハードワークも毎日続けてルーティンにすると辛くなくなります。習慣化するまでがしんどいと思いますが,せいぜい1,2カ月で習慣は出来上がります。辛いのは最初だけなので,少しだけ歯を食いしばってください。きっと,少ししたらハードワークに慣れている自分に気づくと思います。計画を立て,目の前のことに全力で取り組んでがむしゃらに進めば,1年はあっという間なので,あまり悲観せずに頑張ってください。

(M.O. さん/文)

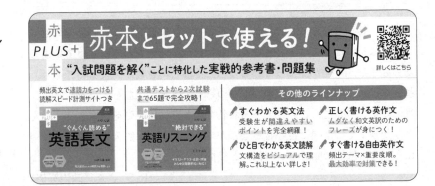

科目別攻略アドバイス

みごと入試を突破された先輩に，独自の攻略法や
おすすめの参考書・問題集を，科目ごとに紹介していただきました。

英　語

ポイントは長文に慣れること。速読力と英文理解力を高めておかないと，問題を解き終わらないうちに試験時間が終了してしまった，なんてこともあり得るので，早くから長文対策をするべきです。　(M.O. さん／文)

おすすめ参考書　『UPGRADE 英文法・語法問題』(数研出版)
『イチから鍛える英語長文』シリーズ(Gakken)
『英文法・語法 良問 500＋4技能』シリーズ(河合出版)

日本史

ポイントは，まんべんなく問題が出されるので，ヤマをはらないこと。本番では「誰も解けないだろ，これ」という難問が 2，3 問あるので，そのつもりで臨むとよい。　(M.O. さん／文)

おすすめ参考書　『時代と流れで覚える！日本史 B 用語』(文英堂)
『入試に出る 日本史 B 一問一答』(Z 会)

世界史

単語力と思考力がポイントです。用語は，教科書レベルの用語はもちろん，一問一答の星１レベルまで幅広く出題されているので，しっかり対策をする必要があると思います。あとは正誤問題などで細かいひっかけが多いので，物事の結び付きをいかに理解しているかがカギになると思います。

(S.O. さん／情報コミュニケーション)

おすすめ参考書 『時代と流れで覚える！ 世界史B用語』（文英堂）

地　理

自分の知識として足りなかったことは全て地図帳に書き込みました。毎日決まった時間（私の場合は昼食中）と，新たに書き込みをするときに，前に書いたメモを見ると何度も復習でき，知識が定着します。また，地図帳に掲載されている表やグラフはかなり厳選された大事なものなので，丁寧に目を通しておくことをおすすめします！ (R.K. さん／文)

おすすめ参考書 『新詳高等地図』（帝国書院）

国　語

近年は明治大学に絡んだ人物が問われているので，明治大学に関係する文学者，特に教壇に立った経験がある人物などは知っておいたほうがよいかもしれません。問題としてはそこまで難しくはないので，落ち着いて解くことが一番大切でしょう。 (M.O. さん／文)

おすすめ参考書 『古文単語 FORMULA600』（ナガセ）
『漢文早覚え速答法』（Gakken）

現代文は，どの文にも共通した論理展開をつかむことが重要になってきます。場当たり的な解法ではなく，文章の本質をつかむ勉強を多くすべきだと思います。 (R.S. さん／政治経済)

おすすめ参考書 『現代文読解力の開発講座』（駿台文庫）

TREND & STEPS

傾向と対策

科目ごとに問題の「傾向」を分析し，具体的にどのような「対策」をすればよいか紹介しています。まずは出題内容をまとめた分析表を見て，試験の概要を把握しましょう。

注　意

「傾向と対策」で示している，出題科目・出題範囲・試験時間等については，2024 年度までに実施された入試の内容に基づいています。2025 年度入試の選抜方法については，各大学が発表する学生募集要項を必ずご確認ください。

英　語

年度	番号	項　目	内　容
2024 ◑	〔1〕	読　解	選択：同意表現，内容説明，内容真偽
	〔2〕	読　解	選択：同意表現，内容説明 記述：空所補充，内容説明（50字）
2023 ◑	〔1〕	読　解	選択：同意表現，内容説明，内容真偽
	〔2〕	読　解	選択：同意表現，内容説明 記述：内容説明（50字2問）
2022 ◑	〔1〕	読　解	選択：同意表現，内容説明，要約文の完成 記述：内容説明（25字）
	〔2〕	読　解	選択：同意表現，空所補充，内容説明

（注）●印は全問，◑印は一部マークシート方式採用であることを表す。

読解英文の主題

年度	番号	主　題
2024	〔1〕	ロンドンの騒音問題
	〔2〕	リョコウバトの絶滅とその意味
2023	〔1〕	独立宣言と奴隷解放
	〔2〕	人間社会とアリの社会の類似点と相違点
2022	〔1〕	異物を飲み込んだ犬
	〔2〕	仕事に自分らしさを求める危険性

傾向　読解力重視の出題 長文への慣れが不可欠！

01　出題形式は？

2024年度も2022・2023年度と同じ大問2題の出題であった。試験時間は70分。解答形式は選択式（マークシート方式採用）と記述式の併用だが，ほとんどが選択式である。記述式の設問はここ数年は1，2問で，内容説明のほかに，空所補充も出題されている。

02 出題内容はどうか？

いずれの大問も読解問題となっており，文章はかなり長めである。テーマはさまざまで，やや抽象的なものから，具体的なエピソードが並ぶエッセーまで多岐にわたっている。ここ数年は比較的語注が多いが，過去にはそうでない年度もあったので，語彙力は増強しておきたい。

設問は，同意表現と，本文に関する質問に答えるなどの内容説明が主体である。年度によっては本文の内容に最も近いものを選ぶ内容真偽も見られる。同意表現の問題では，語彙力だけでなく，前後の文脈を踏まえて考えることが要求されることもある。また，内容説明の問題では精密な理解が問われることもあり，注意深い読解力を要する。記述式の問題では，字数制限のある内容説明などが出題されており，2024 年度は 50 字が 1 問であった。

03 難易度は？

それぞれの大問の長文に加え，設問・選択肢にも英文があり，読解量はかなり多くなる。また，英文自体に複雑な構文は少ないものの，段落レベル，文レベルの両方においてしっかり思考しながら読み進める必要がある。よって，読解力，特に長文への慣れがポイントになるだろう。設問自体は標準的なものが多いので，800～1000 語程度の英文を息切れせずに読めるだけの読解力があれば十分対応できるはずである。ただし 70 分の試験時間を考慮すると余裕はない。大問の難易度に大きな差はないので，各大問にかけられる時間を大まかに計算して，最初のほうの問題に時間をかけすぎないよう注意したい。

対策

01 長めの英文を多読しよう

分量の多い英文を速読するためには，長文への慣れがポイントとなる。ただし，学習の際，浅い解釈のまま次から次へ英文素材を変えるのでは，読解力の深化は望めない。質と量の両方を意識して読解練習をしておこう。

一つの方法として，以下の手順がある。①まず未知の単語やイディオムの意味を前後の文脈から推測しながら長文を通読し大意を把握する，②その後，辞書を引き，和訳を考えて，全体を精密に読解する，③全体の意味が正確に把握できた時点で，少なくとも3回は繰り返して通して読む。そして，①～③を通じてある程度スピーディーにその素材が読めるようになってきたら，次の英文へと移るのである。この練習を繰り返すと，長文に対する抵抗感が薄れ，初見の英文でもある程度スピードに乗って大意がつかめるようになるだろう。慣れてきたら時間を決めて，その時間内でどれくらい読めるか計測して進めていくようにしてもよい。

学習素材は，自分が少し難しいと感じるものを選ぶとよい。法学部の過去問はもちろんのこと，他学部の過去問も興味深い内容の良質な英文が多く，レベル的にも類似しているため，適切な素材と言える。ほかにも，英文雑誌など英語で書かれている記事があれば読解にチャレンジするなどして，多岐にわたるテーマの英文に慣れておく必要がある。なお，長文に慣れるうえで，学習の間隔はあまり空けないほうがよいだろう。

02 文法・構文も広く身につけよう

近年は直接的な文法問題は出題されていないが，たとえば分詞構文や倒置など，基礎的な文法力が身についていないと読解できないレベルの英文が出題されているので，頻出構文や文法事項をしっかり押さえておくことが大切である。『即戦ゼミ3 大学入試英語頻出問題総演習』（桐原書店）などの問題集で，重要頻出構文を確実にマスターしておこう。広範囲に重要事項を網羅した問題集を1冊選び，繰り返し演習しておくと知識が定着しやすい。文法や構文の知識が身についたら，精読の訓練として，『大学入試 ひと目でわかる英文読解』（教学社）など英文解釈の参考書に取り組むのもよいだろう。

03 単語・熟語は例文で復習しよう

法学部の場合，語彙力の増強が大きなテーマとなる。単語やイディオムは，市販の単語・熟語集で学習する際，例文やフレーズ単位で復習するようにすると，忘れにくく効果的である。特に読解力が重視される法学部の試験では，文章の中でその単語や熟語がどの意味で使われているのか判別するときに，例文に慣れている人とそうでない人とでは大きな差がつくことになる。単語集については，たとえばフレーズが各単語に２種類用意されている『夢をかなえる英単語 新ユメタン１・２』（アルク）や，『データベース 4500 完成英単語・熟語』（桐原書店）などがある。いずれにせよ，これと決めたものを１冊通して仕上げることが肝要である。

また，市販の単語集で学習するだけではなく，長文の多読をする中で出てくる単語やイディオムを一つでも多く暗記するために，ノートを作ってそのつど書きとめ，何度も見直しながら覚えるような工夫をしておくべきである。

明治大「英語」におすすめの参考書

Check!

- ✓『即戦ゼミ３ 大学入試英語頻出問題総演習』（桐原書店）
- ✓『大学入試 ひと目でわかる英文読解』（教学社）
- ✓『夢をかなえる英単語 新ユメタン１・２』（アルク）
- ✓『データベース 4500 完成英単語・熟語』（桐原書店）
- ✓『明治大の英語』（教学社）

日本史

年度	番号	内容	形式
2024 ◑	〔1〕	「婦人問題の解決」「国際連盟調査委員会報告書」「太平洋戦争総合報告書」－近代の社会・政治 ✓史料	記述
	〔2〕	「『隋書』倭国伝」「菅家文草」－古代の外交 ✓史料	正誤
	〔3〕	桃山文化，江戸時代の社会・文化 ✓史料	選択
	〔4〕	「日本外交文書」－日本の国際連合加盟，高度経済成長期の社会・文化 ✓史料	選択
2023 ◑	〔1〕	「神仏分離令」「地震・憲兵・火事・巡査」「婦人参政関係史資料」－近代の社会・政治 ✓史料	記述
	〔2〕	「憲法十七条」「今川仮名目録」ほか－古代～中世の法令 ✓史料	正誤・選択
	〔3〕	江戸時代の社会・文化・政治 ✓史料	選択
	〔4〕	近現代の政治・社会・文化 ✓史料	選択
2022 ◑	〔1〕	「徴兵告諭」「婦人参政権獲得期成同盟会」「反軍演説」－近代の政治・社会 ✓史料	記述
	〔2〕	古代～近世の政治・外交・文化	正誤・選択
	〔3〕	中世・近世の政治・外交・文化 ✓史料	選択
	〔4〕	近現代の政治・社会経済・文化 ✓史料	選択

（注）●印は全問，◑印は一部マークシート方式採用であることを表す。

傾向　近世以降が中心，史料問題は必出　教科書を中心に正確で精密な学習が必要

01　出題形式は？

例年，大問数は4題，解答個数は約40個，試験時間は60分で，選択式（マークシート方式採用）と記述式の併用である。

選択式は，空所補充形式の問題と下線部について問う問題が出題され，適当なものがなければ「正答なし」を選ぶ問題も出題されている。記述式はほとんどが歴史用語や人名を問うものだが，過去には10字以内の論述が見られた。また，用語・語句を記す問題では字数が指定されているもの

もある。

なお，2025年度は出題科目が「歴史総合，日本史探究」となる予定である（本書編集時点）。

02 出題内容はどうか？

時代別では，近世以降の比重が大きい傾向にあり，ここ数年は古代～近世から2題，近現代から2題で構成されている。2024年度は，中世からの出題は見られなかった。

分野別では，政治史を中心に，外交史・社会経済史・文化史から出題されている。特に学部の性格から法制史の出題が多く，2022年度は武家諸法度，2023年度は「憲法十七条」「獄令・賊盗律」などについて問う出題が見られた。2024年度は近現代の外交関係の史料が多く用いられ，外交史・社会史・文化史を中心に出題された。

史料問題は必出である。出題される史料は，教科書にも掲載されているような基本史料から，史料集などには載っているがやや頻度の低いもの，初見史料まで幅広い。設問内容も，史料読解・空所補充・出典関連事項を問うものなど多岐にわたり，レベルの高い問題である。

03 難易度は？

基本的には教科書中心の標準的問題である。ただし，時代別では近現代重視で，一部に詳細な知識を求められる問題がある。また，史料問題のレベルは高く，丁寧かつ深い学習が求められる。標準的な問題に手早く解答したうえで，正誤問題など一部の難問にじっくり取り組めるよう，時間配分を工夫したい。

対策

01 教科書学習の徹底

例年，一部に難問も見られるが，基本的には教科書レベルの標準的な問題である。したがって，難問以外の標準的な問題で確実に正解することが合格につながる。リード文は『詳説 日本史B』（山川出版社）の記述と同じ流れで書かれていることもあるので，まずは教科書の精読が最も有効な学習方法である。その際，図表や脚注もおろそかにせず，人名や重要歴史用語などは『日本史用語集』（山川出版社）などを併用して，ほかの分野や時代とも関連づけてより深い理解を伴った知識の定着をはかることが必要である。選択肢の中に難解な歴史用語も混ざるが，ほぼ『日本史用語集』に収録されている。なお，記述問題への対策として，書いて覚えることも必要であろう。

02 史料問題対策

史料問題は必出である。しかも，初見と思われる史料も多く，内容理解が問われるなど難度も高い。『詳説 日本史史料集』（山川出版社）などの史料集を用いた学習を心がけ，出典などの知識分野の暗記だけではなく，原文の文意を読み取る練習をすること。そうすれば，初見の史料に対しても文中のキーワードを見逃すことなく対応できるようになる。

03 過去問の研究

2024 年度は分野別では外交史・社会史・文化史中心の出題であった。しかし例年，法学部の場合，学部の特性から，分野別では政治史・法制史，時代別では近現代史が頻出という，はっきりした特徴がある。また，過去問の類題が出題されることもよくあるので，できるだけ多くの過去問に当たり，出題内容や傾向をつかんでおこう。

世界史

年度	番号	内　容	形　式
	〔1〕	イベリア半島史	選　択
2024	〔2〕	モンゴル帝国	選　択
◑	〔3〕	技術や発明品の歴史	記　述
	〔4〕	第一次世界大戦後のアメリカ合衆国と世界恐慌	記　述
	〔1〕	世界史上の「革命」	記　述
2023	〔2〕	古代エジプト	選　択
◑	〔3〕	クルド人の歴史	選　択
	〔4〕	明代と清代の社会経済	選　択
	〔1〕	バンジャマン=コンスタンの考える「自由」	記　述
2022	〔2〕	ムガル帝国とイギリスによる植民地化	選　択
◑	〔3〕	ラテンアメリカの独立と課題	選　択
	〔4〕	アメリカ大陸の古代文明と「世界の一体化」	選択・配列

（注）●印は全問，◑印は一部マークシート方式採用であることを表す。

傾向　正文選択問題に要注意　ごく最近の現代史も出題

01　出題形式は？

例年，大問数は4題，解答個数は40個である。試験時間は60分。記述式とマークシート方式による選択式の併用で，2023年度までは記述式が1題，選択式が3題，2024年度は記述式が2題，選択式が2題となっている。設問は，一問一答式や空所補充，正文選択問題，配列問題などが出題されている。

なお，2025年度は出題科目が「歴史総合，世界史探究」となる予定である（本書編集時点）。

02 出題内容はどうか？

地域別では，年度によって若干の差はあるが，欧米地域とアジア地域の比率は半々か，やや欧米地域が多くなっている。欧米地域では欧米諸国全般を対象とした広い地域やアジア，アフリカとの関係を含んだ大問が見られる。アジア地域では，2024 年度は中央アジア，2023 年度は中国史から大問が出題された。2022 年度は 4 題中 2 題がアメリカ大陸をテーマとしていた。また，2022 年度には南アジア，2023 年度には西アジアからも大問が出題されている。

時代別では，比較的短期間の時代を扱う大問と長い期間を扱う大問が組み合わされており，年度によってはやや時代的な偏りも見られる。2023 年度〔3〕では 21 世紀までの出来事が扱われているので，ごく最近までの現代史もしっかり学習しておく必要がある。

分野別では，政治史が中心である。帝国主義や民族運動，国際政治，移民問題に関連した内容が多い。学部の性格を反映してか，「政治・経済」「現代社会」と共通する内容が問われることも多い。また，アジアやアフリカの植民地化といったテーマも繰り返し出題されている。文化史についての出題も多く，2023 年度〔1〕で大問として出題された。

03 難易度は？

教科書学習がしっかりできていれば対応可能なレベルの問題がほとんどであるが，教科書レベルを超えた高度な内容も問われていることから，得点差が生じやすいと言える。正文選択問題が必出であるうえに，選択肢の文章が長く時間をとられやすい。空所補充問題などを着実にこなしていき，文章の正誤判定に落ち着いて取り組めるような時間配分を心がけたい。

対策

01 教科書を確実に理解しよう

教科書レベルの知識で対応できる設問を押さえるため，まずは教科書を精読し，事項・流れの理解を心がけよう。その際，本文の太字部分とその前後の説明はもちろん，地図・脚注・写真にも必ず目を向けよう。地理的知識は世界史の理解を深める必須の要素なので，地図上で地名を確認しておこう。歴史事項をより深く理解するためには，『世界史用語集』（山川出版社）などの用語集を利用したい。また，用語集の説明文レベルの内容が問われることもあるので，説明文も細かく読んでおく必要がある。さらに知識を補強するためには，上記用語集のほかに『世界史のための人名辞典』（山川出版社）なども参照しながら学習を進めよう。

02 各国史・テーマ史対策を忘れずに

各国史やテーマ史の出題が多く見られる。教科書では各国・各地域が時代ごとに記述され，一国・一地域の歴史全体の流れがつかみにくいので，自分なりにノートにまとめるなどして整理するとよい。テーマ史も同様で，たとえば文化史ならば，音楽史，科学史，美術史などのそれぞれの流れを通史的に理解しておこう。文化史はきちんと整理して身につけておけば，受験のためだけでなく自分の生活を心豊かにしてくれるものなので，楽しみながら学んでほしい。問題集としては，『体系世界史』（教学社）など，歴史の流れと文化史の両方が学習できるものに取り組むとよいだろう。

03 現代史の学習を

学部の性格から，現代史の国際政治に関する部分も重視して学習しておこう。現代史は教科書通りに勉強すると非常にまとめにくい分野であるが，地域史・テーマ史としてまとめ直すとわかりやすくなる。「アメリカ」「ソ連・ロシア」「中国」などの国家的通史，「東西冷戦」などのテーマ史を自分でまとめてサブノートなどで整理しよう。さらに，時事的な知識，あるいは一般教養が解答の糸口となる場合もあるので，新聞・ニュースの国際政治・国際経済に関する報道には関心をもっておこう。

04 過去問は他学部にも注目

出題形式を含め，他学部の問題も基本的には似ており，他学部の問題にも数多く当たっておくことは有効である。正文選択問題は，政治経済学部などでも見られるため，本シリーズを利用して他学部も含めた過去問の演習を行っておこう。

政治・経済

2025年度は「政治・経済」に代えて「公共，政治・経済」が課される予定である（本書編集時点）。

年度	番号	内　容	形　式
2024 ◑	〔1〕	日本の労働組合と労働立法の歴史	選　択
	〔2〕	国際社会における政治と人権の国際化	選　択
	〔3〕	日本の司法制度と刑事裁判における人権	記　述
	〔4〕	国会	記　述
2023 ◑	〔1〕	会社制度	選　択
	〔2〕	APEC とその加盟国	選　択
	〔3〕	日本をめぐる安全保障体制	記　述
	〔4〕	地方公共団体	記　述
2022 ◑	〔1〕	公害防止と環境保全	記　述
	〔2〕	家族関係にかかわる日本の法制度	記　述
	〔3〕	戦後日本経済の歩みと自動車産業	選　択
	〔4〕	経済社会の発展と資本主義の変容	選　択

（注）●印は全問，◑印は一部マークシート方式採用であることを表す。

傾向　時事的話題に注意！

01　出題形式は？

例年，記述式と選択式の併用で，選択式ではマークシート方式が採用されている。2024年度の解答個数は記述式が20個，マークシート方式による選択式が20個の計40個であり，2022・2023年度の40個と同数となった。試験時間は60分。

2023年度以前は大問4題中，政治分野から2題，経済分野から2題という構成になっていた。2024年度は経済分野から1題，政治分野から3

題の出題になった。

02 出題内容はどうか？

全体的に時事問題を絡めたやや詳細な知識を問う問題が多数見られるのは例年通りだが，論述問題がなくなったためか選択式問題においてはやや詳細な知識が必要な難問が増えた。

経済分野では，一つのテーマに沿った出題であっても，国際関係も含めて広範な知識や時事問題などを絡めた出題が特徴である。政治分野では広く法制に関わる出題が多い。教科書による基本事項の理解を前提として，資料集や用語集等による発展学習が必要である。

03 難易度は？

明治大学では例年，教科書レベルから一歩踏み込んだ内容や時事的要素を含む幅広い知識を問う設問が多く，難度はやや高い。しかし，全体としては，高校の教科書・資料集で学習する範囲内で正解できる問題が大半を占めているので，基本問題・標準問題を着実に押さえておくことが大切である。

対策

01 基本事項の習得を

一部に高校レベルを超えるものが見られるが，多くの問題は教科書の基本事項をマスターしておけば解答可能なものである。確実に合格点をとるためには，まずは教科書を熟読し，重要語句をまとめ，その意味をしっかり理解し，マスターすることが肝要である。

また，他日程を含めて過去に出題された問題を解き，出題傾向を知り，共通の観点からの出題に対処することが効果的である。

02 資料集・用語集の活用を

国際政治・経済や時事問題に対応するためには,『政治・経済資料2024』(とうほう) などの資料集を身近に置いて日頃から目を通すことが重要である。また, 記述問題については,『用語集 政治・経済』(清水書院) などの用語集を利用して語句の正確な意味や表記を把握し, 対策をしておきたい。

03 政治分野では歴史的・思想的背景の学習を

学部の性格上, 政治思想や人権思想に関してかなり専門的な知識が要求されている。特に, 市民革命前後の政治・経済・思想の動きや内容に関しては世界史の教科書も活用して, 歴史的背景まで含めて押さえておこう。大日本帝国憲法の制定・日本国憲法の成立過程なども含めた近現代部分については, 日本史の教科書に目を通して知っておくこと。また, 日本国憲法の条文については, 資料集などの解説つきの本で一通りマスターしておこう。

04 経済分野・国際分野では時事問題の研究を

経済分野は教科書レベルの標準的な出題が比較的多い。しかし, 教科書の知識では対応できない問題も必ず出題されている。『2024 年度版 ニュース検定公式テキスト「時事力」発展編 (1・2・準 2 級対応)』(毎日新聞出版) などで最近の詳しい情報を確認しておきたい。また, ニュース番組などにも関心をもって接し, 教養を深めておこう。

国　語

年度	番号	種　類	類別	内　容	出　典
2024 ◑	〔1〕	現代文	評論	選択：ことわざ，内容説明，語意，空所補充，書き取り，内容真偽 記述：箇所指摘，ことわざ，読み	「知識人の反省」安倍能成
	〔2〕	現代文	評論	選択：書き取り，内容説明，語意，空所補充，内容真偽 記述：読み，書き取り，段落挿入箇所，空所補充	「現代社会と治安法」中山研一
	〔3〕	古　文	歌論	選択：語意，書き下し文，和歌修辞，文学史，口語訳，内容説明，人物指摘，内容真偽 記述：人物指摘，和歌修辞	「袖中抄」　顕昭
2023 ◑	〔1〕	現代文	随筆	選択：内容説明，慣用表現，四字熟語，文学史，書き取り，内容真偽 記述：箇所指摘，読み	「素樸ということ」　中野重治
	〔2〕	現代文	評論	選択：書き取り，内容説明，内容真偽 記述：読み，書き取り，慣用表現，箇所指摘	「法というものの考え方」渡辺洋三
	〔3〕	古　文	随筆	選択：文法，書き下し文，敬語，人物指摘，内容説明，空所補充 記述：人物指摘，欠文挿入箇所	「榻鴫暁筆」
2022 ◑	〔1〕	現代文	評論	選択：文学史，語意，空所補充，内容説明，慣用表現，書き取り，内容真偽 記述：箇所指摘，書き取り	「民間伝承論」柳田国男
	〔2〕	現代文	評論	選択：書き取り，内容説明，語意，四字熟語，空所補充，内容真偽 記述：読み，箇所指摘	「人間にとって」高橋和巳
	〔3〕	古　文	史論	選択：文学史，文法，内容説明，語意，故事成語，漢文解釈，人物指摘，口語訳，内容真偽 記述：箇所指摘	「神皇正統記」北畠親房

（注）●印は全問，◑印は一部マークシート方式採用であることを表す。

傾向 現代文は硬質でやや難解，法に関する文章が多い 漢文の設問を含むことが多い

01 出題形式は？

近年は現代文２題・古文１題の計３題となっている。ただし，現代文や古文の中に一部漢文の設問が含まれることがある。試験時間は60分。マークシート方式による選択式と記述式の併用で，記述式は箇所指摘，漢字の読み・書き取りなどの問題が頻出である。

02 出題内容はどうか？

現代文は評論からの出題が続いている。内容は法学に関する文章が多い。明治〜昭和初期の文章が多く，古典からの引用なども多用されている。そのため，問題文はやや難解な印象を受けるかもしれない。設問内容は，語彙に関するもの，箇所指摘，内容説明，空所補充などであるが，語彙については普段あまり使わないような語の意味や書き取り，読みを問うものもある。例年文学史が出題されているので対策しておきたい。

古文は，中世から近世の文章が出題されている。設問内容は，語意，口語訳といった基本的なものから読解力をはかるものまで多様である。文法，書き下し文，欠文挿入箇所，人物指摘，敬語，空所補充，内容説明など幅広い形式で問われている。

なお，ここ数年，現代文あるいは古文の問題において，本文と関連する漢文についての設問も出されている。基本的な句法などが出題されることに備えて，今後も対策が必要である。

03 難易度は？

現代文は，設問自体はほぼ標準的である。ただし，難解な語句，言い回しの硬質な文章や古い時代の価値観に慣れていないと読みづらい。慣用表現にも注意が必要である。文章に使われる法律用語や思想についての言葉が問題になることもあるが，その語を知らなくても前後の関係から解答に

はたどり着ける。古文は標準的で，比較的解答しやすい。自信があれば古文を最初に解き，そのうえで現代文に多くの時間をかけるという方法も考えられる。時間配分は，古文を15分以内で解き，現代文を1題20分ずつ，余った時間を見直しに当てるとよいだろう。各大問に10問程度設問があることを考えると時間的にあまり余裕はないので，時間配分には十分注意したい。

対策

01 現代文

文語体の文章がよく出されているので，明治の擬古文などに慣れておくことが必要である。教科書を利用して森鷗外や福沢諭吉などの文章を読んでおくとよいだろう。文語文でなくても，戦前に書かれた文章が出題されることが多い。その時代の価値観に触れるには，旧制高校のエリート学生たちのバイブルであった阿部次郎『三太郎の日記』（『新版 合本三太郎の日記』角川選書）に挑戦してみるとよい。現代と当時でもっとも異なる点は，学生のリベラルアーツとエリート意識かもしれない。戦前までの学生実態に通じるおすすめの一冊である。また，近年は法律関係の文章が多く出題されているので，日頃から意識的にこのような内容のものを読むように心がけておこう。過去問に慣れて文体を知ることは有効であり，その際，普段あまり目にしない漢語や法律用語などは書き出して意味を調べておくとよい。読む際は，キーワード・キーセンテンスを押さえ，同内容を言い換えている部分や，対比の表現に線を引き，きちんと把握するといったきめ細かい読解を心がけること。哲学や政治思想用語を知るには，『新版 哲学・論理用語辞典』（三一書房）がおすすめである。これは，様々な哲学用語辞典のなかでもっとも実感的にわかるものであり，いつも身近に置いて，読むという習慣が身につくだけで力になる1冊である。なお，漢字の書き取り・読みは毎年出題されているので，漢字の練習帳や便覧の難読語，四字熟語などを学習しておくこと。

02 古　文

まずは普段の授業を大切にしよう。中世から近世の作品の出題が多いが，時代や分野を限定せず，できるだけ多くの作品に当たる方がよい。さらに，標準的な問題集で，できるだけ多くの文章に触れておくことが必要である。重要古語の意味や文法，古典常識を整理してマスターしておくこと。年度によっては和歌も出題されているので，『大学入試 知らなきゃ解けない古文常識・和歌』（教学社）で古典常識や和歌を含む問題を解いておくとよい。文学史や漢文の問題が出題されることもあるので，基本的な知識は一通り身につけておこう。

03 過去問の演習を

明治大学の国語の問題は，学部により特徴もあるが，一定のスタイルがあるので，他学部の過去問にも挑戦しておくとよい。特に学部別入試の商学部・国際日本学部・情報コミュニケーション学部および全学部統一入学試験は，法学部と大問構成が例年同じなので，時間配分の練習素材として有効だろう。難関校過去問シリーズの『明治大の国語』（教学社）を活用して，できるだけ多くの過去問に挑戦しておきたい。

明治大「国語」におすすめの参考書

Check!

- ✓『明治大の国語』（教学社）
- ✓ 阿部次郎『三太郎の日記』
- ✓『新版 哲学・論理用語辞典』（三一書房）
- ✓『大学入試 知らなきゃ解けない古文常識・和歌』（教学社）

2024年度

問題と解答

学部別入試

問題編

▶試験科目・配点

教　科	科　　　目	配　点
外国語	「コミュニケーション英語Ⅰ・Ⅱ・Ⅲ，英語表現Ⅰ・Ⅱ」，ドイツ語（省略），フランス語（省略）から１科目選択	150 点
地歴・公民	日本史Ｂ，世界史Ｂ，政治・経済から１科目選択	100 点
国　語	国語総合（漢文の独立問題は出題しない）	100 点

英　語

（70 分）

I　次の文章を読んで、以下の問に答えなさい（＊の付いた語句については、文末に注があります）。

Two years ago, my most lovingly overbearing and melodramatic auntie* came to stay at my flat on an east London high road. Each morning she would emerge, fully dressed except for the eye mask left on her forehead, taking a few moments to chitchat before erupting: “Aren’t you going to ask how I slept? Just terrible! Sirens! Buses all night, driving sinners around. This noise will kill me. You’ll be sorry when I’m dead!”

(ア) Her exclamations may sound over the top. But it turns out that not even the most hyperbolic* of relatives could overstate the dangers of this threat, (イ) which has lurked* unrecognized for too long. Noise in our towns and cities is killing us — and the evidence is piling up.

Residents up and down the country are being regularly exposed to unsafe levels of noise. Last year, the UN declared London one of the noisiest cities in Europe, with residents regularly being exposed to average levels of 86 decibels (dB), well exceeding the World Health Organization (WHO) safety threshold of 53dB. The result? Hearing loss, shortened life expectancy, an increased risk of heart attack, stroke, anxiety, depression and type 2 diabetes. For children, a link is being explored between noise and cognitive development, as well as behavioural issues. Traffic noise is such a physiological* stressor it’s been compared to secondhand smoking*.

I confess that, for a long time, the only urban noise-related issue that typically (ウ) got my blood boiling was related to legacy nightlife venues* being shuttered to preserve the comfort of a few affluent people who had only just moved in. Or landlords of overpriced rentals, with walls so thin you can probably hear your neighbour fart, flatly refusing to pay for any soundproofing, no matter what acrimony follows.

Noise is, after all, a part of city life — and (エ) it cannot be overstated how quickly you get used to it. Writing this article, I checked the decibels of my street using this interactive London map: 70dB, mostly from road transport. Yet I rarely notice the sound. I'm sure the cooking frog rarely notices the temperature either.

The people I hear complaining the most about noise pollution seem to be the wealthy curtain-twitchers, or the plain old killjoys (sorry, Auntie!). But research shows it is lower-income residents, more likely to live near motorways, airports and industrial areas, who are the most acutely affected by noise pollution. There are other factors that make some neighbourhoods louder than others. Trees act as an efficient sound damper, yet poorer areas tend to have less green space. Even the maintenance of the road itself can contribute to noise levels; the same car travelling through a wealthy area may sound quieter than when it is traveling through a (オ) pothole-ridden road in a poorer one.

Noise pollution is undoubtedly a class issue. It must be, if only those with certain resources can buy their peace, through soundproofing or access to quieter neighbourhoods. And equally, it must be if only those with resources have the luxury of making noise freely — to play their instruments, to have friends over and properly laugh from the belly well after dinner is done — (カ) because of where they live.

This is not to say that my ex-neighbour playing his saxophone when he gets in from the pub (and always the cruelly named Careless Whisper) is just an innocent victim of his environment. There is such a thing as personal responsibility and being considerate. But so often in our polarised times, conversations get stuck on the rights and wrongs of the individual — tradespeople with phones ringing so loudly you can hear them from Mars, families with forever barking dogs — when perhaps our collective problem requires a collective solution.

If fingers need to be pointed, (キ) we could do much worse than take aim at city leaders failing to implement noise reduction policies. London hasn't updated its noise pollution strategy since 2004, and lags seriously behind Paris and Barcelona, which have already rolled out (ク) sound monitoring. Or we could point at those in the business of property continuing to swerve* their soundproofing obligations, and the regulators who let them (ケ).

And while I still have my reservations about music venue closures, I would personally like to point a finger at the Madison Square Garden company, which is planning to create a monstrous orb* near where I live. It would seem that if the scheme goes ahead as planned, the music and entertainment arena will apparently glow for most hours of the day, be covered with adverts* for half the time, and nearly reach the height of Big Ben*. Some local residents fear it could be a noise nightmare.

There is one bit of good news, though. In January, the House of Lords* science and tech committee launched an inquiry into the impacts of noise and light pollution on human health. Sound pollution is the not so silent killer terrorising our cities, and it is the poorest bearing the brunt*. Time to make some noise about it.

Khan, Coco.（2023）"Shout it from the rooftops: the noise pollution in towns and cities is killing us" *The Guardian*.（一部省略・変更しました。）

注　auntie：おば、おばさん　　hyperbolic：大げさな　　lurk：潜む
physiological：生理的な　　secondhand smoking：受動喫煙
venues：開催地、発生地　　swerve：方向転換する　　orb：球体
adverts：広告　　Big Ben：ロンドンにある時計台の愛称
House of Lords：イギリスの上院
bear the brunt：悪い状況の影響を被る

＊なお本文はイギリス英語で書かれていますが、設問は基本的にアメリカ英語であるため、綴り等に若干の差異があります。

（問 1） 下線部 (ア)〜(ケ) の内容に最も近いものをそれぞれ1つ選び、その番号を解答欄にマークしなさい。

(ア) Her exclamations may sound over the top.

1) My attitude caused her to leave my flat.
2) She may have been delighted because she could overcome the problem.
3) She may have talked too loudly.
4) What she said may sound exaggerated.

(イ) which has lurked unrecognized for too long

1) which has been considered as a big problem from a long time ago
2) which has bothered sensitive people like my aunt for a long period
3) which has hidden the real cause behind it for very long
4) which has not been noticed as an issue until recently

(ウ) got my blood boiling

1) caused me to bleed
2) gave me little trouble
3) made me furious
4) uplifted my spirit

(エ) it cannot be overstated how quickly you get used to it

1) a newcomer tends to complain loudly soon after realizing how noisy the place is
2) a person accepts city noise as normal in a surprisingly short amount of time
3) it is difficult for some people to get accustomed to city noise soon
4) it is difficult for some people to understand noise is an attractive aspect of city life

(オ) pothole-ridden road

1) a road crowded with many people

2) a road that is rarely used

3) a road with few traffic lights

4) a road with many pits and gaps

(カ) because of where they live

1) because their nation is racially divided where one group is segregated from another

2) because they live in areas where the prices of properties are steadily rising

3) because they live in the center of London, which is old and prosperous, attracting visitors from all over the world

4) because they live in wealthy residential areas with well-built houses and enough space between each household

(キ) we could do much worse than take aim at city leaders failing to implement noise reduction policies

1) it's not a good idea to ask city leaders who have failed to implement noise reduction policies to take responsibility

2) it's good to ask city leaders to take responsibility for not carrying out the necessary policies to reduce noise, and we haven't done it yet

3) we accused the city leaders for not doing anything in order to reduce sound pollution in London

4) we would be in a much worse situation if we had blamed our city leaders for failing to do something about the noise in the city

(ク) rolled out

1) carried out

2) failed

3) gave up on

4) minimized

(ケ) the regulators who let them

1) the authorities who fail to make people in property building businesses include proper soundproofing

2) the irresponsible construction workers who continue to build houses with thin walls

3) the owners of the buildings who let their tenants do whatever they like as long as they pay the rent

4) the real estate agencies who disregard their obligation and sell buildings without proper soundproofing

(問 2) 本文の内容に基づいて、(A)〜(D) の質問の答として最も適切なものをそれぞれ1つ選び、その番号を解答欄にマークしなさい。

(A) In the first paragraph, why did the author's aunt say: "You'll be sorry when I'm dead"?

1) Because she missed her partner who passed away several months ago.

2) Because she was so angry at the noise in the city.

3) Because she wanted to make her relatives apologize for making a loud noise.

4) Because she was walking the streets at night and almost got killed.

(B) Who suffers most from noise?

1) Older people.

2) Poor people.

3) The French and the Spanish.

4) Wealthy people.

(C) What is the function of trees concerning noise?

1) They absorb sound.

2) They amplify sound.

3) They carry sound further.

4) They make no difference.

(D) Which of the following statements would the author most likely NOT agree with?

1) Noise in cities is entirely the fault of inconsiderate people being loud in their rooms.

2) Noise is a type of pollution most people don't think about but should be aware of.

3) Noise pollution is a problem that impacts many people in London.

4) Noise pollution is something that should be solved by acting as a community.

(問 3) 以下の (A)～(C) について、本文の内容に最も近いものをそれぞれ１つ選び、その番号を解答欄にマークしなさい。

(A) 1) Despite the gap between the rich and the poor, they are affected by the city noise problem.

2) Noise pollution has been proven to hinder children's growth.

3) The main cause of noise pollution is music concerts.

4) The rich and the poor have conflicting opinions on environmental issues.

(B) 1) Paris and Barcelona are more advanced in dealing with noise pollution.

2) People living in a city should tolerate noises such as ringing phones and farting dogs.

3) Playing musical instruments must be banned after dark.

4) Rich people create noise pollution because they tend to laugh from the belly.

(C) 1) Madison Square Garden in New York should be torn down because of the noise it emits.
2) Municipalities should help reduce noise in cities.
3) The elderly suffer more from noise than children.
4) We should make more noise and get used to it.

Ⅱ 次の文章を読んで、以下の問に答えなさい(＊の付いた語句については、文末に注があります)。

On 1 September 1914, a passenger pigeon called Martha died in her cage at Cincinnati Zoo. Bred in captivity, Martha often trembled as the result of a palsy* and had never laid a fertile egg. She had been the last known member of her species for over four years. She attracted hundreds of visitors, who sometimes threw sand in her cage to encourage her to move about. Her death marked the extinction of the passenger pigeon, which had once been one of the most numerous bird species in the world.

The passenger pigeon was native to North America. Before the arrival of Europeans there, they once comprised over one-quarter of the bird population there, numbering between 3 and 5 billion. Their main breeding grounds were the forests that once covered much of eastern North America, and in the winter they migrated, mostly west, in search of food. Their name comes from the French *passager*, which means "to pass by", and refers to their migratory habits. They lived and travelled in vast flocks, sometimes numbering into the millions, and were rapid flyers, reaching speeds of 95 kilometres per hour. It was said that when a flock of passenger pigeons flew by they would block out the sun, and make so much noise it was impossible to conduct a conversation. Their nesting sites could be huge. One in Wisconsin was recorded as covering over 2,000 square kilometres and hosting 136 million birds. Passenger pigeons roosted in trees, sometimes in such numbers that they broke their branches. Their dense populations meant predators could do little damage to the overall stretch of their flock; even if a few birds or eggs were lost, the impact would be minimal.

By the early nineteenth century, the United States was expanding westward. Its cities, (ア)then mostly concentrated on the Eastern Seaboard, were rapidly growing in population, (イ)fuelled by migration from Europe. This came at the expense of the indigenous Native Americans, who suffered from violence and diseases brought by the settlers. The lands that they had lived, hunted, and foraged in for centuries were claimed by settlers. In the process, thousands of square kilometers of forest were cut down, robbing passenger pigeons of their habitat.

Hunters posed the greatest threat to the passenger pigeon. (A) to their dense populations, (ウ)the birds were extremely straightforward to kill. Swinging a stick through a flock could easily bring down a handful of birds. Demand for meat from urban areas would transform the hunting of the passenger pigeon, and encourage commercialized mass killing on a vast scale. This was helped by innovations in transport and communication. The nationwide electrical telegraph network enabled reports of the movement of flocks to be spread rapidly, while the railways could be used to transport the birds (usually packed into barrels) quickly to market. Hunters would find nesting sites of the passenger pigeon and kill them by the thousand. A common technique was to start fires or light sulphur* beneath trees they were nesting in, which would cause them to become dazed and fall to the ground. An alternative technique was simply to cut down trees they were nesting in, or bait with grain soaked in alcohol. Sometimes, captive passenger pigeons (or models) were set up as decoys on small perches, called "stools." This then attracted other passenger pigeons who flocked to the area thinking a member of their flock had found food — they were then trapped in a net. This practice (エ)gave rise to the term "stool pigeon", for an informant who betrays their associates to the authorities.

By the 1860s and 1870s, the passenger pigeon was clearly in rapid decline, but the slaughter continued. In 1896, the last sizable flock, numbering 250,000, was discovered — hunters killed all but a few. The last definite sighting of a wild passenger pigeon was in 1901; it was shot and stuffed. By this time, the federal government had finally been roused into action (although some states had already passed local laws to protect the passenger pigeon). The previous May, the Lacey Act was signed into law, the first national legislation passed in the United States that protected wildlife. It prohibited interstate trade of unlawfully killed game and fish (as well as plants illegally taken). Another law, passed in 1918, protected migratory birds. They(オ) came too late to help the passenger pigeon. Many continued to be kept in captivity, but attempts at breeding them ended in failure.

The passenger pigeon became symbolic of the vulnerability to extinction of even seemingly healthy species, and the necessity of protecting wildlife from human exploitation. Scientists have harvested DNA from surviving specimens and used it to model the passenger pigeon's genome. Gaps were filled using DNA from its nearest living relative, the band-tailed pigeon. This has raised the possibility of one day bringing back the passenger pigeon, but it is unknown if this would be successful, given its predilection* to flock in extremely large numbers.

(　B　) for Martha, after she died she was frozen into a 140-kilogram block of ice and dispatched by train to the Smithsonian* in Washington, D.C. She was dissected, stuffed and then exhibited at the National Museum of Natural History until 1999, when she was removed from permanent public display.

Jacob F. Field. (2021) *A Short History of the World in 50 Animals.* Michael O'Mara Books.(一部省略・変更しました。)

注　palsy：麻痺　　sulphur：硫黄(sulfur に同じ)　　predilection：特別の好み
Smithsonian：博物館、研究所などを有する国立学術文化研究機関

＊なお本文はイギリス英語で書かれていますが、設問は基本的にアメリカ英語であるため、綴り等に若干の差異があります。

（問 1）　下線部 (ア)(イ)(ウ)(エ)(オ) の内容に最も近いものをそれぞれ1つ選び、その番号を解答欄にマークしなさい。

(ア)　then

1）after that

2）at the time

3）moreover

4）next time

(イ)　fuelled by

1）improved on

2）made easy by

3）propelled by

4）set fire to

(ウ)　the birds were extremely straightforward to kill

1）hunters used arrows to shoot straight at the birds

2）hunters were able to slaughter the birds with little difficulty

3）the birds usually built their nests with straw

4）the birds were forwarded to the market once they were shot down

(エ)　gave rise to

1）added to

2）brought money to

3）led to

4）made an effort to

(オ)　They

1）Naturalists

2）Native Americans

3）Transportation systems

4) The laws

(問 2) 本文の内容に基づいて、(A)〜(E) の質問の答として最も適切なものをそれぞれ１つ選び、その番号を解答欄にマークしなさい。

(A) Which is a feature of the passenger pigeon?

1) As passenger pigeons can deliver a message to a faraway place, they were used as a communication tool.
2) As passenger pigeons used to live in forests in small groups, they could hide from the predators and survive.
3) Passenger pigeons used to fly in flocks so dense that they covered the sky and were very noisy.
4) Passenger pigeons were brought to America by the immigrants from European countries.

(B) Why did hunters target the passenger pigeon?

1) Their gorgeous feathers were popular in Europe.
2) The government encouraged hunting the passenger pigeon.
3) Their meat was expensive and considered a delicacy.
4) They were easy to catch for food, because they were numerous.

(C) What is true about the situation of passenger pigeons in the 1870s?

1) Although the population of passenger pigeons was going down, hunters kept killing them.
2) Native Americans grew concerned about the pigeon population, because they were in a similar situation.
3) The federal government enacted laws to help save the pigeon population.
4) The last remaining passenger pigeon was killed by hunters.

(D) Which of the following hunting method is NOT mentioned in the passage?

1) Burning sulfur.

2) Cutting down trees.

3) Displaying a model pigeon.

4) Using shotguns.

(E) What happened after innovations in transport and communication?

1) It became easy for people to find passenger pigeons and hunt them.

2) Many passenger pigeons were killed due to collisions with passing trains.

3) Passenger pigeons started to migrate to farther away places in the world.

4) People stopped using passenger pigeons as animal companions.

(問 3) 本文中の空欄 (A) と (B) に入る英単語それぞれ1語を解答欄に記しなさい。

(問 4) この文章の内容を50字以内の日本語で要約し、解答欄に記しなさい(句読点も字数に入れる)。

日本史

(60分)

〔Ⅰ〕　次の(A)・(B)・(C)の各文章(一部変更をくわえている)を読み、それぞれの設問に答えなさい

(A)

婦人問題の解決に就きましては、貴女方に於て既に御《お》精《く》はしきことと存じます…婦人問題と申《もうし》ても種々な方面があります。教育(a)の方面、政治の方面、経済の方面、恋愛の方面等、凡《およ》そ人類生活の総《あら》ゆる方面に関連して居ると言はねばなりませぬ。…之《これ》を約言すれば婦人解放と言ふことに帰着するでありませう。…

…私共が熱狂した自由民権運動(b)時代には婦人問題と言ふことは単に男女同権の一語を以て尽《つく》されておりました。…此《この》意味における婦人解放は相対的のものであります。…併《しか》し、私は此相対的意味の運動を単に手段として、更に絶対的の婦人解放が行はれねばなるまいと思ひます。…絶対的の解放とは婦人としての解放ではなくて「人」としての解放であります。…自己内心の束縛を撃退して無礙《むげ》自由を体得することであります。…

…らいてう様(c)は「自分は太陽である」と言はれましたが、総ての人が其《その》覚悟さへできればそれで宜《よろ》しいのです。…太古の社会に於ては、婦人は男子と同じく極めて自由な健康な生活をして居たとのことであります。是れが知識の眼が開かれると共に、男は女と離れ、権者は無権者と分れ、人は自然と分れ、内我は外我と別れ、階級と圧制と争闘と腐敗の波浪に押流されて今日の憐れな有様になつて来ました。…何時までも苦しき境界に屈服するには及びますまい。迷妄の鉄鎖を断絶して自然が教ゆる自由平等の生活を実現するのは是れ吾等《われら》の使命ではありませぬか、是れ此等の運命ではありませぬか。而して是れ吾等の正義ではありませぬか。…

(［(イ)］「婦人問題の解決」『［(ウ)］』第3巻第2号、1913年2月)。

問(1)　下線部(a)に関連した人物として、女性の教育のために尽力した [(ア)] が著名である。彼女は、岩倉使節団に随行した留学生の1人で、1900(明治33)年に東京で女子英学塾を創設した。空欄(ア)に入る人物の姓名を、漢字で記しなさい。

問(2)　Aの文章の著者 [(イ)] は、岡山女子懇親会に加わり、下線部(b)に参加した。空欄(イ)に入る人物の姓名を、漢字4文字で記しなさい。

問(3)　(設問省略)

問(4)　(設問省略)

(B)

日本軍ハ支那軍トノ間ニ敵対行為起リ得ベキコトヲ予想シテ、慎重準備セラレタル計画ヲ有シ居リタルガ、九月十八日ヨリ十九日ニ亘《ワタ》ル夜間、本計画ハ迅速且《カツ》正確ニ実施セラレタリ。支那軍ニ於テハ日本軍ニ攻撃ヲ加ヘ又ハ特ニ右ノ時及《オヨビ》場所ニ於テ日本人ノ生命或ハ財産ヲ危険ナラシムルガ如キ計画ハ…之ヲ有セザリキ。彼等ハ何等協同セル又ハ命令ヲ受ケタル攻撃ヲ日本軍ニ対シ行ヒタルモノニ非ズシテ、日本軍ノ攻撃及其ノ後ノ行動ニ驚カサレタルモノナリ。九月十八日午後十時ヨリ十時三十分ノ間ニ鉄道線路上若《モシク》ハ其ノ附近ニ於テ爆発(d)アリシハ疑ナキモ、鉄道ニ対スル損傷ハ若シアリタリトスルモ、事実長春ヨリノ南行列車ノ定刻到着ヲ妨ゲザリシモノニテ、其レノミニテ軍事行動ヲ正当トスルニ充分ナラズ。同夜ニ於ケル叙上日本軍ノ軍事行動ハ合法ナル自衛ノ措置ト認ムルコトヲ得ズ。…

…日本参与員ノ千九百三十二年八月二十七日附本委員会宛書簡ニ、特派大使武藤大将ハ「八月二十日満州ニ向ヒ東京ヲ出発セリ。到着後同大将ハ日本ト満州トノ間ノ友好関係ノ樹立ニ関スル基本条約締結ノ為交渉ヲ開始スベシ。日本政府ハ右条約ノ締結ヲ以テ「満州国」ノ正式承認(e)ト認ム」トノ趣旨ヲ記載ス。…

(『国際連盟調査委員会報告書』)

問(5)　Bはイギリス人の［ (オ) ］を団長とする通称［ (オ) ］調査団による日本と中国との間の紛争に関する報告書の一部である。これに基づき、1933（昭和８）年２月の国際連盟臨時総会は、南満州鉄道附属地外部にいる日本軍が撤収すること、国際連盟加盟国が満州国を承認しないことなどからなる勧告案を採択した。空欄(オ)に入る人名を記しなさい。

問(6)　下線部(d)は、1931（昭和６）年９月に奉天郊外の［ (カ) ］付近で南満州鉄道線路が爆破された事件に関する記述である。空欄(カ)に入る地名を、漢字で記しなさい。

問(7)　Bの報告書が公表される以前、日本政府は日満議定書を満州国と取り交わし、下線部(e)を行う。このときの首相の姓名を、漢字で記しなさい。

(C)

…日本の労働力は、栄養不良と過労、多数の都市の住宅の破壊と地方輸送の困難のために、その能率は低下した。欠勤、病気、空襲警報…等のあらゆる原因によって失われた生産時間は、1944年の20％から1945年７月には40％以上に上昇した。…その能率低下の原因は、(f)高度の熟練工の兵役召集が続いたこと、また…効率的労働管理制度がなかったことに主として帰すべきであって、全面的な労働力不足によるものではない。…

…日本における、９ヶ月間にわたる空襲による一般市民の死傷は、原爆によるものを含めて約80万６千名であった…市民の死亡あるいは負傷の原因の主なものは火災である。…

…日本は戦争前に民間防衛体制をつくっていた。しかしながら、日本の一般市民を空襲から守るための有効な措置がはじめてとられたのは、1944年になってからのことである。…(g)緊要な用向きのない都会居住者は田舎に避難し、残留者は…防火と相互扶助に団結することになった。…しかし…大規模な焼夷弾攻撃を受けると、民間防空組織は苦もなく圧倒されてしまった。

…食糧不足が激化したことは、日本人の健康と体力とに重大な影響を与えた要因であった。…国内の食糧生産自体も、(h)青年男子の召集や肥料不足がひどくなったことによって減産となった。…

…一般民衆の64％までが、降伏以前においてもはや個人的に戦争について行けないと感ずるところまで来ていた、と述べている。このうちで10分の1以下が降伏の原因を軍事的敗北に帰し、4分の1が食糧と民需物資の欠乏だと感じ、大部分は空襲のせいだとしている。…

(米国戦略爆撃調査団「太平洋戦争総合報告書」『現代史資料39：太平洋戦争5』)

冨永謙吾訳

問(8)　下線部(f)を背景に、政府は、1944(昭和19)年8月、女子［　(キ)　］勤労令を施行し、女子［　(キ)　］隊に編成した女性を軍需産業などで働かせる勤労動員を開始する。空欄(キ)に入る語を漢字で記しなさい。

問(9)　下線部(g)のうち、子どもの一部については、1944(昭和19)年6月に閣議決定された［　(ク)　］促進要綱で、都市部から農村部に移動させる［　(ク)　］を実施することが定められた。空欄(ク)に入る語を漢字4文字で記しなさい。

問(10)　下線部(h)のために、1943(昭和18)年、大学・高等学校および専門学校に在学中の徴兵適齢文科系学生の徴兵延期措置が撤廃され、軍への徴集がはじまる。これは［　(ケ)　］と呼ばれた。空欄(ケ)に入る適切な語を漢字4文字で記しなさい。

〔Ⅱ〕 遣隋使と遣唐使に関する(A)・(B)の二つの文を読み、各問題について、選択肢からもっとも適当と思われるものを一つ選び、その記号を解答欄にマークしなさい。

(A)

(a)大業《たいぎょう》三年、其の王(b)多利思比孤《たりしひこ》、(c)使を遣して朝貢す。使者曰く、「聞くならく、海西の(d)菩薩《ほさつ》天子、重ねて仏法を興すと。故、遣して朝拝せしめ、兼ねて沙《しゃ》門《もん》数十人、来りて仏法を学ぶ」と。其の国書に曰く、「日出づる処の天子、書を日没する処の天子に致《いた》す。恙《つつが》無《な》きや、云云と」。帝、(e)之を覧《み》て悦ばず、鴻臚卿《こうろけい》に謂《い》ひて曰く、「(f)蛮夷《ばんい》の書、無礼なる有らば、復《ま》た以て聞《ぶん》する勿《なか》れ」と。

(『　(ア)　』)

問(1)　下線部(a)の「大業三年」とは、西暦何年にあたるか。正しいものを選びなさい。正しいものがなければ，Fにマークしなさい。

〔選択肢〕

A　600年	B　607年	C　608年
D　614年	E　623年	F　正答なし

問(2)　下線部(d)の「菩薩天子」とは誰か。正しいものを選びなさい。正しいものがなければ，Fにマークしなさい。

〔選択肢〕

A　静帝	B　文帝	C　煬帝
D　武帝	E　宣帝	F　正答なし

問(3)　遣隋使に関する説明として、正しいものを選びなさい。正しいものがなければ、Fにマークしなさい。

〔選択肢〕

A　下線部(b)の「多利思比孤」は、神武天皇のことである。

B　下線部(c)の「使」は、犬上御田鍬のことである。

C　遣隋使は、600(推古8)年から618(推古26)年に10回派遣された。

D　遣隋使船は、大阪の住吉津から出発し、難波津を経て大阪湾に出、高知沖を回って玄界灘に出た。

E　小野妹子は、607年と608年の2回、遣隋使として派遣された。

F　正答なし。

問(4)　遣隋使に関する説明として、正しいものを選びなさい。正しいものがなければ、Fにマークしなさい。

〔選択肢〕

A　隋の皇帝が、下線部(e)「之を覧《み》て悦ばず」と反応したのは、隋の皇帝を「日没する処の天子」と記したからである。

B　遣隋使は、それまでの卑弥呼や倭の五王の時代と同様に、中国の皇帝から冊封を受けた。

C　空欄(ア)に入る、当該史料の出典は、『日本書紀』である。

D　隋の皇帝は、下線部(f)のように倭国の国書に不快の念を露わにしながらも、遣隋使使節の帰国に際して、裴世清を答礼使として派遣した。

E　国使として派遣された裴世清は、日本でその生涯を終えた。

F　正答なし。

問(5)　遣隋使使節には、渡来人の子孫が留学生や学問僧として随行したが、その説明として、誤っているものを選びなさい。誤っているものがなければ、Fにマークしなさい。

〔選択肢〕

A　608年の遣隋使には、渡来人の子孫8人が従った。

B　彼らは帰国後、学塾を開き、中大兄皇子・中臣鎌足らに隋・唐の先進知識を教授した。

C　南淵請安は、学問僧として隋・唐に学んだ。中大兄皇子・中臣鎌足が蘇我氏打倒を謀ったのは、南淵請安の塾に通う途中であったといわれている。

D　旻は、学問僧として隋・唐に学び、帰国後、大化改新で国博士となり、行政機関である八省百官の立案を行った。

E　高向玄理は、遣隋留学生であり、帰国後、大化改新で国博士となり、のち、654年に遣唐使として入唐し、長安で死去した。

F　正答なし。

(B)

右、臣某(g)、謹《つつし》みて在唐の僧中瓘《ちゅうかん》、去年三月商客王訥《おうとつ》等に附して到る所の録記を案ずるに、大唐の凋弊、之を載すること具《つぶさ》なり。(中略)臣等伏して旧記を検《けみ》するに、度々の使等、或は海を渡りて命《めい》に堪へざりし者有り、或は賊に遭《あ》ひて遂に身を亡ぼせし者有り。唯《た》だ、未だ唐に至りて難阻飢寒《なんそきかん》の悲しみ有りしことを見ず。中瓘の申報する所の如くむば、未然の事(h)、推して知るべし。臣等伏して願はくは、中瓘の録記の状を以て、遍《あまね》く公卿・博士に下し、詳《つまび》らかに其の可否を定められむことを。(以下略)

(『 (イ) 』)

問(6)　諸公卿に遣唐使の存廃について議論させるよう申請した、下線部(g)「臣某」とは誰か。正しいものを選びなさい。正しいものがなければ、Fにマークしなさい。

〔選択肢〕

A　平群広成　　B　阿倍仲麻呂　　C　犬上御田鍬

D　吉備真備　　E　玄昉　　F　正答なし

問(7)　最初に遣唐使が派遣された年(西暦)と、この「臣某」の建議によって遣唐使が中止された年(西暦)の組み合わせとして正しいものを選びなさい。正しいものがなければ、Fにマークしなさい。

〔選択肢〕

A　653年・894年　B　654年・894年
C　659年・839年　D　630年・894年
E　632年・839年　F　正答なし

問(8)　遣唐使に関する上の史料の説明として、誤っているものを選びなさい。誤っているものがなければ、Fにマークしなさい。

〔選択肢〕

A　唐の国政の疲弊について詳しい報告を書いたのは、唐にいた僧の中瓘である。
B　この報告は、商人の王訥によって届けられた。
C　遣唐使の中には、旅の途中で賊に襲われ身を亡ぼす者がいた。
D　唐に到着してからも、旅行の困難や飢えや寒さに見舞われた者が多数いた。
E　下線部(h)の「未然の事」とは、将来の事という意味である。
F　正答なし。

問(9)　遣唐使に関する説明として、正しいものを選びなさい。正しいものがなければ、Fにマークしなさい。

〔選択肢〕

A　空欄(イ)に入る、当該史料の出典は、『続日本紀』である。
B　最初の遣唐使は、遣隋使の経験もあった犬上御田鍬である。
C　遣唐使は全部で30回以上派遣されたが、とくに717年と733年の派遣は規模が大きく、盛唐の文化の輸入に大きな役割を果たしたことで知られている。

D　8世紀になると、航海術が進歩して、遣唐使の全船が安全に往復できるようになった。

E　5度におよぶ渡航の失敗によって失明しながらも日本に戒律を伝え、薬師寺を建立した鑑真は有名である。

F　正答なし。

問(10)　遣唐使に関する説明として、誤っているものを選びなさい。誤っているものがなければ、Fにマークしなさい。

〔選択肢〕

A　遣唐使派遣の目的は、唐を中心とした東アジアの国際情勢の情報入手と、先進的な唐文化の摂取とにあった。

B　遣唐使派遣が廃止された理由の一つとして、9世紀以来唐商人の大宰府への来航が多くなり、中国の文物が比較的容易に入手できるようになったことが挙げられる。

C　阿倍仲麻呂・吉備真備・藤原清河は、帰国できないまま、玄宗皇帝に重用されて高官に上り、唐で死去した。

D　804年の遣唐使使節には、最澄と空海が参加している。

E　遣唐使と並行して、676年に朝鮮半島を統一した新羅との間でも、多くの使節の往来が行われた。

F　正答なし。

〔Ⅲ〕 次の(A)・(B)・(C)の各文章を読んで、それぞれの設問に答えなさい。答えは、解答欄に記入しなさい。

(A)

織田信長・豊臣秀吉の時代を、その居城の地名にちなんで安土・桃山時代とも呼び、この時代の文化を桃山文化という。桃山文化は、新興の大名や戦争・海外貿易で巨富を得た豪商の気質と経済力を反映して、現世的で豪華・壮大な文化となった。(a)桃山時代を象徴するのは、天守閣のそびえ立った城郭建築である。城郭は、中世以来の防塞としての役割を果たす山城ではなく、領国支配の利便をも考慮して小丘上の平山城や平地の平城などが中心となり、軍事施設としての機能と城主の居館・政庁としての機能を併せ持つものとなった。室町時代に発達した茶の湯は、信長・秀吉らの武将や堺・博多などの豪商に愛好されて大いに流行した。なかでも(b)堺の町人であった千利休は、信長・秀吉に茶人として仕えるとともに、侘茶を大成した。茶の湯の流行とともに、(c)茶室・茶器・庭園に優れたものが生まれ、花道や香道も発達した。

問(1)　下線部(a)に関連して、城郭建築に関する記述として誤っているものを、次の選択肢から1つ選んでその記号を解答欄にマークしなさい。

〔選択肢〕

A　秀吉は、晩年に邸宅を兼ねた伏見城を築いたが、のちその城跡に桃が植えられたので、この地を桃山と呼ぶようになった。

B　1576(天正4)年、信長は、近江の琵琶湖に面した地に新たに五層の天守閣をもつ華麗な安土城を築き、全国統一の拠点とした。

C　1583(天正11)年、秀吉は、柴田勝家を近江賤ヶ岳に破り、石山本願寺の跡地に大坂城を築き、難攻不落の名城といわれたが、1615(元和元)年の大坂夏の陣で落城した。

D　この時代の城郭で現存するものには、姫路城のほか、松本城、彦根城、松江城、犬山城がある。

E　姫路城は、白鷺城とも呼ばれ、池田輝政の居城として播磨平野に築かれた代表的な平城で、連立式天守閣がみごとである。

問(2)　下線部(b)に関連して、千利休に関する記述として誤っているものを、次の選択肢から１つ選んでその記号を解答欄にマークしなさい。

〔選択肢〕

A　利休は、信長・秀吉に重用されたが、大徳寺山門上に自分の木像を置いたかどで秀吉の怒りを受け、自刃を命じられた。

B　利休は、村田珠光に茶を学び、門人には武将も多く、織田有楽斎・古田織部らがいる。

C　利休にとって、茶の湯の精神とは、「第一仏法を以て修行得道する事」(『南方録』)の一環で、質素な行いがその中心であり、臨済宗の禅院妙喜庵にある待庵は、その精神を示す二畳の茶室として知られている。

D　秀吉は、金の茶室をつくったり、1587(天正15)年に京都北野で茶会を開き、大名から百姓・町人まで貧富・身分の差なく民衆を参加させるなど、利休の茶の精神とは異なる方向で茶の湯を用いた。

E　茶器には中国の陶磁器が珍重されていたが、利休らによって楽焼などの日本陶器が用いられるようになった。

問(3)　下線部(c)に関連して、文禄・慶長の役で諸大名が連れ帰った朝鮮人陶工の手で登窯や絵付けの技術が伝えられ、九州・中国地方の各地で陶磁器生産が始められたが、それら陶磁器の名称と、その生産をすすめた大名の名の組合せとして誤っているものを、次の選択肢から１つ選んでその記号を解答欄にマークしなさい。

〔選択肢〕

A　有田焼・鍋島氏　　B　萩焼・毛利氏

C　薩摩焼・島津氏　　D　高取焼・細川氏

E　平戸焼・松浦氏

(B)

江戸時代の百姓は、過重な年貢の徴収や役人の不正に対して訴えを繰り返し、それが受け入れられないときには、村を単位に領主に対して広い範囲で結集して百姓一揆をおこし、要求の実現をせまった(d)。幕府や諸藩は、一揆の要求を一部認めることもあったが、多くは武力で鎮圧し、一揆の指導者を厳罰に処した。それにもかかわらず、百姓一揆は増加し続け、凶作や飢饉のときには各地で同時に多発した。

1732(享保17)年、西日本でいなごやうんかが大量発生し、稲を食い尽くして大凶作となり、全国的な飢饉を引き起こした(享保の飢饉)。このため米価が急騰し、翌年江戸では有力な米問屋が米価高騰の原因をつくったとして打ちこわしを受けた。1782(天明2)年の冷害から始まった凶作は、翌年の浅間山の大噴火を経て数年に及ぶ江戸時代有数の大飢饉となり、東北地方の農村を中心に多数の餓死者と疫病死者を出した(天明の飢饉)。このため、全国で数多くの百姓一揆が起こり、江戸や大坂をはじめ各地の都市では、米価高騰により生活が苦しくなった下層住民を中心に、激しい打ちこわしが発生した。天明の飢饉後、寛政・文化・文政期は比較的天候に恵まれ、全国的に作柄も良かったが、天保期(1830～43年)に入ると、凶作が目立つようになり、全国的に米不足を招いて大飢饉に見舞われた(天保の飢饉(e))。このため、米価も高騰し、大規模な一揆や打ちこわしが続発した。1837(天保8)年、元大坂町奉行所与力で陽明学者の大塩平八郎は、貧民救済のために門弟や民衆を動員して武装蜂起したが、わずか半日で鎮圧された(f)。

問(4)　下線部(d)に関連して、江戸時代の百姓一揆に関する記述として誤っているものを、次の選択肢から1つ選んでその記号を解答欄にマークしなさい。

〔選択肢〕

A　17世紀初めには、江戸幕府の支配に対抗する土豪をまじえた武力蜂起や村ぐるみでの逃散など、まだ中世の名残りがみられる。

B　17世紀後半からは、広い地域にわたる大規模な惣百姓一揆が増え、17世紀末になると、村々の代表者が百姓全体の要求をまとめて領主に直訴する代表越訴型一揆も各地でみられるようになった。

C　代表越訴型一揆の例として、下総佐倉の佐倉惣五郎や上野の磔茂左衛門が知られており、彼らは義民として伝説化された。

D　藩領域に及ぶ一揆は、全藩一揆と呼ばれ、例えば1686(貞享3)年の信濃松本藩の嘉助騒動、1738(元文3)年の陸奥磐城平藩の元文一揆が挙げられる。

E　国学者として朱子学を批判する立場にいた本居宣長の『秘本玉くしげ』には、百姓一揆について「抑此事の起るを考ふるに、いづれも下の非はなくして、皆上の非なるより起れり」と書かれており、百姓一揆の原因を民衆ではなく為政者の失敗にあるとしている。

問(5)　下線部(e)に関連して、天保の飢饉の後、北関東や東北農村では人口が減少して農村が荒廃していたが、相模の農民出身の［　(ア)　］の［　(イ)　］のように、荒廃田を回復させて農村を復興させる試みがみられた。空欄(ア)に該当する人名と空欄(イ)に該当する用語の組合せとして正しいものを、次の選択肢から1つ選んでその記号を解答欄にマークしなさい。

〔選択肢〕

A　(ア)二宮尊徳　(イ)報徳仕法

B　(ア)大原幽学　(イ)性学

C　(ア)二宮尊徳　(イ)性学

D　(ア)大蔵永常　(イ)報徳仕法

E　(ア)大原幽学　(イ)報徳仕法

問(6)　下線部(f)に関連して、大塩平八郎の乱と同じ年に発生した出来事の組合せとして正しいものを、次の選択肢から1つ選んでその記号を解答欄にマークしなさい。

〔選択肢〕

A　モリソン号事件・蛮社の獄

B　生田万の乱・蛮社の獄

C　加茂一揆・生田万の乱

D　蛮社の獄・加茂一揆

E　モリソン号事件・生田万の乱

(C)

①「貪リ取ル者無レバ貪ラルル者モ無ク、転定《てんち》モ人倫モ別ツコト無ク、転定生ズレバ、人倫耕シ、此ノ外一点ノ私事ナシ。是レ自然ノ世ノ有様ナリ。」

②「細かに思へば、(g)江戸の日本橋より唐、阿蘭陀迄境なしの水路也。然るを此に備へずして、長崎にのみ備るは何ぞや。」

③「生ズレバ智アリ、神アリ、血気アリ、四肢・心志・臓腑ミナ働キ、死スレバ智ナシ、神ナシ、血気ナク、四肢・心志・臓腑ミナ働ラクコトナシ。然レバ何クンゾ鬼アラン。又神アラン。」

④「万国へ船舶を遣りて、国用の要用たる産物、及び金銀銅を抜き取て日本へ入れ、国力を厚くすべきは海国具足の仕方なり。」

⑤「金を豊饒《ほうじょう》にする術は、市賈《しこ》の利より近きはなし。諸侯として市価の利を求むるは、国家を納むる上策にはあらねども、当時の急を救ふ一術なり。」

問(7)　①から④の史料の著者と書名の組合せとして正しいものを、次の選択肢から1つ選んでその記号を解答欄にマークしなさい。

〔選択肢〕

A　①安藤昌益・統道真伝　②林子平・海国兵談
B　②林子平・三国通覧図説　③安藤昌益・自然真営道
C　③山片蟠桃・夢の代　④本多利明・西域物語
D　①安藤昌益・自然真営道　③山片蟠桃・夢の代
E　②林子平・海国兵談　④佐藤信淵・経済要録

問(8)　①から⑤の史料のうち、著者が儒学者であり、専売制の導入を説いている人によって著されたものを、次の選択肢から1つ選んでその記号を解答欄にマークしなさい。

〔選択肢〕

A　①　　B　②　　C　③

D ④ E ⑤

問(9) 下線部(g)に関連して、幕府が間宮林蔵に樺太を探査させた年を、次の選択肢から１つ選んでその記号を解答欄にマークしなさい。

〔選択肢〕

A 1786(天明６)年　　B 1798(寛政10)年

C 1800(寛政12)年　　D 1807(文化４)年

E 1808(文化５)年

問(10) ③の史料の著者が出た学塾は、朱子学や陽明学などを町人に授けたが、その学塾を、次の選択肢から１つ選んでその記号を解答欄にマークしなさい。

〔選択肢〕

A 洗心洞　　B 適塾　　C 懐徳堂

D 咸宜園　　E 古義堂

〔Ⅳ〕　次の(A)および(B)の設問に答えなさい。

(A)

次の文章は、日本が国際連合に加盟した際、日本の外務大臣が国際連合総会において行った演説である。この文章を読んで以下の各設問に答えなさい。

議長並びに代表各位

一、議長閣下が只今わが国の国際連合加盟に際し、極めて熱誠かつ友情に富む歓迎の辞を述べられたことに対し私は、日本政府及び国民を代表して深甚な感謝の意を表明するものであります。わが国の伝統的な友邦タイ国の偉大な政治家でありかつ外交官である代表(a)を議長とする今次総会において、わが国の国際連合加盟が実現したことは私の大なる喜びとするところであります。また私は総会副議長の各位が好意に充ちた歓迎の辞を述べられたことに対しても深く謝意を表明するものであります。

日本が最初に加盟を申請してからやがて五年にもなりますが、わが国の加盟が今日まで実現しなかつたのはわれわれの如何ともすべからざる外的理由に基くものであることをわが国民は充分に理解していたのであります。それ丈けにこれまでわが国の加盟について熱心に支持せられてきた友邦諸国代表の発言を一層深い感謝の念をもつて受取つたのであります。

(中略)

三、現在世界には多くの重大問題が存します。 [(ア)]

日本はまた、国際連合が平和の維持とともに人道主義に重きを置いていることを喜ぶものであります。国際連合が軍備縮少の問題を大きく取上げているのは平和維持のためであり、それとともに大量破壊兵器の禁止に力を尽くしているのは、人道主義に重きを置いているがためであります。日本は原子爆弾の試練を受けた唯一の国(b)であつて、その惨害の如何なるものであるかを知つております。日本の国会がさる二月衆参両院において、ともに原水爆の使用及び実験の禁止に関する決議を行つたのは、人道上の見地より国民的要望に応えたものであり、人類をして再び大量破壊の悲惨を味わしめざらんとする願望に出でたものであります。日本は国際連合の指導の下に軍縮の大事業が成功し、人類が悲惨な運命から免れ、堪えがたい恐怖感から救われることを衷心よりねがうものであります。国際連合がすでに原子力の平和的利用を活溌に推進していることは、この意味において極めて喜ばしい次第であります。

（中略）

四、日本が置かれているアジア地域においても、世界の情勢を反映して、未だに緊張が除かれておりません。中東に発生したような情勢がアジアにおいても起らぬとは、何人も断言し得ないのであります。国際連合は宜しくその憲章の趣旨に従つて、平和を害する恐れある情勢を警戒し、単に事後において行動を起すことをもつて足れりとせず、未然に平和を救済する手段を考案する必要があることを、痛感するものであります。特に未だ平和の完全に回復せられておらぬ東亜地域においては多くの危険が伏在しておるのであります。これに対処するためには、まず思想問題を離れて、現実的に実際問題に直面して考察することが必要であると信ずる次第であります。かかる見地から、(c)日本はソヴィエト連邦と外交関係を回復し、十一年余に亘る日ソ両国間の不自然な法律的戦争状態を終結せしめたのであります。われわれはこのような措置が東亜の平和及び安全に貢献すると信じたからであります。東亜地域における永続的な平和及び安定の基礎を見出すことは、素より東亜諸国自身の義務であることは言うまでもありません。

（中略）

日本は世界の通商貿易に特に深い関心を持つ国でありますが、同時にアジアの一国として固有の歴史と伝統とを持つている国であります。日本が昨年 （イ） における(d)アジア・アフリカ会議に参加したゆえんも、ここにあるのであります。同会議において採択せられた （ウ） なるものは、日本の熱心に支持するところのものであつて、国際連合憲章の精神に完全に符合するものであります。しかし、平和は分割を許されないのであつて、日本は国際連合が、世界における平和政策の中心的推進力をなすべきものであると信ずるのであります。

わが国の今日の政治、経済、文化の実質は、過去一世紀にわたる欧米及びアジア両文明の融合の産物であつて、日本はある意味において東西のかけ橋となり得るのであります。このような地位にある日本は、その大きな責任を充分自覚しておるのであります。

問(1) この演説を行った日本の外務大臣は、1945年、東京湾内のアメリカ軍艦ミズーリ号上で、降伏文書に調印した当時の外務大臣と同一人物である。この人物を次の選択肢から1つ選んでその記号を解答欄にマークしなさい。

〔選択肢〕

A 重光葵　B 東郷茂徳　C 梅津美治郎
D 吉田茂　E 東久邇宮稔彦

問(2) 下線部(a)の人物は1943年11月に東京で開催された大東亜会議に出席した人物である。この人物は誰か。次の選択肢から1つ選んでその記号を解答欄にマークしなさい。

〔選択肢〕

A チャンドラ＝ボース　B ラウレル
C ワンワイ＝タヤコン　D バー＝モウ
E ホー＝チ＝ミン

問(3) 空欄(ア)の部分においては、当時の国際情勢についての言及がなされている。ここではソ連のある行動により惹起された事柄についても触れられているが、ソ連のある行動とは何か、次の選択肢から1つ選んでその記号を解答欄にマークしなさい。

〔選択肢〕

A ハンガリーにおける反ソ反共産主義運動・民主化運動を武力で制圧したこと。
B チェコスロバキアにおける自由化の推進を武力で制圧したこと。

C　アフガニスタンの親ソ政権維持のために同国に武力侵攻したこと。

D　カストロを援助し、キューバにミサイル基地を設置したこと。

E　中国から技術者を引き揚げてソ連と中国との関係が悪化したこと。

問(4)　下線部(b)に関して、次の選択肢から正しい記述を1つ選んでその記号を解答欄にマークしなさい。

〔選択肢〕

A　原爆が投下された当時の日本の首相は鈴木貫太郎であり、アメリカの大統領はトルーマンである。

B　日本政府はソ連の仲介による和平に望みをかけて、当初カイロ宣言を黙殺すると発表したが、アメリカはこれを同宣言の拒絶と判断して原爆を投下した。

C　アメリカは1945年8月9日に広島に原爆を投下した。

D　アメリカは1945年8月6日に長崎に原爆を投下した。

E　原爆が投下された当時の日本の首相は小磯国昭であり、アメリカの大統領はフランクリン・ローズヴェルトである。

問(5)　下線部(c)は、1956年10月19日に調印された日ソ共同宣言により日本とソ連が国交を回復したことについての言及である。同宣言について次の選択肢から誤った記述を1つ選んでその記号を解答欄にマークしなさい。

〔選択肢〕

A　日ソ共同宣言において、ソ連は日本の国連加盟への申請を支持するものとされた。

B　日ソ共同宣言に調印したのは、日本の鳩山一郎とソ連のブルガーニンである。

C　日ソ共同宣言により、ソ連は歯舞群島及び色丹島を将来日本に返還することに同意した。

D　日ソ共同宣言により、ソ連は日本に対する賠償請求権を放棄した。

E　日本とソ連の間における戦争状態は、日ソ共同宣言の調印日に終了するものとされた。

問(6)　下線部(d)のアジア・アフリカ会議に関して、次の選択肢から正しい記述を1つ選んでその記号を解答欄にマークしなさい。

〔選択肢〕

A　アジア・アフリカ会議は、中華民国およびインドが中心となって開催された。

B　アジア・アフリカ会議は、文中の空欄(イ)の都市において開催されたが、それはインドネシアのジャカルタである。

C　アジア・アフリカ会議では、平和共存・反植民地主義をうたった、文中の空欄(ウ)の平和五原則が決議された。

D　アジア・アフリカ会議には29か国が参加した。

E　アジア・アフリカ会議は非同盟諸国会議と同年に開催された。

(B)

次の文章を読んで、以下の各設問に答えなさい。

高度経済成長期において、わが国の国土や社会のありさまはそれまでに比して大いに変容し、また、個人所得の増大と都市化の進展にともない生活様式も著しく変化し、いわゆる大衆消費社会が形成された。

1960年代の後半からは、自動車・カラーテレビ・クーラーのいわゆる新三種の神器(3Cともいう)の普及率が増大した。自動車についていうと、自家用自動車の普及により、自動車が交通手段に占める割合も増大した。1965年には［(エ)］、1969年には［(オ)］が全通した。

生活にゆとりが生まれると、レジャー産業、マスメディアも発達し、新聞・雑誌・書籍の出版数も増大した。『少年サンデー』や『少年マガジン』などの少年向けの漫画雑誌も相次いで創刊された。これらは大人にも読まれ、漫画は幅広い年齢層に親しまれるに至ったが、著名な漫画家として手塚治虫(e)を挙げることができる。また、文学においては、松本清張(f)の社会派推理小説、そして司馬遼太郎(g)の歴史小説などが広く読まれた。

問(7)　文中の空欄(エ)および空欄(オ)には道路の名称が入るが、その名称の組み合わせとして正しいものを次の選択肢から１つ選んでその記号を解答欄にマークしなさい。

〔選択肢〕

A　(エ)東名高速道路　(オ)名神高速道路

B　(エ)東名高速道路　(オ)中国自動車道

C　(エ)名神高速道路　(オ)東名高速道路

D　(エ)名神高速道路　(オ)東北自動車道

E　(エ)東名高速道路　(オ)東北自動車道

問(8)　下線部(e)の手塚治虫の作品を次の選択肢から１つ選んでその記号を解答欄にマークしなさい。

〔選択肢〕

A　『冒険ダン吉』　B　『ゴジラ』

C　『サザエさん』　D　『ジャングル大帝』

E　『のらくろ』

問(9)　下線部(f)の松本清張の作品を次の選択肢から１つ選んでその記号を解答欄にマークしなさい。

〔選択肢〕

A　『飼育』　B　『点と線』　C　『仮面の告白』

D　『二銭銅貨』　E　『真空地帯』

問(10)　下線部(g)の司馬遼太郎の作品を次の選択肢から１つ選んでその記号を解

答欄にマークしなさい。

〔選択肢〕

A 『竜馬がゆく』 B 『天平の甍』 C 『砂の女』
D 『邪宗門』 E 『沈黙』

世界史

（60分）

〔Ｉ〕 次の文章を読み、下記の問に答えなさい。

イベリア半島は、ヨーロッパの南西端に位置し、約58万km^{2}の面積を持つ半島である。現在、この半島のほとんどはスペインとポルトガルによって領有されており、ヨーロッパ世界の一部と認知されている。しかし、そこに住む人々は様々な民族的・文化的バックボーンを持つ。このことは、東西南北で自然環境が異なるという半島の地理的な要因だけではなく、古代から現代まで長く続いてきた文明の混淆《こう》に由来している。そのためイベリア半島は、地球上に存在する「文明の十字路」の一つということができる。

イベリア半島に新人が現れたのは、遅くとも旧石器時代後期に当たる約4万年前のことである。例えば、この半島北部にある［　①　］には、旧石器時代の人類の痕跡である有名な動物壁画が残っている。新石器時代に当たる紀元前5000年頃には、この半島において農耕が始まったと考えられる。この時代から野生動物の家畜化、磨製石器・土器の製造が始まり、これらの技術は半島の南から北へと徐々に広がっていった。イベリア半島は欧州でも屈指の山脈地帯であり鉱物資源が豊富に存在するため、前3000年から前2000年頃になると半島南部においてエル・アルガール文化を筆頭とした青銅器文化㋐が花開いた。

前2000年期末から前1000年期頃には、イベリア半島に外部の勢力が進出した。北部からは、ピレネー山脈を越えてインド＝ヨーロッパ語族の民が侵入し鉄器文化が伝わり、次いでガリアから、同じくインド＝ヨーロッパ語族であるケルト人が来訪した。ケルト人らは、半島北部から西部にかけて定住し、土着のイベリア人と混淆した。他方、東部の地中海沿岸からは、地中海貿易で活躍していたフェニキア人が銀を求めて来訪した。彼らは、前12世紀から前8世紀に半島南部沿岸のカディスに植民市を築き、イベリア人にアルファベットや数字を伝えた。同様に地中海沿岸からは、前8世紀から前6世紀にかけて古代ギリシア人が来訪し、やはり交易のために植民市を築いていった。

前3世紀頃になると、西地中海圏の覇権をめぐって、フェニキア人の植民市カルタゴと、イタリア半島を本拠とするローマとが戦いを繰り広げた。カルタゴは、第2次ポエニ戦争においてローマに敗れ、イベリア半島から追い出された。カルタゴに勝利したローマは、イベリア半島をヒスパニアと呼び、この地域に本格的な進出を開始した。前19年にはローマ皇帝のオクタウィアヌスが自ら率いる軍により半島のほぼ全域が征服され、ローマ帝国は、ここを三つの属州に分けて統治した。この流れの中で、この地域にはローマ風の建物が建築され、ラテン語が普及した。これにより、言語的・文化的にもローマの生活様式が人々に浸透し、㋑ローマ法が適用されるようになった。いわゆる「パクス＝ロマーナ」が、イベリア半島においても実現されたのである。

後3世紀に入ると、異民族の侵入等の様々な要因でローマ帝国の支配に陰りが見え始める。395年のローマ帝国分裂の折に西ローマに属したイベリア半島には、［　②　］人、アラン人、スエヴィ人が侵入し、略奪等を行いながら各地を移動した。［　②　］人とアラン人がイベリア半島を抜けて、5世紀前半には北アフリカに至った一方で、スエヴィ人は現在のガリシア地方にスエヴィ王国を建国した。6世紀に入ると、ローマ帝国と条約を結びガリア西南部に首都を置いていた西ゴート王国が、クローヴィス率いるフランク王国に敗れた。そこで、西ゴートは南へ逃れ、560年にはイベリア半島の中央部に遷都した。6世紀後半には西ゴート王国は、スエヴィ王国を併合してイベリア半島を制圧した。その間に西ゴート人は、これまで信仰していたアリウス派キリスト教から、カトリックに集団改宗している。これにより、西ゴート王国はカトリック国家となり、後のスペインのアイデンティティの拠り所になる。

7世紀になるとイスラーム勢力が勃興し、ジハードを名目に急速に勢力を伸ばした。彼らは、ウマイヤ家の指揮の下でマグリブにまで勢力圏を広げ、711年にはジブラルタル海峡を渡りイベリア半島に侵入した。このイスラーム勢力は、グアダレーテ河畔の戦いにおいて西ゴート王国を破った後、3年足らずで半島を制圧し、この地域をアンダルスと呼んだ。ただし、キリスト教勢力が完全に滅んだわけではなく、イスラーム教の浸透しなかったイベリア半島北部のピレネー山脈やカンタブリア山脈において、土着の住民や西ゴート系住民が、西ゴート貴族と称するペラーヨを国王とし、アストゥリアス王国を建国した。建国まもなく、この国はイスラーム勢力から侵攻を受けたものの、勝利し独立を保った。この建国をもって、いわゆる「レコンキスタ」が始まったと一般的には解されている。この王国は、後のレオン王国やカスティリャ王国の母体となる。

8世紀半ばになると、ウマイヤ家に不満を持つ勢力が中心となってイスラーム勢力内で政変が発生した。この結果として、ウマイヤ朝はアッバース朝に敗北し、750年に滅亡した。これに伴いウマイヤ家の人々は虐殺されたが、辛うじて生き残った王族がイベリア半島に逃れ、首都を［　③　］とし756年に後ウマイヤ朝を建国した。後ウマイヤ朝は、10世紀前半に第8代君主の下で最盛期を迎え、中央集権的な国家体制が構築された。彼の治世から後ウマイヤ朝の君主は、㋒アミールではなくカリフを称した。

11世紀になると、後ウマイヤ朝の宮廷内部で権力争いが生じた。これを原因として、王朝の領土はタイファと呼ばれる地方政権ごとに分裂した。1031年には、最後のカリフが廃位・追放されたことで後ウマイヤ朝は滅亡した。これを機に「レコンキスタ」が活発化し、レオン、カスティリャ、ナバラ、アラゴン等の諸王国は、互いに争いや講和を繰り返しながら、イスラーム勢力圏を侵略した。特にレオン王国と連合したカスティリャ王国の活動は顕著であり、カスティリャは、11世紀後半に半島の中央部に位置するイスラーム勢力の一大都市を征服するに至る。12世紀以降は、ここを一つの拠点としてイスラーム圏に所在した古代ギリシアやローマの諸文献がアラビア語からラテン語に翻訳され、ヨーロッパに伝えられた。このことは、㋓中世ヨーロッパの文化を発展させた12世紀ルネサンスに貢献した。

カスティリャ王国による征服に危機感を抱いたタイファ諸国は、当時［　④　］を都としていたムラービト朝に支援を求めた。ムラービト朝は、ベルベル人が1056年頃に建国したイスラーム王朝である。この王朝は、12世紀前半、二度にわたりイベリア半島に進出して、イスラーム勢力の拡大に寄与したものの、最終的にはイベリア半島内のムスリムからも反乱を起こされ弱体化し、1130年にはムワッヒド朝に滅ぼされた。同じくベルベル人の王朝であるこのムワッヒド朝も、12世紀後半にはイベリア半島に進出し、一時は半島の約半分を支配するに至った。しかし13世紀前半に当時のローマ教皇が「スペイン十字軍」

を呼びかけたことで、北部キリスト教勢力は連合し、中央ヨーロッパからの援軍も得て勢力を強めた。1212年にラス＝ナバス＝デ＝トロサ峠で十字軍が勝利すると、以降ムワッヒド朝の勢力は衰えた。マグリブに撤退したムワッヒド朝は、13世紀後半には、同地域西部に台頭したマリーン朝に滅ぼされることになる。

結果的に、13世紀半ばにはイベリア半島のほとんどの地域は、アラゴン、ナバラ、カスティリャ、そしてカスティリャから独立して1143年に成立したポルトガルの四つのキリスト教国によって支配された。イベリア半島に最後に残されたイスラーム王朝の都 [⑤] は、1479年にカスティリャとアラゴンとの統合により生まれたスペイン王国により1492年に滅ぼされた。これをもって、「レコンキスタ」は完遂された。もっとも、実際の「レコンキスタ」は、キリスト教勢力が一体となってムスリム勢力を駆逐してゆくという、この語が示唆するような構図では必ずしもなかった。特に11世紀の段階ではキリスト教陣営とムスリム陣営とが常に截然と分かれて対立していたわけではなく、宗教上の理由のみならず種々の利害関係に応じて、一方に属する勢力が他方に属する勢力と連合することは、しばしばあったのである。

16世紀初頭にスペイン王国はナバラ王国の領土を併合した。以上の経緯を経てイベリア半島の二大大国となったスペイン王国とポルトガル王国は、15・16世紀以降、植民地を求めて海外に勢力を拡大してゆく。両国が他国に先駆け海外に進出することができたのは、イベリア半島が海に囲まれ、かつ大西洋に面するヨーロッパ最南端の地域であるという地理的な要因もあろうが、イスラーム文明から継受し発展させた高度な造船・航海技術㋔によるところも大きいであろう。

問 1　文中の空欄の①～⑤のそれぞれに最も適切と思われる語を下記の語群から一つずつ選び、その記号を解答欄にマークしなさい。

〔語　群〕

A　トレド	B　ラスコー
C　リスボン	D　フン
E　トゥールーズ	F　アレマン
G　グラナダ	H　マドリード
I　ブルグンド	J　ジャルモ

K　セビリャ　L　セウタ
M　メリダ　N　ヴァンダル
O　マラガ　P　メリリャ
Q　マラケシュ　R　アルタミラ
S　サラゴサ　T　アングロ＝サクソン
U　フェズ　V　コルドバ
W　ランゴバルド　X　バレンシア
Y　モザンビーク　Z　イェリコ

問２　文中の下線部㋐～㋔に関して、下記の問(ア)～(オ)に答えなさい。解答は各問の選択肢の中から最も適切と思われるものを一つ選び、その記号を解答欄にマークしなさい。

(ア)　下線部㋐に関して、歴史上青銅を用いた文明に関する次の記述のうち正しいものはどれか。

〔選択肢〕

A　アメリカ大陸中部においては、前1200年頃までにはメキシコ湾岸にてテオティワカン文明が成立し、前1000年頃から後16世紀にはユカタン半島にてマヤ文明が展開された。また、アメリカ大陸南部のアンデス高地では、前1000年頃にチャビン文化が成立した後、複数の王国が現れ、15世紀半ばから16世紀前半にはコロンビア南部よりチリにかけてインカ帝国が存立した。これら中南米の文明は鉄器を持たず、金・銀・青銅器を利用していた。そして、青銅は、武器としてではなく日用品や装身具として利用されることが多かったとされる。

B　西北インドのパンジャーブ平原では、前2600年頃には麦作農業を行う都市文明が繁栄した。このインダス文明は、ドラヴィダ系の人々により築かれたと推測されているが、主要な遺跡として、インダス川中流域のパンジャーブ地方にあるハラッパー遺跡、インダス川下流域のシンド地方にあるモエンジョ＝ダーロ遺跡、インド西部のグジャラート地方にあるドーラヴィーラー遺跡が有名である。これらの遺跡からは、金製品、青銅器、彩文土器、印章等が数多く出土されている。この文明は前1800年頃には衰退したと推測されているものの、その原因には諸説あり、はっきりとしたことはわかっていない。

C　中国地域においては、殷代後期頃に初めて青銅器が作られた。この時代においては青銅が武器のみならず、神や祖先を祀る祭器として利用され、その後の周代においては、青銅器は君臣関係の永続等を表す儀礼的・政治的意味の強いものとしても利用された。しかし春秋・戦国時代の半ばにおいて鉄器が普及し始めると、青銅は、刀銭・布銭・飛銭・円銭等の貨幣や日常生活品に主に使われるようになった。

D　中国の青銅器文化の影響を受け、前5世紀頃にはインドシナ半島においてドンソン文化と呼ばれる青銅器・鉄器文化が生まれた。この文化の名称は、タイ北部に所在するドンソン遺跡にちなんでいる。この文化で作られた銅鼓と呼ばれる青銅器は、東南アジア大陸部や島嶼部の各地で出土しており、紀元前後にこれらの地に広く輸出されていたと考えられている。銅鼓は、祭祀のときに太鼓のように使われていたと推測される。

E　前3000年頃以降、エーゲ海圏においては、オリエント文明の影響を受けたエーゲ文明と総称される青銅器文明が誕生した。クレタ文明とミケーネ文明は、このエーゲ文明に属する。前2000年頃からクレタ島を中心に栄えたクレタ文明の存在は、ドイツのシュリーマンがクノッソス宮殿を発掘したことにより実証された。前1600年頃からはミケーネ文明が、ギリシア本土のペロポネソス半島にあるミケーネ、ティリンス、ピュロスを中心に栄えた。このミケーネ文明は、イギリスのエヴァンズによる同地の遺跡発掘により発見された。

(イ)　下線部㋑に関して、歴史上のローマ法に関する次の記述のうち正しいものはどれか。

〔選択肢〕

A　313年のミラノ勅令により、ローマ帝国領内であらゆる宗教の信仰の自由が認められた。この勅令は、東の正帝リキニウスと西の正帝ユリアヌスが、ニコメディアで会見し、両者の連名によりミラノにおいて発布されたとされる。この発布の後、これまで迫害を受け没収されていたキリスト教会の財産が返還された。キリスト教の公認は、紆余曲折を経て392年のキリスト教の国教化につながっていった。

B　527年からビザンツ帝国皇帝として在位したユスティニアヌス1世は、法学者であるウェルギリウスを長とする10名からなる委員会に命じて「ローマ法大全」を編纂させた。その内容は、古代ローマの勅法集、学説集、法学論、ユスティニアヌス1世自身が発布した新勅令集の4部で構成されており、古代から当時にかけてのローマ法の集大成ということができる。この法典は、後世のヨーロッパ法学に重大な影響を与えた。

C　ローマ市民に適用される市民法は、十二表法を筆頭とした法令および民会における決議等が法源となっていた。しかしローマの領域が拡大し非ローマ市民が増えるにつれ、厳格な内容である市民法が、これを知らない非ローマ市民に適用されることは不適当と考えられた。そこで、法務官により法整備が進められ、非ローマ市民が関係する事案にも適用される万民法が発展した。もっとも、アントニヌス＝ピウス帝によって212年にアントニヌス勅令が発令され、ローマ領土内の全自由民にローマ市民権が与えられる頃には、市民法と万民法の区別は重要ではなくなった。

D　前5世紀半ばに制定された十二表法は、ローマ最古の成文法である。慣習法のこの成文化により、従来パトリキが独占していた慣習法の内容および解釈を、プレブスが彼らに常に伺い立てる必要がなくなったとされる。次いで、前367年のリキニウス＝セクスティウス法では2名の執政官のうち1名をプレブスから選ぶことができるようになり、前287年のホルテンシウス法では平民会での決議が元老院の承認なしでも国法になるようになった。以上の流れの中で、プレブスの政治参加の範囲が拡大するとともに、ノビレスの台頭につながった。

E　1088年に北イタリアに設立され、12世紀半ばには神聖ローマ皇帝フリードリヒ1世によって自治権の認められたサレルノ大学は、14世紀頃まで法学教育で著名であった。同大学は、特に「ローマ法大全」の写本を典拠としたローマ法学を研究の対象としており、中世の間長らくヨーロッパの法曹教育の中心となった。ここに留学した者がヨーロッパ各地に帰国することで、ローマ法の内容が伝えられ、徐々にローマ法が中央ヨーロッパ諸国に広がっていったとされる。

(ウ)　（設問省略）

(エ)　下線部㊁に関して、11世紀～13世紀のヨーロッパの文化に関する次の記述のうち正しいものはどれか。

〔選択肢〕

A　11世紀から13世紀にかけてヨーロッパにおいて創作された騎士道物語は、中世騎士の理想や習慣を題材とした口語文学であり、広義においては英雄叙事詩や武勲詩が含まれる。これに属するものとしては、例えば、ドイツの「ニーベルンゲンの歌」、フランスの「ローランの歌」、イギリスの「カンタベリ物語」が有名である。このような物語は吟遊詩人によって唄い伝えられ、彼らはフランスでは「トルバドゥール」と呼ばれた。

B　ゴシック様式は、12世紀頃に北フランスからヨーロッパに広がった建築様式である。この様式で作られた建築物としては、例えば、フランスのシャルトル大聖堂やアミアン大聖堂、イタリアのピサ大聖堂が有名である。「Gothic」とは、本来は「ゴート人風の」という意味の語であり、「野蛮な」という意味を含み持っていた。

C　フランス出身のアベラールは、普遍的なるものは実在せず、個別的な物につけられた名前に過ぎないとするスコラ学における唯名論の立場に立っていたが、後にプラトン主義に傾倒し実在論の立場に転向した。最終的に彼はカンタベリ大司教となり、「スコラ学の父」と呼ばれるまでになる。

D　ヨーロッパの11世紀後半頃から13世紀頃にかけての時代は、大開墾時代といわれる。この開墾活動は支配権の拡大を目指す封建領主が修道院を招き入れ推進された。特に、この立役者となったのが清貧や労働等を謳ったイタリアのベネディクト修道会、フランスのシトー修道会、これらの派閥に属するその他の修道会である。彼らは盛んに森林を開拓したり湿地を埋め立てたりして、開墾を行った。このような大開墾を通して農業技術が革新し都市が発展したことも、12世紀ルネサンスが起きる背景にあった。

E　イギリスの科学・哲学者であるウィリアム＝オブ＝オッカムは、アリストテレス哲学に影響を受けたスコラ学を修めたうえで、イスラーム科学の影響を受け、実験や観察を重視する経験論の基盤を確立させた。彼が「実験科学」という語を創始したといわれており、そのことからも近代科学や近代哲学の祖と評される。

(オ)　下線部㋔に関して、歴史上の船または航海に関する次の記述のうち正しいものはどれか。

〔選択肢〕

A　古代の地中海では三段櫂船という木造の軍船が広く利用された。この船では上中下の三段に漕ぎ手が並列的に配置され、彼らが一斉に櫂を漕ぐことで素早い航行を可能としていた。船首には青銅製の衝角が取り付けられており、船ごと突撃し衝角をぶつけ敵船体を破壊するというのが、この船を用いた基本戦法であった。前5世紀のサラミスの海戦においては、ギリシアとペルシアの両軍がこの船を投入した。この海戦でのギリシアの勝利をきっかけに、三段櫂船の漕ぎ手であった多くの無産市民の発言権が増し、彼らは参政権を要求した。これを受け、前451年にはペリクレスの提案で、アテネ領内において出生した18歳以上の男子全てに市民権が与えられ、政治参加が認められた。このことは、ペリクレスの死後にデマゴーゴスの出現を招く一因にもなった。

B　ボスニアで起きた1914年6月のサライェヴォ事件をきっかけにオーストリアがセルビアに宣戦布告したことで、第一次世界大戦は始まった。この大戦には、様々な新兵器が投入された。水面下に潜り水面上の船舶を攻撃することのできる潜水艦もその一つである。1917年2月のドイツによる無制限潜水艦作戦の宣言後に、ドイツの潜水艦がイギリスの大型旅客船であるルシタニア号を沈没させ、アメリカ人乗客がその被害者となったことは、同年4月にセオドア＝ローズヴェルト大統領がアメリカ合衆国の参戦を決意する一つのきっかけとなった。この大戦では、結果的に同盟諸国4ヵ国と協商諸国27ヵ国とで戦いが繰り広げられたことになる。

C　18世紀～19世紀の産業革命期にスコットランド出身のワットにより地下水汲み上げポンプとして考案され、イングランド出身のニューコメンにより実用化された蒸気機関は、蒸気圧によるピストンの往復運動を歯車で回転運動に転換させるというアイデアにより、様々な機械に転用されていった。蒸気船もその一つである。アメリカの技師であったフルトンは、1807年に世界で初めて蒸気船の実用化に成功した。クラーモント号と名付けられたこの船は、船尾に取り付けられたスクリューを蒸気機関で回転させることにより推進力を得た。この蒸気船と、後に実用化される蒸気機関車は、交通・運輸の飛躍的な発達に寄与し、大量のモノやヒトを短期間で輸送することを可能とさせた。

D　イングランドのカルヴァン派キリスト教信者であるピューリタンを含む102名の集団は、イギリス王ジェームス1世の迫害から逃れるべく、1620年にメイフラワー号と名付けられた帆船に乗船し、北アメリカを目指した。ピルグリム＝ファーザーズと呼ばれる彼らは、上陸地にプリマス植民地を築いた。以降もこの地では多くの移住者が受け入れられ、ニューイングランド植民地へと発展していった。ニューイングランド植民地には、彼らの上陸した地でもある現在のノースカロライナ州の領域が含まれる。

E　ダウ船は、一本のマストと巨大な三角型の帆を有する木造船である。この船は、カーリミー商人のようなムスリム商人によって、紅海、アラビア海およびインド洋等において長い間交易のために利用されていた。彼らは、半年ごとに風向きの変わるモンスーンを利用し、西アジアとの間で貿易を行った。モンスーン貿易は、遅くとも1世紀頃には古代ローマの人々によっても行われており、この風は、発見者とされるギリシア人の名にちなんで「ヒッパロスの風」と呼ばれた。

〔Ⅱ〕 次の文章を読み、下記の問に答えなさい。

モンゴル高原では、12世紀はじめに [①] が滅亡し、多数の勢力が対立していた。テムジンは1206年までにモンゴリアの諸部族をほぼ支配下に置き、同年クリルタイでハンに選出され、㋐チンギス＝ハンの称号を得た。そして旧来の部族制を排して千戸(千人隊)という行政・軍事制度を組織し、モンゴル帝国を築いたのであった。即位後の数年間は、ナイマンなど反逆状態にあった諸部族への対応にあてられ、さらに南への大遠征の準備に費やされた。1218年にはナイマンを滅ぼし、1220年にホラズム朝に打撃を与え、1227年には西夏を滅ぼすに至った。また、金への侵入は1211年に始まり、 [②] 年にオゴタイ＝ハンは金を滅ぼし、華北を支配下に置くに至った。

チンギス＝ハンは1227年に他界し、1229年に開かれたクリルタイにおいてチンギスの三男オゴタイがハンとして承認された。1241年にオゴタイが死去したが、息子グユクがハン位についたのは1246年であった。しかしわずか2年で亡くなり、空白の時を経て1251年にハン位についたのは、チンギスの末子トゥルイの長子のモンケであった。モンケはクリルタイを開き、帝国のさらなる拡張を訴えた。弟のフラグを中東に派遣し、1258年にアッバース朝を滅ぼし、もう一人の弟㋑フビライと共に中国の南宋の征服に乗り出した。1259年、モンケが遠征途中で他界したのち、その後継争いがフビライと [③] との間で発生した。最終的に勝利したフビライが大ハン位を手にし、首都を大都に遷し、1271年に国号を「大元」とした。フビライは南宋に攻め入り、遂にこれを滅ぼし、中国全土を完全に手中に収めた。またフビライは、元朝を「大元ウルス」と位置づけ、チンギス＝ハンの子孫たちが治める諸ウルスの上に立つ宗主国の地位をうたった。

[③] の敗北後、オゴタイ家の [④] は中央アジアで力をつけ、チャガタイ家に自身の優位を認めさせ、共にフビライと対峙し、次第に元から離れてい

った。

高麗を支配下に置いたフビライは、日本攻撃に乗り出し、1274年と1281年の2度にわたり日本に遠征した。しかし、台風の襲来、さらには鎌倉幕府の武士団からの反撃に遭い、いずれも惨憺たる結果に終わった。

㋒元の社会と文化に目を向けてみると、宗教については仏教と道教が民間では信仰されていた。フビライの時代には、㋓チベット仏教サキャ派の影響力が高まった。特に法王パスパは帝師という中国風の称号を授けられ、仏教界の長たる地位を許された。そのパスパは、モンゴル語を表記する文字としてパスパ文字を作成している。フビライがパスパを重用したため、寺院の建立や仏事供養に莫大な費用を要し、それが元朝末期の財政破綻の一因になった。

広大なモンゴル帝国は、人や物さらには情報の交流にとって好都合であり、交通路の整備とともに東西交流が盛んになった。ヴェネツィア商人の㋔マルコ＝ポーロは陸路で大都を訪れ17年間フビライに仕えたのちに、海路で帰国している。ローマ教皇により伝道師として派遣された［　⑤　］は、大都の初代カトリック大司教に任ぜられ、現地で亡くなっている。

経済面では、元朝は杭州から大都に至る大運河を掘り、南北を経済的に結びつけることに成功している。さらに東西の海上交易も活発に行われた。日本との関係では、二度にわたる元寇があったものの民間での交易は活発に行われていた。こうした交易は文化や技術面にも影響を与え、後の世界の発展に貢献している。

この時代の元朝は、さまざまな形で交流に貢献してはいるものの、東アジアにおける国際的な秩序構築の実現には至らなかった。

問１　文中の空欄の①～⑤のそれぞれに最も適切と思われる語を下記の語群から一つずつ選び、その記号を解答欄にマークしなさい。

〔語　群〕

A　ブーヴェ	B　シンガサリ
C　大理	D　1232
E　遼(契丹)	F　ハイドゥ
G　タバリー	H　1234
I　アルタン	J　トゥルイ

K　新羅　　L　イル

M　アリクブケ　　N　パガン

O　上都　　P　ウルグ＝ベク

Q　メルキト　　R　マテオ＝リッチ

S　モンテ＝コルヴィノ　　T　フランシスコ＝ザビエル

U　ウイグル　　V　ベグ

W　カザフスタン　　X　エセン

Y　1231　　Z　1230

問２　文中の下線部㋐～㋔に関して、下記の問(ア)～(オ)に答えなさい。解答は各問の選択肢の中から最も適切と思われるものを一つ選び、その記号を解答欄にマークしなさい。

(ア)　下線部㋐に関して、チンギス＝ハンの時代のモンゴルに関する次の記述のうち正しいものはどれか。

〔選択肢〕

A　チンギスの長男チャガタイ系のハンは、キプチャク草原と西シベリアに勢力を拡大し、チャガタイ＝ハン国を確立した。

B　チンギスの次男のジュチは、東西のトルキスタン周辺を支配下に収めた。その子バトゥはさらに南へと進み、トルコ系遊牧民の一部を支配下に置き、カラハン朝を建国した。

C　モンゴル帝国では、チンギスの時代にチュノムと呼ばれる駅伝制度が整備された。身分を示す通行証として牌符が作られ、人やものの往来を活発にした。

D　「ハン」という語は、従来遊牧民が用いていた君主の称号であるカガンに由来する語である。オゴタイ以降は「ハーン」と呼ばれる。チンギスの血統者のみが「ハーン」を名乗ることができる。

E　1223年、チンギスのジャワ遠征は、現地人の団結した抵抗に遭い失敗に終わっている。そのジャワにはバクトリア朝が誕生した。

(イ) 下線部㋑に関して、フビライに関する次の記述のうち正しいものはどれか。

〔選択肢〕

A 第2代チャガタイ＝ハンの命を受けたフビライは、高麗を滅ぼした。

B フビライは厓山の戦いで陳国を壊滅させて、中国全土を掌握するに至った。

C フビライの命を受けた郭守敬は、観星台と呼ばれた天文台で天文観測をし、イスラーム天文学の知識に基づいて授時暦を作成した。

D フビライは、「集史(蒙古集史)」を著した歴史家ダルガチを宰相に任命し、土地制度や税制の改革にあたらせた。

E 江南各地で発生した反乱鎮圧のため、フビライは大軍をカンボジアに送りこれを制圧している。さらにジャワを攻撃し、ここでも大きな成果を挙げ領土を拡大した。

(ウ) 下線部㋒に関して、元の社会と文化に関する次の記述のうち正しいものはどれか。

〔選択肢〕

A 元では、銀と交換できる交鈔(紙幣)を発行し、帝国全体での高額な取引を支えた。しかし、その乱発がインフレをもたらし、社会不安が増大することになった。

B フランチェスコ会修道士プラノ＝カルピニは、教皇インノケンティウス4世の命により、モンケ＝ハン時代のカラコルムを訪れ、モンケに書簡を届けた後に帰国した。

C チベット仏教は13世紀にモンゴルに伝わり、大きな影響を与えた。ラサの郊外に建立されたポタラ宮殿は16世紀に完成した。

D 遊牧系の軍事政権である元は、農耕社会の統治にあたっては中国的な官僚制度を採用した。政府高官はモンゴル人が占めたが、色目人を重用し、特に軍事面で活躍させた。

E ルブルックは、フランス王シャルル7世の命によりモンケ＝ハン時代のカラコルムを中央アジア経由で訪れた。ルブルックの報告書は大モンゴル国に関する貴重な資料となった。

(エ) 下線部㋓に関して、チベット仏教に関する次の記述のうち正しいものはどれか。

〔選択肢〕

A カラ＝ハン朝が13世紀にチベット仏教に改宗したことにより、中央アジアのモンゴル化が決定的となった。

B 16世紀後半、タタール人のアルタン＝ハンが黄帽派のチベット仏教に帰依し、その教主にダライ＝ラマの称号を贈った。その後チベット仏教はサマルカンドや満州にも広がり、ダライ＝ラマの宗教的権威は高まった。

C モンゴルではフビライ以外の歴代のハーンはチベット仏教を弾圧した。

D チベット仏教の改革者ツォンカパは、黄帽派の開祖として清の時代に従来のチベット仏教の堕落に対し厳しい戒律と徳行を主張した。

E 17世紀後半にジュンガル部の首長ガルダンがオイラト諸部族を統合して内陸アジアに勢力を拡大すると、清とジュンガルがチベット仏教の保護をめぐって争った。

(オ) 下線部㋔に関して、マルコ＝ポーロに関する次の記述のうち正しいものはどれか。

〔選択肢〕

A マルコ＝ポーロがヨーロッパへ持ち帰った「医学典範」は、当時のヨーロッパの医療に新しい視点を与え、その発展に大きな影響を与えている。

B マルコ＝ポーロ同様フビライに仕えたイブン＝バットゥータは、チュニジア生まれのムスリムで、「三大陸周遊記」を記している。

C 元からの帰国後、ミラノとの戦争で捕虜となったマルコ＝ポーロが「世界の記述」を口述筆記したが、同時代人には信用されなかった。

D　1295年に元からヴェネツィアへ帰国したマルコ＝ポーロは、ホータンについて「この地方の船はとてもつくりが粗く、難破するものが少なくない。その理由は造船に鉄釘で組み合わせもせず、インドヤシの皮で作った糸で縫い合わすだけだからである」と記している。

E　元代の南海交易において中国第一の港となった泉州（ザイトン）について、マルコ＝ポーロは「インド洋から奢侈《しゃし》商品、高価な宝石、大粒の真珠などをどっさり積み込んだ船が続々とやってくる。その貿易額からいって、ここは世界最大を誇る二大海港の一つである」と記している。

〔Ⅲ〕　次の文章を読み、下記の問に答えなさい。

ある地域で開発された技術や発明品は、改良を重ねながら広く世界に伝わっていき、各地域の政治、経済や文化にも大きな変化を引き起こす。中国で開発され実用化が進められた活字印刷、羅針盤、火薬はその実例である。中国からこれらを直接に学んだのはムスリムであるが、イベリア半島に勢力を伸ばしていたムスリムとの接触を通じて、これらの技術はヨーロッパにも伝播した。

火薬は元で実戦に用いられていたが、14～15世紀のヨーロッパで大砲や火縄銃など新式の火器が開発された。これらの新式火器の登場は、騎士どうしの一騎討ち戦を中心とする従来の戦術を大きく変えた。その結果、中小領主でもあった騎士の地位は低下し、㋐封建社会の基礎を揺るがす一因となった。他方でこれらの武器は戦国時代の日本のほかアジア各地にも広まり、新興勢力の進出を支えた。宋代に開始されていた活字印刷技術は、15世紀半ばにドイツのグーテンベルクが改良・実用化に成功し、製紙法の普及とあいまって情報伝達を大きく向上させた。活字印刷により書物の製作は一文字ずつ手で書き写す写本よりもはるかに迅速で安価になされるようになり、このことは、16世紀はじめにルターが完成させたドイツ語訳『新約聖書』や、『愚神礼賛（痴愚神礼讃）』の著者［　①　］の人文主義思想などが民衆に普及するのに貢献した。15世紀半ばから16世紀にかけて製作された活字本の実に半数近くが宗教書であったという。羅針盤は14世紀のイタリアで改良が加えられ、天文学や海図製作の発展と結びついて遠洋航海を可能にした。15世紀のヨーロッパでは金やアジアの香辛料への関心が高まっており、加えて㋑ポルトガルとスペインはカトリックの布教に対する意欲も強かった。こうした事情を背景に、15世紀末にはバルトロメウ＝ディアスやヴァスコ＝ダ＝ガマによる画期的な航海が成し遂げられ、ヨーロッパとアジアを直結するインド航路が開かれた。

インド航路の開拓により、世界の交易の中心は地中海沿岸の北イタリアや南ドイツの諸都市からネーデルラント、フランス、イギリスなど大西洋沿岸の国々に移行した。17世紀から18世紀にかけて、ヨーロッパではインドから輸入された綿布の需要が高まったため、インドを重視したイギリスと㋒フランスはそれぞれインド各地に商業拠点を築いて対抗した。1757年、イギリス東インド会社はフランスと同盟を結んだベンガル太守の軍に［　②　］で勝利し、インド東部の支配権を確立した。

イギリス国内では、綿布の需要の高まりを受け、インドから輸入した綿花を原料として国内で綿布を生産する綿工業が主要産業となり、数々の技術革新をリードした。拡大しつつある市場で大きな利益を得るためには製品の大量生産が不可欠であり、大量生産を可能にするのは、豊富な労働力と資本、そして効率的で大規模な生産様式である。労働力は、㋓囲い込みによって農地を失い都市に出て労働者となったかつての小作農たちが補い、資本は近世以降の商工業の発達によりすでに十分に蓄積が進んでいた。生産様式に関しては、18世紀後半に、紡績・織布の機械、動力機関、原料や石炭を運ぶ交通網などが連鎖的に発展していった。これらの結果、㋔イギリスは「世界の工場」と呼ばれるにふさわしい大工業国となった。しかしその一方で、一日12時間以上も工場での労働を強いられるなど劣悪な労働条件や、炭鉱での過酷な児童労働の実態が社会問題化した。こうした状況を改善するべく一連の法律が制定され、1833年に成立した［　③　］では、18歳未満の若年者の労働時間を1日12時間以内とすることや、若年者の夜間労働の禁止が定められた。

20世紀に入り、技術は人を殺傷するための兵器の開発にも積極的に応用された。新兵器の威力は、戦地で実際に使用した兵士や、開発に携わった科学者にさえ衝撃を与えた。第一次世界大戦に従軍したドイツの機関銃手は「草が刈られるように」敵の兵士がなぎ倒されたと、驚きと恐怖をまじえて証言している。第二次世界大戦で使用された原子爆弾の開発計画を主導したオッペンハイマーは、その威力と被害を目の当たりにして「物理学者は罪を知った」と語った。④年にはキューバでのミサイル基地建設をめぐってアメリカとソ連が対立し、全面核戦争の危機が高まった。しかしこの後、アメリカとソ連の緊張緩和が進み、両国を中心として、部分的核実験禁止条約や核拡散防止条約が調印され、1987年末にはアメリカとソ連の首脳会談で ⑤ 条約が調印された。

チャップリンが映画「モダン＝タイムス」で風刺したように、人間が作り出した機械によって人間が非人間的に扱われ、翻弄されるという逆説的な事態もまた、技術がもたらす変化の一側面である。

問 1　文中の空欄の①～⑤のそれぞれに最も適切な語句または数字を解答欄に記入しなさい。

問 2　文中の下線部㋐～㋔に関して、下記の問(ア)～(オ)に答えなさい。解答は解答欄に記入しなさい。

(ア)　下線部㋐に関して、封建社会の基礎は、主君が家臣に領地を与えて保護するかわりに家臣は主君に忠誠を誓い軍事奉仕するという主従関係にあった。家臣も、主君の保護のもとにその領地(荘園)を所有し農民を支配する領主であった。封建領主がもつ、国王の官吏が領地に立ち入ったり税を課したりすることを拒絶する権利を何というか。

(イ)　下線部㋑に関して、16世紀の前半にドイツで宗教改革が始まった後、カトリック教会はこれに対抗して独自の改革運動を進めた。公会議を開催して教義を明確にしたほか、司祭叙階の審査を厳格にして腐敗の防止にも努めた。こうした動きの中、スペイン人イグナティウス＝ロヨラらが創立した修道会は、16世紀半ばからヨーロッパ各地と海外で精力的に宣教・教育活動を展開したが、この修道会を何というか。

(ウ)　下線部㋒に関して、この時代のフランスでは、国王ルイ14世によって財務総監に任用されたコルベールが重商主義を展開した。重商主義とは、貴金属の保有を真の富とみなして、自国産品の輸出を振興し、外国産品には高い関税を課して輸入を制限、貿易黒字によって貴金属を国内に蓄積する、という経済政策である。国際的な競争に勝てる優秀な製品を生産させるためにコルベールが創設し育成した工場を何というか。

(エ)　下線部㋓に関して、15世紀末に始まった第一次囲い込みは、羊の牧場の拡大を目的として領主が農地を農民から取り上げて生垣や塀で囲い込む、というものであった。これに対し、都市人口の増大を背景として18世紀に本格化した第二次囲い込みは主に何を目的とするものであったか。

(オ)　下線部㋔に関して、ドイツにおける産業革命はイギリスに遅れて始まり、プロイセン首相ビスマルクがドイツ統一を目的として推進した軍備拡張政策と歩調を合わせるように進展したが、1870年に勃発したプロイセン＝フランス戦争に勝利して獲得した鉱産資源の豊かな地域は、ドイツの工業国化に大いに貢献した。この地域はどこか。

〔Ⅳ〕　次の文章を読み、下記の問に答えなさい。

第一次世界大戦は、世界経済の中心であったイギリスなどのヨーロッパ経済に大きな打撃を与えた。他方、アメリカ合衆国は、ヨーロッパ諸国への軍需製品等の輸出が増加し、そして連合国に物資・借款を提供して利益を上げた。これにより、アメリカは、㋐債務国から債権国に転じ、経済的な繁栄をむかえることとなる。同大戦が終了すると、経済および文化の中心は本格的にヨーロッパからアメリカへと移行した。国際金融市場もロンドンのロンバード街と並んでニューヨークのウォール街が中心となった。これにより「パクス＝ブリタニカ」を中心とした長い19世紀は終わり、「パクス＝アメリカーナ」の時代が始まることとなる。

1920年代には、経済界の利益を重視する共和党政権がハーディング、

［①］、フーヴァーの3代にわたって続いたことで保守的な機運が高まった。ここでは、自由放任政策と高率保護関税政策がとられ、アメリカ経済は「永遠の繁栄」を謳歌した。自動車産業では、フォードがベルトコンベア方式により大衆車であるフォードT型車を製造した。生産技術の革新がもたらした低価格化による大量販売は消費者の購買欲をかきたて、富裕層だけではなく労働者の多くが、自動車以外にも冷蔵庫、洗濯機、ラジオなどの家電のある生活を享受できるようになった。また、ハリウッド映画やジャズなど大衆文化も花開き、プロスポーツも盛んになった。たとえば、プロ野球（ＭＬＢ）では、ベーブ＝ルースのホームランに大衆は歓喜した。ニューヨークの摩天楼は世界中の人々の憧れとなり、黒人居住地区のハーレムには独自の文化が開花した。このような文化の登場は、ヨーロッパ中心の価値観を痛烈に批判した［②］の主著『西洋の没落』が驚異的なベストセラーとなったように、人々の価値観に大きな転換をもたらした。ただし、経済や文化で強調されたのはアメリカ社会の中心である白人の価値観であり、とくに㋑<u>ＷＡＳＰと呼ばれる白人の価値観が強調された。その反面、非ＷＡＳＰの白人、黒人およびアジア系移民は差別の対象とされた</u>。

繁栄の一方で、アメリカ経済の発展を支えた生産業は生産過剰の状態に陥っており、また過度の株式投機熱も生じていた。このような中、1929年9月4日頃から始まったアメリカの株価の暴落は、同年10月24日の株式市場の大暴落で世界的なニュースとなった。いわゆる「暗黒の木曜日」である。これをきっかけとして、工業生産の急落や商業・貿易の不振が深刻化し、金融機関の閉鎖や倒産が相次いだ。そして、未曽有の規模の恐慌に突入したアメリカが、それまで世界各地に投下していた資本を引き上げたことなどにより、恐慌は世界各地に波及し、すべての資本主義国、植民地および従属国を巻き込む世界恐慌となった。

㋒<u>1931年6月、アメリカ大統領フーヴァーは、恐慌がさらに拡大することを防ぐため、とくにヨーロッパへ波及することを防ぐため、賠償と戦債の1年間の支払停止宣言（フーヴァー＝モラトリアム）を出したが、効果は薄かった</u>。多くの国では、恐慌の過程で中間層が没落し、労働者の労働条件が悪化して、政治状況が極めて不安定となった。1932年、フーヴァーが大統領選で敗れ、民主党のフランクリン＝ローズヴェルトが「3つのＲ」をかかげて大統領に当選した。彼は、政府資金を使って銀行を救済し、ニューディールと呼ばれる経済復興政策を推進した。ニューディール政策は経済への政府の介入強化を特徴とし、政府はその統制のもとで、企業に生産や価格の規制をさせて産業の回復を図った全国産業復興法(ＮＩＲＡ)や、農業価格引き上げのために農民に補償金を払って生産制限をさせた農業調整法(ＡＡＡ)などを制定した。またテネシー川流域開発公社(ＴＶＡ)は、失業救済事業と地域総合開発を組み合わせた計画として注目を集めた。さらに、労働者の団結権と団体交渉権を保障した［　③　］法が1935年に制定された。同法により、労働組合の結成が助長されたことで労働運動が活発化し、1938年には産業別組織会議(ＣＩＯ)が結成された。外交面ではラテンアメリカ諸国との関係改善に重点を置き、内政干渉政策を緩和する［　④　］という政策を開始し、1934年にはキューバの独立を認めた。

恐慌によって世界各国における経済体制のリスクが顕在化したことで、国がこれを調節・管理する体制が各国で模索された。ロシアでは、ロシア革命によってすでに社会主義が成立しており、他方、㋓ドイツ、イタリア、および日本では、国家が経済を管理する際に、個人の自由を抑圧するファシズムという形がとられた。たとえばドイツでは、アメリカに次いで恐慌の被害が大きかったこともあり、ヒトラーが率いる国民社会主義ドイツ労働者党(ナチ党)が急速に支持を得ることとなる。1933年には全権委任法を成立させて国会の立法権を政府に委譲し、そしてナチ党以外の政党を解散させて一党独裁体制を確立した。翌年に［　⑤　］大統領が死去すると、ヒトラーは大統領兼首相となり、第三帝国の総統となる。そして、アウトバーンの建設や軍需生産によって失業を克服し、1936年からは4か年計画により戦争に向けた経済体制づくりに乗り出した。その結果、㋔軍事力も強めていったドイツは、1939年にポーランドに侵攻したことをきっかけとして、第二次世界大戦に突入することとなる。

問１　文中の空欄の①～⑤のそれぞれに最も適切な語句を解答欄に記入しなさい。

問２　文中の下線部㋐～㋔に関して、下記の問(ア)～(オ)に答えなさい。解答は解答欄に記入しなさい。

(ア)　下線部㋐に関して、第一次世界大戦の敗戦国であるドイツの賠償支払方式と期限の緩和を目的として、1924年に定められた新たな賠償方式で、アメリカ資本によるドイツの経済復興を支えたものを何というか。

(イ)　下線部㋑に関して、1920年にアメリカのマサチューセッツ州で強盗殺人事件が発生した。同事件では、イタリア系移民の二人が逮捕され、その後の裁判で死刑宣告されたが、当初から偏見による冤罪との疑惑があったことから世界各地で抗議の声が上がった。結局、1927年に死刑が執行され、1971年にはこの事件を題材に「死刑台のメロディー」という映画が作成された。この事件を何というか。

(ウ)　下線部㋒に関して、1932年にフーヴァー＝モラトリアムの期限が切れたことを受けて、ドイツの賠償と戦債について問題にした、スイスで開かれた国際会議を何というか。

(エ)　下線部㋓に関して、1933年にナチス政権が成立するとドイツ・アカデミーを脱退し、アメリカに亡命した反ファシズム思想を持った作家で、『ブッデンブローク家の人々』や『魔の山』を執筆し、1929年にノーベル文学賞を受賞したのは誰か。

(オ)　下線部㋔に関して、1945年にドイツは連合国に無条件降伏することになる。その結果、英米ソ仏の4か国に分割占領され、1949年には冷戦の影響を受けてドイツ連邦共和国とドイツ民主共和国という2つの国家に分立した。その後、1989年11月にベルリンの壁の開放がなされ、翌年に東西ドイツが統一された。1989年10月に退陣した東ドイツのドイツ社会主義統一党書記長は誰か。

政治・経済

（60分）

〔Ⅰ〕 次の文章を読み、下記の問に答えなさい。

第二次世界大戦以前には、労働組合期成会、友愛会を経て日本労働総同盟が結成され、多くの労働組合㋐が活動していた。しかし、治安警察法や治安維持法の制定に伴い、労働組合活動は衰退していった。

1950年代半ばから1970年代初めの高度経済成長期にかけて、日本経済の実質国民総生産は、国際的にも極めて高い率で成長した。1960年に［ ① ］内閣は、国民所得を10年間で2倍にするという国民所得倍増計画を立てた。この時期の景気は、神武景気、［ ② ］景気、オリンピック景気、いざなぎ景気と名づけられた。民主化政策と高度経済成長期の中で、労働組合の活動も活発化した。

日本国憲法28条は団結権、団体交渉権および団体行動権の労働三権を規定している。その具体化のために、労働基準法、労働組合法および労働関係調整法といった労働関係を規律する諸法律㋑が制定されている。

労働基準法によれば、使用者は、労働基準法の規制を免れるために、労働者の過半数で組織する労働組合があるときはその労働組合、労働組合の過半数で組織する労働組合がないときは、労働者の過半数を代表する者との間で書面による協定(労使協定)を締結することができる。他方で、常時10人以上の労働者を雇用する使用者は就業規則㋒を作成する義務を負う。

労働基準法は労働条件㋓に関する最低基準を定めている。しかし、現実には使用者による労働関係をめぐる法令違反が起きている。そこで、厚生労働省の内部部局である［ ③ ］は、労働条件および労働者の保護に関する事務を所掌し、各都道府県労働局を指揮監督している。

公務員も労働者であり、労働基本権が保障されている。しかし、1948年にマ

ッカーサーから ④ に送られた書簡に基づき政令201号が公布され、公務員の争議行為は厳しく制限された。

個別労働紛争の増加に伴い、労働者および使用者の自主的な交渉の下で、合理的な労働条件の決定や変更を円滑に行う目的で、2007年に労働 ⑤ 法が制定された。

労働組合の組織率は高度経済成長期にはほぼ安定していたが、第一次石油危機㋔をきっかけに低下した。

問1　文中の空欄①～⑤のそれぞれに最も適当と思われるものを次の語群から一つずつ選び、その記号を解答欄にマークしなさい。

［語群］

A　池田勇人	B　岩戸
C　労働基準局	D　芦田均
E　三木武夫	F　吉田茂
G　公安調査庁	H　天照
I　国税庁	J　安全衛生
K　警察庁	L　大蔵省
M　契約	N　労働基準監督署
O　審判	

問2　文中の下線部㋐～㋔に関して、次の問(ア)～(オ)に答えなさい。解答は各問の指示に従い選択肢の中から一つずつ選び、その記号を解答欄にマークしなさい。

(ア)　下線部㋐に関して、最も適当なものを選びなさい。

A　幸徳秋水が労働組合期成会を結成した。

B　戦時体制の中で、日本は国際労働機関を脱退し、労使一体で国の政策に協力する大日本産業報国会が組織された。

C　治安警察法とともに工場法もまた労働組合を規制する機能を有していた。

D　労働者の環境を記述するものとして、石川啄木の「女工哀史」が知られている。

(イ)　下線部④に関して、最も適当なものを選びなさい。

A　クローズド・ショップとは、労働者は労働組合に加入する自由をもつが、労働者が労働組合に加入しているかどうかにかかわらず使用者が自由に労働者を雇用することができる制度である。

B　2020年に改正された労働基準法は、女性の時間外、休日労働および深夜業への規制を撤廃した。

C　国際労働機関は、労働立法、適正な労働時間・賃金および保健衛生について加盟国に勧告を行っており、その総会は加盟国ごとに政府、使用者および労働者の代表で構成されている。

D　男女雇用機会均等法は、採用、昇進および教育訓練について男女の差別を禁止するとともに、女性に対する優遇措置(ポジティブ・アクション)を認めていない。

(ウ)　下線部⑤に関して、最も適当なものを選びなさい。

A　労働の始業・終業時刻、休憩時間、休日および休暇は就業規則の絶対的必要記載事項である。

B　労働者に食費や作業用品を負担させる定めをする場合であっても、会社内でその内容について何らかの取り決めが定められていれば、これに関する事項を就業規則に記載する必要はない。

C　実際の労働時間とは無関係に労使協定で定めた時間だけ働いたとみなされる裁量労働制は、研究開発などの専門業務型では利用することができるが、企画、立案および調査分析を行う企画業務型では利用することができない。

D　使用者は就業規則を変更した場合には、その内容を公正取引委員会に速やかに届け出なければならない。

(エ)　下線部㊤に関して、最も適当なものを選びなさい。

A　法的効力の点では、労働基準法は労働協約に優先し、就業規則は労働協約に優先する。

B　労働基準法によれば、一定の要件を満たした労働者が仕事を休みたいときは、取得の理由を示すことなく年次有給休暇を取得することができる。

C　使用者は、労働者が賃金を前借りした場合、その前借金と賃金とを相殺することができる。

D　労働者災害補償保険法によれば、労災保険料は労働者が負担し、労働災害にあった労働者は、認定を受ければ、療養補償給付を受けることができる。

(オ)　下線部㋔に関して、最も適当ではないものを選びなさい。

A　第一次石油危機以降、1975年に日本政府は赤字国債の発行に踏み切った。

B　第一次石油危機以降、石油価格の上昇によって、先進国では、インフレと不況が同時に進行するスタグフレーションが広まった。

C　第一次石油危機は東南アジア諸国連合(APEC)が石油価格を大幅に値上げしたことによって起こった。

D　第二次石油危機はイラン革命で原油の供給が滞ったことによって起こった。

〔Ⅱ〕　次の文章を読み、下記の問に答えなさい。

㋐国際社会における政治は、19世紀に入ると、権力政治(パワー・ポリティクス)という性格に、国民国家とナショナリズムという要素が付加された。第一次世界大戦終結後の1920年には国際連盟が発足したが、その後の第二次世界大戦の勃発は世界大戦の再発を防ぐという国際連盟の試みが失敗したことを意味した。

1944年、国際労働機関の目的に関する宣言である［　①　］宣言が社会保障の国際的原則を示したが、第二次世界大戦後、ファシズムによる自由と人権の抑圧と、戦争の惨禍に対する反省から、国際的に人権を保障する必要性が高まった。

1945年に設立された国際連合(国連)は、国際の平和と安全並びにすべての者のために人権および基本的自由を尊重するように助長奨励することについて国際協力を達成することを目的としていた(国連憲章1条)。1948年、国連総会は世界人権宣言を採択した。世界人権宣言は、国際平和の維持と国際協力による人権の尊重を目的とする。

1966年、国連総会は世界人権宣言を徹底させ、各国を法的に拘束するため、㋑国際人権規約を採択した。国際人権規約を批准した国は法的な拘束を受けることになり、人権の擁護は国際法上の義務となった。

ところで、国連が中心となってつくられた個別的な人権に関する条約の例として、子どもの権利条約(児童の権利に関する条約)と障害者権利条約がある。

1989年、国連総会は㋒子どもの権利条約を採択した。この条約の適用上，子ども(児童)とは［　②　］歳未満のすべての者であり(子どもの権利条約1条)、その子どもの年齢および成熟度に従って相応に考慮される［　③　］権(子どもの権利条約12条)や表現の自由についての権利(子どもの権利条約13条)を保障するものである。もっとも、表現の自由については一定の制限を課すこともできるが、総じて子どもにとっての最善の［　④　］を考慮しようとしたのである。㋓1994年、日本はこの条約を批准した。

2006年、国連総会は㋔障害者権利条約を採択した。「障害者の権利宣言」、「国際障害者年」、「国連障害者の十年」を通じて、「完全参加と平等」が目指されてきてのことである。障害者権利条約はすべての障害者によるあらゆる人権および基本的自由の完全かつ平等な享有を促進し、保護し、および確保すること並びに障害者の固有の尊厳の尊重を促進することを目的とし(障害者権利条約１条)、障害に基づく差別には、合理的配慮の否定を含むあらゆる形態の差別(障害者権利条約２条)が含まれる。

日本でも、2011年に障害者基本法が改正され、さらに障害者基本法の基本的理念にのっとり、2013年に障害者差別［ ⑤ ］法が制定された。

問１　文中の空欄①～⑤のそれぞれに最も適当と思われるものを次の語群から一つずつ選び、その記号を解答欄にマークしなさい。

[語群]

A　禁止	B　20	C　意見表明
D　解消	E　便宜	F　保護
G　フィラデルフィア	H　利益	I　意思表示
J　14	K　解決	L　幸福追求
M　ハーグ	N　18	O　ストックホルム

問２　文中の下線部㋐～㋔に関して、次の問(ア)～(オ)に答えなさい。解答は各問の指示に従い選択肢の中から一つ選び、その記号を解答欄にマークしなさい。

(ア)　下線部㋐に関する記述のうち、最も適当なものを選びなさい。

A　各国家が主権国家として国際社会を構成するようになったのは、ラムサール条約が締結された1548年以降のことである。

B　イギリスの法学者であるグロチウス(グロティウス)は自然法の立場から、百年戦争を背景に『戦争と平和』を執筆した。

C　国際法には、不文国際法である慣習国際法(国際慣習法)と成文国際法である条約がある。

D　21世紀に入り本格的な宇宙時代の幕開けとともに、宇宙空間にも国家主権が及ぶとの原則が確立した。

(イ) 下線部㋑に関する記述のうち、最も適当なものを選びなさい。

A　世界人権宣言の前文は、世界人権宣言を、すべての国民・人民とすべての国、地域および企業が達成するのが望ましい国際基準であるとうたっている。

B　国際人権規約は、経済的・社会的・文化的権利を規定したA規約と、市民的・政治的権利を規定したB規約とからなる。

C　日本は1989年に公務員の任命権、中等・高等教育の漸進的無償化、公休日の給与支払いの部分を留保して国際人権規約に批准したが、2012年に留保をすべて撤回した。

D　1946年には世界人権会議が開催され、女性、子ども、少数民族および移住労働者の権利保護を強化したテヘラン宣言が採択された。

(ウ) 下線部㋒に関する記述のうち、最も適当ではないものを選びなさい。

A　子どもの権利条約は、有害労働や麻薬・虐待・武力紛争からの子どもの保護を定める。

B　子どもの権利条約は、15歳未満の者が敵対行為に直接参加しないことを確保するためのすべての実行可能な措置をとることを締約国に求めているが、実際には子ども兵士の存在が問題になっている。

C　子どもの権利条約は、子どもの福祉に必要な保護および養護を確保するための措置をとることを締約国に求めているが、ここでいう措置には行政措置のみならず、立法措置も含む。

D　子どもの権利条約は、子どものプライバシーの権利について、家庭環境の保持のためであれば、各国の裁量で認めなくてもよいとする。

(エ) 下線部㋓に関する記述のうち、最も適当ではないものを選びなさい。

A　子ども政策の新たな推進体制を整えるために、こども家庭庁が2023年4月に発足した。

B　子どもの権利条約を受けて、川崎市は包括的な子どもの権利条例を定めた。

C　2000年に児童虐待防止法が制定され、2019年の同法の改正では親の体罰が禁止された。

D　日本は子どもの権利条約の批准のために、新たに人身保護法を創設した。

(オ)　下線部㋔に関する記述のうち、最も適当なものを選びなさい。

A　北欧諸国では、高齢者や障害者が施設や家に隔離されずに、普通の人と同じように社会の中で活動するためのシンギュラリティ制度が普及している。

B　ノーマライゼーションやインクルージョンという考え方によると、障害者は積極的に社会に出て、多くの人々と暮らす社会が正常な社会であるという。

C　ダイバージョンの実現のためには、高齢者や障害者が生活していく上での障壁を取り除き、ともに暮らすことができる社会を築くことが必要となる。

D　障害者雇用促進法は、地方公共団体よりも高い法定雇用率を国に対して課すことで、雇用の面で持続可能なサステナビリティ社会を実現しようとしている。

〔Ⅲ〕 次の文章を読み、下記の問に答えなさい。

日本国憲法 76 条 1 項は、「すべて司法権㋐は、最高裁判所及び法律の定めるところにより設置する下級裁判所に属する。」と規定する。これを受けて裁判所法では、下級裁判所として、高等裁判所、地方裁判所、家庭裁判所および簡易裁判所の 4 種類の裁判所を設けている。

わが国の裁判には、刑事裁判㋑や民事裁判㋒があるが、いずれにおいても、正しい裁判を実現するために、三審制㋓が採用されている。とりわけ刑事裁判においては、無実の者が誤って処罰されること、すなわち、冤罪㋔を発生させることがないよう、有罪が確定するまでは無罪と推定されている。

しかしながら、わが国においては、これまでに免田事件、財田川事件、松山事件および島田事件という 4 件の死刑冤罪事件が起きている。さらに、2023 年 3 月には、同じく死刑事件である袴田事件においても、再審㋕の開始決定が確定している。

これらの死刑冤罪事件に共通することは、冤罪の被害者たちが捜査機関による取り調べのなかで、虚偽の自白㋖をさせられているという点である。そのため、このような虚偽の自白を防ぐことこそが、もっとも有効な冤罪防止策の 1 つと考えられている。

この点、日本国憲法は、無実の人が虚偽の自白をさせられることがないよう、「公務員による拷問」を禁止するとともに(日本国憲法 36 条)、「何人も、自己に不利益な供述を強要されない。」㋗として、取り調べを受ける被疑者の権利を保障している(日本国憲法 38 条 1 項)。

さらに、近年においては、違法な取り調べを防ぐために、裁判員裁判対象事件など、一定の事件において、取り調べの全過程を録音録画する、いわゆる取り調べの可視化も始まっている。また、欧米諸国のみならず、東アジアにおいても、韓国や台湾では、取り調べに弁護士を立ち会わせる権利が保障されている。このように、冤罪を防止するためには、取り調べを受ける被疑者の基本的人権㋘を尊重することが重要である。

他方、日本国憲法に明文の規定はないものの、犯罪被害者の人権㋙にも配慮が必要であることはいうまでもない。しかし、従前、必ずしも犯罪被害者やその家族に対する十分な配慮がなされてこなかった。このことへの反省から、2004年には、犯罪被害者等基本法が制定されている。

問１　下線部㋐について、司法権の独立を守るために、日本国憲法は様々な規定を置いている。とりわけ実際の裁判を担当する裁判官が、自らの良心に従い、独立してその職権を行うことができるよう、裁判官の身分保障が規定されている(日本国憲法76条3項)。すなわち、裁判官は、裁判により、心身の故障のために職務を執ることができないと決定された場合と、国会に設けられた □ 裁判所の裁判による場合を除いては、罷免されないとされている(日本国憲法78条・64条)。この □ に入る最も適当な語句を解答欄に記入しなさい。

問２　下線部㋑について、2009年5月から、わが国においても、くじで選ばれた一般市民6人が、職業裁判官3人とともに、被告人の有罪・無罪を判断し、有罪の場合には量刑についての判断も行う、裁判員制度が実施されている。このような市民参加の制度は、広く諸外国においても採用されており、たとえば、アメリカにおいては、くじで選ばれた一般市民だけで、有罪・無罪の判断を行う □ 制が採用されている。この □ に入る最も適当な語句を解答欄に記入しなさい。

問３　下線部㋒について、訴えを起こす側の当事者のことを原告、訴えられる側の当事者のことを被告といい、双方ともに私人である場合と被告が国や地方公共団体などの場合がある。後者の裁判のことを □ 裁判という。この □ に入る最も適当な語句を解答欄に記入しなさい。

問４　下線部㋓について、第一審の裁判所の判決に不服のある当事者が、第二審の裁判所に不服申立てを行うことを □ という。また、第二審の裁判所の判決に不服のある当事者が、さらに第三審の裁判所に不服申立てを行うことを上告という。この □ に入る最も適当な語句を解答欄に記入しなさい。

問 5　下線部㋔について、日本国憲法 40 条は、抑留または拘禁された後に無罪の裁判を受けた者に対して、□請求権を保障している。この□に入る最も適当な語句を解答欄に記入しなさい。

問 6　下線部㋕について、1975 年、最高裁は、□事件において、疑わしきは被告人の利益にという刑事裁判の鉄則は再審の判断にも適用があるとする新しい判断を示した。この□に入る最も適当な語句を解答欄に記入しなさい。

問 7　下線部㋖について、虚偽の自白が生み出される原因の 1 つに、勾留されている被疑者の収容場所として、法務省が管轄する拘置所ではなく、警察が管轄する留置場が□として利用されていることの問題性が指摘されている。この□に入る最も適当な語句を解答欄に記入しなさい。

問 8　下線部㋗について、取り調べを受ける被疑者に保障されているこのような権利のことを□権という。この□に入る最も適当な語句を解答欄に記入しなさい。

問 9　下線部㋘について、日本国憲法 11 条は、「国民は、すべての基本的人権の享有を妨げられない。この憲法が国民に保障する基本的人権は、□の権利として、現在及び将来の国民に与へられる。」と規定している。この□に入る語句を 11 文字で解答欄に記入しなさい。

問10　下線部㋙について、2008 年から、犯罪被害者等の保護・支援のための新たな制度として、犯罪被害者やその遺族が、刑事裁判に出席し、被告人に質問したり、量刑について意見を述べることができる□制度が始まった。この□に入る最も適当な語句を解答欄に記入しなさい。

〔Ⅳ〕 次の文章の空欄A～Jに最も適当と思われる語句を解答欄に記入しなさい。

大日本帝国憲法において、帝国議会は皇族・華族・勅任の議員からなる [A] と公選の議員からなる衆議院によって構成されていたが、立法権は天皇に属するものとされ、帝国議会はその [B] 機関とされていた。

第二次世界大戦を経て日本国憲法が施行されると [A] は廃止され、国会はいずれも公選の議員からなる衆議院と参議院から構成されることとなった。日本国憲法41条によると、国会は唯一の立法機関であるだけでなく、[C] の最高機関であるとされている。

国会が衆議院と参議院という二院から構成されているのは、国民の意見を幅広く反映させ、より慎重な審議がなされるよう期待されているからである。また、日本国憲法54条2項によると、衆議院が解散された場合であっても、国に [D] の必要があるときは、[E] によって参議院の [D] 集会が求められることがある。このように国会が二院制をとっていることで、一時的なものではあるが参議院だけで国会の機能を果たすことも可能となっている。もっとも、参議院の会派構成が衆議院の会派構成と似ていると、参議院は衆議院のカーボンコピーであるとの批判を受けることになり、逆に衆議院と参議院の会派構成が異なると両議院の議決が一致せず、いわゆる [F] 国会が生じることになる。

国会は衆議院および参議院の審議を経てその議決を行うが、日本国憲法60条1項によると、[G] については衆議院の先議が認められている。ただし、日本国憲法60条2項によると、[G] について参議院が衆議院と異なる議決をした場合には、法律の定めるところにより、両議院の [H] を開いても意見が一致しないとき、または参議院が衆議院の可決した [G] を受け取った後、国会休会中の期間を除いて30日以内に議決をしないときには衆議院の議決が国会の議決となる。

国会の審議においては議員同士の活発な討論を通じて議決が行われることが望ましい。そこで、1999年に制定された国会審議活性化法によって、国会における審議の活性化と政治主導の政策決定システムの確立が図られることになった。この法律によって、官僚が国会で答弁する [I] 制度は廃止され、副大臣、大臣政務官が国会に出席して答弁することができるとされた。また、この法律によって [J] 委員会が両議院に設置されることとなった。与党と野党の間における党首討論は、[J] 委員会の合同審査会の形式で実施されることとなっている。

問7　傍線部6「飛び立ちぬべし」とは、どのような状態を表現したものか。もっともふさわしいものを、次の選択肢の中から選び、その番号をマークしなさい。

1　喜びのあまり居ても立っても居られない状態。
2　緊張して平常心を失ってしまっている状態。
3　待ち焦がれてじっとしていられない状態。
4　心配して心を落ち着かせられない状態。

問8　傍線部7「天の羽衣」とあるが、誰を天上界の人間に見立てたものか。もっともふさわしいものを、次の選択肢の中から選び、その番号をマークしなさい。

1　男　2　織女　3　庶明　4　九条殿

問9　傍線部8「今案ずるに」の主語を次の選択肢の中から選び、その番号をマークしなさい。

1　顕昭　2　曽丹　3　庶明　4　九条殿

問10　本文の内容と合致するものを次の選択肢の中から選び、その番号をマークしなさい。

1　織女は、天に帰ることを希望しつつも、夫や子との別れをたいへん惜しみ、悲嘆の涙を流した。
2　筆者は、河内国に残る天女の話を誤伝だと断じ、近江国の話のみが正しい伝えだと理解している。
3　庶明は、除名の際に紫色の服を脱ぐことになり、再びそれを着られるとは思いもしなかった。
4　筆者は、庶明の歌と余呉の海の伝説とを、無理に結びつけて理解しなくてもよいと考えている。

2　天女の弟女と、共に室家の為に、此処に居す。

3　天女の弟女に与へて、共に室家と為りて、此処に居す。

4　天女の弟女に与へて、共に室家の為に、此処に居す。

問5　傍線部4「河内国天の川」は、「狩り暮らしたなばたつめに宿からむ天の河原に我はきにけり」という歌を記す『伊勢物語』をうけて、天上の天の川と関連しながら歌枕として定着する。これに関し、次の(1)・(2)の問に答えなさい。

(1)　「狩り暮らし」の歌の句切れを次の選択肢の中から選び、その番号をマークしなさい。

1　初句切れ　2　二句切れ　3　三句切れ　4　四句切れ

(2)　『伊勢物語』の主人公とされる人物を、次の選択肢の中から選び、その番号をマークしなさい。

1　平貞文　2　在原業平　3　文屋康秀　4　紀貫之

問6　傍線部5「ちぎりてけりな」の解釈として、もっともふさわしいものを、次の選択肢の中から選び、その番号をマークしなさい。

1　夫婦の誓いをしたようだ。

2　固く約束をしたのだったなあ。

3　細かく切ってほしいことよ。

4　裁断してしまってはいけない。

8今案ずるに、此庶明中納言の歌は、必ずしも此天人の事としもなし。ただうれしき由と見えたり。曽丹歌は、余呉の海と詠み、たなばたの心と聞こゆれば疑ひなし。

（顕昭『袖中抄』による）

注1　昔近江国余呉の海に＝『帝王編年記』という文献にも、本文の話と似た話が記される。この文献では、男の名前を伊《い》香刀美《かとみ》、女性を八人姉妹の末っ子（弟女）とする。

注2　上の衣＝本文中にある「袍」のこと。「袍」は正装時に着る上着。

問1　二重傍線部A「をとめご」と同じ人物を指す四文字の語を、本文中から抜き出しなさい。

問2　傍線部1「き」は「来」とある語との掛詞である。その語を漢字一字で記しなさい。

問3　傍線部2「やがて」の解釈として、もっともふさわしいものを、次の選択肢の中から選び、その番号をマークしなさい。

1　しばらくして　　2　当面の間　　3　そのまま　　4　そのうち

問4　傍線部3「その男の妻になりてゐにけり」に関し、『帝王編年記』には次のようにある。

伊香刀美、与天女弟女、共為室家、居於此処。

波線部の読み下し文として、もっともふさわしいものを、次の選択肢の中から選び、その番号をマークしなさい。

1　天女の弟女と、共に室家と為りて、此処に居す。

三　次の文章をよく読んで、設問に対する答えを、解答用紙の該当欄に記入、またはマークしなさい。

余呉の海《うみ》に[1]きつつなれけむ[A]をとめごが天の羽衣干しつらむやぞ

顕昭云く、此は曽丹三百六十首中に七月上旬の歌なり。歌の心は、昔[注1]近江国余呉の海に織女の降りて水あみ給ひけるに、そこなりける男行きあひて、脱ぎ置ける天の羽衣を取りたりければ、たなばたえ帰り昇り給はで、[2]やがて[3]その男の妻になりてゐにけり。子ども生み続けて年頃になりにけれど、もとの天の上へ昇らむの心ざし失せずして、常にはねをのみ泣きて明かし暮らしけるに、この男のものへまかりたりける間に、この生みたる子の物の心知る程になりたりけるが、何事に母はかく泣き給ふぞと言ひければ、しかじかと初めより言ひければ、この子父の隠し置きたりける天の羽衣を取りてとらせたりければ、母喜びてそれを着て飛び昇りにけり。昇りける時に此の子にちぎりける事は、我はかかる身にてあれば、おぼろげにては逢ふまじ、七月七日ごとに降りて此の海の水をあむべし、その日にならばあひ待つべしとて、母も子もともに別れの涙をなむ流しける。さてその子孫は今までありとなむ申し伝へたる。

或人の申ししは、[4]河内国天の川にこそさることはありけれ、そのたなばたの子孫、今に河内にありと申ししかど、曽丹が詠めるは中ごろの人確かに申しける事にこそ、疑ふべからず。近江にも河内にもともにありける事なるべし。

『奥義抄』に云く、

いにしへ[5]もちぎりてけりなうちは[6]ぶき飛び立ちぬべし[7]天の羽衣

此は、庶明《もろあきら》中納言になれるとき、上の衣[注2]やるとて九条殿の詠み給へる、「思ひきや君が衣を脱ぎし時若紫の色を着むとは」、といふ歌の返しなり。もし除名の人にてありけるか。中納言になれるとき、袍を遣はしたりけるにや。官位を解くには位に従ひて着たる衣をも脱がする事なれば、除名の時は紫着るべしとも思はざりしにと詠み給へるにや。此歌の返しにうれしき由を返せるなり。さて飛び立ちぬべしとは、この余呉の海の天人の事を引き載せたり。詳しからず。されば書き載せず。

問11　本文の内容と合致するものを、次の選択肢の中から選び、その番号をマークしなさい。

1　争議行為を一律に禁止する国家公務員法をはじめ、中立的な法令を「政治的に」解釈することで、固有の治安法と同等の役割を担わせたのが、機能的治安法である。

2　たとえ無許可であっても、一般交通にいちじるしい影響をおよぼすことがなければ、道路交通法によってビラくばりを取り締まることはできないと見るべきである。

3　固有の治安法では憲法上の権利を侵害してしまうので、機能的治安法を用いることで、労働運動や大衆運動を合法的に制約し、公共の福祉を実現しているのである。

4　憲法上の表現の自由、とくに大衆の素朴な意思伝達手段（ミニコミ）を危険視する考え方をもっていなければ、機能的治安法の拡大を支えていることにはならない。

3　道交法で規制するのは一般交通に相当高度の支障をあたえるものだけであるが、政治的な意思を表現するビラくばりはそれに該当しないから。

4　憲法上の「表現の自由」の最大限の尊重を必須とする民主主義社会では、呼び込みビラも、政治的意思の表現行為も、ともに禁じられないから。

問9　傍線部5「捜査に登場してくるのは、交通課の警察官ではなく、実は警備課の警察官および公安部の検事である」が問題になるのはなぜか。その説明として、もっともふさわしいものを、次の選択肢の中から選び、その番号をマークしなさい。

1　大衆の素朴な意思伝達手段（いわゆるミニコミ）がもたらす効果を、国家がかろんじているから。

2　道路交通に関する業務は交通課の警察が担当するのであり、これでは役割分担を誤っているから。

3　労働運動や大衆運動の取締りのために、道交法を「政治的に」利用していることを意味するから。

4　バーやホテルの呼び込みビラなど営業用のものは無許可のものでも黙認されていて不公平だから。

問10　空欄［X］、［Y］、［Z］に入る言葉の組み合わせとして、もっとも適当なものを、次の選択肢の中から選び、その番号をマークしなさい。

1　Xは「したがって」　Yは「そして」　Zは「つまり」

2　Xは「つまり」　Yは「したがって」　Zは「そして」

3　Xは「そして」　Yは「つまり」　Zは「したがって」

4　Xは「したがって」　Yは「つまり」　Zは「そして」

問7　傍線部3「『公共の福祉』による粉飾」の説明として、もっともふさわしいものを、次の選択肢の中から選び、その番号をマークしなさい。

1　実際は、憲法上の権利を制限しようとしているが、社会全体の幸福実現のためだと、うわべをうまくとりつくろっている。

2　社会全体の幸福が、憲法で保障されている諸権利と衝突することのないよう、法令を柔軟に解釈し調整しようとしている。

3　固有の治安法があれば社会は安定するので、社会全体の幸福のためには、治安法が必要であると正当化しようとしている。

4　本当は固有の治安法であるのに、社会全体の幸福実現のためととりつくろって、機能的治安法だと強弁しようとしている。

問8　傍線部4「『ビラくばり』のような政治的意思の表現行為がバーやホテルなどの呼び込みビラの配布と同じ基準と手続きによって規制されてよいものか」と疑義が呈されたのはなぜか。その説明として、もっともふさわしいものを、次の選択肢の中から選び、その番号をマークしなさい。

1　同じ配布物なのに、そのときどきの警察署長の事前の許可・不許可の認定によって左右されてしまうのでは、手続きが煩雑になってしまうから。

2　呼び込みビラは営業用のものに過ぎないが、政治的意思の表現行為は、憲法によってその権利が保障されており、国家権力が制限できないから。

1　原則として市民的生活秩序の維持ないし一般行政的目的の達成を立法趣旨としているが、治安を維持する目的も兼ね備えている。

2　警備課の警察や公安部の検察が、労働運動や大衆運動を取り締まるために、固有の治安法を拡大解釈して、運用することがある。

3　集会、結社および表現の自由や労働者の団結権、団体行動権といった、憲法上の権利そのものの制限を意図して制定されている。

4　外国人登録法、出入国管理令、郵便法といった外見上中立的な法令であっても、政治的な目的のために運用される危険性がある。

(2)　「機能的治安法」が問題となるのはなぜか。「労働運動や大衆運動が市民一般の生活秩序に関われば、機能的治安法は［　　　］ことができるから」の形で説明する場合、空欄に入る適切な記述を、本文中から十四文字で抜き出し、その最初と最後の三文字を、解答欄に記しなさい。

問6　傍線部2「街頭」の「頭」と同じ用法のものを、次の選択肢の中から選び、その番号をマークしなさい。

1　書店で枕頭の書を探している。

2　途中で先頭集団から脱落した。

3　財界の巨頭と目される人物だ。

4　文芸雑誌の巻頭を飾った小説。

問1　傍線部A「頒布」の読みを、ひらがなで記しなさい。

問2　傍線部B「カ」、傍線部C「エツ」と同じ漢字が用いられる組み合わせを、次の選択肢の中から選び、その番号をマークしなさい。

1　B再犯は刑がカ重される。　C図書館のエツ覧室。
2　Bサーバーへの負カ。　C将軍にエツ見する。
3　B窃盗の前カがある。　C専門家の校エツを経る。
4　B外カの手術を行う。　C文章に斧エツを加える。

問3　傍線部D「セン」を、漢字で記しなさい。

問4　次の一文は、もともと本文内にあった一段落である。この段落が入っていた箇所の直後の三文字を書きなさい。

しかしそれにしても、外見上中立的なこれらの法令が実際にどのようにして治安法としての機能を発揮しえているかを明らかにしておかなければならない。

問5　傍線部1「機能的治安法」について、次の(1)・(2)の問いに答えなさい。

(1)　「機能的治安法」に関する説明として、もっともふさわしいものを、次の選択肢の中から選び、その番号をマークしなさい。

道路上で核実験反対のビラをくばっていた三名が突然現行犯で逮捕されたいわゆる「有楽町ビラくばり事件」において争われ、東京地裁、高裁とも無罪とし確定した事例がある(一九六六年二月二八日、東京高裁判決)。その趣旨は結局のところ、「ビラくばり」一般ではなく、一般交通に相当高度の支障をあたえるような程度のものだけが道交法で規制されるべきであるとする点にあった。

そこには二つの問題がある。一つは、4「ビラくばり」のような政治的意思の表現行為がバーやホテルなどの呼び込みビラの配布と同じ基準と手続きによって規制されてよいものかという点である。憲法上の「表現の自由」の最大限の尊重が民主主義社会の必須の前提条件であることを正当にみとめるならば、「ビラくばり」の権利がそのときどきの警察署長の事前の許可・不許可の認定によってまったく左右されてしまうことは、なんといっても不当であるといわねばならないであろう。それはビラの内容の事前検CエツにつながりうるのIである。

しかしかりに両者を同一次元のものと考えた場合にも、なお問題がある。というのは、現実にはバーやホテルの呼び込みビラなど営業用のものは無許可のものでもほとんどDセン索されず黙認されるのにたいして、政治的内容のビラのみが意識的に取り締まられているからである。そしてその際、5捜査に登場してくるのは、交通課の警察官ではなく、実は警備課の警察官および公安部の検事である。ここにいたって道路交通法は、機能的治安法としての性格を最終的にあらわにするのである。

以上の点は、「ビラはり」行為にたいする軽犯罪法や屋外広告条例の適用についても同様である。そこでは「風致美観」および「工作物管理権」との衝突が問題となるが、法律的な論理構成の背後に、憲法上の表現の自由、とくにマスコミを利用し支配しえない大衆の素朴な意思伝達手段(いわゆるミニコミ)の意義にたいする考え方の相違が横たわっている。これを厄介視し危険視する考え方が機能的治安法の拡大をささえるものであることはいうまでもない。

(中山研一『現代社会と治安法』岩波書店による)

そしてその点では、刑法が規定している殺人や窃盗の罪と変りがないといってよい（道交法や軽犯罪法などを一般刑法にたいして特別刑法とよぶ）。［ X ］、道交法などが機能的治安法になりうるとすれば、一般刑法上の犯罪も「政治的に」解釈され運用される可能性が十分にあるといわなければならない。殺人は通常労働運動や大衆運動とは関係がないとしても、傷害（かすり傷も傷害である）、暴行、監禁、住居侵入、不退去、強要、業務妨害、器物毀棄などの罪は、これらの運動にしばしば適用されているのである。

　こうして機能的治安法は、労働運動や大衆運動が市民的法益や秩序と接触する次元と範囲において、いつでも任意に立ちあらわれることができる。上述の法律のほかにも、さしあたり、外国人登録法、出入国管理令、郵便法などの事業法、税法、旅券法など、政治的な治安目的に運用される危険のある法令はきわめて多いのである。たとえば、ビラくばりにたいする道路交通法（一九六〇年）の規制を見てみよう。道路交通法は、「道路における危険を防止し、その他交通の安全と円滑を図る」こと、［ Y ］道路交通の安全を維持することが立法目的である。そこでこの法律は、道路において交通の妨害になるような危険な行為（たとえば道路に寝そべったり、物を投げたり、車両に飛びのったりする行為）を禁止するとともに（七六条）、道路工事、露店、祭礼行事やロケーションなど一般交通にいちじるしい影響をおよぼすような形態や方法による道路の使用については警察署長の許可をうけなければならないとしている（七七条）。ところがこの法律の委任をうけて各都道府県の公安委員会が定めた道路交通規則によれば、その他これに類する行為として、パレードや街頭行進のほか、交通ひんぱんな道路における寄付、署名および「物の交付」が加えられている。［ Z ］「ビラくばり」はこの「物の交付」にあたるとされるのである。したがって、もしも許可をえないで「ビラくばり」をすれば、逮捕され、三月以下の懲役または三万円以下の罰金に処せられるおそれがある（一一九条）。

　無許可の「ビラくばり」が道交法に違反するかどうかについては、一九六二年（昭和三七年）五月四日の朝八時頃、有楽町駅の

二　次の文章をよく読んで、設問に対する答えを、解答用紙の該当欄に記入、またはマークしなさい。

通常、[1]機能的治安法の例としてあげられるのは、道路交通法、軽犯罪法、暴力行為等処罰法、屋外広告物条例などであるが、それらが機能的「治安法」とよばれる理由は、市民的生活秩序の維持ないし一般行政的目的の達成を立法趣旨としながらも、国の政治的秩序そのものへの反対ないし抵抗を志向する労働運動や大衆運動の取締りに「政治的に」利用される危険があり、また現にその実績をもっている点にある。たとえば、労働運動や大衆運動がその政治的意思を表現し伝達するためのもっとも基本的でかつ日常的な手段である[2]街頭での「ビラくばり」は道路交通法によって、また「ビラはり」の方は軽犯罪法や屋外広告条例によって意識的に取り締まられている。一方暴力行為等処罰法が戦前から一貫して労働争議行為に適用されてきた実績があることについてはすでに上述した。

今日の憲法の下で、集会、結社および表現の自由（憲法二一条）や労働者の団結権、団体行動権（同二八条）そのものを否定するような治安法は成立の余地がないことは明らかなはずである。しかしすでに、これらの憲法上の権利そのものの制限に向けられた一連の治安法が歴史的に形成されてきている。たとえば破防法は、内乱の正当性を主張した文書の[A]頒布を禁止することによって文書の「内容」の政治性を問題とし、公安条例は冠婚葬祭等の行事を除いた政治的なデモを直接の規制対象として、無許可または条件違反の集団行動にたいして刑罰を[B]カしている。[3]「公共の福祉」による粉飾はあっても、それらが固有の治安法であることは明らかであろう。公務員の政治的行為を制限し、またその争議行為を一律に禁止する「国家公務員法」も、そのかぎりでこの中に数えられる。

ところが、上述した機能的治安法の場合には、立法趣旨にも規定の文言の中にも、「政治的行為に対する政治的取締り」を表現ないし予測させるものはまったく存在しない。それは一般的な市民的法益や秩序を守るという体裁を保持しているのである。

問9　傍線部B「懐手」の読みを、ひらがなで記しなさい。

問10　本文の内容と合致するものを、次の選択肢の中から選び、その番号をマークしなさい。

1　知識人は常に中立的な立場をとろうと傍観者的に発言することから、世間の求めているものとは食い違っており、信用されていない。

2　社会をある方向に動かして行こうとする人たちは、知識人にはない迅速な行動力と一瞬に物事を的確に把握する能力を持っている。

3　積み重ねてきた知識によって、知識人は鋭い統一ある批評を行うが、それらはあくまでも理想論であって実現不可能なものが多い。

4　流動的な物事に対して、知識人はその分析に着手するまでに時間がかかるために、世の中の動きについても臨機応変に対応できない。

問7　傍線部6「こういう知識で現実を動かし得ると考えるのは、知識人の僭越と無反省とを示すものに外ならない」について、次の(1)・(2)の問いに答えなさい。

(1)　知識人の「こういう知識」を、「［　　］の空論」ともいう。空欄に入る語を、漢字二文字で解答欄に記しなさい。

(2)　それでは、現実を動かすためにはどのような知識が必要なのか。筆者の考えとして、もっともふさわしいものを、次の選択肢の中から選び、その番号をマークしなさい。

1　現実の問題点を整理した結果、将来に対して一番適切であるもの。
2　現実の中で様々試してみて、その社会で実際に有効に働くもの。
3　現実の様々な場面を想定して、多くの場において効果があるもの。
4　現実の状況を細かく分析した上で、今すぐに実行が可能なもの。

問8　傍線部A「エイ」、傍線部C「ヘイ」と同じ漢字が用いられている組み合わせを、次の選択肢の中から選び、その番号をマークしなさい。

1　A植物の生育にエイ響する。　C国の財政が疲ヘイしている。
2　A国民の声を反エイさせる。　C神棚に御ヘイを捧げる。
3　A未公開作品が放エイされる。　Cヘイ社では応じかねます。
4　A広報用ビデオを撮エイする。　C紙ヘイの図柄を一新する。

えものである」とあるが、筆者は「分析」と「総合」についてどのように考えているのか。筆者の考えとして、もっともふさわしいものを、次の選択肢の中から選び、その番号をマークしなさい。

1　分析をしたものをお互いに結びつけ一体化させて、内容のあるものとなったのが総合である。
2　分析があくまでも主であり、総合は従であるために、総合が必要とされない場合もありえる。
3　分析をできるだけ多くまた徹底的に行い、それらを積み重ねることによって総合が成立する。
4　分析と総合は最初の段階から関係しあっているので、どちらがより重要だとは決められない。

問3　傍線部3「よし」の言い換えとして、もっともふさわしい語を、次の選択肢の中から選び、その番号をマークしなさい。

1　したがって　2　たとえ　3　もし　4　やはり

問4　傍線部4「本当の知識」とあるが、筆者の考えている「本当の知識」とはどのようなものか。具体的に示した表現を、本文中から十一文字で抜き出し、最初と最後の三文字を、解答欄に記しなさい。

問5　空欄 A に入るもっともふさわしい語を、次の選択肢の中から選び、その番号をマークしなさい。

1　雑然　2　泰然　3　平然　4　漫然

問6　傍線部5「知識人のこうした態度」とはどのような態度なのか。「自身を□すること」の形で説明する場合、空欄に入る適当な記述を文中から二十八文字で抜き出し、その最初と最後の三文字を、解答欄に記しなさい。

ども、統一ある識見をそれに対して持ち得ないのみならず、この社会の動きを主体的な働きとして自分の行動に移し得ないという傾向のあることである。かくして知識人は自分をそうした社会の動きの圏外に置いて、出来るだけそれから逃避しようとはするが、実際はいやいやそれに引きずられて行くということになり、これに対して又これと共に積極的に働いてゆくことが出来なくなるのである。これは又社会国家の支配者の知識人に対する扱いかたにもよるのであって、あながち知識人のみをとがめることは出来ないが、しかし5知識人のこうした態度をもって決して知識人の本領と賛美するわけには行かない。むしろ知識人の陥り易いCヘイ害だといわねばならない。

　知識の沙汰がややもすれば観念の遊戯にあるといわれるのは、知識の志す統一と整理とが現実を遊離した観念の世界に行われ易く、困難を去って楽易に就こうとするによるとも考えられる。しかし知識は本来現実の整理であると共に、現実の方向を示すという理想的意義をもおのずから得来るべきである。知識人の無力は、彼の有する知識が現実と遊離した世界においてのみ活発に働くという傾きにもよるのである。同時に6こういう知識で現実を動かし得ると考えるのは、知識人の僭越《せんえつ》と無反省とを示すものに外ならない。

（安倍能成「知識人の反省」による）

問1　傍線部1「知識は憂患の始め」と同じような意味のことばとして、もっともふさわしいものを、次の選択肢の中から選び、その番号をマークしなさい。

1　馬の耳に念仏
2　学者の取った天下なし
3　知らぬが仏
4　知恵と力は重荷にならぬ

問2　傍線部2「この頃の論者のように西洋は分析だから駄目だ、東洋流の総合で行くべきだとたやすくいってのけるのは考知識が分別するために統一しにくくなると共に、多くを知るために視野が広くなるために、統一しにくくなるということがある。4本当の知識ということと物識《ものし》りとはもとより同じでないけれども、しかし知識のあるということは自然知ることの多いということであり、又ある程度まで知るということが必要な条件でもある。しかし如何《いか》に多くの知識があっても、この色々な樹木のある森を、ただ［A］と散歩しているばかりならば、別に苦労はない。多くを知っているというそのことだけで、けっこう優越を感じて十分に楽しめる人も世には多いのである。しかしこの多くて広い知識を統一し組織して意味あるものにするという要求が即ち苦労の種を作るのである。多くを知り広くを知れば、それだけまとまりがつきにくく、決定が困難になるのである。ともかく視野が広ければ、これを統一して強い中心を握ることが困難であり、殊に我々の感情を集中したり、意志を専注するためには都合がわるい。例えば人の行為の価値を判じてそれに対する態度をきめる場合に、その人の一面だけしか見ないで、直ちにこれを善とか悪とかきめてしまう方が、決着がつきやすい。だが簡単に少数の条件でものをきめることが、知識人には出来ない。色々な条件を並べているうちに、善と思ったものも必ずしもそうではなく、悪ときめたものも必ずしも悪ではなくなる。従って又それをどう処理すべきかが決定出来ない。殊にこれが論理的の問題でなくて実践的の問題である場合においてそうである。社会の推進力が、ややもすると狭く一つのことばかり見つめてこれを固執する狂熱者の手に帰するのは、即ちこの知識人の欠陥に乗じたものである。だから広闊《こうかつ》なる視野、公平なる見方と共に、強く中心を摑《つか》みとる識見、即ち統一なる知識が必要であると共に、この中心を摑んで一歩躍進して行く冒険が、この識見の試練として、この識見を生活力とするために要望せられる。

　知識人が社会の生きた動きに対してややもすれば無力を呼ばわれる理由は、第一にそういう対象が生やさしくは我々によって認識し得られず、まず認識して行動しようとする知識人を動かしにくく、その一端や一角を把《つか》んで全体を知り得たとする人にとって、かえって行動に成り易いということにもよる。第二には知識がややもすればB懐手の見物に成り易く、そうした社会の動きを自分のこととしてでなくよそ事として見る。従ってそれに対して断片的には鋭利な気のきいた批評を下しはするけれさしむきこの分析を徹底することが必要である。物の黒白が弁別せられ、黒が黒の居るべき所に、白が白の居るべき所に置かれると共に、両者を貫きあるいは結ぶ所のものも始めてしっかと把握し得られ、かくして内容ある総合の働きも亦《また》遂げられるのである。よく西洋精神は分析で東洋精神は総合である、というようなことが無造作にいわれている。大体からはそういう傾向は認められる。これが西洋は科学的で東洋は芸術的だなどといわれる所以《ゆえん》でもある。芸術に具体的総合が必要なのはいうまでもないが、そのためには又繊細な陰Aエイの弁別が必要とせられるのである。ただそれが比較的無意識的になされるということはあろう。2この頃の論者のように西洋は分析だから駄目だ、東洋流の総合で行くべきだとたやすくいってのけるのは考えものである。我々自身並びに我々の周囲の問題は、中々直観によって総合的に一挙に把握し得られるものではない。我々の思惟《しい》の根底にはこうした総合的直観を前提せねばならないが、この直観は我々の分析の働きにいわば分肢すべきものであり、我々の分析の働きはいわば直観に帰一すべきものであり、我々の知識の働きにおいては、この上からと下からとの働きが相錯綜《さくそう》したり、相対立したり、相協同したりして、そこに何らかの統一が生ずるのである。それを一挙に総合だけでかたづけたり分けられた局部の世界に立てこもったりしない以上、知識の道に進む者に苦労のあるのはやむを得ぬことである。結局分析も総合されねば意味と生命とを得ないし、総合も分析を待たなければ内容空疎なものとなりがちなのである。

かく知識はまず分析であり、殊に科学においては分析が主を占める。分析なくして科学は成り立たないといってよい。しかし又知識の根本は総合にある。殊に分析せられた多くの現象や多くの問題を前にしてこれを意味あるものとするためには総合が必須であって、この頃哲学の方面に人生観とか世界観の要素が要求せられるのもそのためである。客観的な対象としての総合──3よしその統一原理が主観によって与えられるとしても──だけでなく、客観を主観によって、物を我によって、あるいは物と我との一体によって総合することは、我々が自覚的に生きるためには是非要望せられざるを得ない。哲学は何らかの意味においてこの人間的要望に参加しないものはない。

国語

（六〇分）

一　次の文章をよく読んで、設問に対する答えを、解答用紙の該当欄に記入、またはマークしなさい。

1「知識は憂患の始め」という詞《ことば》がある。確かにそういうこともある。知識があればこそ思いわずらうということが起こる。無知であったら、あるいはめくら滅法に、あるいは気楽に決定の出来そうなことが、なまじいに知識のあるため、味《み》噌《そ》糞《くそ》も無造作に一緒にしておさまっているわけには行かない。知識は分別である。黒は黒、白は白と分ける働きである。かく分けて黒は黒の居るべき所へ、白は白の居るべき所へと、てきぱき凝滞なく処理することが出来れば何の煩いもないわけだけれども、事実はなかなかそうは行かない。黒を黒、白を白と分けることは、同時に黒をどうするか、白をどうするか、黒を立てると共に白をも立てようとする思い煩いを呼び起こすことが多い。すべて不決定の状態は、同時に不安、停滞を伴い易《やす》いものであり、これが知識ある者の患《うれい》となるのである。

上にいった知識の働きはいわば分別であり、相異なるものを相異なるものと知りながら、これを一緒くたにして簡単にかたづけることの出来ぬ悩みである。この分別即ち論理学的にいって分析は、知識の知識たる働きであり、学問は主としてこの分析によって出来るのである。だから我々の問題、我々を囲む社会的歴史的問題、自然界の対象にしても、知識の働きとしては

解答編

英語

I　解答

（問１） (ア)―４）　(イ)―４）　(ウ)―３）　(エ)―２）
(オ)―４）　(カ)―４）　(キ)―２）　(ク)―１）　(ケ)―１）

（問２） (A)―２）　(B)―２）　(C)―１）　(D)―１）

（問３） (A)―１）　(B)―１）　(C)―２）

全訳

《ロンドンの騒音問題》

① ２年前，ロンドン東部の大通りにある私のアパートに，愛すべき傍若無人さをもち，何事にも大げさな，おばが泊まりに来た。毎朝，彼女は額にアイマスクをつけている以外は完全に着替えを済ませて出てきて，ちょっと会話した後，プンプン腹を立てながら大きな声でこう言ったものだ。「私がよく眠れたかどうか聞かないつもり？　もうひどいったらないわ！　サイレンの音よ！　一晩中バスは走ってるし，暴走族はその辺にいるし。この騒音で私は死ぬでしょうよ。私が死んだらあなたは後悔するわよ！」

② 彼女の叫びは大げさに聞こえるかもしれない。しかし，どんなに大げさにものを言う親戚であっても，この脅威の危険性を誇張することはできないだろうということがわかった。この脅威は，あまりにも長い間，認識されることなく潜んでいた。街や都市の騒音は私たちを殺そうとしているし，その証拠も積み上がりつつある。

③ 国中の住民が危険なレベルの騒音にしょっちゅうさらされている。昨年，国連はロンドンをヨーロッパで最も騒音のひどい都市の１つと認定した。住民は平均 86 デシベル（dB）の騒音にしょっちゅうさらされており，世界保健機関（WHO）の安全基準値 53dB を大幅に超えている。その結果は？　難聴，寿命の短縮，心臓発作や脳卒中，不安，うつ病，２型糖尿病

のリスクの増加である。子どもに関しては，騒音と認知発達や，騒音と行動上の問題との関連性が調査されつつある。交通騒音は，受動喫煙と比較されるほどの生理的なストレス要因である。

[4] 正直に告白すると，長い間，都市部の騒音問題で私がよく激怒したのは，引っ越してきたばかりの少数の裕福な人々の快適さを保つために伝説的なナイトスポットが閉鎖されたことに関してのみだった。あるいは，隣人のおならの音が聞こえそうなほど壁が薄いのに家賃が法外に高い賃貸物件の大家が，その後にどんな険悪な雰囲気になろうとも，防音工事の費用を支払うことをきっぱりと拒否したことだった。

[5] 結局のところ，騒音は都市生活の一部であり，人がそれにどれほど早く慣れるかを言い過ぎることはできない。この記事を書くにあたり，このインタラクティブなロンドンの地図を使って私の住んでいる通りのデシベルを調べてみた。70デシベルで，ほとんどが道路交通によるものだ。しかし，私はその音にめったに気づかない。ゆでられているカエルも，きっとめったに温度に気づかないのだろう。

[6] 騒音公害について最も苦情を言っているのは，裕福で隣人が何をしているのか凄く興味を持っている人か，場を白けさせる率直な老人たちのようだ（おばさん，ごめんなさい！）。しかし，調査によれば，騒音公害の影響を最も強く受けるのは，高速道路や空港，工業地帯の近くに住む低所得者である。他の地域よりうるさい地域があるのは，他にも要因がある。樹木は効果的な防音材として機能するが，貧しい地域には緑地が少ない傾向がある。道路そのものの維持管理も騒音レベルに関係しうる。同じ車が裕福な地域を走るのと，貧しい地域の穴だらけの道路を走るのでは，裕福な地域を走る車の方が静かに聞こえるかもしれない。

[7] 騒音公害は間違いなく階級問題である。防音設備を整えたり，より静かな居住区を手に入れたりすることで静けさを買えるのは，一定の資力を持つ人々だけなのだから。また，楽器を演奏したり，友人を招いて夕食が終わった後に腹の底から笑ったりと，自由に音を出す贅沢をできるのが，住んでいる場所が理由だとしたら，それも同じことだ。

[8] パブから帰ってサックスを吹く元隣人（いつもCareless Whisperという無情なタイトルの曲を吹く）が，単なる罪のない環境の犠牲者だと言っているのではない。個人の責任や配慮というものはある。しかし，両極化

した現代では，たとえば火星から聞こえるほど大音量で電話を鳴らす商売人や，いつまでも吠え続ける犬を飼っている家族といった，個人の是非の問題で話が止まってしまうことがよくある。私たちの集団的な問題には集団的な解決策がおそらく必要なのに。

9　もし指弾する必要があるのなら，騒音削減政策を実施していない都市のリーダーを狙うよりも，もっと悪いことができるだろう。ロンドンは2004年以来，騒音公害戦略を更新しておらず，すでに騒音モニタリングを展開しているパリやバルセロナにかなり遅れをとっている。あるいは，防音義務を回避し続ける不動産事業者と，彼らを放置する規制当局を指摘することもできるだろう。

10　音楽施設の閉鎖にはまだ抵抗があるが，個人的には，私が住んでいる近くに巨大な球体を新たに設置しようと計画しているマディソン・スクエア・ガーデン社を指弾したい。この案が計画通りに進めば，音楽とエンターテインメントのアリーナは1日の大半の時間光り輝き，半分の時間は広告で覆われ，ビッグ・ベンの高さに届きそうになるらしい。地元住民の中には，騒音という悪夢になるのではないかと心配する人もいる。

11　しかし，ひとつだけ朗報がある。1月，上院の科学技術委員会が，騒音公害と光害が人間の健康に与える影響について調査を開始したのだ。騒音公害は，私たちの都市を恐怖に陥れている静かではない殺人者であり，その矛先は最も貧しい人々に向けられている。今こそ声を挙げて騒ぐときだ。

解説

(問1) (ア)　下線部は「彼女の叫びは大げさに聞こえるかもしれない」という意味である。したがって，4)「彼女が言ったことは誇張されているように聞こえるかもしれない」が最も近い。他の選択肢は，1)「私の態度のせいで彼女は私のアパートを出て行った」，2)「問題を克服できたので彼女は喜んでいたのかもしれない」，3)「彼女は大声で話しすぎたかもしれない」

(イ)　下線部は「それはあまりにも長い間，認識されることなく潜んでいた」という意味である。したがって，4)「それは最近まで問題として認識されていなかった」が最も近い。他の選択肢は，1)「大昔から大問題だと考えられてきた」，2)「私のおばのような繊細な人たちを長い間悩ませてきた」，3)「その背後にある本当の原因を長い間隠してきた」

(ウ)　下線部は「私の血を沸騰させた」という意味である。私をとても怒らせたということを意味する。したがって，3）「私を激怒させた」が最も近い。他の選択肢は，1）「私に出血させた」，2）「ほとんど問題なかった」，4）「私の気持ちを高めた」

(エ)　下線部は「人がそれにどれほど早く慣れるかを言い過ぎることはできない」という意味である。したがって，2）「人は驚くほど短い時間で都市の騒音を普通だと受け入れる」が最も近い。他の選択肢は，1）「新参者はその場所がどれほどうるさいか認識した直後に大声で不満を言う傾向がある」，3）「ある人にとっては，すぐに都市の騒音に慣れるのは難しい」，4）「ある人にとっては，騒音は都市生活の魅力的な側面の一つだということを理解するのは難しい」

(オ)　下線部は「穴だらけの道路」という意味である。貧しい地域の道がどのようになっているのかを考える。したがって，4）「穴や割れ目の多い道路」が最も近い。他の選択肢は，1）「多くの人で混んでいる道路」，2）「めったに使われない道路」，3）「信号機がほとんどない道路」

(カ)　下線部は「彼らが住んでいる場所が理由で」という意味である。彼らとは，第7段第3文（And equally, it …）に書かれている一定の資力を持つ人々のことである。彼らがどのような場所に住んでいるのか，それと騒音がどう関係があるのかを考える。したがって，4）「裕福な住宅街に住んでおり，しっかりした造りの家に住み，家々の間に十分なスペースがあるから」が最も近い。他の選択肢は，1）「国が人種的に分断され，あるグループが別のグループから差別されているから」，2）「不動産価格が右肩上がりの地域に住んでいるから」，3）「古くから栄え，世界中から観光客が訪れるロンドンの中心部に住んでいるから」

(キ)　下線部は「騒音削減政策を実施していない都市のリーダーを狙うよりも，もっと悪いことができるだろう」という意味である。つまり，都市のリーダーを狙うことは悪手ではないということである。また，第9段第2文（London hasn't updated …）にはロンドンの騒音対策の現状が書かれていることも解答の手がかりとすれば，2）「騒音低減のために必要な政策を実行していない市のリーダーに責任を取るよう求めるのは良いことで，私たちはまだそれを実行していない」が最も近い。他の選択肢は，1）「騒音低減政策を実行できなかった市のリーダーに責任を取るよう求めるのは得策ではない」，3）「ロンドンの騒音公害を減らすために，市のリーダーが何もしていないことを私たちは非難した」，4）「市内の騒音について何もしていないことを市のリーダーのせいにしていたら，私たちはもっとひどい状況に陥っていただろう」

(ク)　下線部は「展開した」という意味である。したがって，1）「実行した」が最も近い。他の選択肢は，2）「失敗した」，3）「断念した」，4）「最小限にした」

(ケ)　下線部は「彼らを放置する規制当局」という意味である。彼らとは，第9段第3文（Or we could …）に書かれている防音義務を回避し続ける不動産事業者のことである。したがって，1）「適切な防音対策を建築事業者にさせない当局」が最も近い。他の選択肢は，2）「壁の薄い家を建て続ける無責任な工務店」，3）「家賃さえ払えば入居者に好きなことをさせるビルの所有者」，4）「義務を無視して適切な防音対策を施さない建物を販売する不動産会社」

〔問2〕 (A)「最初の段落で，著者のおばが『私が死んだらあなたは後悔するわよ』と言ったのはなぜか」

第1段第2文（Each morning …）以降に，おばが騒音のせいで眠れなくて怒っている様子が書かれている。したがって，2）「街の騒音にとても腹を立てていたから」が正しい。他の選択肢は，1）「数カ月前に亡くなったパートナーが恋しかったから」，3）「大声で騒いだことに対して親戚に謝らせたかったから」，4）「夜道を歩いていて殺されそうになったから」

(B)「騒音でもっとも苦しむのは誰か」

第6段第2文（But research shows …）に「しかし，調査によれば，騒音公害の影響を最も強く受けるのは，高速道路や空港，工業地帯の近くに住む低所得者である」と書かれている。したがって，2）「貧しい人々」が正しい。他の選択肢は，1）「年を取った人々」，3）「フランス人とスペイン人」，4）「裕福な人々」

(C)「騒音に関する樹木の働きは何か」

第6段第4文（Trees act as …）に「樹木は効果的な防音材として機能する」と書かれている。したがって，1）「音を吸収する」が正しい。他の選択肢は，2）「音を大きくする」，3）「音をより遠くに伝える」，4）

「何の違いも生まない」

(D)「筆者が最も同意しそうにないものはどれか」

第９段（If fingers need …）で，筆者は騒音削減政策を実施していない都市のリーダーや防音義務を回避し続ける不動産事業者，および彼らを放置する規制当局を非難している。したがって，１）「都市における騒音はすべて，自分の部屋で大声を出している礼儀をわきまえない人々のせいである」が正しい。第５段第１文（Noise is, after …）に「結局のところ，騒音は都市生活の一部であり，人がそれにどれほど早く慣れるかを言い過ぎることはできない」と書かれていること，また，最終段最終文（Time to make …）に「今こそ声を挙げて騒ぐときだ」と書かれていることから，２）「騒音は，ほとんどの人が意識していないが，注意すべき公害の一種である」に筆者は同意すると考えられる。第３段第２文（Last year, the …）以降にロンドンの騒音の現状及び健康に対する影響が書かれているので，３）「騒音公害はロンドンの多くの人々に影響を与える問題である」に筆者は同意すると考えられる。最終段第３文（Sound pollution is …）と第４文（Time to make …）に「騒音公害は，私たちの都市を恐怖に陥れている静かではない殺人者であり，その矛先は最も貧しい人々に向けられている。今こそ声を挙げて騒ぐときだ」と書かれているので，４）「騒音公害は，コミュニティとして行動することによって解決されるべきものである」に筆者は同意すると考えられる。

(問３) (A)　第５段第１文（Noise is, after all …）「騒音は結局のところ都市生活の一部である」や，第６段第１文（The people I hear …）「騒音公害について最も苦情を言っているのは，裕福で隣人の行動にすごく興味を持っている人か，あるいは…」や，同段第２文（But research shows …）「騒音公害の影響を最も強く受けるのは，高速道路や空港，工業地帯の近くに住む低所得者である」などより，都市生活者は貧富に関係なく，騒音問題に影響を受けていることがわかる。したがって１）「貧富の差があるにもかかわらず，彼らは都市の騒音問題の影響を受けている」が正解。２）については，第３段第５文（For children, a link is being explored …）「子どもに関しては，騒音と認知発達や，騒音と行動上の問題との関連性が調査されつつある」と書かれているものの，「騒音公害は子どもの成長を妨げることが証明された」とは書かれていないので，間違い。３）

「騒音公害の主な原因は音楽コンサートである」，4）「金持ちの人々と貧しい人々は，環境問題に関して意見が相反する」という記述は本文にない。

(B)　第9段第2文（London hasn't updated …）に「ロンドンは2004年以来，騒音公害戦略を更新しておらず，すでに騒音モニタリングを展開しているパリやバルセロナにかなり遅れをとっている」と書かれている。したがって，1）「パリやバルセロナは騒音公害対策がより進んでいる」が正しい。2）「都市に住む人は，電話の呼び出し音やおならをする犬などの騒音を許容すべきである」，3）「日没後の楽器演奏は禁止すべきである」，4）「金持ちの人々は腹から笑う傾向があるので，騒音公害を引き起こす」という記述は本文にない。

(C)　第9段第1文（If fingers need …）に「もし指弾する必要があるのなら，騒音削減政策を実施していない都市のリーダーを狙うよりも，もっと悪いことができるだろう」と書かれている。したがって，2）「自治体は都市における騒音の低減を支援すべきである」が正しい。1）「ニューヨークのマディソン・スクエア・ガーデンは騒音がひどいので取り壊すべきである」，3）「子どもよりも高齢者の方が騒音に苦しんでいる」，4）「もっと騒音を出し，それに慣れるべきだ」という記述は本文にない。

Ⅱ　解答

（問1） (ア)―2）　(イ)―3）　(ウ)―2）　(エ)―3）　(オ)―4）

（問2） (A)―3）　(B)―4）　(C)―1）　(D)―4）　(E)―1）

（問3） (A) Due　(B) As

（問4） 一見健全に見える野生生物でも乱獲によって絶滅する恐れがあり，人間の搾取から彼らを守る必要がある。（50字以内）

全訳

《リョコウバトの絶滅とその意味》

1　1914年9月1日，マーサと呼ばれるリョコウバトがシンシナティ動物園の檻の中で死んだ。捕獲されて飼育されていたマーサは，麻痺のせいでしばしば震え，一度も受精卵を産んだことがなかった。マーサは4年以上もの間，その種の最後の1羽として知られていた。マーサは何百人もの訪問者を引き付けたが，彼らはときには砂を檻に投げ入れ，彼女に動き回るように促した。彼女の死は，かつて世界で最も数の多い鳥類のひとつであ

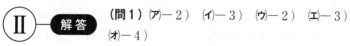

ったリョコウバトの絶滅を意味した。

[2]　リョコウバトは北米原産だった。ヨーロッパ人が北米にやって来る前は，北米大陸に生息する鳥類の個体数の4分の1以上を占め，その数は30億とも50億とも言われていた。主な繁殖地は，かつて北米東部の多くの地域を覆っていた森林であり，冬には餌を求めて主に西へと移動した。彼らの名前は「通り過ぎる」を意味するフランス語の passager に由来し，それは彼らの移動の習性を指している。ときには数百万羽にもなる巨大な群れで生息・移動し，時速95キロにも達する高速飛行をした。リョコウバトの群れが飛んでくると，太陽を遮り，会話もできないほど騒々しいと言われていた。その営巣地は巨大になることもあった。ウィスコンシン州のある営巣地は2000平方キロメートルを超え，1億3600万羽が営巣したと記録されている。リョコウバトは樹木をねぐらとし，ときには枝を折るほどの数になることもあった。彼らは密集して生息していたため，捕食者が群れ全体に与えるダメージは小さく，たとえ個体や卵が少々失われたとしても，その影響は最小限に抑えられた。

[3]　19世紀初頭までに，アメリカは西への拡大を開始しつつあった。当時は東海岸に集中していた都市は，ヨーロッパからの移民によって勢いがつき，急速に人口を増やしていった。その結果，先住民であるネイティブ・アメリカンが犠牲となり，入植者によってもたらされた暴力や病気に苦しむことになった。彼らが何世紀にもわたって生活し，狩猟し，食料を捜してきた土地は，入植者たちがその所有権を主張した。その過程で，何千平方キロメートルもの森林が伐採され，リョコウバトの生息地が奪われた。

[4]　猟師はリョコウバトにとって最大の脅威であった。リョコウバトは密集して生息しているため，殺すのは至極簡単だった。群れの中で棒を振り回せば，両手にいっぱいのリョコウバトを簡単に殺すことができたのだ。都市部からの食肉需要はリョコウバトの狩猟を一変させ，商業化された大規模な大量殺戮を促した。これを後押ししたのが，交通と通信の技術革新だった。全国に張り巡らされた電信網は，群れの移動に関する報告を迅速に広めることを可能にし，鉄道は鳥（通常は樽詰め）を市場まで素早く運ぶのに利用された。猟師たちはリョコウバトの営巣地を見つけては，千羽単位で殺していた。一般的な手口は，営巣している木の下で火を起こしたり硫黄を燃やしたりしてリョコウバトの意識を朦朧とさせ，地面に落下させ

るというものだった。別の方法としては，営巣している木を単純に切り倒したり，アルコールに浸した穀物を餌にしたりすることであった。ときには，捕獲したリョコウバト（または模型）を「スツール」と呼ばれる小さな止まり木の上に囮として設置することもあった。すると，群れの一羽が餌を見つけたと勘違いした他のリョコウバトが集まってきて，網にかかった。この行為から，当局に仲間を売る情報提供者のことを「スツールピジョン」と呼ぶようになった。

5　1860 年代から 1870 年代にかけて，リョコウバトは明らかに急減したが，虐殺は続いた。1896 年，その数 25 万羽の最後の大規模な群れが発見されたが，猟師たちは数羽を除いてすべて殺してしまった。野生のリョコウバトが最後にはっきりと目撃されたのは 1901 年で，それは撃たれて剝製にされた。このときまでには，連邦政府はやっと行動を開始していた（いくつかの州ではすでにリョコウバトを保護するための法律が制定されてはいたが）。前年の 5 月，野生動物を保護する米国初の国の法令であるレイシー法が成立した。この法律は，違法に殺された狩猟動物や魚類（および違法に採取された植物）の州間取引を禁止した。1918 年に成立した別の法律は，渡り鳥を保護するものだった。これらの法律は，リョコウバトを救うには遅すぎた。多くのハトが飼育され続けたが，繁殖の試みは失敗に終わった。

6　リョコウバトは，一見健全に見える種でさえ絶滅する脆弱性を持っていること，そして人間の搾取から野生生物を守る必要があることを象徴する存在となった。科学者たちは残存している標本から DNA を採取し，それを使ってリョコウバトのゲノムのモデルを作った。その隙間は，最も近い近縁種であるオビオバトの DNA を使って埋めた。これにより，いつかリョコウバトを復活させる可能性が出てきたが，非常に多くの数が集まって群れを作ることを好むというその性質を考えると，それが成功するかどうかは未知数である。

7　マーサは，死後 140 キロの氷の塊の中に冷凍され，列車でワシントン D.C. のスミソニアン博物館に送られた。彼女は解剖され，剝製にされ，1999 年まで国立自然史博物館に展示されていたが，その後，常設展示から外された。

解説

(問1) ㋐　下線部は「そのとき」という意味である。したがって，2）「そのとき」が最も近い。他の選択肢は，1）「その後」，3）「さらに」，4）「次回」

㋑　下線部は「～によって勢いを与えられ」という意味である。したがって，3）「～によって推進させられ」が最も近い。他の選択肢は，1）「～に基づいて改善され」，2）「～によって簡単にされ」，4）「～に火をつけて」

㋒　下線部は「その鳥は，殺すのが至極簡単だった」という意味である。したがって，2）「猟師はほとんど苦労することなくその鳥を大量に殺すことができた」が最も近い。他の選択肢は，1）「猟師はその鳥をまっすぐに射るために矢を使った」，3）「その鳥は通常，藁で巣を作った」，4）「その鳥は撃ち落とされ次第，市場に運ばれた」

㋓　下線部は「～を生み出す」という意味である。したがって，3）「～につながった」が最も近い。他の選択肢は，1）「～に追加する」，2）「～に金を持ってくる」，4）「～する努力をする」

㋔　第5段第4文（By this time, …）以降は，動物を守るために制定された法について述べている。したがって，they は4）「その法律」が正しい。他の選択肢は，1）「自然主義者」，2）「ネイティブ・アメリカン」，3）「交通手段」

(問2) Ⓐ　「リョコウバトの特徴はどれか」

passenger pigeon は日本語でリョコウバトと呼ばれる。第2段第6文（It was said …）に「リョコウバトの群れが飛んでくると，太陽を遮り，会話もできないほど騒々しいと言われていた」と書かれている。したがって，3）「かつてリョコウバトは非常に密集した群れで飛んでいたので，彼らは空を覆い尽くし，非常に騒々しかった」が正しい。第2段第5文（They lived and …）に「ときには数百万羽にもなる巨大な群れで生息・移動し」と書かれているので，2）「昔，リョコウバトは森の中で小さな群れで生活していたので，捕食者から隠れて生き延びることができた」は不適。1）「リョコウバトは遠く離れた場所にメッセージを届けることができるので，コミュニケーションの道具として使われた」，4）「リョコウバトはヨーロッパ諸国からの移民によってアメリカに持ち込まれた」という記述は本文にない。

(B) 「猟師がリョコウバトを狙ったのはなぜか」

第4段第2文（(　A　) to their …）から第4文（Demand for meat …）に「密集して生息しているため，殺すのは至極簡単だった。群れの中で棒を振り回せば，両手にいっぱいのリョコウバトを簡単に殺すことができたのだ。都市部からの食肉需要はリョコウバトの狩猟を一変させ，商業化された大規模な大量殺戮を促した」と書かれている。したがって，4）「数が非常に多かったので，食用にするために捕まえるのが簡単だった」が正しい。1）「その豪華な羽はヨーロッパで人気があった」，2）「政府がリョコウバトの狩猟を奨励した」，3）「その肉は高価で，珍味と考えられていた」という記述は本文にない。

(C) 「1870年代のリョコウバトの状況について正しいことは？」

第5段第1文（By the 1860s …）に「1860年代から1870年代にかけて，リョコウバトは明らかに急減したが，虐殺は続いた」と書かれている。したがって，1）「リョコウバトの個体数は減少していたが，猟師は彼らを殺し続けた」が正しい。第5段第8文（They came too …）に「これらの法律は，リョコウバトを救うには遅すぎた」と書かれているので，3）「連邦政府は，ハトの個体数を保つ手助けをする法律を制定した」は不適。第5段第3文（The last definite …）に「野生のリョコウバトが最後にはっきりと目撃されたのは1901年で，それは撃たれて剝製にされた」と書かれているので，4）「最後に残ったリョコウバトが猟師によって殺された」は不適。2）「ネイティブ・アメリカンはハトの生息数を心配するようになった。なぜなら彼らは同じような状況にあったからだ」という記述は本文にない。

(D) 「次の狩猟方法のうち，本文中に出てこないものはどれか」

第4段第8文（A common technique …）に「一般的な手口は，営巣している木の下で火を起こしたり硫黄を燃やしたりしてリョコウバトの意識を朦朧とさせ，地面に落下させるというものだった」と書かれている。したがって，1）「硫黄を燃やすこと」は不適。第4段第9文（An alternative technique …）に「別の方法としては，営巣している木を単純に切り倒したり，アルコールに浸した穀物を餌にしたりすることであった」と書かれている。したがって，2）「木を切り倒すこと」は不適。第4段第10文（Sometimes, captive passenger …）に「ときには，捕獲したリョコウバト（または模型）を『スツール』と呼ばれる小さな止まり木の上に囮として設置することもあった」と書かれている。したがって，3）「ハトの模型を置く」は不適。4）「散弾銃を使う」という記述は本文にない。

(E)「交通や通信の技術革新の後，何が起こったか」

第4段第4・5文（Demand for meat … transport and communication.）に「都市部からの食肉需要はリョコウバトの狩猟を一変させ，商業化された大規模な大量殺戮を促した。これを後押ししたのが，交通と通信の技術革新だった」と書かれている。したがって，1）「人々が簡単にリョコウバトを見つけ，狩ることができるようになった」が正しい。2）「多くのリョコウバトが，通過する列車との衝突で死んだ」，3）「リョコウバトが世界のより遠い場所に移動し始めた」，4）「人々はリョコウバトをペットとして使わなくなった」という記述は本文にない。

（問3） (A)「密集して生息していること」が原因で「殺すのは至極簡単だった」という因果関係を読み取る。due to ～「～が原因で」

(B) 第6段ではリョコウバト全般の話をしているのに対し，第7段からはマーサの話に話題が移っていることに着目する。as for ～「～については」

（問4） リョコウバトという野生生物を例に挙げて，この鳥が乱獲されて絶滅に至るまでの経緯およびその事実が持つ意味が述べられている。第6段第1文（The passenger pigeon …）の内容をまとめる。

講評

2024年度も大問の出題は2題で，ともに読解問題である。

Ⅰはロンドンの騒音問題に関するエッセーである。比較的読みやすい英文ではあるが，問2の(D)のように，根拠となる箇所が複数にまたがる選択肢も含まれており，処理には労力を要する。

Ⅱは野生生物の絶滅とその意味について書かれた説明文である。こちらも読みやすい英文ではあるが，記述式問題が含まれている。

全体的に見て，試験時間に対しての読解の分量と設問数が多く，文章読解および設問中の選択肢の把握を素早く行うことが必要である。

日本史

I　解答

問(1)津田梅子　**問(2)**景山（福田）英子

問(3)（設問省略）　**問(4)**（設問省略）　**問(5)**リットン

問(6)柳条湖　**問(7)**斎藤実　**問(8)**挺身　**問(9)**学童疎開　**問(10)**学徒出陣

解説

《近代の社会・政治》

問(1)　「岩倉使節団に随行した留学生」「女子英学塾を創設」から空欄(ア)には津田梅子を導く。津田梅子が創設した女子英学塾が，現在の津田塾大学である。

問(2)　景山（福田）英子は岡山県出身の女性運動家である。なお，掲載省略になった問(3)もヒントになっていた。

問(6)　「1931年」「奉天郊外」「南満州鉄道線路が爆破された事件」から空欄(カ)には柳条湖を導く。この事件を契機として，関東軍による満州侵略が開始された（満州事変）。

問(7)　「日満議定書を満州国と取り交わし」から斎藤実を導く。1932年に犬養毅が五・一五事件で倒れた後，挙国一致内閣として斎藤実内閣が誕生した。

問(8)　「1944年」「女性を軍需産業などで働かせる勤労動員」から空欄(キ)には挺身を導く。女子挺身隊には，14～25歳の未婚の女性が参加した。

問(9)　「子どもの一部」「都市部から農村部に移動させる」「漢字4文字」から空欄(ク)には学童疎開を導く。学童疎開は，戦局の悪化により1944年8月より始まり，大都市の学童を地方都市や農村地域に集団的または個人的に移住させた。

問(10)　「在学中の徴兵適齢文科系学生の徴兵延期措置が撤廃され，軍への徴集がはじまる」「漢字4文字」から空欄(ケ)には学徒出陣を導く。理科系学部に在籍する学生は文科系学生とは異なり徴兵を猶予され，軍需産業や食料生産に従事するために勤労動員された。

Ⅱ　解答　**問(1)**―B　**問(2)**―C　**問(3)**―E　**問(4)**―A・D※
問(5)―F　**問(6)**―F　**問(7)**―D　**問(8)**―D　**問(9)**―B
問(10)―C

※問(4)については，選択肢に正文と解釈できる選択肢が複数あり，正解が複数存在したため，複数正答のいずれも正解として扱う措置が取られたことが大学から公表されている。

解説

《古代の外交》

問(2)　C．正解。遣隋使に関する史料であるので，「菩薩天子」が当時の隋の皇帝である煬帝だと判断できる。

問(3)　やや難。E．正文。A．「多利思比孤」は神武天皇ではない。神武天皇は紀元前660年に大和の橿原宮で即位した日本で最初の天皇とされる。

B．「使」は「犬上御田鍬」ではなく，小野妹子である。

C．「600年から618年に10回派遣された」が誤り。遣隋使の派遣は，600年から614年に4回派遣された。

D．遣隋使船は「高知沖」ではなく，瀬戸内海を通って玄界灘に出た。

問(4)　A・D．正文。B．「中国の皇帝から冊封を受けた」が誤り。遣隋使は，中国の皇帝の冊封を受けず，対等の姿勢で外交にのぞんでいる。

C．史料の出典は『日本書紀』ではなく，『隋書』倭国伝である。

E．「日本でその生涯を終えた」が誤り。裴世清は隋に帰国している。裴世清の帰国に際して，小野妹子が再び遣隋使の大使として隋に渡っている。

問(5)　やや難。F．正解。すべて正文である。

問(6)　正解はF。「臣某」とは菅原道真のことである。

問(8)　D．誤り。史料中の「未だ唐に至りて難阻飢寒の悲しみ有りしことを見ず」から，唐に到着してからは，旅行の困難や飢えや寒さに見舞われた者が「多数いた」のではなく，いなかったという内容が読み取れる。

問(9)　B．正文。A．当該史料の出典は『続日本紀』ではなく，『菅家文草』である。

C．「全部で30回以上派遣された」が誤り。遣唐使は630年の犬上御田鍬に始まり，894年に任命された菅原道真に至るまで，総計で19回任命された。

D．「航海術が進歩して，遣唐使の全船が安全に往復できるようになった」

が誤り。遣唐使船は，航海術が未熟であったため，海上での遭難も多かった。

Ｅ．鑑真は「薬師寺」ではなく，唐招提寺を建立した。

問⑽　Ｃ．誤文。吉備真備は帰国している。帰国後，僧玄昉とともに橘諸兄政権に参画している。

Ⅲ　解答

問⑴―Ｅ　**問⑵**―Ｂ　**問⑶**―Ｄ　**問⑷**―Ｂ　**問⑸**―Ａ
問⑹―Ｅ　**問⑺**―Ｄ　**問⑻**―Ｅ　**問⑼**―Ｅ　**問⑽**―Ｃ

解説

《桃山文化，江戸時代の社会・文化》

問⑴　Ｅ．誤文。姫路城は，播磨平野に築かれた代表的な「平城」ではなく，平山城である。

問⑵　Ｂ．誤文。千利休は「村田珠光」ではなく，武野紹鷗に茶を学んだ。村田珠光は室町時代に，侘茶を創始した人物である。

問⑶　Ｄ．正解。高取焼は細川氏ではなく，筑前藩主の黒田氏である。豊前藩主の細川氏の陶磁器が上野《あがの》焼である。

問⑷　Ｂ．誤文。惣百姓一揆と代表越訴型一揆の各地で見られるようになった時期が逆である。17 世紀後半からは代表越訴型一揆が増え，17 世紀末になると，大規模な惣百姓一揆が各地で見られるようになった。

問⑸　Ａ．正解。「相模の農民出身」「荒廃田を回復させて農村を復興させる試み」から空欄㋐には二宮尊徳，空欄㋑には報徳仕法を導く。二宮尊徳は農村復興の指導者で，農村の復興を効率化するための勤労・倹約を中心とする事業法を説いたが，これを報徳仕法という。

問⑹　Ｅ．正解。加茂一揆は 1836 年，蛮社の獄は 1839 年に発生している。

問⑺　やや難。Ｄ．正解。①は安藤昌益・自然真営道，②は林子平・海国兵談，③は山片蟠桃・夢の代，④は本多利明・経世秘策，⑤は太宰春台・経済録拾遺。

問⑻　やや難。Ｅ．正解。「著者が儒学者」「専売制の導入を説いている人」から太宰春台を導く。荻生徂徠の弟子である太宰春台は，古文辞学派の儒者で，著書である『経済録拾遺』において藩専売制などを説いた。

問⑽　Ｃ．正解。③の史料の著者は山片蟠桃である。彼は大坂の町人学者であり，大坂の町人が出資した学塾である懐徳堂で学んだ。

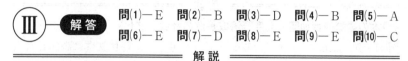

Ⅳ　解答

問(1)―A　問(2)―C　問(3)―A　問(4)―A
問(5)―C・E※　問(6)―D　問(7)―C　問(8)―D
問(9)―B　問(10)―A

※問(5)については，選択肢に誤文と解釈できる選択肢が複数あり，正解が複数存在したため，複数正答のいずれも正解として扱う措置が取られたことが大学から公表されている。

解説

《日本の国際連合加盟，高度経済成長期の社会・文化》

問(1)　A．正解。「アメリカ軍艦ミズーリ号上で，降伏文書に調印した当時の外務大臣」から重光葵を導く。彼は，鳩山一郎内閣の外相として，日ソ国交回復に尽力した。

問(2)　やや難。C．正解。ワンワイ=タヤコンはタイの王族で，外交官としても活躍し，大東亜会議ではタイの代表として出席した。A．チャンドラ=ボースは自由インド仮政府，B．ラウレルはフィリピン，D．バー=モウはビルマ（現ミャンマー）の代表として参加した。E．ホー=チ=ミンはベトナムの革命家で，大東亜会議には参加していない。

問(3)　やや難。A．正解。「ハンガリーにおける反ソ反共産主義運動・民主化運動」とは，日本が国際連合に加盟した1956年に起こったハンガリー動乱のことである。

B．1968年，C．1979年，D．1962年，E．1960年のことであり，日本の国際連合に加盟した年よりも後のことである。

問(4)　A．正文。B．日本政府は，当初「カイロ宣言」ではなく，ポツダム宣言を黙殺すると発表した。

C・D．アメリカは1945年8月6日に広島，8月9日に長崎に原爆を投下した。

E．原爆が投下された当時の日本の首相は「小磯国昭」ではなく，鈴木貫太郎，アメリカの大統領は「フランクリン=ローズヴェルト」ではなく，トルーマンである。

問(5)　C．誤文。日ソ共同宣言により，ソ連は歯舞群島及び色丹島を将来日本に返還することに同意したのではなく，平和条約締結後に返還することを約束した。

E．誤文。日本とソ連の間における戦争状態は，日ソ共同宣言の「調印

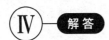

日」（1956年10月19日）ではなく，宣言が効力を生ずる日（1956年12月12日）に終了するものとされた。

問(6)　D．正文。A．アジア・アフリカ会議は「中華民国」ではなく，中華人民共和国およびインドなどが中心となって開催された。

B．アジア・アフリカ会議が開催されたのは，インドネシアの「ジャカルタ」ではなく，バンドンである。

C．アジア・アフリカ会議では「平和五原則」ではなく，平和十原則が決議された。平和五原則はアジア・アフリカ会議の前年の1954年に中国の周恩来首相とインドのネルー首相との間で確認されたものである。

E．アジア・アフリカ会議は1955年に開催されたが，非同盟諸国会議は1961年，ユーゴスラビアの首都ベオグラードでソ連・アメリカの二大国の覇権主義に対抗しようとする25カ国が参加して開催された。

問(8)　D．正解。A．『冒険ダン吉』は島田啓三，B．『ゴジラ』は円谷英二，C．『サザエさん』は長谷川町子，E．『のらくろ』は田河水泡の作品である。

問(9)　B．正解。『点と線』は松本清張の代表作の1つで，長編の社会派推理小説である。

A．『飼育』は大江健三郎，C．『仮面の告白』は三島由紀夫，D．『二銭銅貨』は江戸川乱歩，E．『真空地帯』は野間宏の作品である。

問(10)　A．正解。B．『天平の甍』は井上靖，C．『砂の女』は安部公房，D．『邪宗門』は北原白秋，E．『沈黙』は遠藤周作の作品である。

講評

2024年度は2023年度と同様に大問4題，解答個数は40個であった。大問2題は史料を題材とした問題であり，大問4題のすべてにおいて，史料に関連した設問が見られた。正文・誤文選択問題は，2023年度は11問出題されていたが，2024年度は13問であった。また，2024年度も例年通り史料に関する問題が多く出題されていたが，受験生にとって比較的解きやすいものであった。しかし，選択肢などにやや細かい内容も含まれており，難易度は総合的に見ると，標準的といえる。

Ⅰ　「婦人問題の解決」「国際連盟調査委員会報告書」「太平洋戦争総

合報告書」の３つの史料から，近代の社会・外交分野を問う問題である。受験生にとって初見史料だと思われるが，史料自体はさほど難しいものではなく，史料中のキーワードや設問文をヒントに解答できる問題が多くを占める。問(8)の「挺」がやや難しいかもしれない。漢字のミスをなくして高得点を目指そう。

Ⅱ　『隋書』倭国伝，『菅家文草』の２つの史料から，古代の外交に関して問う問題である。遣隋使の派遣と菅原道真が公卿らに遣唐使の存廃を建議している史料の一部である。問(3)の遣隋使船の派遣回数や航路，問(9)の遣唐使船の派遣回数はやや細かい内容であった。また，問(5)もすべて正文だと判断しにくかったのではないだろうか。

Ⅲ　桃山文化，江戸時代の社会・文化を中心に出題されている。特に(C)パートでは，経世論に関する史料が５つ出題され，それぞれの著者と書名が正確にわからなければ，問(7)・(8)は難しかった。しかし，設問文にも解答につながるヒントがあるので，しっかり活用して正答を導こう。

Ⅳ　「日本外交文書」から国際連合の加盟に際して重光葵が国連総会で行った演説史料と高度経済成長期の社会・文化について出題されている。ここ数年，Ⅳは近現代史からの出題であったが，2024年度は現代史中心の出題であった。大東亜会議に出席した人物を問うた問(2)，日本が国際連合に加盟した当時の国際情勢を問うた問(3)は世界史的な知識も必要とされる問題であった。戦後は世界史分野も含めて学習しておくことがのぞましい。

世界史

I 解答

問1．①―R　②―N　③―V　④―Q　⑤―G

問2．(ア)―B　(イ)―D　(ウ)（設問省略）　(エ)―D
(オ)―E

解説

《イベリア半島史》

問1． ①　旧石器時代後期の動物壁画としては，イベリア半島北部のアルタミラのほかにフランスのラスコーが知られている。

②　アラン人は受験範囲外であるが，二つ目の空欄の後の「イベリア半島を抜けて，5世紀前半には北アフリカに至った」という表現から，北アフリカに建国を行ったヴァンダル人を想起したい。

問2． (ア)　B．正文。

A．誤文。前1200年ごろまでにメキシコ湾岸に成立した文明は，テオティワカン文明ではなくオルメカ文明である。

C．誤文。飛銭が用いられたのは，春秋・戦国時代ではなく唐代である。

D．誤文。ドンソン遺跡はタイではなくベトナム北部に位置している。

E．誤文。クノッソス宮殿を発掘した人物は，シュリーマンではなくエヴァンズである。

(イ)　D．正文。

A．誤文。ミラノ勅令を発布した西の正帝は，ユリアヌスではなくコンスタンティヌスである。

B．誤文。「ローマ法大全」を編纂した委員会の長は，ウェルギリウスではなくトリボニアヌスである。

C．誤文。アントニヌス勅令を発令した皇帝は，アントニヌス=ピウスではなくカラカラである。

E．誤文。1088年に北イタリアに設立され，フリードリヒ1世によって自治権が認められた大学は，サレルノ大学ではなくボローニャ大学である。

(エ)　D．正文。

A．誤文。イギリスの『カンタベリ物語』は14世紀の作品である。

B．誤文。イタリアのピサ大聖堂は，ゴシック様式ではなくロマネスク様式である。

C．誤文。カンタベリ大司教となり，「スコラ学の父」と呼ばれた人物は，アベラールではなくアンセルムスである。

E．誤文。ウィリアム=オブ=オッカムではなくロジャー=ベーコンの説明である。

(オ)　E．正文。

A．誤文。市民権が与えられた対象は，アテネ領内において出生した男子ではなく，両親ともにアテネ人の男子である。

B．誤文。ルシタニア号事件は1915年のことであり，ドイツが1917年2月に無制限潜水艦作戦を宣言する前のことである。

C．誤文。蒸気機関は，ニューコメンにより地下水汲み上げポンプとして考案され，ワットにより実用化された。

D．誤文。ピルグリム=ファーザーズが上陸したプリマスは，ノースカロライナではなく現在のマサチューセッツ州である。

Ⅱ 解答

問1． ①—E　②—H　③—M　④—F　⑤—S

問2． (ア)—D　(イ)—C　(ウ)—A　(エ)—E　(オ)—E

解説

《モンゴル帝国》

問1． ①　遼（契丹）は，北宋と金によって12世紀はじめに滅亡した。

③　やや難。アリクブケはフビライの弟であり，モンケの死後に大ハン位をめぐりフビライと争った。

問2． (ア)　D．正文。

A．誤文。チャガタイはチンギスの長男ではなく次男である。

B．誤文。バトゥは西へと進み，南ロシアにキプチャク=ハン国を建国した。

C．誤文。モンゴル帝国の駅伝制度はチュノムではなくジャムチである。

E．誤文。チンギスが1223年に行い失敗した遠征は，ジャワではなく南ロシアである。また，フビライがジャワに遠征したのち，ジャワに誕生した国はバクトリア朝ではなくマジャパヒト王国である。

(イ)　C．正文。

A．誤文。第2代の君主はオゴタイ（オゴデイ）であり，また高麗が滅びたのは元滅亡後の14世紀である。

B．誤文。厓山の戦いで壊滅した国は，陳国ではなく南宋である。

D．誤文。『集史』を記したラシード=アッディーンは，イル=ハン国のガザン=ハンに宰相として仕えた。

E．誤文。フビライが制圧した地域は，カンボジアではなくビルマ（ミャンマー）である。また，ジャワへの遠征は失敗に終わっている。

(ウ)　A．正文。

B．誤文。プラノ=カルピニは，モンケ=ハンではなくグユク=ハン時代のカラコルムを訪れた。

C．誤文。ポタラ宮殿が建てられたのは，16世紀ではなく17世紀。

D．誤文。色目人が重用された分野は，軍事面ではなく経済面である。

E．誤文。ルブルックはシャルル7世ではなくルイ9世の命により派遣された。

(エ)　E．正文。

A．誤文。カラ=ハン朝はチベット仏教ではなくイスラーム教に改宗した。

B．誤文。やや難。チベット仏教はモンゴル地方を中心に広まり，サマルカンドや満州には広まっていない。

C．誤文。モンゴルではフビライ以降のハーンもチベット仏教を保護した。

D．誤文。ツォンカパは14世紀から15世紀にかけての人物であり，当時の中国の王朝は清ではなく明である。

(オ)　E．正文。

A．誤文。『医学典範』は12世紀ルネサンスによって，マルコ=ポーロの時代より前にヨーロッパ世界に伝わっている。

B．誤文。イブン=バットゥータはチュニジアではなくモロッコ生まれである。

C．誤文。マルコ=ポーロは，ミラノではなくジェノヴァとの戦争で捕虜となった。

D．誤文。ホータンは中央アジアのオアシス都市であり内陸に位置しているため，船についての記録が残されているとは考えられない。

Ⅲ　解答

問1． ①エラスムス　②プラッシー（の戦い）
③（一般）工場法　④1962
⑤中距離核戦力（INF）全廃

問2． ㈠不輸不入権（インムニテート）　㈡イエズス会（ジェズイット会）
㈢王立（特権）マニュファクチュア　㈣穀物増産
㈤アルザス・ロレーヌ地方

解説

《技術や発明品の歴史》

問1． ③　労働者の保護を目的とした工場法は数次にわたって出されたが，1833年の工場法を特に一般工場法と呼ぶ。

⑤　アメリカ大統領のレーガンとソ連書記長のゴルバチョフの間で，中距離核戦力全廃条約が締結され，米ソ間ではじめて核戦力の削減が行われた。

問2． ㈠　中世ヨーロッパの封建領主がもった不輸不入権によって，領主の自立化が進み，地方分権化が加速した。

㈢　国内産業の育成や技術開発を目的として，財務総監であったコルベールは王立マニュファクチュアを建設し，ゴブラン織りなどの毛織物やガラス製品の生産が進められた。

㈣　第一次囲い込みでは毛織物生産の需要に応えるために羊毛の増産を目的として非合法的に行われた一方，第二次囲い込みでは人口の増加を背景に穀物の増産を合法的に行った。

Ⅳ　解答

問1． ①クーリッジ　②シュペングラー　③ワグナー
④善隣外交　⑤ヒンデンブルク

問2． ㈠ドーズ案　㈡サッコ・ヴァンゼッティ事件　㈢ローザンヌ会議
㈣トーマス=マン　㈤ホネカー

解説

《第一次世界大戦後のアメリカ合衆国と世界恐慌》

問1． ②　シュペングラーは著作『西洋の没落』において，ヨーロッパのキリスト教文化は終わりに近づいたと主張した。

③　全国産業復興法（NIRA）が違憲判決を受けたことで，同法の中に含まれていた労働者の権利保障の部分のみ再立法化したのがワグナー法である。

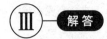

⑤　第一次世界大戦中のタンネンベルクの戦いでロシア軍を撃退するなど活躍したヒンデンブルクは，エーベルトの死後に社会民主党などの支持により大統領に就任した。

問2．(ウ)　ローザンヌ会議では，賠償金の総額を30億金マルクに減額すると定められたが，アメリカは不参加であり，英仏の戦債に関する問題の解決も行われなかった。

(エ)　トーマス=マンは，反ファシズムを主張し，ナチ党政権が成立するとアメリカ合衆国に亡命したドイツの作家である。

講評

Ⅰ　イベリア半島史をテーマとして，中世までの各国史が問われた。問2の正誤問題は選択肢が長く，文章の吟味が必要である。正誤問題では古代アメリカ文明や文化史，社会経済史など受験生の盲点になりがちな分野が問われたため，弱点となる分野を作らない勉強を進めておきたい。

Ⅱ　モンゴル帝国がテーマの大問であった。問1②の年号問題はやや難。問2の正文選択問題は標準的な問題が多いが，文化史や中央アジア史の対策ができていたかどうかで差がついただろう。

Ⅲ　技術や発明品の歴史をテーマに，近世以降の欧米史を問う大問であった。問1④の年号問題は正答したい。問2(ウ)がやや難であり差がつくかもしれない。問2(エ)は第二次囲い込みの目的を問う問題であり，出来事の背景まで勉強していたかどうかが問われる。

Ⅳ　第一次世界大戦後のアメリカ合衆国と世界恐慌がテーマとなった大問であった。問1①②や問2(ウ)でやや難な語句が問われたため，ここで差がつくであろう。

全体的に，文化史・近現代史・社会経済史など受験生が盲点とする範囲が出題された。これらの範囲の対策を万全にしたうえで，受験本番に臨みたい。正文選択問題は1文が長いため，落ち着いて取り組む練習をしておこう。

政治・経済

Ⅰ 解答

問1. ①―A ②―B ③―C ④―D ⑤―M

問2. (ア)―B (イ)―C (ウ)―A (エ)―B (オ)―C

解説

《日本の労働組合と労働立法の歴史》

問1. ① 岸信介内閣が総辞職の後，池田勇人内閣が策定した国民所得倍増計画は，産業社会資本の充実と産業構造の高度化を進め，日本の高度成長を軌道に乗せた。

② 岩戸景気（1959～61年）は，設備投資の増加や耐久消費財の大幅な普及を推進力とする高度成長期2番目の好景気である。1958年のなべ底不況を脱するとともに物価も比較的安定していた。その名称は「天の岩戸」の神話以来の好景気の意味である。

③ 労働基準局は，各都道府県の労働基準局やその管轄内の労働基準監督署を指揮監督する厚生労働省の内局である。

⑤ 労働契約法は，労働契約に関する基本的なルールを定める法律である。社会的相当性を欠く解雇は無効（同法第16条）と定めるなど労働保護立法の性格をもっている。

問2. (ア) B．正文。日本は，国際労働機関（ILO，1919年創設）の原加盟国であるが，1940年にILOを脱退した。日本は，1933年に国際連盟を脱退していたこと，戦時下における1938年の国家総動員法の制定，1940年に労働組合を解体させ，労働者を大日本産業報国会へ結集させたこと，これらが日本のILO脱退の背景にある。

A．誤文。労働組合期成会を結成したのは，高野房太郎と片山潜らである。労働組合期成会は，1897年の結成の後に日本最初の労働組合である鉄工組合を誕生させている。

C．誤文。工場法（1911年制定）は，12歳未満の年少者の就労禁止，12時間労働制などを規定しており労働保護立法である。これに対して，治安警察法（1900年制定）は社会運動や労働運動を取り締まる治安立法である。

(イ) C．正文。ILO の勧告は，労働立法の運用や ILO 条約のプロセス化の指針となっている。ILO の総会における各国の代表は，政府・使用者・労働者からなる三者構成をとっている。

A．誤文。クローズド=ショップは，使用者が労働者を採用する際に，組合員資格を有する者のみを採用し，脱退や除名により組合員資格を失った者は解雇される制度である。日本ではほとんど例をみない。

B．誤文。労働基準法の女子保護規定は，2020 年ではなく，1999 年に撤廃された。

D．誤文。男女雇用機会均等法において，ポジティブ=アクションは認められている。当該の措置を講じる事業主に対して，国は相談その他の援助を行うことができる（同法第 14 条）。

(ウ) A．正文。労働基準法第 89 条に規定される内容である。

B．誤文。問題文の事項（労働基準法第 89 条第 1 項の 5）は「定めをする場合に記載しなければならない事項」である。

C．誤文。専門性の非常に高い分野では，企画業務型裁量労働制が利用できる（労働基準法第 38 条の 4 第 1 項 2 号）。

D．誤文。就業規則の変更を受理する行政官庁は，公正取引委員会ではなく，労働基準監督署である。

(エ) B．正文。労働基準法第 39 条第 1 項に基づく内容である。

A．誤文。就業規則は労働協約に優先するではなく，労働協約は就業規則に優先するが正しい。

C．誤文。賃金の前借りと賃金とは相殺できない（労働基準法第 17 条）。

D．誤文。労災保険料は，全額事業者が負担することになっている。

(オ) C．誤文。1973 年 10 月からの第一次石油危機は，第 4 次中東戦争に際してアラブ産油国による原油供給削減と OPEC 諸国の原油価格引き上げによって発生した。このとき原油価格は約 4 倍に上昇した。また，東南アジア諸国連合の略称は ASEAN で，APEC はアジア太平洋経済協力会議の略称である。

Ⅱ 解答

問1．①—G　②—N　③—C　④—H　⑤—D

問2．(ア)—C　(イ)—B　(ウ)—B　(エ)—D　(オ)—B

解説

《国際社会における政治と人権の国際化》

問1．① フィラデルフィア宣言は，国際労働機関（ILO）が「社会保障の必要性と拡充の義務」を新たに活動方針とした宣言である。

③ 子どもの意見表明権とは，自己の影響をおよぼすすべての事項について自由に自己の意見を表明する権利である。

④ 子どもの権利条約の4つの原則のうち，子どもの最善の利益とは「子どもにとって何が最善なのか」を第一義とすることである。

⑤ 障害者差別解消法は，内閣府によるとすべての国民が，障害の有無によって分け隔てられることなく，相互に人格と個性を尊重し合いながら共生する社会の実現に向け，障害を理由とする差別の解消を推進することを目的として制定された。

問2．(ア) C．正文。国際法は，その存在形式からは，成文法である条約と不文法である国際慣習法とに分かれる。この場合の条約は広義の意味であって，狭義の条約の他，協約，協定，議定書，覚書，国連憲章などが含まれる。

A．誤文。ラムサール条約は湿地に関する条約であり，ウェストファリア条約が締結された1648年以降のものである。

B．誤文。オランダの法学者グロティウスは自然法の立場から，三十年戦争を背景に『戦争と平和の法』を著した。

D．誤文。1966年の国連総会において採択された宇宙条約は，宇宙空間の領有を否定しその平和的利用を基本原則として定める条約である。

(イ) B．正文。国際人権規約は，世界人権宣言を具体化し批准国に人権保障の法的義務を負わせる条約である。A規約，B規約及びその選択議定書から成る。A規約は社会権的内容を，B規約は自由権的内容をもつ。

A．誤文。世界人権宣言の前文は，その末尾で「すべての人民とすべての国とが達成すべき共通の基準」であるとうたっている。

C．誤文。日本は，国際人権規約を1979年に批准したが，公務員の任命権，中等・高等教育の漸進的無償化，公休日の給与支払いの部分を留保した。ただし，中等・高等教育の漸進的無償化については，2012年にその留保を撤回した。

D．誤文。世界人権会議の開催は1993年，この会議において採択された宣言はウィーン宣言である。

(ウ)　B．誤文。子どもの権利条約では，18歳未満のすべての者を子どもとみなしている。子ども兵士の問題は，2002年に採択された「武力紛争における児童の関与に関する児童の権利条約選択議定書」に関するものである。

(エ)　D．誤文。人身保護法は，1679年のイギリス議会において制定された法律であり，人民の不当な逮捕・拘禁などを禁じている。

(オ)　B．正文。ノーマライゼーションは，誰もが普通の当たり前の生活を送る権利があり，そのために社会環境を整える必要があるという理念である。

A．誤文。シンギュラリティ制度ではなく，ノーマライゼーションであれば正しい。北欧諸国では，高齢者や障害者が社会的なバリアフリーを克服し，ノーマライゼーションを保障する制度が普及している。なお，シンギュラリティは，AI（人工知能）の進化によってその知能が人類の知能を上回るとされる技術的特異点を指す用語である。

C．誤文。「障壁を取り除き，ともに暮らすことができる社会を築く」のはダイバージョンではなく，ノーマライゼーションでの考え方である。

D．誤文。障害者雇用促進法において，国と地方公共団体の障害者の法定雇用率に違いはない。2023年時点の法定雇用率は，民間企業では2.3％，国・地方公共団体などは2.6％であるが，前者の法定雇用率は2024年4月から2.5％，後者は2.8％にそれぞれ引き上げられる。

Ⅲ　解答

問1． 弾劾　**問2．** 陪審　**問3．** 民事　**問4．** 控訴

問5． 刑事補償　**問6．** 白鳥

問7． 代用監獄〔代用刑事施設〕　**問8．** 黙秘

問9． 侵すことのできない永久　**問10．** 被害者参加

解説

《日本の司法制度と刑事裁判における人権》

問1． 弾劾裁判所の裁判は，裁判官の職務上の義務に著しく違反したり，裁判官としての威信を著しく失うべき非行があったりしたとき，裁判官を

罷免するための裁判である。弾劾裁判所は，衆参両院議員各7名によって国会が設置する。

問2． 陪審制は，民間の陪審員の評決を裁判に取り入れる制度で，アメリカやイギリスで採用されている。アメリカで一般に行われている陪審制の場合，裁判官とは独立に陪審員だけで議論し，全会一致で有罪か無罪かを決める。その点で，裁判員と裁判官は一緒に審理し判決（有罪・無罪および量刑）を下す裁判員制度と異なる。

問4． 控訴は，第一審の判決に不服がある場合，その判決の翌日から数えて2週間以内に行う不服申し立てである。控訴審は，第一審裁判所の判決に対する当事者の不服の限度で，事実と法律の適用を再度審査する。

問5． 刑事補償請求権は，誤って刑事裁判の被告人とされた者に対する補償であり，拘留・拘禁や懲役などの日数によって支払われる。

問6． 白鳥事件は，1975年に，最高裁が当事件における再審開始を認めなかったものの，判決確定後でも事実認定に合理的な疑いが生じれば再審を開始できるとして再審開始の要件を緩やかにする判断（白鳥決定）を示した。これ以降，再審請求によって無罪になる冤罪事件が相次いだ。

問7． 代用監獄という言葉には，代用刑事施設として留置場が使われ被疑者の権利を保護する措置がとられないことへの批判が込められている。留置場が取り調べ室に近接すると，警察が被疑者を精神的に追い詰め虚偽の自白を強要する環境がつくられやすい。

問8． 黙秘権は，犯罪の取り調べや裁判において，自己に不利益な供述を拒否する権利をいう（日本国憲法第38条1項）。黙秘権は正当なものとして認められる。黙秘した者を不利益に扱うことは許されない（憲法第38条3項）。

問9．「侵すことのできない永久の権利」は，基本的人権が自然権思想に基づき人間が人間として当然にもつ生来の権利，国家権力としても制限できない権利であることを示している。

問10． 被害者参加制度とは，殺人や傷害など一定の刑事事件の犯罪被害者やその遺族が，被害者参加人として刑事裁判に直接関与することを認める制度である。

Ⅳ 解答 A．貴族院　B．協賛　C．国権　D．緊急　E．内閣　F．ねじれ　G．予算　H．協議会　I．政府委員　J．国家基本政策

解説

《国会》

B． 天皇の立法権の協賛機関であるというのは，議会として法律案や予算案について，天皇に必要な意志表示をしておき，天皇の裁可の一助となるという意味である。

C． 国権の最高機関とは，国民代表機関である国会が国政上，最も重要な地位を占めるという意味で，国会中心主義を採ることを示している。

D・E． 内閣の求めに応じて開かれる参議院の緊急集会は臨時のものであって，次の国会開会後10日以内に衆議院の同意がない場合にはその措置は効力を失う（憲法第54条3項）。

F． ねじれ国会は，衆議院の多数派である与党勢力が，参議院では入れ替わり少数派に転じる状況を指す。法案の成立が困難となり，国会が空洞化する原因となる。

G． 国の予算は，一会計年度（4月1日から翌年の3月31日まで）の歳入・歳出の見積もりである。内閣は，毎会計年度の予算を作成し，国会に提出することになっている（憲法第86条）。

H． 両院協議会は予算の議決，条約の承認（憲法第61条），内閣総理大臣の指名（憲法第67条2項）について，両院の意見調整を目的として開かれる。両院協議会は，衆参両院とも10名，計20名の委員で構成される。

I． 政府委員制度は，実質的に官僚が閣僚に代わって答弁する制度と言われ，官僚主導の政治を象徴していた。政府委員は1999年の国会審議活性化法の制定により廃止されたが，各分野の技術的・専門的な質疑に関しては政府参考人として官僚が答弁できる。

J． 国家基本政策委員会は，首相（与党党首）と野党の党首が基本政策について議論を行う委員会であり，常任委員会の一つである。国会審議活性化法でイギリス式の党首討論制（クエスチョン=タイム制）が導入されたが，その合同審査会が党首討論の場となった。

講評

Ⅰ・Ⅱともにマークシート方式でそれぞれ空所補充の選択式設問が5問，正誤判断による選択式設問が5問である。Ⅲ・Ⅳは記述式で全問が空所補充の形式をとっている。全体的に教科書の内容で解答できる出題箇所が多い。2023年度に比べ出題形式は同じであるが，出題分野は政治分野に比重が傾いた。経済分野の出題も労働関係の法制が中心で以前とは傾向が異なる。また，やや難の設問は少なくなった。全体としての難易度は標準的である。

Ⅰ　労働組合と労働立法に関連した出題である。問1④や問2(ア)は「日本史」の知識があれば答えやすいだろう。問2(イ)〜(エ)は資料集や用語集をしっかり読んでいれば難しくないと思われる。全体的には標準のレベルである。

Ⅱ　人権の国際化の沿革に関連した出題である。問1③・④は前後の文脈から選択肢の言葉の意味を正確に捉える必要があり，やや難しい。問2(ウ)は個々の選択肢の判別は難しいが，「18歳未満」を子どもとする条約の規定から誤りを推理できる。問2(エ)の「人身保護法」は「世界史」の知識があれば誤りに気がつくだろう。全体的にはやや難のレベルである。

Ⅲ　司法制度と人権に関連した出題である。教科書をしっかり読み込み，用語の記述が正確にできるようであれば得点しやすい。問7の「代用監獄」の記述がやや難しい。全体的には標準のレベルである。

Ⅳ　国会に関連した出題である。ベーシックな知識を問う記述が多く，標準よりやや易しい。

ない。しかし本文の語句・表現を丁寧に理解してゆけば答えられる。設問は半分近く知識を問うもので、脱文を挿入することを求める小問も解きやすい。ただし選択肢問題は正確な内容理解ができていないと、本文には抵触しないものの本題から外れたものを選んでしまうおそれがある。消去法だけに頼る安易な解法は危険である。

三の古文は顕昭の歌学書が出題された。羽衣伝説をもとにした和歌についての考察だが、出題されている本文は説話に近い。後半に『奥義抄』からの引用部分があり、二首の和歌を対比している。受験生が最後まで正確に理解できたかどうか、問10の最終問題で試される。設問に漢文の読み下しが求められているものがあるが、句法だけでなく語順にも忠実に考察しなければ選びきれない。

いて今にも飛び立ちそうだ）」となる主語は、庶明である。

問9　曽丹の和歌と『奥義抄』中の庶明の和歌を比較して論じているのは、明らかに筆者でなければならない。

問10　最終段落に「今案ずるに、此庶明中納言の歌は、必ずしも此天人の事としもなし。ただうれしき由と見えたり」とあるので4を選ぶ。

1、本文には「母も子もともに別れの涙をなむ流しける」とあり、「夫」と別れを惜しんだとは書かれていない。

2、「近江にも河内にもともにありける事なるべし」と本文にあり、「河内」を「誤伝」とはしていない。

3、「思ひきや」と詠んだのは九条殿であって「庶明」ではない。

講評

現代文二題、古文一題の計三題。古文の中に漢文の設問を含む。記述式とマークシート方式の選択問題を併用した解答方式である。選択問題はすべて四者択一となっている。

一の現代文は、昭和十六年に書かれた安倍能成の評論である。時代的に表現が古く、また哲学用語を敢えて使わずに説明している点などが受験生には難しく感じたかもしれない。設問については漢字・語意・接続語など知識を問うものが小問の約半数に及ぶ。また比較的見極めやすい選択肢問題が多いことなどからおおむね標準的である。ただし問4の傍線部の言い換えを本文から抜き出させるもの、問6の傍線部を設問で言い換えた文の空欄を本文の語句で埋める形式のものなどは難しい。字数制限がヒントになる。

二の現代文は、中山研一の「機能的治安法」について書かれた評論である。民主主義憲法の人権や自由を侵さずに体制維持を果たすために、一般法を政治的に解釈して治安法としての機能を持たせるという安保体制下の日本を鋭く批判している。時代実感もとぼしく、法律の専門用語も多用されているので、受験生にとって理解するのは難しいかもしれ

問4 漢文の「読み下し」はまず意味から考える。3・4の「与へて」という読みは目的語が「羽衣」以外想定できず「男」がそれを隠匿して結婚したという趣旨から外れる。「共為室家、居於此処」については1は動詞が二つだが2には一つしかない。傍線部3では「妻になりてゐにけり」と二つ動詞がある。よって1を選ぶ。なお「室家」とは〝夫婦によって構成される家庭〟を意味すると知っていると迷いなく選べる。2では「妻になり」という重要なことが表現されていない。

問5 (1)和歌の中で、文法的に文として完結しているところ（終止形、命令形など）を「句切れ」と見なす。「狩り暮らし」はサ行四段活用動詞なので連用形で句切れではなく、「からむ（借らむ）」の助動詞「む」は終止形も連体形も同形だが、直下の「天の河原」を修飾し得ないので終止形と判断する。したがって三句切れとする。

(2)1、「平貞文」は『平仲物語』の主人公。3、「文屋康秀」は在原業平とともに六歌仙の一人。4、「紀貫之」は『古今和歌集』の選者。

問6 「ちぎる（契る）」はラ行四段活用動詞で〝約束する〟〝将来（結婚）を誓う〟という意味。3と4は訳が異なる。1の「したようだ」という訳には推量の意味が込められているが傍線部5「ちぎりてけりな」にはそれがないので2を選ぶ。「『奥義抄』に云く」以下は、庶明が中納言に任官するにあたって九条殿が祝いとして袍（紫衣）を賜った際の贈答歌についての筆者の考察である。「ちぎりてけりな」には、大昔の伝説としても「天の羽衣」がきっかけで男女が結ばれ、そして今あなたが約束してくれましたように、中納言任官がかないましたというお礼の意味が含まれていると推察できる。

問7 「飛び立ちぬべし」は〝今にも飛び立ちそうだ〟と直訳する。「ぬべし」は強意の助動詞「ぬ」の終止形と推量の助動詞「べし」の終止形であり、強い推量に訳す。本文「此歌の返しにうれしき由を返せる」とあり、庶明が中納言任官とその祝いの「上の衣」を喜んでいることから1を選ぶ。

問8 九条殿からいただいた袍を「天の羽衣」にたとえ、それを手にしたことで「うちはぶき飛び立ちぬべし（＝羽ばたたとき、（九条殿が）袍を贈ったのであろうか。除名で官位を解任するときには位によって決まって着ている衣をも脱がすことになっているので、除名の時には（将来）紫色を着るだろうとも（九条殿は）思わなかったのにとお詠みになったのだろうか。この歌の返歌に（庶明は）うれしい気持ちを返事としたのである。そして「今にも飛び立ちそうだ」と（歌にあるの）は、この余呉の湖の天人のことを喩えにした。（そのあたりの事情に）詳しくない。だから（『奥義抄』では）書いて載せていない。

今（私が）考えるに、この庶明中納言の歌は、必ずしもこの天人のこと（を歌ったもの）ではない。ただうれしい気持ち（を歌ったもの）と思えた。曽丹の歌は、（わざわざ地名を入れて）余呉の湖と詠み、たなばた（＝織女）の伝説の趣向（＝「をとめごが天の羽衣」）と申し上げたので（天人のことを詠んだ歌であるのは）疑いない。

解説

問1　冒頭の和歌直後の地の文から「余呉の海に織女の降りて水あみ（＝水浴び）給ひけるに」行き会わせた男が「羽衣」を取ったため「織女」が帰れなくなったという経緯を読み取る。「たなばたえ帰り昇り給はで」と「たなばた（＝たなばたつめ）」が「織女」と同一だと読み取る。

問2　掛詞はその語を受ける部分とのつながりで考える。「きつつなれけむ」は〝来慣れたとかいう〟という意味で「をとめご」に接続するが、同時に「天の羽衣」の連体修飾節だと気づけば〝着て馴染んだようだ〟というもう一つの訳を想起できる。「着」である。文法的には助動詞「けむ」は〈過去の伝聞〉である。なお問5でも参照される『伊勢物語』の「唐衣きつつなれにし妻しあればはるばるきぬる旅をしぞ思ふ」を思いつけばすぐ解決がつく。よく出る掛詞は覚えておいてほしい。

問3　「やがて」は古文必須語で〝すぐに・そのまま〟が原義。1、「しばらくして」や4、「そのうち」は中世以降使われるようになった意味だが、この場合、織女は羽衣がなく天に帰れないので時間的に間隔があるのは不自然であり、また2、「当面の間」と期限を限る理由は特にない。

顕昭（＝私）が言うには、これは曽丹三百六十首中に（ある）七月上旬の歌である。この歌の意味は（以下の通りで）、昔近江国余呉の湖に織女が降臨して水浴びをなさっていたときに、その辺りに住んでいた男が行き会って、（織女が）脱いで置いてあった天の羽衣を取ってしまったので、「たなばた（＝織女）」は（天上に）昇ってお帰りになることができなくなって、そのまま、その男の妻になって暮らした。子どもを何人も産んで年月が経っていったが、元の天上界へ昇ろうという気持ちは失せることなく、いつも声をあげて泣き明かして暮らしていたが、この男が用があって出かけていたその間、織女の産んだ子の中で物心が付くくらいに成長していたのが、どうして母上はこのようにお泣きになっているのかと言ったので、（織女は）こうこういう経緯を最初から話したところ、この子は父親が隠して持っていた（場所を知っていて）天の羽衣を持ち出して（母に）受け取らせたので、母は喜んでそれを着て（天界へ）飛び立って行った。帰る間際に（母が）この子に約束したことは、私はこういう（天界の）身分なので、並大抵のことでは逢うことはできそうになく、毎年七月七日に（母が）降りて来てこの湖で水浴びをしましょう、その日になったら待ち合わせができますと言って、母も子もともに別れの涙を流した。そしてその子孫は今でもいると申し伝えている。

ある人が申したことには、河内国天の川にこそそういうことがあったが、そのたなばた（＝織女）の子孫が、今も河内にいると申していたけれども、曽丹の詠んだ（余呉湖の）歌はそう遠くない昔の人が確かに申していたこと（に基づいて詠んだ歌）であるのは、疑うことができない。（羽衣伝説は）近江にも河内にもどちらにもあったことなのだろう。

『奥義抄』に言うには、

昔もそれがきっかけで夫婦の契りを交わしたと聞いているが、私は（あなたが約束をはたして、そしてくださった衣である）この天の羽衣ではばたいて今にも飛び立ちそうな気分です

これは、源庶明が中納言になったとき、上の衣（袍）を贈ると言って九条殿（＝藤原師輔）がお詠みになった、「思っただろうかあなたが以前衣を脱いだときに（こうして三位以上の者のみ許される）紫色の衣を着るとは」という歌の返歌である。もしかしたら（庶明は）除名（＝罰を受けて官位を奪われること）の人であったのか。（庶明が）中納言になっ

る点が本文から逸脱する。

4、最終文の意図は、現代日本社会に「表現の自由」を危険視する考え方（本文にはないが政府や警察、歴史的にはGHQなどの危惧）があるからこそ「機能的治安法の拡大」を支持するという趣旨であり、「もっていなければ〜ならない」という否定による言い換えは論理的に本文に反する。しかも「機能的治安法」を推進する意味にもとれる。

三

出典　顕昭『袖中抄』〈巻第十六〉

解答

問1　たなばた

問2　着

問3　3

問4　1

問5　(1)—3　(2)—2

問6　2

問7　1

問8　3

問9　1

問10　4

全訳

余呉の湖にしばしば来ていたという天女がいつも着ていて身体に馴染んだ天の羽衣をきっと（ここで）干していたのだろうよ

るとすることに「政治的」な意図を読み取る。政治的活動に対する規制が真の目的である証拠だと筆者は主張しているのである。したがって「道交法を『政治的に』利用している」と批判する3が正解。

1、「大衆の素朴な意思伝達手段（いわゆるミニコミ）」については最終段落にあるように「屋外広告条例」などの対象であって「道交法」の取締り対象ではない。

2、「役割分担を誤っている」ことが問題なのではなく、むしろ〈誤っていない〉と判断できるからこそ筆者は「道交法」の政治的利用の証拠だと判断しているのである。

4、「不公平」が問題なのではない。むしろ「営業用」のビラと同じく道交法で取り締まることの欺瞞を訴えているので問題点がすり替えられている。

問10　空欄[X]の後の展開が「……とすれば、といわなければならない」という因果関係の後半部分にあたるため、空欄[X]には因果関係を示す「したがって」が望ましい。したがって選択肢は1か4かということとなり、残る空欄[Y]・[Z]に「そして」と「つまり」のどちらがふさわしいかと考える。一般に「そして」は新たなものが添加される時に用いられ、「つまり」は言い換えに用いられる。空欄[Y]は「道交法」の「立法目的」の言い換えなので「つまり」がふさわしく、空欄[Z]は直前に指摘された「物の交付」に、実は「ビラくばり」も該当するという新たな見解を添加するものなので、「そして」がふさわしい。

問11　本文における筆者の主張は、国体の護持・政治体制の維持のため、一般的な市民保護のための法律を労働運動や大衆運動の取締りに運用し、憲法の保障する自由や権利を制限してまで、実質的な治安法を機能させようとする現状を危惧するものである。よって1を選ぶ。

2、「有楽町ビラくばり事件」の判決の趣旨。ビラくばりが道交法に触れないという論点のみで、表現の自由の制限にあえて触れていない。

3、機能的治安法を運用する側の意図が説明されている上、「公共の福祉を実現」することは目的ではなく名目であちあらわれる」が十四字である。その前の段落の〈「政治的に」解釈され運用される〉は選ばないこと。全部で十五文字になり、カッコを一つ外すのは無謀であり、受け身だと接続が悪い。

問6　「頭」は〝あたま〟〝かみ〟〝ほとり・あたり〟などの意味を持つが、選択肢2・3・4はどれも〝あたま〟の意味で、〝ほとり・あたり〟の意味で「街頭」に相当するのは1、「枕頭」だけである。

問7　「今日の憲法の下で……治安法は成立の余地がない」にもかかわらず「破防法」や「公安条例」など固有の治安法が「歴史的に形成されてきている」のは、傍線部3「『公共の福祉』による粉飾〈＝うわべだけを飾るごまかし〉」あってのことだと筆者は主張している。この「粉飾」の実態を問うのが設問の意図だと理解する。1の「社会全体の幸福実現のため」が妥当。

2、「調整」は正当な行為で「粉飾」とは言えない。

3、「正当化」はごまかしがなく「粉飾」とは言えない。

4、「機能的治安法だと強弁しようとしている」なら、それは本音であってそこに「粉飾」はない。

問8　傍線部4にあるように、「『ビラくばり』のような政治的意思の表現行為」は民主主義社会である以上、憲法上最大限に尊重されなくてはならないのに、「警察署長の事前の許可」が要るという現状に、筆者は「疑義」を呈しているのである。よって正解は2である。

1、「許可・不許可の認定」の「手続き」の「煩雑」を問題視しているわけではない。

3、「ビラくばり」が「道交法」の規制対象であるかないかという問題ではなく「表現の自由」という憲法問題だと筆者は解釈している。

4、「営業用」の「呼び込みビラ」と「政治的内容」の「ビラ」は同等に扱うべきではないというのが筆者の「疑義」である。

問9　「ビラくばり」が「道交法」で取締るのならば本来「交通課」が担当するはずなのに「警備課」「公安部」が担当す

解説

問1 漢字の読みはたとえ知らないものでも推測はできる。熟語を想起してたとえば〈憲法発布〉を思いつけば「布」を〈ぷ〉と読むことができる。また漢文では同音のものが同義になることが多く、同じ〝わける・わかつ〟の意味をもつ〈班〉や〈販〉を思いうかべられれば、〈はん〉と読むことができるかもしれない。

問2 BとCのうち、まず自信のあるものを選び選択肢を絞り込んでから合理的に答を出す。Bが「科」とわかれば3と4を検討し、Cが「閲」とわかれば1と3を検討する。よって3が正解。

問3 営業用のビラと政治的ビラの対比からDの漢字を想定する。〈穿鑿〉と〈詮索〉二通りがともに〈取り調べ〉の意味で現在同じように使われているので「索」の字をヒントに「詮」を答える。

問4 挿入文に指示語がみつかるとヒントになることが多い。「これらの法令」につながる部分を探す。空欄Y直前の段落末に「政治的な治安目的に運用される危険のある法令はきわめて多い」とある。「法令」という表現で段落を締めくくっている箇所は他にはない。なお「法令」とは「政令」「省令」「条例」なども含む用語で「法律」より意味が広く、たとえば「出入国管理令」は法律ではない。

問5 (1)傍線部1の直後に、一般的法令が列挙され、それらが「労働運動や大衆運動の取締りに『政治的に』利用される危険があり」とあることから、固有の治安法ではなく一般的な法令が「治安」維持機能をもつというのが「機能的治安法」だと理解する。選択肢4が正解である。

1、「治安を維持する目的も兼ね備えている」わけではなく「『政治的に』利用される」のである。

2、「固有の治安法を拡大解釈して」いるわけではない。

3、「憲法上の権利そのものの制限」は、次段落冒頭にあるように「明らか」に不可能である。

(2)「機能的治安法」を「市民一般の生活秩序に関われば」という条件にからめて述べている文脈で探すと、第四段落に相応する部分が見つかる。「市民的法益や秩序と接触する次元と範囲において」とあり、続く「いつでも任意に立

二

出典　中山研一『現代社会と治安法』（岩波新書）

解答

問1　はんぷ

問2　3

問3　詮

問4　たとえ

問5　(1)―4　(2)いつで～われる

問6　1

問7　1

問8　2

問9　3

問10　4

問11　1

要旨

機能的治安法とは一般的法令なのに治安法として機能するものを言う。民主主義社会である以上憲法の表現の自由や人権を否定してまで固有の治安法は作れないが、そのかわりに政治的秩序・体制に反対する労働運動や大衆運動を取り締まるために機能的治安法が立ちあらわれてきた。一般的な市民生活を守るための普通の法令を、政治的に利用するのである。政治的なビラくばりを道交法で取り締まったりするのが好例である。道路交通の安全確保のためと称して警察署長の許可のないものは取り締まる。これは結局事前検閲となり言論の自由を侵害することになる。民主主義国家でありながらも表現の自由による治安の乱れを危険視する思想が日本社会に潜在するゆえに機能的治安法が拡大されて行くのである。

3、「多くの場において効果がある」とすると、「整理」「方向」という未来志向は含まず現状問題の〈処理〉に徹するものとなる。

4、「今すぐに実行が可能なもの」という条件は近視眼的なものを意味し、「現実の方向を示す」という理想に反する。

問8　A前後から「繊細な陰影の弁別」と気づき「映」を除くと1か4が正解とわかる。ここでは2・3ともに「映」が入るからである。なおCは「弊害」で、1、「疲弊」・3、「弊社」は合致し、2、「御幣」・4、「紙幣」は不合致。よって、正解は1。

問9　傍線部Bは文全体から考えて〈何もしない〉という意味である。着物を着る時代に懐に手を入れているのはポケットに手を突っ込んでいるのとかわりがない。したがって訓読みで〝ふところで〟と読むことを想起してもらいたい。また夏目漱石の講演『現代日本の開化』は多くの教科書に掲載されており、「元の儘で懐手をしてゐては生存上どうしても遣り切れぬから」という文章を見たことがあるはずである。

問10　本文は題名からもわかるように「知識人」批判である。広汎な知識がじゃまをして決定力を欠き、ややもすると傍観者に陥る「知識人」に対して、狭い視野でも一つの見方に固執する「狂熱者」は行動力があるとある。後者の例として反知性主義者・大衆扇動家を想起することが暗に求められている。空欄Aの段落で「簡単に少数の条件でものをきめることが、知識人には出来ない」など逡巡する様子が説明されているが、これを結局「分析に着手するまでに時間がかかる」という言い換えと理解し選択肢4を選ぶ。

1、意図的に知識人が「傍観者」になりがちなのが「中立的な立場」を意図するせいだとは本文になく、その理由はあくまで現実からの「逃避」であり「遊離」だと説明されている。また「信用」の問題も扱われていない。

2、行動家たちが「一瞬に物事を的確に把握する能力を持っている」わけではなく、知識が狭く、感情的に固執するからであり「的確」と解釈するには無理がある。

3、「鋭い統一ある批判」とあるが、本文では「断片的には鋭利な気のきいた批評」となっているので合致しない。

ず、現実問題の「中心」に迫るべく実効利用されることを筆者は社会的な「要望」と見ている。設問条件の十一文字は短いがそれだけで独立した答えにならねばならず、以上のことを端的に述べているのはこの結びのなかの「強く中心を摑みとる識見」しかない。

問5 「然」はこのような二字熟語の下に来るときは状態説明として用いられることが多く〝…のように〟という意味。「漫」は〝すずろなり・そぞろなり〟と読み古文、漢文ともに頻出し、〝特別な意味目的を持たない〟という意味。空欄A前後の文脈を考えると、「別に苦労はない」と結ばれているので空欄には目的意識のなさを意味する4、「漫然」がふさわしい。なお2、「泰然」と3、「平然」はともに〝動揺なく〟という意味で、1、「雑然」は整理のつかない様で、「知識の統一」を妨げるものとしては無目的に及ばない。

問6 傍線部5の段落は「知識人」の「無力」批判に終始している。知識が広汎だと「行動」力がなく、傍観者となって行動力のある「狂熱者」に追随してしまう。傍線部5はこの「傾向」を述べたものだが、「こうした態度」が直接的に指しているのは、前文の「知識人は自分をそうした社会の動きの圏外に置いて、……積極的に働いてゆくことが出来なくなる」という態度である。設問条件は二十八文字で、「自身を□すること」の空欄に収まらねばならない。「自身を」をヒントに「自分をそうした社会の動きの」の部分に着目し、先立つ説明なしに「そうした」という指示語から始まるのは不適切なので、「社会の動きの圏外に置いて、出来るだけそれから逃避しようと」の部分を抜き出すのが適当である。

問7 (1)「こういう知識」は直前の「知識が現実と遊離した世界においてのみ活発に働く」という内容を指す。「現実」から逃れる場所として書斎や研究室などを想像し「机上の空論」という言葉にたどり着くのは困難ではない。

(2)傍線部6の二つ前の文に「知識は本来現実の整理であると共に、現実の方向を示すという理想的意義」を持つべきと指摘されていて、知識を現実に生かすことの「整理」「方向」が必須要素となる。よって1が正解。

2、「様々試してみて」という試行錯誤は「知識」の問題ではなく運用実行の問題である。

を欠くのに対し、一知半解でも自論に固執する「狂熱者」が社会を動かすことになりがちである。知識人は時に鋭利な批判を下すこともあるがそれを行動に移す勇気を欠き、社会の動向に引きずられやすく、傍観者として観念の世界に逃避する傾向がある。現実から遊離した知識を追うのではなく、現実を整理し社会の方向付けのために知識を有効に生かすのが真の知識人のあり方である。

解説

問1 「知識があればこそ思いわずらう」と傍線部直後に説明があり、知れば平気ではいられないという意味の3「知らぬが仏」を選ぶ。2は知識の非実用性を、4は知識の有効性を意味するので外れる。

問2 第二段落の前半部分から「分析」と「総合」による「知識の働き」を読み取る。「社会的歴史的問題、自然界の対象」などの「分析を徹底」するとともに「貫きあるいは結ぶ所のもの〈＝関連性・共通性〉も…把握し」「内容〈＝意味〉ある総合の働きも亦遂げられる」とあるので、この手順通りの説明である1を選ぶ。

2、「総合が必要とされない場合」は本文「知識の根本は総合にある」に反する。

3、「それら（分析）を積み重ね」ても「総合」にはならない。

4、「知識の働きとしてはさしむきこの分析を徹底する…」とあって「最初の段階から」が誤り。「上からと下からとの働きが」相互に関係づけられて知識の統一がはかられる。

問3 多少漢文に親しんだ者ならば「縦《よ》し」と読める。〈縦《たと》ひ〉〈仮令〉〈縦令〉などと同じく〝たとえ・かりに〟という意味なので2が正解。

問4 傍線部4の段落は「知識」について「多くを知り広くを知れば、それだけまとまりがつきにくく、決定が困難になる」と意味づけの困難さに言及している。段落末に「広闊なる視野、公平なる見方と共に、強く中心を摑みとる識見、即ち統一なる知識が必要であると共に、この中心を摑んで一歩躍進して行く冒険が、この識見の試練として、この識見を生活力とするために要望せられる」とあるが、ここが本論の主張であると読み取れる。単に知識が情報に止まら

国語

一

出典　安倍能成《よししげ》「知識人の反省（昭和十六年五月稿）」（『現代日本文學大系40』所収）

解答

問1　3
問2　1
問3　2
問4　強く中～る識見
問5　4
問6　社会の～ようと
問7　(1)机上　(2)—1
問8　1
問9　ふところで
問10　4

要旨

知識の働きは、社会的歴史的問題や自然現象を対象として分析を徹底し、それらの関連性を把握して直観的に総合することにある。真の知識とは分析と総合によって主観と客観が合一して初めて社会的に意味あるものとなる。しかし知識が拡大すればするほどまとまりにくくなり決定が困難になる。その結果、認識してから行動する傾向がある知識人が決断力

/////////////////// · memo · ///////////////////

//////////////////// · memo · ////////////////////

2023年度

問題と解答

■学部別入試

問題編

▶試験科目・配点

教　科	科　　目	配　点
外国語	「コミュニケーション英語Ⅰ・Ⅱ・Ⅲ，英語表現Ⅰ・Ⅱ」，ドイツ語（省略），フランス語（省略）から１科目選択	150点
地歴・公民	日本史Ｂ，世界史Ｂ，政治・経済から１科目選択	100点
国　語	国語総合（漢文の独立問題は出題しない）	100点

英語

(70分)

I 次の文章を読んで、以下の問に答えなさい。(＊の付いた語句には、文末に注があります。)

More than 150 years after the first death ships arrived in Virginia, the eminent Virginian Thomas Jefferson sat in his rooms at Philadelphia drafting the document that has come to be known as the Declaration of Independence. He began with the stirring claim that all men are born equal, with an inalienable right to pursue happiness. But even as he announced the creation of a new nation devoted to those fine principles, more than half a million of its three million people were enslaved. In the five southern colonies (South Carolina, Georgia, North Carolina, Virginia, and Maryland), slaves accounted for two in every five persons. The slave population of the northern colonies was much smaller, ranging from twenty thousand in New York to barely two hundred in New Hampshire, but northern investors held large stakes in* slave-produced commodities, and most slaves transported for sale along the southern coast were carried by northern ships. (ア)Slavery was a national institution before the creation of the nation.

(イ)It had not always been reserved for blacks. Half a century before the Revolution, Native Americans accounted for nearly a third of the slaves in South Carolina. But "unlike an imported slave or servant," as one historian points out, "the Indian was at home in the American forest and could survive in it. Consequently he was more likely to escape and had a better chance of succeeding." By comparison, Africans and their descendants were thought to be more plentiful, easier to obtain, and, once they were distributed to buyers, a more secure form of human property.

Still, a slave of any origin presented what in a bail hearing* is called a flight risk. At the height of the African slave trade, captives awaiting transport were fitted with spiked collars designed to snag* in the underbrush* if they tried to escape inland from the coast.

Such contrivances never fully solved the problem. As much as in Africa, slaves unwilling to remain enslaved were a persistent annoyance to their white owners in America. South Carolina adopted its first "Act to Prevent Runaways" in 1683, limiting the mobility of servants as well as of slaves. That law was soon updated to authorize any sheriff "to raise a convenient party of men...to pursue, apprehend, and take...runaways, either alive or dead," at public expense. Sixty years later, the legislature was still working on the problem. A new law, adopted in 1751, prescribed a reward for the capture of an armed runaway who had been at large for more than six months. Even if the captor was himself a slave, he was eligible for compensation, though at half the amount paid to slave catchers who were free. In 1770, Georgia established a nightly slave patrol in its main port city that came to be known as the "Savannah Watch." In the waning years of British rule, colonial officials favored draining wetlands for the purpose not only of planting but of preventing "deserting slaves and wild beasts" from finding shelter in the swamps.

The end of imperial government did nothing to mitigate* the problem. Shortly before drafting the Declaration of Independence, Thomas Jefferson offered a reward between forty shillings* and ten pounds* (depending on how far away the quarry* was caught) for an "artful and knavish*" runaway who had served him as a carpenter and shoemaker before making off with one of his horses along with shoe-making tools. To read the irritable prose in Jefferson's advertisement alongside the same writer's soaring calls for liberty in the Declaration is, to put it mildly, a startling experience.

The gift for casuistry* — or, as some called it more bluntly, hypocrisy — evinced* by Jefferson and his fellow revolutionaries did not go unnoticed at the time. "How is it," asked the English moralist Samuel Johnson in 1775, "that we hear the loudest yelps* for liberty among the drivers of Negroes?" On the eve of the American Revolution, the French-born Quaker Anthony Benezet, who had immigrated to America as a young man, declared with fearless lucidity* that "no Christian can keep a slave...unless he is willing himself and posterity* should be slaves." After war broke out with Britain, Abigail Adams, wife of Jefferson's rival from Massachusetts John Adams, wrote to her husband that it is "iniquitous*...to fight for ourselves for what we are robbing and plundering from those who have as good a right to freedom as we have." Years later, Jefferson privately condemned his fellow southerners — somehow exempting himself — for being "zealous* for their own liberties" while "trampling* on those of others."

To make matters still (ウ)more confounding, revolutionary leaders issued regular condemnations of slavery in the many broadsides and pamphlets* through which they proclaimed their ideals to the world. Prominent among these was the original text of the Declaration. At the request of a five-man committee charged by the Continental Congress with producing a public statement justifying the rebellion (the other members were Adams, Benjamin Franklin, Roger Sherman, and Robert Livingston), Jefferson composed the first draft.

(エ)With an ear for phrasing worthy of the musician he was, he opened with an arresting chord — the theme of equality — and then played variations on the theme of oppression. In the course of his composition, he accused the king, among other things, of maintaining an occupying army at the expense of his colonial subjects, appointing magistrates without popular consent, and imposing taxation without representation. To cap off the catalog of grievances, he charged the king with waging "cruel war against human nature itself, violating its most sacred rights of life and liberty in the persons of a distant people."

Jefferson would have liked to blame the king and parliament for the "piratical warfare" by which Africans were stolen from their homes and to exonerate* the colonists who received them. In this respect, he was more self-forgiving and less candid* than his elder colleague Benjamin Franklin, who had levied the same charge against Britain six years earlier ("you bring the slaves to us and tempt us to purchase them”) but concluded that “*the Receiver is as bad as the Thief*.”(オ)

Jefferson’s proposed attack on the slave trade never made it into the final draft of the Declaration. By 1776, demand for slave labor was declining in Virginia but growing in Georgia and South Carolina. Like opponents of gun-control laws today, slave owners in the Deep South, whether or not they needed fresh supplies at the moment, were inclined to oppose any constraint of the trade lest it lead down a slippery slope toward curtailing* their right to own slaves at all.

Delbanco, Andrew. (2019) *The War Before the War: Fugitive Slaves and the Struggle for America’s Soul from the Revolution to the Civil War.* Penguin Books.(一部変更・省略しました。なお、本文に差別的な表現が一部含まれていますが、これらは当時の時代背景を描写する著者の意図を尊重し、そのまま記載してあります。)

注 hold stakes in ～：～に利害を持つ　bail hearing：保釈聴聞会
snag：引っかかる　underbrush：やぶ、小低木
mitigate：和らげる、軽減する
shilling：シリング(かつて英国で用いられた貨幣単位)
pound：ポンド(英国の貨幣単位)　quarry：獲物(人または動物)
knavish：悪らつな、ふらちな　casuistry：詭弁
evince：表す、明示する　yelp：叫び声、叫び　lucidity：明快さ、明瞭
posterity：子孫　iniquitous：不正の、邪悪な　zealous：熱心な
trample：踏みにじる、踏みつける
broadside and pamphlet：宣伝用の小冊子やビラ
exonerate：(責任などから人を)免除する　candid：率直な、正直な
curtail：縮小する、小さくする

(問 1) 本文の文脈に即して、下線部 (ア)(イ)(エ) の内容に最も近いものをそれぞれ1つ選び、その番号を解答欄にマークしなさい。

(ア) Slavery was a national institution before the creation of the nation.

1. Slave trafficking prevailed across both the northern and southern

continents of America.

2. Slave trafficking was an age-old practice approved by ancient civilizations.
3. Slavery had become part of the social and economic systems for both the northern and southern colonies.
4. Stopping the trafficking of slaves was the most noble goal of the nation.

(イ) It had not always been reserved for blacks.

1. Not all black people had necessarily been enslaved. There had been free blacks as well.
2. Enslaved life in America had not been entirely bad for blacks. They had also been given the right to seek a happy life.
3. Enslavement had not been limited to blacks. There had been slaves from other groups of people as well.
4. The Declaration of Independence was not created with black people in mind. They had too often been treated as less than human.

(エ) With an ear for phrasing worthy of the musician he was

1. As it was really worthwhile to listen to the good music he composed
2. Because he used music as a way to control other people
3. For he listened to the words of his fellow citizens as carefully as a musician to music
4. Since he wrote in a way that indicated his talent for music

(問 2) 本文の内容に基づいて、(A)〜(G) の質問の答として最も適切なものをそれぞれ1つ選び、その番号を解答欄にマークしなさい。

(A) What was written in the first draft of the Declaration of Independence?

1. How brutal and unjust the king of Britain was.
2. Political leaders' will to avoid war.

3. That America would be better off under the rule of Britain.
4. That the American people were more concerned about human rights than women's rights.

(B) Why did the author say that the matter was "more confounding"? （文中下線部 (ウ)）

1. Because America was economically much weaker than Britain before independence.
2. Because revolutionary leaders condemned the system of slavery while benefiting from it.
3. Because the number of runaway slaves was decreasing in the Deep South.
4. Because trading taxes imposed upon the American colonies by Britain were too heavy in those days.

(C) What do the terms "*the Receiver*" and "*the Thief*" respectively indicate? （文中下線部 (オ)）

	the Receiver		*the Thief*
1.	the Africans	—	the Americans
2.	the Americans	—	the British
3.	the British	—	the Americans
4.	the Americans	—	slaves

(D) Which of the following best describes Thomas Jefferson?

1. He was a capable leader who skillfully tricked the British rulers and native Americans into fighting each other in the interests of the northern colonies.
2. He was a respectable founding father of America, helping the northern and southern colonies stand up against the slavery system.

3. He was an eminent politician who fought for the liberty of the American colonies while taking advantage of the oppressed.
4. He was an honest politician, consistently fighting against the hypocrisy and tyranny of the northern colonies.

(E) Which of the following sentences best describes the slavery system in America at the time of Thomas Jefferson?

1. Although the slavery system contributed to the economic development of the southern colonies, it brought significant harm to the northern colonies.
2. Both the southern and the northern colonies saw tremendous value in the slavery system, so they fought against each other for more slaves from Africa.
3. The slavery system only affected those living in the Deep South, and was not a concern for those living in the northern colonies.
4. While southern colonies kept significantly larger number of slaves, the northern colonies also benefited economically from the slavery system.

(F) Which of the following is NOT mentioned as a deterrent to slaves running away?

1. Groups of people patrolled the area to hunt for escaped slaves.
2. New laws were enacted by the colonies.
3. Slaves were fitted with special collars.
4. Slaves were paid a reward if they did not run away.

(G) What do slave owners and opponents of gun-control laws have in common?

1. As a principle, they oppose any restrictions.
2. They prohibit the sales of unlawful products.

3. They try to abolish things that are illegal elsewhere.
4. They value human lives over independence.

(問 3) 以下の (A)〜(F) について、本文の内容に最も近いものをそれぞれ1つ選び、その番号を解答欄にマークしなさい。

(A) 1. When Thomas Jefferson was preparing the draft of the Declaration of Independence, among the northern colonies, there were fewer slaves in New York than in New Hampshire.
2. When Thomas Jefferson was preparing the draft of the Declaration of Independence, northern colonies such as New York had already abolished the slavery system.
3. When Thomas Jefferson was working on the draft of the Declaration of Independence, the proportion of slaves in the five southern colonies was around 40 percent.
4. When Thomas Jefferson was working on the draft of the Declaration of Independence, the ratio of slaves in the entire American population was about 30 percent.

(B) 1. Abigail Adams wished for the slave trade to continue in order to help fight the British.
2. The revolutionary leaders were united in condemning broadsides and pamphlets.
3. Benjamin Franklin refused to criticize anyone for keeping slaves, even in private.
4. Thomas Jefferson's hypocrisy regarding slavery was criticized by some people.

(C) 1. Abigail Adams wrote in her letter that the people of the South deserved the same right to freedom as those in the North.
2. Anthony Benezet maintained that supporting slavery was not

compatible with Christian beliefs.

3. Samuel Johnson praised the drivers of slaves for raising their voices against slavery.
4. Thomas Jefferson later regretted that he and his fellow southerners had been damaging the liberties of black people.

(D)
1. Jefferson accused the king of slave trading, but Franklin did not, because they had different opinions about the Continental Congress before independence.
2. Jefferson publicly maintained that rebellion was permissible considering the socioeconomic situation of America in those days.
3. Jefferson was not a member of a five-man committee, but he was asked to write the first version of the Declaration of Independence because he was a good writer.
4. The final version of the Declaration of Independence did not include Jefferson's passage that condemned the slave trade.

(E)
1. Although slaves were not needed as labor in plantations in the Deep South by 1776, owners still wanted to keep them at home.
2. By the 1770s, people in the Deep South were not able to obtain new slaves because of the change in people's awareness.
3. Slave owners in the Deep South were afraid of eventually losing their right to possess slaves in the years to come.
4. White people who owned slaves in the Deep South liked shooting guns, which made them want to keep their guns at home.

(F)
1. As the southern colonies had more liberal ideas of human rights, the population of slaves in the region was quite small.
2. Investors in the northern colonies played active roles in the trafficking of slaves.

3. One of the laws in the northern colonies legalized the payment of money to persons who owned slaves.
4. Thomas Jefferson showed his will to set all slaves free in the final version of the Declaration of Independence.

Ⅱ　次の文章を読んで、以下の問に答えなさい。(＊の付いた語句には、文末に注があります。)

Look closely enough, and you'll find that modern societies resemble those of certain ants much more than our nearest relatives, the chimpanzee and bonobo. No chimp has to create highways, traffic rules, and infrastructure; participate in assembly lines and complex teamwork; or allocate a labor force for effective division of labor (ア) — the list goes on.

The reason is that societies of all species have organizational imperatives that depend on size (イ), and only humans and certain social insects have populations that can explode into the millions. A chimpanzee community with a hundred members, for example, doesn't address public health issues, but some ant metropolises have sanitation squads. Whether assembled largely by intelligent thought (in humans) or genetic inheritance (in ants), certain features are needed before many individuals can live together harmoniously over the long term.

The flip side is that (ウ) the larger the group, the more diverse — and extreme — the aggressive responses to outsiders can be. When considering the often-striking similarities between humans and social insects, one fascinating parallel is the existence of warfare in both.

The word war has been used, I think imprudently*, to describe all kinds of conflicts among animals and early humans. Those might include raids or other small or one-sided attacks, but what interests me most is the emergence of conflicts we generally have in mind when we think of a war, which I defined in a 2011 article for *Scientific American* as "the concentrated engagement of group against group in which both sides risk wholesale destruction." How do such wars arise?

A party of chimpanzees creeping into another's territory to slaughter* a single chimp — their normal modus operandi* when attacking outsiders — isn't really war. Similarly, small ant societies rarely take big risks. Costa Rica's Acanthogonathus trap jaw ant, for example, has colonies with only a few dozen individuals that nest in a twig rotted out down the center. With a home that requires so little effort to maintain, conflicts with neighbors are (エ)<u>resolved by flight</u> rather than violence: A colony composed of just a few ants can pull up stakes and hike to the next twig at a moment's notice.

The same was true for hunter-gatherers living, as our ancestors usually did, in small bands. They had few possessions and no permanent structures to protect; while massacres* weren't beyond them, carrying one out would have yielded little and been foolhardy*. When relations with neighboring groups (オ)<u>went south</u>, it was usually easier to relocate, or, if retribution* was required, creep into the rival territory, kill one or two people, and sneak out — a chimpanzee-style raid.

All-out wars are almost always carried out by large societies — in our case using techniques refined over centuries dating back before the Roman Empire. No other vertebrate* regularly conducts aggressive operations that can endanger their society in this way — but some social insects do. The population size at which both ant and human societies shift from low-risk raids and ritualized fights to full-bore warfare in my estimation is somewhere in the neighborhood of 10,000 to a few tens of thousands.

In most cases, aggression reaches epic* levels in societies of hundreds of thousands or more. The wars between colonies of the Argentine ant, an invasive species that controls entire regions across southern California and other parts of the world, feature millions of casualties each week along borderlines that extend for miles near San Diego. Lacking guns and bombs, the ants use sheer numbers and muscle power to overwhelm their rivals, gathering around each enemy and pulling it apart.

One likely reason for the possibility of warfare in large societies, among both ants and humans, is simple economics. Big communities are more productive per capita*: fewer resources are required to feed and house each individual. The outcome is a reserve labor force that can be quickly deployed as needed — in ants, typically as soldiers. Fortunately, our nations can make choices not open to insects by investing excess labor not just in armies but in a host of other areas, among them entertainment, the arts, and sciences.

Rather than hiding behind stones like Ecuadorian ants, people can also choose to develop alliances among societies of their kind, something ants find impossible. It's in the pursuit of peace that the brainpower of humans shows our species at its most impressive.

Mark W. Moffett, cited from *Undark Magazine* 05. 10. 2019（一部変更・省略しました。）

注　imprudently：軽率に　　slaughter：殺す
modus operandi：仕事のやり方、手口　　massacre：大虐殺
foolhardy：向こう見ずな、無謀な　　retribution：応報、報い
vertebrate：脊椎動物　　epic：壮大な、大規模な
per capita：一人当たり

（問 1）　本文の文脈に即して、下線部 (ア)(イ)(ウ)(オ) の内容に最も近いものをそれぞれ1つ選び、その番号を解答欄にマークしなさい。

(ア)　allocate a labor force for effective division of labor

1. assign workers to different groups so that they can carry out tasks smoothly
2. have all members of a group work together on a project at the same time as the most productive practice
3. reduce the number of workers in each project to keep labor costs as low as possible
4. try to change the way people work to realize an ideal lifestyle for each

citizen of the society

(イ) size

1. how big an average individual from a species is
2. how large the territory of a society in a species normally is
3. how many members usually constitute a society within a species
4. how tall, fat and heavy a typical specimen of a species usually grows

(ウ) The flip side is that

1. In addition,
2. In contrast,
3. Fortunately,
4. Moreover,

(オ) went south

1. became bad
2. became friendly
3. moved to a warmer place
4. traveled to Texas

(問 2) 本文の内容に基づいて、(A)〜(B) の質問の答として最も適切なものをそれぞれ1つ選び、その番号を解答欄にマークしなさい。

(A) How are conflicts with neighbors "resolved by flight"? （文中下線部 (エ)）

1. by reconciling with neighbors
2. by relocating to a new place
3. by reporting violence in schools
4. by taking a charter flight

(B) Which of the following sentences most closely matches the author's argument?

1. Human society is more similar to those of chimpanzees and bonobos than those of ants.
2. Human society resembles that of ants, particularly regarding the existence of warfare.
3. Humans and ants organize their societies in exactly the same ways.
4. There are no rules in warfare, whether among humans or among colonies of ants.

(問 3) 以下の二点についてこの文章で筆者はどのようなことを述べているか、それぞれ( )に書かれた字数内の日本語でまとめ、解答欄に書きなさい。ただし、句読点も一字と数える。

(1) アリと人間の社会に大規模な戦争が起こる理由は何か。(50字)

(2) アリとは違う人間社会の二つの特徴は何か。(50字)

日本史

（60分）

〔Ⅰ〕 次の(A)・(B)・(C)の各文章（一部変更をくわえている）を読んで、それぞれの設問に答えなさい。

(A)

〔元年〕閏四月四日

今般諸国大小之神社ニオイテ神仏混淆之儀ハ御廃止(a)ニ相成リ候ニ付、別当社僧之輩《ともがら》ハ、還俗《げんぞく》之上、神主社人等之称号ニ相転《あいてんじ》、神道ヲ以勤仕《きんじ》致《いたすべく》可候、若《も》シ亦《また》　拠《よんどころ》無ク差支有リ、且《かつ》ハ仏教信仰ニテ還俗之儀不得心《ふとくしん》之輩ハ神勤《しんきん》相止《や》メ、立《たち》退《のき》申ス可ク申候事（後略）

（『法令全書』）

問(1)　Aの文章は、1868（明治元）年に政府が下線部(a)について出した［(ア)］令の一部である。空欄(ア)に入る語を、漢字で記しなさい。

問(2)　［(ア)］令が出された後、日本各地では［(イ)］と呼ばれる、仏教を排斥するさまざまな行動が起き、また、関連する政策が実施された。空欄(イ)に入る語を漢字で記しなさい。

問(3)　その後政府は、1870（明治3）年、［(ウ)］の詔を発し、神道国教化推進を表明した。空欄(ウ)に入る語を漢字で記しなさい

問(4)　［(ウ)］の詔を発した後の1873（明治6）年、政府は、五榜の掲示の中で「切支丹邪宗門ノ儀ハ堅ク御制禁タリ」とした高札を撤廃する。これは、［(エ)］事件と呼ばれる長崎のキリスト教徒迫害に対して列国から強い

抗議を受けたことによる。空欄(エ)に入る語句を漢字六字で記しなさい。

(B)

今度の地震(b)は社会主義者と朝鮮人(c)と組んだ陰謀だという風説は、…全くその跡を絶った形迹《けいせき》がある。…この流言蜚語当然の結果、愛国の熱情に燃ゆる憂国の民衆は…遠く一目散に逃げ出した。これでは堪《たま》らんとあって戒厳令は布《し》かれる、軍隊は出る、…自警団も出来れば義勇団も出来る、在郷軍人も青年団員も凶徒も暴徒も皆一斉に武器を執《と》った。そこで朝鮮人(c)の大虐殺となり、支那人の中虐殺となり、…労働運動者(d)、無政府主義者及び日本人の虐殺となった。…

（山崎今朝弥『地震・憲兵・火事・巡査』）

問(5)　下線部(b)が起きた1923(大正12)年、［　(オ)　］内閣が成立した。空欄(オ)に入る人物の姓名を漢字で記しなさい。

問(6)　下線部(c)の人びとが日本に移住するようになる要因の一つとして、朝鮮総督府が朝鮮全土で実施した［　(カ)　］により、所有権の不明確などを理由に農地・山林が接収された結果、土地を奪われて困窮した農民が多くいたことが挙げられる。空欄(カ)に入る政策の名称を漢字で記しなさい。

問(7)　下線部(b)が起きた後、社会主義者を含む下線部(d)の人びと10人が警察署構内で軍隊によって虐殺される［　(キ)　］事件が起きる。空欄(キ)に入る地名を漢字で記しなさい。

(C)

大日本婦人会は、…大東亜戦争勃発直後の〔昭和〕十七年一月、［　(ク)　］内閣の下で結成されたのであった。…日本婦人は今こそ憤激を新にし、その総力を結集して御奉公すべき時に…只その膨大なる組織の形骸を擁するのみ…先ず現理事長以下首脳部を更迭し、速《すみやか》に次の諸項の改革を断行して婦人の総力を発揮せしむべきである。…

(一)　婦人会の役員及職員に実力ある婦人を起用し、婦人会をして婦人の自主

的運動を展開せしめる事

…理事長、常務理事は官僚軍人出身の男子のみに限られ…婦人は一、二を数へるに過ぎない。…この事実に対し、心ある婦人役員の間には少なからぬ不満がある。

(二)　婦人会の会員は家を単位とし、家庭の主婦を会員とする事〔中略〕

(三)　婦人会の下部実践組織である班の活動は、町会〔および〕[(ケ)]〔の〕活動との重複を避けるため町会〔および〕[(ケ)]内に於ける活動として運営する事

…婦人会は…班独自の運動を強要して来ている傾があるので班幹部及一般家庭婦人は、負担の増加した町会〔および〕[(ケ)]〔の〕活動の外に婦人会活動を強いられ、その煩雑に堪え兼ねている現状である。

(四)　[(コ)]の強力なる監督指導統制下に置く事

婦人会は…昭和十七年(e)六月以降は、[(コ)]を通じて内閣の下に置かれ…組織の特殊性を主張し、他の国民運動団体とは別個の取扱いを受け…理事長の統裁に任されているので、勢い、事務当局であり、男子である理事長の独断専行とならざるを得ない現状である。…

(市川房枝「大日本婦人会改革について(昭和十九年十月十二日)」『婦人参政関係史資料』)

問(8)　空欄(ク)に入る総理大臣の姓名を漢字で記しなさい。

問(9)　空欄(ケ)は、5～10戸ほどで構成される組織であり、回覧板による情報伝達や配給などの戦時業務を担わされていた。空欄(ケ)に入る組織の名称を漢字で記しなさい。

問(10)　下線部(e)の年の2年前に発足した[(コ)]は、総裁を総理大臣、支部長を道府県知事などとし、その後、大日本婦人会をはじめとする各種国民組織を下部組織とし、[(ケ)]を最末端組織とする官製の上意下達機関であった。空欄(コ)に入る語を漢字で記しなさい。

〔Ⅱ〕 次の(A)・(B)・(C)・(D)の各文章を読み、各問題について、選択肢からもっとも適当と思われるものを一つ選び、その記号を解答欄にマークしなさい。

(A)

〔推古天皇 12 年〕夏四月丙寅の朔《ついたち》戊辰に、皇太子、親《みずか》ら肇《はじ》めて憲法十七条を作りたまふ。

一に曰《いは》く、和を以て貴《たふと》しとなし、忤《さか》ふること無きを宗《むね》とせよ。人皆《みな》党有り、亦達《さと》れる者少し。是を以て或は君父に順《したが》はず、乍《ま》た隣里に違《たが》ふ。然《しか》れども、上和《かみやわ》らぎ下睦《しもむつ》びて、事を論《あげつら》ふに諧《かな》ひぬるときには、則ち事理《ことわり》 自《おのずか》らに通《かよ》ふ。何事か成らざらむ。

二に曰く、篤《あつ》く三宝《さんぼう》を敬《うやま》へ。三宝とは　(ア)　・　(イ)　・　(ウ)　なり。則ち四生の終《つい》の 帰《よりどころ》、万国の極 宗《きわめのむね》なり。何《いず》れの世、何れの人か、是の法《のり》を貴ばざる。人尤《はなは》だ悪《あ》しきもの鮮《すくな》し。能《よ》く教ふれば従ふ。其れ三宝に帰《よ》りまつらずば、何を以てか枉《まが》れるを直《ただ》さむ。

（『日本書紀』）

問(1)　上の史料は、推古天皇 12(604)年に制定された憲法十七条の冒頭部分である。聖徳太子と憲法十七条に関する説明として、間違っているものを選びなさい。間違っているものがなければ、Fにマークしなさい。

〔選択肢〕

A　憲法十七条からは、儒教的な君臣道徳のほかに、仏教や法家の思想も読みとれる。

B　憲法十七条は、聖徳太子が定めたものではないとする偽作説もある。

C　憲法十七条は、前年に制定された冠位十二階とともに、中央行政機構・地方組織の編成を進めたものである。

D　憲法十七条は、天皇への服従や衆議の尊重など、官人への道徳的訓戒を内容としたものである。

E　憲法十七条は、今日の日本国憲法とは異なり、国の最高法規的性格をもつものではない。

F　正答なし

問(2)　空欄(ア)・(イ)・(ウ)に入る語句の組み合わせとして、正しいものを選びなさい。

〔選択肢〕

A　(ア)王・(イ)法・(ウ)儒　B　(ア)仏・(イ)神・(ウ)法

C　(ア)王・(イ)仏・(ウ)法　D　(ア)仏・(イ)法・(ウ)僧

E　(ア)皇・(イ)神・(ウ)仏　F　(ア)神・(イ)仏・(ウ)僧

(B)

〔第1条〕凡そ罪犯せらば、皆事発《おこ》らむ処《ところ》の官司にして推断せよ。在京の諸司の人、京及び諸国の人、在京諸司にして事発れらば、徒《ず》以上犯せらば、刑部省に送れ。［(エ)］罪以下は当司決せよ。其れ護府の捉へたる罪人を糺し、京に貫属せるに非ずれば、皆刑部省に送れ。

〔第2条〕凡そ罪犯せらば、［(オ)］罪は郡《こおり》決せよ。［(エ)］罪以上は、郡断定して国に送れ。(以下略)

(『養老律令』獄令)

〔第34条〕凡そ強盗《ごうとう》の…財《たから》を得ざらむ(a)は、徒二年。一尺に徒三年(b)。二端に一等を加へよ。十五端、及び人を傷《やぶ》れらば［(カ)］、人を殺せらば［(キ)］。

(以下略)

(『養老律令』賊盗律)

問(3)　上の史料は、養老律令の「獄令」および「賊盗律」の一部である。上の史料に関する説明として、間違っているものを選びなさい。間違っているものがなければ、Fにマークしなさい。

〔選択肢〕

A　「獄令」とは、令の編目の一つで、犯罪人の取扱い、処刑法、その他断獄の手続きについて規定したものである。

B　第 1 条の前段は、犯罪が発生したときは、基本的に、その犯罪発生地を管轄する役所が事件を審理・判決する旨定めている。

C　第 2 条は、郡が判決できる刑罰の程度について定めている。

D　第 34 条の下線部(a)は、強盗未遂のことである。

E　第 34 条の下線部(b)は、布一尺を盗んだ場合、徒刑 3 年に処すという意味である。

F　正答なし

問(4)　空欄(エ)・(オ)に入る語句の組み合わせとして、正しいものを選びなさい。

〔選択肢〕

A　(エ)笞・(オ)杖　　B　(エ)杖・(オ)流

C　(エ)杖・(オ)笞　　D　(エ)流・(オ)死

E　(エ)笞・(オ)流　　F　(エ)流・(オ)杖

問(5)　空欄(カ)・(キ)に入る語句の組み合わせとして、正しいものを選びなさい。

〔選択肢〕

A　(カ)斬・(キ)絞　　B　(カ)流・(キ)絞

C　(カ)流・(キ)斬　　D　(カ)近流・(キ)遠流

E　(カ)徒・(キ)流　　F　(カ)絞・(キ)斬

(C)

北条泰時は、貞永元(1232)年、鎌倉幕府の根本法典として御成敗式目を定めた。制定時の元号から、貞永式目とも呼ばれる。全 51 カ条の簡潔なものであるが、先例や道理に準拠しながら、御家人の権利義務や所領相続に関する規定を多く含んでいる。例えば、次のような規定がある。

一、女人《にょにん》養子の事〔第 23 条〕

右、(c)法意の如くばこれを許さずと雖も、(d)右《う》大《たい》将《しょう》家《け》の御時以来当世に至るまで、其の子無き女人等、所領を養子に譲り与ふる事、不易《ふえき》の法勝計《はうせうけ》すべからず、加之《しかのみならず》、都鄙の例先蹤《せんしょう》惟《こ》れ多し。評議の処尤《もっと》も信用に足れるか。

一、所領を子息に譲、安堵《あんど》の御下文を給《たまは》りて後、其の領を［　(ク)　］し他の子息に譲与《ゆづりあたふ》る事〔第26条〕

右父母の意《こころ》に任すべきよし、具《つぶさに》もて先條に載せ畢《おはんぬ》。仍《よ》て先判の譲に就き安堵の御下文《おんくだしぶみ》を給《た》ぶといふとも、其親これを［　(ク)　］し他の子息に譲らんにおいては後判の譲に任《まかせ》て御成敗《ごせいばい》あるべし

（『御成敗式目』）

問(6)　北条泰時に関する説明として、間違っているものを選びなさい。間違っているものがなければ、Fにマークしなさい。

〔選択肢〕

A　承久の乱で幕府軍の総大将として功を立て、乱後、初代の六波羅探題となった。

B　鎌倉幕府第3代の執権となった。

C　執権に就任後、連署・評定衆を新設するなど、執権政治の確立に努めた。

D　後鳥羽上皇は、近国の兵を集め、執権泰時を追討せよという宣旨と院旨を出した。

E　北条政子は、泰時にとって伯母にあたる。

F　正答なし

問(7)　下線部(c)「法意」および下線部(d)「右大将家」が意味する事柄の組み合わせとして正しいものを選びなさい。

〔選択肢〕

A　(c)仏法の趣旨、(d)北条政子　　B　(c)律令の趣旨、(d)源頼朝

C　(c)神法の趣旨、(d)北条政子　　D　(c)律令の趣旨、(d)源義朝

E　(c)神法の趣旨、(d)源義朝　　F　(c)仏法の趣旨、(d)源頼朝

問(8)　空欄(ク)に入る語句として、もっとも適当なものを選びなさい。

〔選択肢〕

A　譲戻　　B　譲替
C　悔替　　D　悔戻
E　悔返　　F　譲返

(D)

一、駿府《すんぷ》の中　(ケ)　地の事、これを破り畢《おわ》んぬ。各《おのおの》異儀に及ぶべからず。
一、　(ケ)　の地の事、代々の判形《はんぎょう》を戴《たい》し、各露顕《ろけん》の在所の事ハ沙汰に及ばず。新儀の　(ケ)　、自今以後これを停止す、(中略)只今ハをしなべて、自分の力量を以て、国の法度を申付け、静謐する事なれば、しゆご《（守護）》の手入《いる》間敷《まじき》事、かつてあるべからず、兎角《とかく》の儀あるにをいてハ、かたく申付くべきなり。

(『　(コ)　』)

問(9)　空欄(ケ)に入る語句として、もっとも適当なものを選びなさい。

〔選択肢〕

A　検田　　B　国免
C　不入　　D　不輸不入
E　検断　　F　不輸

問(10)　上の史料は、ある戦国大名の分国法(空欄(コ))の一部である。その名称を選びなさい。適当なものがなければ、Fにマークしなさい。

〔選択肢〕

A　朝倉孝景条々　　B　甲州法度之次第
C　早雲寺殿廿一箇条　　D　相良氏法度
E　塵芥集　　F　正答なし

〔Ⅲ〕　次の(A)・(B)・(C)の各文章を読んで、それぞれの設問に答えなさい。答えは、解答欄に記入しなさい。

(A)

幕府や藩の財政を支えたのは、(a)<u>農民から徴収する年貢や夫役であった</u>。本百姓の負担は、田・畑・家屋敷の高請地を基準にかけられる年貢(本途物成)が中心で、石高の40～50％を米穀や貨幣で領主に納めることが標準とされた。江戸時代初期には、年貢や夫役が重く、困窮して村を離れる走り百姓も多かった。幕府は、寛永の大飢饉を契機に、本百姓の小経営を維持し、一方で貨幣経済にあまり巻き込まれないようにし、年貢・諸役の徴収を確実にしようとした。そこで、(b)<u>安定した農業経営を維持するための諸政策を実施した</u>。

(c)<u>村は、名主・組頭・百姓代からなる村役人(村方三役)を中心とする本百姓によって運営され</u>、入会地の利用、用水や山野の管理、治安や防災などの仕事を共同で自主的に担った。村民は、数戸ずつ五人組に編成され、犯罪防止や年貢納入に連帯責任を負わされた。

問(1)　下線部(a)に関連して、江戸時代の為政者の農民観について、『昇平夜話』では、［　(ア)　］の言葉として「［　(イ)　］」と年貢の徴収を命じている。空欄(ア)に該当する人名と空欄(イ)に該当する文の組合せとして正しいものを、次の選択肢から１つ選んでその記号を解答欄にマークしなさい。

〔選択肢〕

A　(ア)徳川家康
　　(イ)百姓は財の余らぬやうに、不足になきやうに

B　(ア)徳川家光
　　(イ)百姓共は死なぬ様に、生ぬ様に

C　(ア)徳川家康
　　(イ)百姓共は死なぬ様に、生ぬ様に

D　(ア)徳川家光
　　(イ)百姓は財の余らぬやうに、不足になきやうに

E　(ア)徳川家康

(イ)胡麻の油と百姓は、絞れば絞る程出る物

問(2)　下線部(b)に関連して、安定した農業経営を維持するために実施した諸政策に関する記述として誤っているものを、次の選択肢から１つ選んでその記号を解答欄にマークしなさい。

〔選択肢〕

A　1643(寛永20)年の田畑永代売買禁止令は、農民の農地の売買を禁止したが、これに伴って違反者に対する処罰も定められ、売り手のみならず買い手も罰せられた。

B　田畑永代売買禁止令の目的は、富農への土地集中と本百姓の没落を防ぐことにあったが、実際には土地を質に入れ、その後質流れにするという形で実質的売買が行われていた。

C　1673(延宝元)年の分地制限令では、農民が持つべき田畑のおおよその規模は10石を下限とし、それ以下の者は土地をみだりに分けることを禁止された。

D　田畑勝手作りの禁では、商品作物を自由に栽培することを禁じ、田畑に米・麦・粟・稗《ひえ》・菜種以外のたばこ・木綿・大豆などの作物を植えることは禁止された。

E　1649(慶安２)年に出されたとされる慶安の触書は、農民の衣食住にまで細かく指示したものであり、早起きの励行、酒・茶を買って飲むことの禁止、たばこを吸うことの禁止、肥料の作り方などを列挙したものである。

問(3)　下線部(c)に関連して、村と百姓に関する記述として誤っているものを、次の選択肢から１つ選んでその記号を解答欄にマークしなさい。

〔選択肢〕

A　農村の本百姓は、検地帳に登録された高請地としての田・畑・家屋

敷を持ち、年貢・諸役を負担し、村政に参加する石高持の戸主で男性であったが、百姓の家で未亡人になると、女性が戸主に準ずることもあった。

B　村は、百姓の家屋敷からなる集落を中心に、田畑の耕地、入会地を含む林野の三部分からなっているが、これらの家屋敷・耕地・林野は、いずれも高請地で年貢が賦課された。

C　年貢率には、毎年収穫を調査して決める検見法と、一定期間は同じ率を続ける定免法とがあったが、幕領では享保の改革以後、検見法を改め、定免法を広く取り入れて年貢率の引き上げをはかった。

D　村は、農業を中心とする農村が大半を占めていたが、漁村や山村のほか、在郷町のような商工業集落もあり、これらに住む人々は、百姓身分とされた。

E　農民のなかで村の自治に参加を許されたのは、検地帳に石高を記載された自営農民である本百姓のみであった。

(B)

8代将軍徳川吉宗が漢訳洋書の輸入制限をゆるめ、青木昆陽・野呂元丈らにオランダ語を学ばせたこともあって、洋学はまず蘭学として発達した。洋学をいち早く取り入れたのは、実用の学問としての医学であり、1774(安永3)年に前野良沢や杉田玄白らによってオランダ語の解剖書『ターヘル・アナトミア』の訳書『解体新書』(d)が刊行されたのは、その画期的な成果であった。玄白は、その経緯を『蘭学事始』に著した(e)。洋学を学ぶにはオランダ語の習得が必要であったが、大槻玄沢の蘭学入門書『蘭学階梯』とその門人稲村三伯編の日本最初の蘭和辞書『ハルマ和解』は、蘭学の普及と発展に貢献した。蘭学の塾も各地に設立され、玄沢は、江戸に芝蘭堂という蘭学塾を開いて多くの門人を育てた。宇田川玄随は、オランダ内科書の翻訳『西説内科撰要』を著した(f)。

問(4)　下線部(d)に関連して、『解体新書』の扉絵・解剖図は、平賀源内に洋風画を師事した人物が写し描いたものであるが、その人名を、次の選択肢から1つ選んでその記号を解答欄にマークしなさい。

〔選択肢〕

A　伊藤若冲　　B　松村月溪　　C　司馬江漢

D　亜欧堂田善　　E　小田野直武

問(5)　下線部(e)に関連して、杉田玄白が『蘭学事始』のなかで「艪・舵なき舟の大海に乗出せしが如く」と述べているように、翻訳の苦心は大変なものであった。たとえば、「フルヘーヘンド」の訳出については、次のように書かれている。

翁思ふに、「木の枝を断りたる跡癒れば堆《うづたか》くなり、又、掃除して塵土あつまれば、これもうづたかくなるなり。［　(ウ)　］は面中にありて、堆起せるものなれば、「フルヘーヘンド」は堆《うづたかし》といふ事なるべし。しかれば、此語は堆と訳しては如何」といひければ、各これを聞て、「甚尤なり。堆と釈さば、正当すべし」と決定せり。

「フルヘーヘンド」は堆《うづたかし》と訳すことに決定したが、その時の嬉しさを「連城の玉をも得し心地」と表現している。空欄(ウ)に該当する語句を、次の選択肢から1つ選んでその記号を解答欄にマークしなさい。

〔選択肢〕

A　目　　B　眉毛　　C　鼻

D　耳　　E　口

問(6)　下線部(f)に関連して、宇田川玄随は、［　(エ)　］に蘭医学を学んだが、［　(エ)　］は、漂流後にロシアから帰国した大黒屋光太夫の供述をもとに［　(オ)　］を編述している。空欄(エ)に該当する人名と空欄(オ)に該当する書名の組合せとして正しいものを、次の選択肢から1つ選んでその記号を解答欄にマークしなさい。

〔選択肢〕

A　(エ)桂川甫周　(オ)北槎聞略　　B　(エ)中川淳庵　(オ)魯西亜誌

C　(エ)中川淳庵　(オ)北槎聞略　　D　(エ)桂川甫周　(オ)魯西亜誌

E　(エ)大槻玄沢　(オ)魯西亜誌

(C)

15 代将軍となった徳川慶喜(g)は、フランスの援助のもとに軍制の西洋化を中核とする幕政改革に着手した。一方、雄藩を中心に、幕府に代わり天皇のもとで諸大名の合議により政権を運営する公議政体の樹立をめざす動きも強まった。1867(慶応 3)年になると、国内での対立が深まり、薩長両藩は、ついに武力倒幕を企てたのに対し、土佐藩は、あくまでも公武合体(h)の立場をとった。土佐藩の山内豊信は、後藤象二郎の建策を容れ(i)、徳川慶喜に武力倒幕派の機先を制して自主的に政権を朝廷に奉還させるという大政奉還を進言した。慶喜もこの案を受け入れ、ついに 10 月 14 日、大政奉還の上奏を朝廷に提出した。同じ 10 月 14 日、朝廷内の岩倉具視らと結んだ薩長両藩は、討幕の密勅を手に入れていた。しかし、12 月 9 日、倒幕派は、政局の主導権を握るため、薩長の兵力を京都周辺に集結させ、まだ若い明治天皇を戴き、王政復古の大号令を発した(j)。これをもって、260 年以上にわたる江戸幕府の歴史に終止符が打たれたのである。

問(7)　下線部(g)に関連して、13 代将軍徳川家定の後継選びをめぐって、一橋慶喜を推す一橋派と徳川慶福を推す南紀派とが対立していたが、1858(安政 5)年、南紀派の井伊直弼が大老に就任し、慶福が 14 代将軍となった(徳川家茂)。将軍継嗣問題で一橋派として活躍し、安政の大獄で刑死した人物を、次の選択肢から 1 つ選んでその記号を解答欄にマークしなさい。

〔選択肢〕

A　梅田雲浜　　B　橋本左内　　C　吉田松陰

D　頼三樹三郎　　E　岩瀬忠震

問(8)　下線部(h)に関連して、公武合体と攘夷運動に関する記述として誤っているものを、次の選択肢から1つ選んでその記号を解答欄にマークしなさい。

〔選択肢〕

A　井伊直弼のあと、幕政の中心を担った老中安藤信正は、孝明天皇の妹和宮を将軍家茂の妻に迎えることに成功したが、1862(文久2)年、この強引な政略結婚に憤激した尊攘派の志士6名により、江戸城坂下門外で傷つけられて老中を退いた。

B　薩摩藩の島津久光は、1862(文久2)年、藩兵を率いて上洛し、藩内の急進的な尊攘派を弾圧したうえで(寺田屋事件)、勅使大原重徳とともに江戸へ下り、公武合体のための改革を幕府に要求した。

C　幕府は、一橋慶喜を将軍後見職に、会津藩主松平容保を政事総裁職に、福井藩主松平慶永を京都守護職に任命するとともに、参勤交代制を三年に一回に緩和し、大名の正妻・嫡子の帰国を認めた。

D　長州藩を中心とする攘夷派の動きに対して、薩摩・会津両藩は、1863(文久3)年8月18日、天皇や公武合体派の公家と連携して朝廷の実権を奪って、長州藩の勢力と三条実美ら急進派の公家を京都から追放した(八月十八日の政変)。

E　八月十八日の政変で京都を追われた長州藩の急進派は、1864(元治元)年7月、京都の旅館池田屋に集結した長州藩尊攘派が幕府の新撰組に急襲された事件(池田屋事件)を契機に京都に進攻したが、薩摩・会津・桑名の藩兵と交戦して敗走した(禁門の変・蛤御門の変)。

問(9)　下線部(i)に関連して、後藤象二郎の建議は、［　(キ)　］の「船中八策」を参考としたものであった。空欄(キ)に該当する人物を、次の選択肢から1つ選んでその記号を解答欄にマークしなさい。

〔選択肢〕

A　板垣退助　　　B　福岡孝弟　　　C　片岡健吉

D 中岡慎太郎　　　E 坂本龍馬

問(10) 下線部(j)に関連して、王政復古の大号令に「抑癸《き》丑《ちゅう》以来未曾有ノ国難、先帝頻年宸襟《しんきん》ヲ悩サレ候御次第、衆庶知ル所ニ候。」とあるが、「癸《き》丑《ちゅう》」とは何か、次の選択肢から1つ選んでその記号を解答欄にマークしなさい。

〔選択肢〕

A 1846(弘化3)年のビッドルの浦賀来航
B 1853(嘉永6)年のペリー浦賀来航
C 1854(安政元)年の日米和親条約調印
D 1856(安政3)年のハリスの下田来航
E 1858(安政5)年の日米修好通商条約調印

〔Ⅳ〕 次の(A)・(B)・(C)の設問に答えなさい。

(A)

次の文章を読んで、以下の各設問に答えなさい。

(ア) 首相は〔2012年11月〕14日の党首討論で、今月16日に衆院を解散し、総選挙を実施する考えを表明した。14日夜に首相官邸であった(中略)会議では、12月14日公示、同16日投開票と決定。(中略)

首相は党首討論で、自民党の (イ) 総裁に「定数削減は来年の通常国会で必ずやり遂げる。それまでは議員歳費の削減をする」と提案。消費増税(a)で国民に負担を強いる代わりに「身を切る」姿勢を示し、応じれば「16日に解散をしてもよいと思っている」と明言した。

出典：朝日新聞2012年11月15日付朝刊より。

問(1) 空欄(ア)および(イ)に該当する人物の組み合わせとして正しいものを次の選

択肢から1つ選んでその記号を解答欄にマークしなさい。

〔選択肢〕

A　(ア)菅直人　(イ)安倍晋三

B　(ア)野田佳彦　(イ)麻生太郎

C　(ア)野田佳彦　(イ)谷垣禎一

D　(ア)菅直人　(イ)谷垣禎一

E　(ア)野田佳彦　(イ)安倍晋三

問(2)　空欄(ア)の人物が最初に衆議院議員選挙に当選したときの所属政党は日本新党であったが、同党に関する記述として正しい記述を次の選択肢から1つ選んでその記号を解答欄にマークしなさい。

〔選択肢〕

A　日本新党は1992年5月に細川護熙を党首(代表)として創設された。

B　日本新党は1993年7月の衆議院議員選挙で躍進し、党首(代表)の細川護熙を首班とする非自民7党派の連立内閣が成立した。

C　日本新党は1995年に解党し、新党さきがけと合流して新進党となった。

D　細川護熙内閣の後、日本新党に所属する羽田孜を首班とする内閣が成立した。

E　日本新党は社会党と同様に革新政党を標榜していた。

問(3)　下線部(a)の消費増税は、2012年6月のいわゆる三党合意を経て、同年8月10日に成立した、いわゆる社会保障と税の一体改革関連法案により、消費税の増税が決まったことを意味する。これにより、政府による消費税率引き上げ判断を経て、2014年4月に消費税率が引き上げられることとなったが、このことに関連して正しい記述を次の選択肢から1つ選んでその記号を解答欄にマークしなさい。

〔選択肢〕

A　三党合意の三党とは、当時の与党の民主党および社民党、ならびに、野党の自民党である。

B　税率は３％から８％に引き上げられた。

C　税率が引き上げられた半面、食料品については従来の税率に据え置かれた。

D　税率は３％から５％に引き上げられた。

E　税率は５％から８％に引き上げられた。

(B)

次の文章は、［　(ウ)　］が、矢内原忠雄の死後に記した文章の一部である。これを読んで、以下の各設問に答えなさい。

矢内原君は愛媛県今治の医者の子として生れた、お父さまはいい医者であった。彼はすぐれてよくできるこの子を神戸の親戚にあずけて神戸一中に入れた。当時この学校は天下の名門であり、この校長の鶴崎久米一はストイックな教育で有名であった。鶴崎は内村鑑三、新渡戸稲造とともに札幌農学校で［　(エ)　］に育てられた人であるが、日露戦後のこの時代には教育の照準を軍国日本においていた。そこで少年忠雄もカーキー色の制服制帽に巻ゲートルをはき、冷飯の弁当を運動場で立食した。同じころ大塚金之助、滝川幸辰(b)というような人もそういう教育をうけていた。矢内原がこの学校から、東京に出て一高に入ったころ、こんどの校長は日本一のハイカラとよばれた新渡戸稲造であった。ここでハイカラとは西洋の文化主義というほどの意であるが、事実、新渡戸は［　(オ)　］の著者として（中略）その文名と才名とをたたえられていた新人であった。

出典：［　(ウ)　］著「赤い落日―矢内原忠雄君の一生」（南原繁ほか編『矢内原忠雄―信仰・学問・生涯―』（岩波書店、1968年）所収）より。

問(4)　空欄(ウ)の人物は、東京帝国大学助教授のときに1920年の森戸事件で休職、同大学教授のときに1938年の人民戦線事件で検挙され休職となった人物であり、第二次世界大戦後に大学に復帰し、のちに法政大学総長となった人物である。この人物は誰か。次の選択肢から１つ選んでその記号を解答欄にマークしなさい。

〔選択肢〕

A　大内兵衛　　B　大塚久雄　　C　川島武宜
D　河合栄治郎　　E　有沢広巳

問(5)　空欄(エ)に当てはまる適切な外国人教師（お雇い外国人）の人名を次の選択肢から１つ選んでその記号を解答欄にマークしなさい。

〔選択肢〕

A　ベルツ　　B　ジェーンズ　　C　ナウマン
D　クラーク　　E　ヘボン

問(6)　下線部(b)の滝川幸辰に関する記述として正しい記述を次の選択肢から１つ選んでその記号を解答欄にマークしなさい。

〔選択肢〕

A　滝川幸辰は刑法学者であった。
B　滝川幸辰は、著書が国家破壊の著作であるとして、東京帝国大学教授の職を休職処分により追われた。
C　大学に滝川幸辰の処分を迫った文部大臣は、近衛文麿であった。
D　滝川幸辰が所属していた大学の法学部教授会は、一部の教授が辞表を提出して滝川の休職処分に対して抗議の意思を示した。
E　滝川幸辰は休職処分を受けた当時に所属していた大学に復帰することはなかった。

問(7)　空欄(オ)に入る新渡戸稲造の著書に該当するものを、次の選択肢から１つ選んでその記号を解答欄にマークしなさい。

〔選択肢〕

A　『文明論之概略』　　B　『武士道』　　C　『西国立志編』

D　『日本之下層社会』　　E　『古寺巡礼』

(C)

次の文章を読んで、以下の各設問に答えなさい。

昭和初期の日本の文学界においては、プロレタリア文学と新感覚派が二大潮流をなした。プロレタリア文学は、1930年代の社会主義に対する弾圧の中で壊滅していったが、中野重治らはプロレタリア文学からの転向の体験を作品の中に描いた。新感覚派に属した作家として、(c)横光利一や川端康成を挙げることができる。

一方、島崎藤村や谷崎潤一郎といった既成の大家の中には、迫りくる戦争の足音の中で静かに力強い創作の世界を維持する者もいた。たとえば、(d)島崎藤村は『夜明け前』を、谷崎潤一郎は『細雪』を執筆した。

(e)さらに、戦争を主題とし、戦争の実態を描く戦争文学もあらわれたが、その具体例として、火野葦平の『麦と兵隊』(1938年)、石川達三の『生きてゐる兵隊』(1938年)を挙げることができる。他方で、戦争協力のための機関として、1942年に日本文学報国会が結成された。

問(8)　下線部(c)の横光利一の作品を次の選択肢から1つ選んでその記号を解答欄にマークしなさい。

〔選択肢〕

A　『大菩薩峠』　　B　『雪国』　　C　『機械』

D　『村の家』　　E　『生活の探求』

問(9)　下線部(d)の島崎藤村に関する記述として誤っている記述を次の選択肢か

ら1つ選んでその記号を解答欄にマークしなさい。

〔選択肢〕

A 島崎藤村の詩型はいわゆる新体詩に分類されるが、新体詩は、明治中期に西洋の詩にならって生まれた。

B 島崎藤村はロマン主義詩人から散文に転じ、自然主義作家となった。

C 1897年に刊行された『若菜集』は島崎藤村の処女詩集であり、「秋風の歌」などが収録されている。

D 『夜明け前』は木曽馬籠の本陣の当主である青山半蔵の明治維新前後の苦闘の生涯を描いた歴史小説である。

E 『破戒』は昭和初期の作品である。

問(10) 下線部(e)に関して、正しい記述を次の選択肢から1つ選んでその記号を解答欄にマークしなさい。

〔選択肢〕

A 『麦と兵隊』は、火野葦平自らのシンガポールの戦いへの従軍体験を記録した作品である。

B 火野葦平は第二次世界大戦中に戦死した。

C 日本文学報国会の会長は徳冨蘆花であった。

D 石川達三の『生きてゐる兵隊』は、日本軍兵士の生態を写実的に描いているが、日本軍の残虐行為の描写により発売禁止となった。

E 石川達三の『生きてゐる兵隊』は、インパール作戦に取材して執筆された。

世界史

（60分）

〔Ⅰ〕　次の文章を読み、下記の問に答えなさい。

「革命」とは、天地がひっくり返るほどの政治や社会などの劇的な変化である。これは誇張ではなく、そもそも革命を指すrevolutionという英語は、天体の回転運動を指すヨーロッパ諸語が語源だと言われている。16世紀のポーランド人であるコペルニクスが、㋐宇宙を太陽中心に捉える説を唱えた『天球回転論』のタイトルにこの語が使われていることからも、本来は天体などが回転するさまを意味していたことが確認できる。コペルニクスが自説の正しさを確信しながらも死の直前まで公表を控えたことからもわかるように、いわゆる地動説は教会の世界観と衝突したために宗教裁判などによって弾圧された。当時のカトリック教会の世界観は、聖書の記述に整合しているとされていたいわゆる天動説であったが、その理論的根拠となったのは2世紀頃に活躍したギリシア人のプトレマイオスの天動説であった。これとは別に、古代ギリシアで紀元前3世紀頃に活躍し、「古代のコペルニクス」とも呼ばれる天文学者の[①]がすでに地動説を唱えていたものの、プトレマイオスやアリストテレスの天動説に押され、すっかり忘れ去られていたのである。プトレマイオスの学説は、ギリシア語からアラビア語、アラビア語からラテン語へと翻訳され、㋑イスラーム世界を通じて中世ヨーロッパへと伝えられたのである。

これまでの支配的な見方が逆転、一変してしまうことを、比喩的に「コペルニクス的転回」と言うが、この用語はとくに大陸合理論とイギリス経験論を総合して独自の批判哲学を確立したカントの認識論を指すために用いられることがある。カントのこの独特の哲学には、コペルニクスから始まった「科学革命」が大きな影響を与えている。「科学革命」は、理性や合理的思考が重視され自然科学が台頭するようになったこの時代の転換点を、「革命」という語で言い表している。当時、イギリスでは科学者たちが情報交換のために集まるようになっていた。とくに結成から数年後の1662年にチャールズ2世の勅許を得た［　②　］は、のちに各国でも王の権威の下、次々に設立された科学アカデミーのさきがけとなった。この時代には、植民地から嗜好品などの珍しい商品が大量に持ち込まれ、「生活革命」と呼ばれるまでに市民の生活が一変した。都市住民の生活は豊かになり知的な社交場が登場した。科学者たちの知的な交流もこの一環と考えることができる。パリではカフェが、ロンドンではコーヒーハウスが市民たちの世論形成に大きな役割を果たしたが、世界で最初のコーヒーハウスはロンドンでもヨーロッパでもなく、海峡の要衝にあり国際都市として栄えた［　③　］において16世紀に誕生している。このように、ヨーロッパの文化と繁栄はヨーロッパ外部との交流により成ったという視点も忘れてはならない。

ところで、日本でrevolutionが「革命」と訳されているのは、漢語に元々あった語を借用したためである。漢語の「革命」は「天命が革(あらた)まる」の意であり、王朝の交代を正統化するために用いられた「易姓革命」のことを指したので、本来は西洋のrevolutionとは関係のない概念である。「易姓革命」は、天の命を受けた天子であっても不徳をなせば天命が革まり、新たに徳のある人物が天子となることを正統化する理論で、力による統治である覇道よりも徳による統治である王道がより優れていると主張するなど、徳を重視した思想家である［　④　］によって唱えられた。典型的な「易姓革命」は、殷から周への移行であり「殷周革命」とも呼ばれる。「殷周革命」のように武力によって前王朝を打ち倒すことを放伐といい、平和的に交代することを禅譲という。

さらに、経済産業構造における転換を「革命」と呼ぶ場合もある。代表的な事例はイギリスから始まった産業革命である。産業革命を可能としたのは様々な「革命」であり、また産業革命によってその後の様々な「革命」が準備されたともいえる。イギリスでは、「商業革命」によって経済の飛躍的成長を遂げていたこと、「生活革命」によって㋒綿製品が愛好されていたこと、コーヒーハウスなど政治的議論を行う場が誕生し、「市民革命」によって近代市民社会が形成されていたことなどが挙げられる。産業革命が進むにつれて人や物の輸送にも急速な変化が生じた。蒸気機関の発明と工業化の進展によって、イギリス国内ではスティーヴンソンが1825年に石炭を運搬するための鉄道を運行させ、1830年には㋓史上初の本格的な鉄道営業を開始したとされる。鉄道以外にも、道路網と運河網の整備、蒸気船の発明などにより、世界はより効率的に人や物を運ぶことができるようになり、この「交通革命」が産業革命を支える一つの要因であった。

産業革命によって資本主義が確立すると、その歪みとも言える矛盾が露呈するようになった。父親の会社の経営を手伝うために、上述の1830年に鉄道が敷かれたイギリスの工業都市にやってきたのが若きエンゲルスである。エンゲルスはその地で労働者階級の置かれた貧困状況とオーウェンによる社会主義運動に接して衝撃を受けることになる。エンゲルスは調査研究を開始すると、様々な史料や思想家から影響を受けていった。そのなかには『所有(財産)とは何か』を著し、自主的な相互扶助による社会改革を行って国家そのものを廃止すべきと主張した［　⑤　］も含まれているが、マルクスと協調したエンゲルスは、のちに［　⑤　］を激しく攻撃するなど敵対するようになる。産業革命によって労働者階級の貧困化がすすみ、重ねて飢饉が発生したことによって、ヨーロッパに不安がひろがり、各地で連鎖的に「革命」が起きた。これらをまとめて1848年革命㋔といい、奇しくもこの年はマルクスとエンゲルスが『共産党宣言』を発表した年でもあった。マルクスとともにエンゲルスも積極的に革命運動へと身を投じていったが、「革命」をめぐる荒波に揉まれ、逃亡や流転を繰り返すことになる。ヨーロッパは「革命」と挫折を繰り返していくが、マルクスとエンゲルスの思想は、ロシアや中国などの世界各地の次代の社会主義者へと引き継がれ激動の20世紀を準備していくことになる。

問1　文中の空欄の①～⑤のそれぞれに最も適切な語句を解答欄に記入しなさい。

問2　文中の下線部㋐～㋔に関して、下記の問(ア)～(オ)に答えなさい。解答は解答欄に記入しなさい。

(ア)　下線部㋐に関して、16世紀から17世紀にかけては、たとえ国を違えても観測データと数理的思考があれば同じ結論に到達できるという意味で科学の幕開けであったといえる。この頃、天体の運動法則を理論的に打ち立てて、傾倒していたコペルニクスの学説を支持し、その後の科学の発展に大きな影響を与えたドイツの天文学者は誰か。

(イ)　下線部㋑に関して、バグダードの「知恵の館」でギリシア語からアラビア語に翻訳されたギリシア文献を、さらにラテン語へと大規模に翻訳することで12世紀ルネサンスが起きたとみられるが、この翻訳作業を担った「翻訳学校」があったカスティリャ王国の都はどこか。

(ウ)　下線部㋒に関して、イギリスでは東インド会社を通じてインドから輸入される綿布が人気を博したが、国内業者の反発により輸入・着用が禁止され、国産化が進められた。その結果、インドは次第に原料である綿花の輸出国に転落し、貿易赤字に苦しむようになった。そのようななか、主に三角貿易において、綿花とならんで長きにわたってインド財政にとって重要な中国に対する輸出品となりつづけ、密輸が行われた産品は何か。

(エ)　下線部㋓に関して、この鉄道は、綿工業の中心地であった工業都市と大西洋三角貿易で奴隷貿易の中心地であった港町の間の約50 kmを結び、原料や工業品の大量輸送を可能としたが、この2都市はどことどこか。

(オ)　下線部㋔に関して、六月蜂起の原因ともなった国立作業場の提案をした社会主義者で、蜂起が鎮圧されたことによってイギリスに亡命した人物は誰か。

〔Ⅱ〕 次の文章を読み、下記の問に答えなさい。

エジプトは、アフリカ大陸の北東端に位置する。現在のエジプト＝アラブ共和国は、約100万平方キロメートルの面積を有するが、そのうちの約95％は荒涼とした砂漠地帯である。そのため、同地域のなかで人々が居住し文明が栄えることができたのは、ナイル河畔や点在するオアシス等といった水がある場所に限られていた。旧石器時代にあたる約70万年前にはすでに、このような場所で人々は狩猟、採集生活を営んでいたと考えられている。ただし、新石器時代になるまでの北アフリカには、現在と比べはるかに温暖で湿潤な気候の時期もあったと推測されている。そのような時期においては人々の生活圏が現在よりも広範な地域に及んでいたと考えられる。しかし紀元前5000年頃になると、エジプトは乾燥化し、ナイル河畔やオアシスにおいて農耕や牧畜といったより進歩的な生活がなされるようになった。前4000年頃にはバダリ文化やナカダ文化のように、単なる村落に比べより発展した最初期の国家の萌芽がみられる。この頃から、㋐オリエント文明の一つとして、最初期の農耕文明である古代エジプト文明が始まった。

当初、エジプト地域の人々は、後に行政単位となる［ ① ］と呼ばれる多数の小国家ごとに生活していたが、これらが下エジプトと上エジプトとにおいて、それぞれ一つずつの王権の下に統合された。前3000年頃になると、上エジプトの王朝が下エジプトを征服し、エジプト第1王朝が生まれる。この王朝の初代王は、下エジプトと上エジプトの境目に位置するデルタ地帯に首都を建設した。

その後、古代エジプトでは約30の王朝の交代が繰り返された。古代エジプトの時代は通例、8つに区分される。そのうち最も繁栄していた時代は、古王国・中王国・新王国の3つの時代である。

第3から第6王朝の時代にあたる古王国時代(前27世紀～前22世紀)においては、王による中央集権体制が確立し、強大な王権を象徴するピラミッドが盛んに建設された。そのうち、第4王朝のクフ王、カフラー王、メンカウラー王の三大ピラミッドやその入り口に建つスフィンクスは有名である。しかし、第6王朝の後半期には、おそらくはナイル川の水位の低下による飢饉の発生や王権の急激な衰退を原因として、中央集権体制は崩壊した。以降、各地域に支配者が散在する状況となる。

おおよそ前21世紀頃になると、第11王朝によりエジプトが再統一され、中王国の時代が始まる。同王朝は、ナイル川中流東岸に位置する［　②　］を首都としていたため、重要な役職は同地域の出身者で占められた。この時代の前半期では、依然として地方豪族の力が強く、地方分権のような様相を呈していた。そのような状況のなか、第12王朝のセンウセレト3世は、エジプト全土を3つの行政区に区分し、それぞれに地方行政監視のための部局を設置するなどして、中央集権体制を強化した。しかし、第13王朝の時代に反乱が発生したことで、この王権も次第に衰退した。その折に、西アジア系と推測される異民族のヒクソスがシリア地方から侵入し、アヴァリスに新たに第15王朝を建てた。この王朝は、デルタ地帯東部からパレスチナ南部を直接支配した他、それ以外のエジプトの各地域に対しては宗主権を行使し、各地の有力者らに貢納の義務を負わせた。

前1550年頃、イアフメス王により第15王朝が撃退され、ヒクソスがエジプト地域から放逐されると、彼により第18王朝が創始された。この王朝により上下エジプトは再度、統一国家となり、新王国時代が始まった。第18王朝は、ヒクソスから伝わった馬と戦車に関する技術を活用しつつ、北はシリア、南はスーダン北部に位置するヌビアなどに積極的に遠征を行い、支配領域を広げていった。前14世紀頃になると、これらの遠征を加護していたとされるアモン神を中心とした多神教の神官団が次第に勢力を増し、政治へ介入するようになっていった。そこで、アメンホテプ4世は、太陽光を象徴とした唯一神たるアトン神を創出し、従来の多神教を否定する宗教改革を行いつつ、アモン神の総本山であった［　②　］から首都を移した。もっとも、この宗教改革は彼の死により奏功せず、後継者であるツタンカーメンの治世に多神教崇拝は復活した。

新王国時代の後半期には、ハットゥシャに都を建て小アジアを中心に繁栄したヒッタイトと抗争が繰り返された。諸説あるものの前1286年頃または前1275年頃には、第19王朝のラメセス(ラメス)2世が、シリアの都市である［　③　］にてヒッタイトの王ムワタリ2世と戦った。戦況は膠着し、両国の間で、現在確認できる限りで史上最古の㋑講和条約が結ばれ、以降は平和な関係が維持された。

前12世紀になると「海の民」の侵入によって、ヒッタイトは滅亡した。エジプトの第20王朝のラメセス3世はこれを撃退したものの、次いでリビア人の遊牧民の侵入が相次いだ。このリビア人の勢力も一旦は抑えられ国内に組み込まれたが、ラメセス3世の死後、彼らによる反乱が発生した。その他にも、アモン神殿の神官団の過剰な権力拡大、穀物価格の急騰、西アジアの支配権の喪失等といった原因で王権は次第に衰退した。新王国の末期には国内は混乱し、治安が悪化するとともに墓泥棒も横行した。新王国時代の終わる前11世紀半ば頃になると、エジプトは、アモン神そのものを王として大司祭が実権を握る上エジプトと、元軍司令官のスメンデスにより建てられた第21王朝の支配する下エジプトとに分裂することになる。

新王国時代の終焉とともに、エジプトによるヌビアの植民地支配がなくなった。これにより、ヌビアでは土着の勢力が力を伸ばした。その中でも、ナパタを中心にヌビア人により建国された黒人最古の王国とされる［　④　］王国（前920年頃～後350年頃）が、前8世紀にエジプトへ進出し［　②　］を中心に第25王朝を建てるまでに至った。しかし前7世紀頃、エジプトがアッシュルバニパル率いるアッシリア王国の侵攻を受けると、［　④　］王国の支配領域は現スーダンの地域辺りまで後退した。アッシリア王国は、前663年にエジプトを征服し全オリエント地域の統一を実現したものの、アッシュルバニパル没後に弱体化し、前612年には滅亡した。これによりオリエント世界は4つの国に分立し、エジプトでは第26王朝がアッシリア王国から独立した。しかしこの支配も長くは続かず、エジプトは、前6世紀後半には㋒アケメネス朝ペルシアの支配に服し、前332年にはマケドニア王国のアレクサンドロスによって支配された。もっとも、アレクサンドロスは、征服者としてではなく、ペルシアの圧政から解放する救世主として迎えられ、現地にて彼のためにエジプト王としての戴冠式が行われた。これをもって、エジプトはヘレニズム世界の一部に組み込まれ、同地域においても㋓古代ギリシアの伝統文化とオリエント文化の融合したヘレニズム文化が生まれた。

前323年にアレクサンドロスが死去すると、彼の将軍たちによる内紛が発生した。彼らはディアドコイと称され、それぞれが帝国の版図の継承を主張していたが、この内紛の結果として領土の線引きがなされた。エジプトではプトレマイオスが王となり、ここにプトレマイオス朝エジプトが成立した。この王朝の支配する時代が、古代においてエジプトが独立の王国であった最後の時代となる。プトレマイオス朝の支配下においては、その1世から3世までの治世は安定していたものの、以降の代では悪政が目立ち王家内で内紛が起きるようにもなり、国家は徐々に弱体化していった。

エジプト王家は、内政および外交上の問題が生じるたびに、当時勢力を伸ばしていたローマを頼った。そのこともあり、エジプト王家は徐々にローマの影響下に置かれるようになる。王朝末期になると、プトレマイオス朝の最後の女王であるクレオパトラは、ローマの有力者らに接近し、その後ろ盾を得て統治者としての地位を一時獲得した。しかし、前31年のアクティウムの海戦において［　⑤　］の率いる艦隊に敗北し、首都は侵略され、プトレマイオス朝は滅亡することになる。以降、エジプトは事実上ローマの属州となり、ローマ人の往来の増加やローマ風の建築物の建設など、徐々にローマ化が進んだ。当初は伝統的なエジプトの宗教や文化は尊重され、古代に由来する神殿や神官は保護されていた。しかし㋔後4世紀にキリスト教がローマ帝国の国教となると、エジプトの伝統文化と宗教は迫害の対象となった。こうしてエジプトはキリスト教化していき、395年のローマ東西分裂の折には、東ローマ帝国の領土となった。7世紀前半にはササン朝ペルシアに一時領有されたものの、再度東ローマ帝国に返還された。7世紀半ばになると、エジプトは正統カリフの率いるイスラーム共同体の侵攻を受け、イスラーム王朝の支配下に入った。以降、エジプトはイスラーム化し、現在に至るまで主にイスラーム世界の一員として歴史を歩んでいくことになる。

問1　文中の空欄の①～⑤のそれぞれに最も適切と思われる語を下記の語群から一つずつ選び、その記号を解答欄にマークしなさい。

〔語　群〕

A　ガーナ	B　レピドゥス
C　メンフィス	D　マクラ
E　ポンペイウス	F　ニネヴェ
G　ノモス	H　クラッスス
I　テル＝エル＝アマルナ	J　ティルス
K　カネム＝ボルヌー	L　オクタウィアヌス
M　ギザ	N　アクスム
O　カエサル	P　アゴラ
Q　クシュ	R　ポリス

S　アントニウス　　T　テーベ
U　サイス　　V　マリ
W　カデシュ　　X　マリウス
Y　アレクサンドリア　　Z　メロエ

問2　文中の㋐～㋔に関して、下記の問(ア)～(オ)に答えなさい。解答は各問の選択肢の中から最も適切と思われるものを一つ選び、その記号を解答欄にマークしなさい。

(ア)　下線部㋐に関して、古代オリエント文明に関する次の記述のうち正しいものはどれか。

〔選択肢〕

A　ティグリス・ユーフラテス川の流域地域であり、「川のあいだの土地」を意味するメソポタミアでは、前3000年頃から多数の都市国家が建設された。これらの都市国家では、守護神や自然神を崇拝する多神教が信仰され、最高神はその時々の国家によりしばしば変わった。例えば、セム語系のアッカド人により建国されたバビロン第一王朝は、マルドゥクを国家神として祀ったが、その前のシュメール人による初期王朝時代においてはエンリルが最高神であった。

B　エジプト地域では、ナイル川の定期的な氾濫によって、その上流からデルタ地帯に豊かな栄養分を含んだ沖積土が堆積し、その土から育てられた麦などの穀物によって豊かな収穫がもたらされた。このことを、アテネ出身のギリシアの歴史家であるトゥキディデスは、「エジプトはナイルの賜物」という言葉で言い表した。

C　シリアに多くの都市国家を有したアラム人は、中継貿易を行った。これにより、彼らの用いるアラム語が中東の国際語となり、それを文字としたアラム文字がオリエント地域に広く普及した。この文字は、ヘブライ文字、アラビア文字、ソグド文字に派生していった。

D　古代エジプト人の用いた文字は絵文字から発展したものであり、その書式は3種類に分けられる。すなわち、主に石に刻まれた象形文字である神聖文字(ヒエログリフ)、この神聖文字を簡略化し公文書等に用いられた神官文字(デモティック)、そしてこれをさらに簡略化した民用文字(ヒエラティック)の3種類である。これらの文字は、カミガヤツリの繊維から作られたパピルスにインクを使って記述されることもあった。

E　人類最古の文字は、前3200年頃にシュメール人によって発明された楔形文字といわれる。この文字は、発明当初は絵文字であったが、前2500年頃には楔形となり、アラム文字が発明されるまで古代オリエント世界において広く利用された。楔形文字は、アケメネス朝ペルシアでも公用語を書き記す文字として利用された。この文字の解読は、イラン西部に所在するベヒストゥーン碑文を手掛かりに、フランスのシャンポリオンにより行われた。

(イ)　下線部④に関して、歴史上の条約に関する次の記述のうち正しいものはどれか。

〔選択肢〕

A　フランク王国のカロリング朝のルートヴィヒ1世が死亡すると、3人の子らにより激しい相続争いが勃発した。そこで、843年にはヴェルダン条約が締結された。これにより、フランク王国は西フランク、中部フランク、東フランクに三分され、それぞれが継承された。さらに中部フランクを領有していたロタール1世が死亡すると、メルセン条約が870年に締結された。これにより、フランク王国は再分割され、3つの王国各々が、後のフランス、ドイツ、イタリアの原型となった。

B　外モンゴル地方を征服した清と南下してきたロシアとが対峙したため、1727年には康熙帝治世下の清とロシアとの間でキャフタ条約が締結された。この条約においては、ネルチンスク条約で未定であったモンゴル地区の国境画定や通商等が規定され、これらの規定は、1860年に北京条約が締結されるまで効力を有した。

C　1494年にフランスがイタリアに侵入すると、神聖ローマ帝国(ハプスブルク家)がこれに対抗して、イタリア戦争が勃発した。この戦争は、イタリアの小国家、イギリス、スペインといった複数の国々を巻き込み、約65年間継続した。最終的には、1559年のカトー＝カンブレジ条約により講和がなされ、フランスがイタリアにおける権利を取得した代わりに、イギリスはフランスの領有していたカレーを正式に取得した。

D　1672年にフランスのルイ14世が、南ネーデルラント継承戦争において敵方となったオランダへの報復のために同国に侵攻して始まったオランダ戦争では、イギリスがフランスを支援し、スペインとオーストリアが同盟してオランダを支援した。途中イギリスが戦争から離脱したものの、依然としてフランスは優位に戦いを進めた。最終的には1678年のユトレヒト条約により講和され、フランスは南ネーデルラント等を取得した。

E　1618年にベーメンの新教徒が神聖ローマ皇帝によってカトリックを強制されたことにより発生した反乱をきっかけに、三十年戦争は始まった。三十年戦争は、元々は旧教国と新教国とが対立する宗教戦争であったが、それだけにとどまらない欧州の覇権をめぐる争いでもあった。最終的に、この戦争は1648年のウェストファリア条約により講和された。この条約の内容は多岐にわたるが、例えば、スイスとオランダの独立が承認され、ドイツ内の諸邦の主権が認められた。これにより、神聖ローマ帝国は有名無実化し、欧州内で主権国家体制が確立した。他方で、新教徒の信仰の自由についてはアウグスブルクの和議が確認されたにとどまり、カルヴァン派の信仰については触れられなかった。

(ウ)　下線部㋒に関して、アケメネス朝ペルシアに関する次の記述のうち正しいものはどれか。

〔選択肢〕

A　当初、アケメネス朝はイラン中西部のエクバタナを都とするメディアの支配下にあったが、前550年にキュロス2世の下でメディアを滅ぼし独立した。次いで、前547年には新バビロニア、前539年にはリディアを滅ぼし、前525年にはエジプトを征服した。前547年の新バビロニアの征服に際しては、バビロンに捕囚されていたユダヤ人たちが解放された。

B　前522年に第2代目の王が死亡した後、王統の途絶えたアケメネス朝ペルシアでは反乱が勃発した。この反乱を抑えたダレイオス1世は、同年に第3代目の王として即位した。彼の在位中にアケメネス朝は最大版図を実現し、中央集権体制を確立した。また、自らの居住と宗教的儀式のために、イランのファールス地方に王都クテシフォンを建設した。

C　ダレイオス1世は、街道に宿駅を設け、人々が交代で物資を運送したり情報を伝達する駅伝制を整備しつつ、帝国内の要地を結ぶ公道として「王の道」を敷設した。この「王の道」は、西端は小アジアのミレトスから、東端はアケメネス朝の政治の中心地たるスサに至るまで約2500キロメートルにも及ぶ大規模なものであった。

D　アケメネス朝ペルシアの支配下にあった小アジア西岸のイオニア諸市が、前5世紀初めに反乱を起こしたことにより、ダレイオス1世は同地域に遠征軍を派遣した。結果としてこの反乱は鎮圧されたものの、このときにアテネがイオニアに援軍を送ったことが口実となり今度は、アケメネス朝はギリシアに派兵をした。これにより勃発したペルシア戦争では、前490年のマラトンの戦い、前480年のサラミスの海戦、前479年のプラタイアの戦い等を経て、最終的にギリシアが勝利した。

E　イスラーム教が流布される前、伝統的にイラン人が主に信仰していたゾロアスター教は、アケメネス朝の諸王によっても信仰され保護されていた。このゾロアスター教は、善悪二元論に基づき、世界は、光明の神であるアーリマンと暗黒の神アフラ=マズダとの絶え間ない戦いであり、最終的には光明の神が勝利し、その恩恵を受けて最後の審判により善い人々の魂は救われると説いた。この終末思想はユダヤ教やキリスト教に影響を与えた。

(エ)　下線部㊃に関して、ヘレニズム文化に関する次の記述のうち正しいものはどれか。

〔選択肢〕

A　キプロス島出身のアルキメデスは、浮力や梃子の原理を発見したり円周率の計算をするなど、数学ならびに物理学上の重要な業績をあげた。このような功績により、晩年にはムセイオン付属の大図書館の館長に任命された。

B　北アフリカ出身の数学者であるエウクレイデスは、平面幾何学を大成し、『幾何学原本』を著した。この書籍は、エジプトがイスラーム勢力に支配されてからはアラビア語に翻訳され、さらにこれがヨーロッパに伝わるとラテン語に翻訳された。これは中国にも伝わり、明の宋応星とイエズス会宣教師であるマテオ＝リッチとの共同で『幾何原本』として漢訳され、1607年に刊行された。

C　サモス島出身の哲学者であるエピクロスは、魂すら物質であるとする唯物論を前提としつつ、情念に支配されず心の平安を得るためには理性による禁欲が重要であるとする哲学思想を説いた。この思想は、ローマにも伝わったものの、禁欲を強調するあまり現地の知識人層には広く受け入れられず、次第に廃れていった。

D　アテネの彫刻家であるプラクシテレスにより創作された「ラオコーン」や「サモトラケのニケ」は、ギリシア神話を題材としており、ヘレニズム時代の代表的な彫像美術である。現在、これら二つの彫像はパリのルーブル美術館に所蔵されている。

E　前255年頃、ギリシア人のサトラップであったディオドトスがセレウコス朝シリアから独立してアム川流域に建国したバクトリアは、マウリヤ朝の衰退に乗じて西北インドに勢力を広げ、インドに対しヘレニズム文化を伝えた。この文化がクシャーナ朝のインドで発展したガンダーラ美術に影響を与え、これによりギリシア彫刻の特徴のみられる仏像彫刻等が作られるようになった。

(オ)　下線部㊄に関して、古代ローマ帝国におけるキリスト教に関する次の記述のうち正しいものはどれか。

〔選択肢〕

A　キリスト教は、ローマ帝国内で度重なる迫害を受けたこともあり、1世紀から3世紀にかけては信者を次第に失っていった。その理由としては、神を前にして階級、身分、貧富の差はないというキリスト教の教えが下層民の精神的支柱にはなったものの、その反面でこれが上層階級には受け入れ難かったこと、経典である『新約聖書』のほとんどの書がこの段階ではヘブライ語で書かれており、一般市民には理解し難かったことが挙げられる。しかし、313年のミラノ勅令により帝国内ですべての宗教の信仰の自由が認められて以降、キリスト教の教義が様々な言語に翻訳され上層階級もこれを受け入れるようになった。これにより、急激な速度で信者が増えていった。

B　キリスト教が公認されるまで、ローマ帝国は、人心を統一するために皇帝を神として礼拝することを強く推奨していた。ところが、唯一神を信じるキリスト教徒はこれに従わなかったため、反社会的集団とみなされた。そのようななか、64年にローマ市において数日にわたって大火が発生し、ローマ市のほとんどが焼失した。当時の皇帝であるディオクレティアヌス帝は、キリスト教徒がこの大火の犯人であると断定し、それを口実に多くの教徒を処刑した。このときに、使徒であるペテロやパウロらも殉教したとされる。

C　30年頃にユダヤ総督ピラトによりイエスがイェルサレムの郊外において処刑された後、イエスの直弟子であるヨハネとパウロらは、使徒としてキリスト教の伝道活動を行った。そのうち、当初は熱心なパリサイ派のユダヤ教徒であったものの回心してキリスト教に入信したペテロは、ローマ市民権を持っていたためローマ帝国内を広く伝道して周ることができ、キリスト教の教義の確立に大きな貢献をした。

D　324年にコンスタンティヌス帝がローマ帝国全土を統一すると、キリスト教は帝国全体に広がっていった。このようにして、ローマ帝国内でキリスト教が公認されると、正統なキリスト教の教義が探求されるようになり、しばしば皇帝の名において公会議が開かれるようになった。例えば、コンスタンティヌス帝が主催したニケーアの公会議では、父なる神とイエスは同質と主張するアタナシウス派が正統とされ、それに対し両者は異質でありイエスは神そのものではないとするアリウス派は異端と認定された。これにより、アリウスは一時追放の命令を受けた。後にアリウス派はゲルマン人に伝道され彼らの間に広まった。

E　451年のカルケドンの公会議では、イエスの神性と人性とは分離しているとするネストリウス派が正統とされ、イエスに神性のみを認める単性論は異端として排斥された。前者のネストリウス派は、ペルシア人を経由して唐代の中国にも伝わり景教と呼ばれ、太宗の時代には長安に寺院が建てられた。後者の単性論は、後にエジプトのコプト教会、シリア教会、アルメニア教会を形成し、これらは少数派ながらも現在もなお存続している。

〔Ⅲ〕　次の文章を読み、下記の問に答えなさい。

「クルド人の国」を意味する「クルディスタン」とは、トルコ、イラク、イラン、シリア、アルメニア、アゼルバイジャンにまたがる地域である。現在もこの地域には2000万から3000万人のクルド人が居住する。彼らは「国家を持たない民(Nation without a State)」と呼ばれ、西アジアのさまざまな国の中で少数民族としてそれぞれ暮らしてきた。クルド人の起源ははっきりしないが、「クルド人」に関する記述は、すでに9世紀のアラビア語文献の中に見られる。アラブ人の征服活動に関する伝承をまとめた書物『諸国征服史』は、第2代正統カリフの［　①　］によるアラブの大征服に触れる中で、ササン朝ペルシア側についた「クルド」という集団とアラブ軍がモスル周辺で戦った、と記している。こうした9、10世紀の文献から、7世紀にはクルド人たちの集団がイラン、イラクの山岳地帯に居住していたと考えられている。

ペルシア語に近いクルド語を母語とするクルド人は、12世紀のセルジューク朝の時代にはアナトリアに居住するようになり、同王朝の支配を受けるようになった。セルジューク朝の衰退後、軍閥が割拠するようになると、クルド人たちはこうした軍閥に軍人として仕えるようになった。アイユーブ朝を開いた［　②　］も、こうした軍人の一人であり、みずからもクルド人の軍人集団を従えていた。

クルド人、アルメニア人、グルジア(ジョージア)人などさまざまな民族が暮らすクルディスタンは、水資源などの天然資源に恵まれて農業生産性が高く、交易の要衝でもあった。このため 13、14 世紀のモンゴル人や、その後のトルクメンの王朝(黒羊朝、白羊朝)などのさまざまな勢力が、この地域の支配をめぐって争うようになった。そうした中でクルド人部族社会の有力者たちは、この地域を支配する王朝政府から自治を一定程度認められるなどして、この地域の部族民への支配を維持し続けた。

16 世紀前半にオスマン朝とサファヴィー朝の両帝国がクルディスタンの支配をめぐって争うようになったが、両帝国も、クルド人地方領主たちによる部族民の支配を実質的に認めていた。たとえばオスマン朝は、［　③　］の戦いにおいて鉄砲を用いた戦術によりサファヴィー朝を圧倒し、アナトリア南東部の征服に成功するが、この地域の県知事にクルドの地方領主を任命し、県知事の地位を一族が世襲することを認めた。㋐両帝国が、帝国内の他の地域に比べて柔軟な統治をクルディスタンでおこなった理由は、クルド人たちが競合相手の王朝に服属することを懸念し、また相手国の情報を入手するのにクルド人たちの協力が必要だったためである。クルディスタンが両帝国の緩衝地帯であったことが、クルド人地方領主たちに既得権益の維持を可能にしたのであった。

両帝国が内政の安定を図るため統治体制を整備し王権を強化していくと、トルコ系遊牧民などの特定の民族だけでなく、様々な民族が各帝国内で出世することが可能となった。イスファハーンに都をおいた第 5 代シャー、［　④　］の治世下では、クルド人の中にも中央政府で高い地位につくものが現れるようになった。

このように、18 世紀までのオスマン、サファヴィー各帝国内においてクルド人は、支配的民族から差別されるどころか、既得権益が認められ、中央官庁における出世の可能性も開かれていた。こうした事情は、当時のクルド人たちにとって、それぞれの部族への帰属意識を強めることにはなったものの、クルド人としての一体性の意識を形成することには必ずしもつながらなかった。

クルド人たちにおいて民族としての一体性の意識が形成されるようになるのは、19世紀西欧におけるナショナリズムの高まりの影響を受けてからのことである。この頃になると、オスマン朝は集権的支配を強化するようになる。オスマン政府は、㋑帝国内のキリスト教徒に対してはたびたび迫害をおこなったため、列強各国から抗議や軍事干渉を受けることとなった。その後政府がタンジマートを受けてキリスト教徒の待遇改善をはかったことで、集権化の影響で排除された元地方領主たちの不満はさらに高まることになった。他方、ロシアとの戦争をきっかけとしてオスマン政府が憲法を停止したことは、㋒トルコ人において「青年トルコ人」運動が生まれる契機となり、クルド人たちのナショナリズムをも刺激することとなった。

第一次世界大戦の結果クルディスタンが戦勝国であるイギリス、フランスにより分割され、トルコ共和国がもっぱらトルコ人による国民国家として成立したことで、クルド人が居住する地域は国境により分断されることになった。トルコにおいては、クルド人たちはクルド語の使用を禁止され、民族としての独自性は認められなかった。またイランにおいて成立した　⑤　朝においても、ペルシア人への同化政策が強化される中で、クルド人たちは少数者として差別の対象となった。多くのクルド人たちは、異なる国家に居住するにもかかわらず、それぞれが住む国で少数民族として差別、迫害を受けたことで、クルド人としての自己意識を強めていき、クルド人としての「民族自決」を希求していくようになった。

第二次世界大戦後、クルド人たちは異なる主権国家のもとで、それぞれのやり方で自治、独立を目指した。

イランでは、同国北部を占領していたソ連の後押しで、クルディスタン人民共和国が一時成立したが、短命に終わった。その後、イランのクルド人たちは、　⑤　朝を倒したイラン＝イスラーム革命に貢献したものの、イスラーム主義に傾斜する革命政権は、当初協働していたクルド民族主義者をやがて敵視するようになり、彼らを弾圧するようになった。

イラクでは、1960年代にクルド人たちは武装闘争を開始した。1970年にイラク政府はクルド人が多く居住するイラク北部の地域に自治権の付与を約束するものの、油田の取り扱いをめぐり、政府とクルド人側が対立し、両者は決裂、再び紛争となった。

㋓イラン＝イラク戦争では、両国は戦略的に敵国内のクルド人を支援し、自国内のクルド人は弾圧した。イラク政府が、イラン＝イラク戦争においてクルド人居住地域で化学兵器を使用したことは、国際社会に衝撃を与えた。また、1991年3月、この地域で起きたクルド人たちの武装蜂起は、イラク政府により武力で激しく弾圧された。このような政府からの迫害によって多数のクルド人が国内避難民や国外への難民となり、国際的な問題となった。

クルディスタンにおいてクルド人の権利拡大が進展するのは、ようやく21世紀になってからのことである。㋔欧州各国がＥＵ加盟問題などに絡めて圧力をかけた結果、トルコは、憲法を改正するなどして、クルド人の権利拡大に積極的な姿勢を見せるようになった。他方イラクでは、2003年のイラク戦争後、豊富な石油資源を経済的基盤として、イラク北部においてクルド人の自治区が成立した。またシリア北部では、シリア内戦に乗じて支配を広げた「イスラーム国（ＩＳＩＬ）」を米国等の支援を受けたクルド人たちが撃退した。シリアのクルド人たちは、「ロジャヴァ（クルド語で「西」の意）」と呼ばれる、クルド人による自治地域をシリア北部に創設し、この地域を統治するようになった。このようにクルド人の「自決」は、ようやく21世紀になって実現したのであった。

問１　文中の空欄の①～⑤のそれぞれに最も適切と思われる語を下記の語群から一つずつ選び、その記号を解答欄にマークしなさい。

〔語　群〕

A　カラハン　　B　バンダレ＝アッバース
C　ムアーウィヤ　　D　マンスール
E　サラーフ＝アッディーン　　F　ラシード＝アッディーン
G　ウマイヤ　　H　ファーティマ
I　スレイマン１世　　J　イスマーイール
K　ニコポリス　　L　チャルディラーン
M　セリム１世　　N　セリム２世
O　アンカラ　　P　ブワイフ
Q　ガザン＝ハン　　R　モハーチ

S　アッバース1世　T　トゥグリル＝ベク

U　ハールーン＝アッラシード　V　ウマル

W　パフレヴィー　X　バーブル

Y　カージャール　Z　パーニーパット

問2　文中の下線部㋐～㋔に関して、下記の問(ア)～(オ)に答えなさい。解答は各問の選択肢の中から最も適切と思われるものを一つ選び、その記号を解答欄にマークしなさい。

(ア)　下線部㋐に関して、19世紀以前の帝国の統治制度に関する以下の記述のうち正しいものはどれか。

〔選択肢〕

A　オスマン朝では、18世紀以降、軍事力を強化するため、イェニチェリへの俸給支払いを目的として、徴税請負制に代わりティマール制を新たに導入し、中央集権体制を確立した。

B　サファヴィー朝は、徴税のための検地や人口調査を実施して、租税台帳、土地台帳を作成し、政府の役人が徴税業務をおこなった。軍制改革以前のサファヴィー朝の軍隊は主にイラン系遊牧民からなるが、徴収した税は、彼らへの俸給支払いにあてられた。

C　東ローマ帝国では、ビザンツ皇帝は軍役義務のともなうテマの付与に基づく封建軍を創出して軍を増強した。その後ビザンツ帝国では、コンスタンティヌス9世の統治下でプロノイア制が導入され、中央集権化がすすんだ。プロノイアに区分された属領では、軍政、民政、財政および裁判権のすべてが管区長にあった。彼の指揮下の兵士たちには世襲の農耕地が与えられ、これと交換に戦時の兵役義務が課された。

D　マムルーク朝は、当初、軍人に農地からの徴税権を与える制度を採用していたが、周辺諸国との戦争に備えるために軍制改革をおこなったのちは軍人への俸給制に移行した。

E　ムガル帝国は、支配階層の統制のために、官位の等級に応じて土地の徴税権を与え、功績によってその官位を上下させるマンサブダール制度を導入し、中央集権体制を確立した。

(イ) 下線部①に関して、一国内で政府が自国民に対して大規模な迫害をおこなっている場合に、これをやめさせるために他国が軍事介入することは「人道的干渉」と呼ばれるが、以下の事例のうち人道的干渉にあたるとはいえないものはどれか。

〔選択肢〕

A ギリシア独立戦争

B 米国のキューバ侵攻(1898)

C インドの東パキスタン侵攻(1971)

D NATO軍によるコソボ空爆(1999)

E 湾岸戦争(1991)

(ウ) 下線部⑦に関して、19、20世紀のナショナリズムに関する以下の記述のうち正しいものはどれか。

〔選択肢〕

A ウクライナはポーランド王国の一部であったが、18世紀のポーランド分割により、ロシア領とオーストリア領とに分かれた。米国大統領ウィルソンが1918年に発表した十四か条の平和原則が明示的にポーランドとウクライナの独立を認めていたことから、ウクライナ人は独立運動を開始した。第一次世界大戦後には、平和条約によりポーランドとともにウクライナの独立が承認された。

B オスマン朝との間に締結されたローザンヌ条約は、クルド人の民族主義運動が反映され、彼らの自治を認める内容を含んでいた。しかし、この条約に代えてトルコ共和国が締結したセーヴル条約にはクルド人の自治を認める規定はなかった。

C モンゴル、チベット、ウイグルなどの諸民族が居住する地域を支配していた清朝では、辛亥革命をきっかけに、帝国周辺部で独立に向かう動きが起こり、1910年代にはチベット、外モンゴルが独立を宣言した。これら三民族のうち、その後主権国家を形成することができたのは外モンゴルのみであった。

D　アフガニスタンは、インドから侵攻してきたイギリス軍との戦争に負け、1880年にはイギリスの保護国となった。アフガニスタンがイギリスからの独立を達成するのは、第二次世界大戦後のことであった。

E　イギリスの支配下で独立運動を展開していたアイルランドでは、第一次世界大戦中に西部戦線に注力するイギリスの隙をついて、独立派が1916年にアイルランド独立戦争を開始した。独立派はこの戦いでイギリス政府に勝利し、アイルランド自由国が誕生した。

(エ)　下線部㊁に関して、20世紀以降のイラン、イラクに関する以下の記述のうち正しいものはどれか。

〔選択肢〕

A　1979年にホメイニ師を最高指導者とするイラン＝イスラーム共和国は、スンニ派が主導する革命で誕生したため、スンニ派の多いアラブ諸国は革命の波及を恐れた。とりわけイラクは、政権はシーア派であるが、国民の大多数がスンニ派であることから、イランとの関係が悪化した。

B　1951年に、イラン国王を支持する将校のクーデタが発生し、イギリス系のアングロ＝イラニアン石油会社が接収、国有化された。

C　米国と敵対していたサダム＝フセイン大統領は、国境問題を理由に、当時親米的であったイランに侵攻し、イラン＝イラク戦争が勃発した。戦争は1988年まで続き、両国に多大な被害をもたらした。

D　イラクでは1958年に革命がおこって王政が廃止され、新政府は米国資本の石油企業との協力関係を築いた。

E　イギリス、イラク、イラン、トルコ、パキスタンはバグダード条約を締結してバグダード条約機構(中東条約機構)を結成し、米国の支援を得てソ連に対抗しようとした。

(オ)　下線部㋔に関して、欧州およびその他の地域統合、地域協力体制に関する以下の記述のうち正しいものはどれか。

〔選択肢〕

A　1950年代後半以降、多くのアフリカの地域が独立した。これらの諸国は、独立と主権の保護、協力の促進などを目的として1963年にアフリカ統一機構（ＯＡＵ）を結成した。アフリカでは、冷戦後に大規模な内戦が起こったが、内政不干渉を原則に掲げるＯＡＵの関与には限界があった。2002年、ＥＵをモデルとして、ＯＡＵはアフリカ連合（ＡＵ）へと改組された。ＡＵのもとでは、待機軍を備えるなど安全保障機能が強化された。これにより、紛争地にＡＵ軍を派遣することや、国連ＰＫＯと連携して平和維持活動をおこなうことが可能となった。

B　ヨーロッパでは、「封じ込め政策」をきっかけに東西の対立が強まった。チェコスロヴァキアにおける共産党のクーデタ後には、イギリス、フランス、西ドイツ、ベネルクス3国は、ソ連の軍事力に対抗するため、西ヨーロッパ連合条約（ブリュッセル条約）を締結、さらに米国、カナダ、イタリアとともに北大西洋条約機構（ＮＡＴＯ）を結成した。

C　1950年、西ドイツ外相シューマンの提唱を受けて、フランス、西ドイツ、イタリア、ベネルクス3国は、石炭鉄鋼資源を共同運営するために、ヨーロッパ石炭鉄鋼共同体（ＥＣＳＣ）を発足させた。その後ＥＣＳＣは協力分野を拡大し、ヨーロッパ経済共同体（ＥＥＣ）へと発展した。1999年には欧州各国は、為替相場リスクの消滅や米ドルへの対抗のため域内共通通貨ユーロをつくり、発券銀行であるヨーロッパ中央銀行をイギリスに置いた。

D　1954年に東南アジア諸国は、地域内の安全保障を目的として東南アジア条約機構（ＳＥＡＴＯ）を結成した。共産主義勢力拡大を目的とする欧州の北大西洋条約機構（ＮＡＴＯ）が米国を構成国として含むものであったのに対し、ＳＥＡＴＯは、東南アジア地域内の国家のみからなる地域的集団安全保障機構であった。政治体制の相違を超えて自律的な域内協力体制を構築し得たことは、東南アジア諸国がのちに東南アジア諸国連合（ＡＳＥＡＮ）を結成することにつながった。

E　1948年、アラブ地域の一部であったパレスチナにおいて、一方的に建国を宣言したイスラエルと、建国に反対するアラブ諸国との間で第一次中東戦争が起こった。イスラエルの勝利に終わったこの戦争の結果、多くのアラブ人が難民となった。エジプト、サウジアラビアなどのアラブ諸国は、アラブ諸国の連帯を強化し、イスラエルに対抗するためにアラブ連盟を結成した。

〔Ⅳ〕　次の文章を読み、下記の問に答えなさい。

元朝末期、穀物地帯であった長江下流域でおきた混乱の中から朱元璋が台頭し、1368年に明を建国した。明朝は、北宋の滅亡以来長きにわたって南北に分裂した中国本土の統一と元朝末期の混乱した社会経済の安定化をめざして、人の移動と貨幣の流通を制限した。対内的には、自作農の存在を前提として、労働力の徴発や税糧の現物支払いのため、治安維持の機能をかねた村落行政制度である［　①　］を定め、土地台帳である魚鱗図冊や戸籍と租税の台帳である賦役黄冊を作成した。対外的には、周辺諸国に使節を派遣し、明朝に対する朝貢をうながした一方、民間の海外渡航を厳しく禁じる海禁を実施した。

明代において、長江下流域の江南デルタ地域では、麻、桑、綿花などの換金作物が栽培され、生糸や木綿を中心とした手工業が発展、農業の商業化と集約化が進み、江蘇省の蘇州や浙江省の［　②　］などが商工業都市として繁栄した。

長江中流域は、新たな米どころとして急速に発展し、明代中ごろには「湖広熟すれば天下足る」と称されるなど農業生産が向上した。江南デルタ地域における農産品の商品化の進展と長江中流域の稲作の発展は、地域間の分業と相互依存を深め、経済の活性化を促進したのである。

商業の発達と経済の活性化は、多くの商工業者を生み出した。北辺の軍糧補給と専売塩を扱い、金融業において名を馳せた［　③　］商人、運河などの交通の便に恵まれた安徽省出身で、専売塩の販売を中心として業務を拡大した新安商人などの商人集団が出現した。

国内における商業の興盛は、巨大な貨幣需要を生み出した。少額取引では私鋳銭が流通し、大口取引では銀が使用された。私鋳銭は、共通の信認がある範囲の地域それぞれの内部でしか使えず、広範囲の取引に関しては、少量で価値のある貴金属が適していた。そこで、貴金属である銀を手に入れるために海外との貿易の欲求が高まった。一方、16世紀、世界は大航海時代を迎え、新大陸では大量の銀が採掘され、メキシコ銀として世界へと放たれた。同じころ、中国の隣国であった日本でも金山、銀山の開発ラッシュが始まった。

ところが、明朝は、明初に定めた方針を堅持し、朝貢貿易以外の取引を認めなかったため、南方の中国沿岸部では密貿易をおこなう倭寇が猖獗をきわめ、北方においてもタタールが明朝に交易の拡大を求めて軍事的圧力をくわえてきた。明朝が直面していたこうした状況を「北虜南倭」㋐と呼ぶ。かくして銀を強く必要とし、かつ陶磁器、綿布、生糸などの魅力的な輸出品を持つ明朝治下では、民間において密貿易が公然とおこなわれるようになった。16世紀後半、ついに明朝は、従来の海禁を緩め、民間の商人が、一部の対象地域を除き、対外交易をおこなうことを容認するにいたった。

経済の活性化も相まって海禁の緩和は、明朝社会に様々な変化をもたらした。明朝治下の人々の社会生活において銀が流通し、銀による納税も普及した。また、社会に溢れかえった銀は、その一部が明朝の周辺地域にも流れでた。たとえば、銀の大量流入によって富裕な階層が生まれた中国の都市部では、かつて皇帝からの下賜品であったクロテンの毛皮が流行し、原産地であった中国東北部にはその対価として銀が流れ込んだ。

民間経済の活性化と外国銀の大量流入によって変貌を遂げた社会にとって、建国当初の自作農を前提とした現物主義を柱とする制度は、実態にそぐわなくなっていた。商工業の発達と銀流通の浸透を背景とした租税の銀納化により、農民は銀の入手を迫られることとなり、商人に頼らざるをえなくなったのである。かくして中小の自作農は没落し、有力者のもとに土地が集中することとなった。そこで、［ ④ ］の幼少期に宰相をつとめた張居正は、富裕層に対する税の負担を徹底し、税収増加を企図した改革を実行した。しかし、この改革が、明朝政府内の政治的対立を惹起し、政治は混乱した。くわえて、豊臣秀吉の朝鮮侵略に対する援軍派遣によって明朝政府の財政は悪化し、重税と大飢饉が重なり各地で反乱が始まった。

このころ、次の時代をになう新たな勢力が中国東北部で勃興しつつあった。建州女直のリーダーであった [⑤] が、毛皮や朝鮮人参などの交易を掌握し、鉄製農具や耕牛を獲得するなどし、平野部での農業生産を開始した。そして、[⑤] は堅実な経済的基盤のうえに、八旗と呼ばれる軍隊の編成と拡充を進め、1616年に後金を建国した。

1636年、[⑤] の後を継いだホンタイジは国号を㋑清に改称し、万里の長城を越え、明に侵入を繰り返した。李自成の反乱によって明朝が倒されると、山海関を守っていた明朝の将軍呉三桂は、清に通じ、清は北京に入城して遷都し、李自成の反乱勢力を滅ぼし、明朝の残存勢力を平定した。ただし、清朝の中国支配にはまだ多くの課題が残されていた。

幼少で即位した第4代皇帝康熙帝は、中央集権的な体制を目指した。福建沿岸では、㋒鄭氏の一族が東シナ海を中心とした海域貿易によって勢力を保っていた。これに対して康熙帝は、鄭氏を孤立させるために、沿岸地域の商船が鄭氏と取引することを禁止する海禁令、さらには沿海地域を無人化する遷界令をしき、鄭氏の活動を抑制しようとした。鄭氏は1660年代初頭に台湾に移り、島を占拠し、当地において官僚機構を整備したうえで、台湾の開発を進めた。また、このころ、康熙帝は、清朝入関や中国平定に功績があった漢人軍閥勢力である呉三桂ら藩王を廃止する方針を打ち出した。これに反発した呉らは清朝に対して㋓三藩の乱をおこした。台湾の鄭氏政権もこの反乱に呼応する動きを示したが、遷界令による海上封鎖のもと劣勢を挽回できず、三藩の乱平定後の1683年に清朝にくだった。

台湾を平定したのち、清朝は康熙帝、雍正帝、乾隆帝という興盛の時代を迎え、㋔ヨーロッパから外来の文化がもたらされ、郷紳や商人らによる都市文化も花開いた。

問1　文中の空欄の①～⑤のそれぞれにもっとも適切と思われる語を下記の語群から一つずつ選び、その記号を解答欄にマークしなさい。

〔語　群〕

A　徽宗	B　河北	C　ガルダン
D　甘粛	E　吉林	F　均田制
G　神宗	H　杭州	I　湖北
J　山西	K　崇禎帝	L　荘園制
M　泉州	N　陝西	O　地丁銀制
P　ツォンカパ	Q　鎮江	R　南京
S　ヌルハチ	T　福州	U　貴州
V　順治帝	W　光緒帝	X　里甲制
Y　万暦帝	Z　完顔阿骨打	

問2　文中の下線部㋐〜㋔に関して、下記の問(ア)〜(オ)に答えなさい。解答は各問の選択肢の中からもっとも適切と思われるものを一つ選び、その記号を解答欄にマークしなさい。

(ア)　下線部㋐に関して、「北虜南倭」について次の記述のうち正しいものはどれか。

〔選択肢〕

A　16世紀、アルタン＝ハンにより繰り返される侵入に悩まされた明朝は、和議を通して、長城附近の燕雲十六州を割譲することで解決を図った。

B　アルタン＝ハンは、自由な交易を求めて、北京を陥れるなど20年にわたり明の北辺に侵入を繰り返した。明朝はこれにより遷都を余儀なくされた。

C　オイラト部のエセン＝ハンは、1449年に現在の河北省張家口にあたる土木堡において、親征してきた明朝の第6代皇帝である建文帝を捕虜とした。

D　16世紀中ごろ、中国出身者を中心に構成された倭寇は、中国東南沿岸地域にしばしば来襲し、「嘉靖の大倭寇」とよばれた。

E　16世紀中ごろ、日本列島出身者を中心に構成された倭寇は、朝鮮半島から遼東半島にかけて略奪行為をおこない、明朝政府を苦しめた。

(イ)　下線部①に関して、清朝期に関する記述のうち正しいものはどれか。

〔選択肢〕

A　1689年にロシアのピョートル1世と康熙帝の間でネルチンスク条約が結ばれ、アルグン川とスタノヴォイ山脈(外興安嶺)が両国の国境と定められた。

B　清代中期以降、中国では新大陸産の輸入作物の栽培が広がり、従来稲作には適さない山間部でも耕地開発が可能となった。これにより人口爆発がおき、3億人前後であった人口が、19世紀初頭には7億人に到達した。

C　1757年、清は、欧米諸国との交易に関して香港一港に限定した。そして、特権商人組合である公行に香港での貿易業務を請け負わせた。

D　国内の政治を安定させ、財政基盤を確立した康熙帝は、積極的に文化事業に取り組み、『康熙字典』、『古今図書集成』、『四庫全書』などを編纂させた。

E　清朝は、外来の宗教に対して比較的寛容であり、カトリック内部でおきた典礼問題以降も、キリスト教の布教を積極的に支持したこともあり、宣教師によってヨーロッパの様々な文化や芸術が伝えられた。

(ウ)　下線部⑦に関して、鄭氏について次の記述のうち正しいものはどれか。

〔選択肢〕

A　清が北京に入城したのち、鄭芝竜は、いち早く明朝から清朝に鞍替えした。この功績を称えられ、鄭芝竜は、清朝に反抗した息子の鄭成功の死後も清朝政府において重用された。

B　多数の将兵を率いて台湾に移った鄭成功は、1660年代初頭にポルトガル人が構築していた砦をあいついで攻略、包囲し、ポルトガル人勢力を台湾から撤退させた。

C　鄭成功は、清朝に抵抗した功績を認められ、明朝より皇族姓である「朱」姓(国姓)をたまわった。近松門左衛門作の人形浄瑠璃である『国性爺合戦』は、鄭成功をモデルとしている。

D　長崎の平戸において、海上私貿易で財を成した鄭芝竜と華僑出身の母との間に生を享けた鄭成功は、現代の中国において清朝に抵抗した民族的英雄として知られている。

E　鄭氏の先祖にあたる鄭和は、永楽帝の命を受け、大艦隊を率いて、東南アジアからインド洋に派遣された。この大遠征によって多くの国々が明朝に朝貢することとなり、永楽帝の名声は、明朝治下において一気に高まりを見せた。

(エ)　下線部㋓に関して、三藩の乱について次の記述のうち正しいものはどれか。

〔選択肢〕

A　三藩の１人で平西王の呉三桂は、陝西省において事実上独立国としての地位を保持しており、チベット人やモンゴル人との間で互市を展開し、さらには鉱山開発や銅銭の鋳造も積極的におこなっていた。

B　三藩の乱は、四川省に依拠する平西王の呉三桂が、清朝に対しておこした反乱であり、広東や福建の藩王もくわわり、一時は山海関を超え、清朝のほとんどの地域を勢力下におくほどにまで拡大した。

C　三藩の乱は、四川省に依拠する平西王の呉三桂らが、清朝に対しておこした反乱であり、広東やチベットの藩王もくわわり、一時長江以南のほとんどの地域を勢力下におくほどにまで拡大した。

D　三藩の乱は、雲南省に依拠する平西王の呉三桂が、清朝に対しておこした反乱であり、広東や福建の藩王もくわわり、一時は北京を包囲するなど清朝は瓦解寸前にまで追い込まれた。

E　三藩の乱は、雲南省に依拠する平西王の呉三桂が、清朝に対しておこした反乱であり、広東や福建の藩王もくわわり、一時長江以南のほとんどの地域を勢力下におくほどにまで拡大した。

(オ)　下線部㋔に関して、清朝期の作品と著者名に関する以下の組み合わせのうち誤っているものはどれか。

〔選択肢〕

A　紅楼夢－曹雪芹

B　皇輿全覧図－フェルビースト（南懐仁）

C　聊斎志異－蒲松齢

D　崇禎暦書－アダム＝シャール（湯若望）

E　儒林外史－呉敬梓

政治・経済

（60分）

〔Ⅰ〕 次の文章を読み、下記の問に答えなさい。

㋐企業（営利企業）は現代の経済社会において重要な役割を果たしている。企業とは経済活動を行う主体である。企業は個人企業と共同企業に、共同企業はさらに組合と会社に分かれる。個人企業とは個人が事業を営む企業形態であり、共同企業とは複数の者が共同して事業を行う企業形態である。共同企業の中で盛んに用いられているのが会社である。わが国の会社法においては、合名会社、合資会社、［　①　］会社及び株式会社という会社がある。

それぞれの会社には次の特徴がある。㋑株式会社では、会社に出資してその構成員となる者は株主という。株主は株式会社が倒産してもその出資した金額を超えて責任を負うことはない。これを株主［　②　］責任の原則という。合名会社、合資会社及び［　①　］会社では、会社に出資してその構成員となる者は社員という。会社が倒産した場合、合名会社ではすべての社員が会社の債務を弁済する責任を負うのに対し、合資会社ではそのような責任を負うのは一部の社員だけであり、残りの社員はその出資額を超える責任を負うことはない。また、［　①　］会社の場合、株式会社の株主と同様に、会社が倒産しても、社員はその出資した金額を超えて責任を負うことはない。

これらの会社の中で、わが国で最もよく用いられているのは株式会社である。㋒株式会社は多額の資金を調達することに適した会社形態である。株式会社は事業活動に必要な資金を様々な方法で調達する。例えば、株式会社は株式を発行することで資金を調達することができるし、また、銀行などの金融機関から必要な資金を借り入れることもできる。いずれの場合も、㋓株式会社は調達した資金を元手に事業活動を行い、事業活動によって得た利益を配当という形で株主に支払うとともに、借り入れた資金を利息付きで金融機関に返済する。

会社の活動はその機関を通じて行われる。株式会社の機関には、株主総会、取締役会、代表取締役及び監査役などがある。株式会社においては、株主が株主総会において取締役を選任し、株主は取締役に会社の経営を委ねるという仕組みをとっている。この仕組みのことを [③] という。株主には原則として、株主総会において投票する権利である議決権が与えられている。

会社もまた他の会社の株式を保有することができる。これにより、親会社と子会社、また、自らは事業活動を行わず、他の会社を支配することを目的として他の会社の株式を保有する [④] 会社、さらに会社が相互に株式を持ち合う株式持ち合いが生じる。

その株式を上場している株式会社では、業績悪化とそれに伴う株価の低迷により敵対的 [⑤] の脅威にさらされる場合もあるが、㋔会社を経営する取締役には、事業活動を通じた利潤追求により会社の利益、ひいてはその出資者である株主の利益を最大化する手腕が求められる。

問 1　文中の空欄①～⑤のそれぞれに最も適当と思われるものを次の語群から一つずつ選び、その記号を解答欄にマークしなさい。

〔語群〕

A　平等	B　内部統制システム
C　執行と監督の分離	D　買収
E　合同	F　有限
G　公開	H　合弁
I　MBO	J　特別目的
K　所有と経営の分離	L　三面等価
M　無限	N　買いオペ
O　持株	

問 2　文中の下線部㋐～㋔に関して、次の問(ア)～(オ)に答えなさい。解答は各問の指示に従い選択肢の中から一つ選び、その記号を解答欄にマークしなさい。

(ア)　下線部㋐に関する記述のうち、最も適当なものを選びなさい。

A　経済社会には、経済活動に参加する主体として、財政活動を行う日本銀行、生産活動を行う企業、消費活動を行う個人という三つの経済主体がある。

B　株式会社ではない企業は、市中銀行や証券会社からではなく、必ず日本銀行から資金を調達しなければならず、その資金をもとに設備を購入し、労働者を雇用する。

C　かつて三公社と呼ばれた日本電信電話、専売公社及び日本国有鉄道は、今は会社法上の株式会社となっている。

D　電力会社などの公益企業は株式会社の形態をとることができない。

(イ)　下線部㋑に関する記述のうち、最も適当ではないものを選びなさい。

A　株式会社では、株式を譲り受けることによって株主になることができる。

B　株主は会社の実質的所有者であるが、会社の資産を直接処分することはできない。

C　いわゆるインサイダー取引のおそれがあるため、わが国ではストック・オプションの利用は禁止されている。

D　株式会社における株主は一人で足りる。

(ウ)　下線部㋒に関する記述のうち、最も適当ではないものを選びなさい。

A　株式会社は、その発行する株式を上場させることで、多額の資金を調達することができる。

B　株式会社の中には、株式を上場していない会社もある。

C　会社法のもとでは、株式会社の最低資本金は1000万円とされている。

D　株式会社は社債を発行することで資金を調達することができる。

(エ)　下線部㋓に関する記述のうち、最も適当なものを選びなさい。

A　株主が配当を受け取ることによって得る利益をキャピタルゲインという。

B　株式会社は事業活動を通じて得た利益をすべて株主に配当しなければならない。

C　株式会社が株主に支払う配当金の額は固定されているが、株式会社が融資を受けた金融機関に返済する額は株式会社が得た利益に比例して増減する。

D　株式会社が調達した資金のうち、株式を発行することにより株主から調達したものを自己資本という。

(オ)　下線部㋔に関する記述のうち、最も適当なものを選びなさい。

A　株式会社は、会社の利潤追求には直接役立たない無償の資金提供として、災害救援資金の寄附を行うことができる。

B　株式会社の取締役は、会社や株主の利益となる場合には、カルテルを行うことができる。

C　TOPIX(東証株価指数)とは、企業規模を示すために、その株式会社の1株当たりの株価に発行済株式数を乗じたものである。

D　株主は、自らが出資する株式会社の取締役がその義務に違反して会社に損害を与えた場合に、アファーマティブ・アクションを提起してその取締役の責任を追及することができる。

〔Ⅱ〕 次の文章を読み、下記の問に答えなさい。

日本は太平洋に面した島国であり、他の環太平洋諸国と密接な関係を構築することが政治面のみならず経済面においても求められている。その取り組みの一つが1989年に結成されたアジア太平洋経済協力会議(APEC)(ア)への加盟である。APECには数多くの国や地域が加盟しており、その中には日本やアメリカ合衆国のような先進国のみならず、多くの発展途上国が含まれている。

先進国と発展途上国との間には、以前から南北問題と呼ばれる顕著な経済格差が横たわっており、1964年には ① が設立された。しかし、近年においても先進国と発展途上国との間の対立は解消されず、とりわけ環境問題(イ)をめぐる対立が際だっている。もっとも、例えば、APECの加盟国である韓国、シンガポール、メキシコは、APECが設立される以前の1970年代においてすでにめざましい経済発展を遂げており、これらの国々や地域はNIESと呼ばれ、後発発展途上国(LDC)(ウ)と区別されるようになった。

APECの加盟国を地域別に分けると、東アジア、東南アジア、オセアニア、北米、中米、南米というように極めて広域にわたっており、他の地域統合にも加盟している例が多い。APECに加盟する東南アジア諸国は並行して東南アジア諸国連合(ASEAN)(エ)にも加盟している。ASEANは1967年にインドネシア、タイ、シンガポール、マレーシア、フィリピンの5か国で結成された。また、1993年には域内経済の活性化のための経済協力組織としてASEAN自由 ② 地域(AFTA)を発足させてもいる。

その一方で、南米では域内の共同市場化を目指し、1995年に南米南部共同市場(MERCOSUR)が発足したが、太平洋に面したAPEC加盟国である ③ 及びペルーはMERCOSURの準加盟国にとどまっている。

さらに、東アジアに目を向けると、他の地域のような地域共同体は結成されていない。第二次世界大戦後、東アジア経済の中心は復興を遂げた日本であった。しかし、ブレトン・ウッズ協定に基づいて1947年に発足した国連の専門機関である ④ が1980年に中華人民共和国(中国)(オ)の加盟を認めたのを皮切りに、中国では1993年に社会主義市場経済が憲法に明記され、著しい経済成長が実現され、2010年には国内総生産が日本を抜いて世界第二位になった。これに伴い、中国の国際社会での発言力は増大し、日本とアメリカ合衆国が主導するアジア開発銀行に対抗して、2016年に中国が主導するアジアインフラ［⑤］銀行が開業した。

1964年の設立から約半世紀が経過し、南北問題についての対策を検討するための国際連合の機関としての［①］の存在意義が今日、改めて問われている。

問 1　文中の空欄①～⑤のそれぞれに最も適当と思われるものを次の語群から一つずつ選び、その記号を解答欄にマークしなさい。

※空欄④は設問省略。

〔語群〕

A　WTO	B　貿易	C　OECD
D　ウルグアイ	E　UNEP	F　通商
G　投資	H　市場	I　NIEO
J　IMF	K　商業	L　ISO
M　ベネズエラ	N　チリ	O　UNCTAD

問 2　文中の下線部㋐～㋔に関して、次の問(ア)～(オ)に答えなさい。解答は各問の指示に従い選択肢の中から一つ選び、その記号を解答欄にマークしなさい。

(ア)　下線部㋐に関する記述のうち、最も適当なものを選びなさい。

A　オーストラリアは日本の商業捕鯨再開に抗議して2015年にAPECを脱退した。

B　ロシアと台湾はAPECに加盟している。

C　ASEMとは2006年以降、APECの代表とEUの代表との間で年に一回開催される定期的な会合のことである。

D　インドネシアは東ティモールの独立に抗議して、2019年にAPECを脱退した。

(イ)　下線部㋑に関する記述のうち、最も適当なものを選びなさい。

A　1995年に開催された国連人間環境会議において、気候変動枠組条約が調印された。

B　1997年に開催された気候変動枠組条約の第3回締約国会議(COP3)において、温室効果ガスの排出量削減に関する京都議定書が採択された。

C　2002年に開催された持続可能な開発に関する世界首脳会議において、環境と開発に関するストックホルム宣言の行動計画であるアジェンダ21が採択された。

D　2015年に開催された気候変動枠組条約の第21回締約国会議(COP21)において、先進国がフロンガスの排出削減に取り組むことを定めるジュネーブ協定が採択された。

(ウ)　下線部ⓤに関する記述のうち、最も適当ではないものを選びなさい。

A　後発発展途上国と他の発展途上国との間に表面化した格差の問題は南南問題と呼ばれている。

B　後発発展途上国のリストは国連の経済社会理事会によって3年ごとに見直されている。

C　サハラ以北のアフリカ諸国のように、衣食住や衛生条件など人間の基本的ニーズ(BHN)を満たせない相対的貧困や飢餓に苦しむ後発発展途上国もある。

D　1990年代には国連開発計画により、生活水準を指標化した人間開発指数が作成され、後発発展途上国の援助の必要性を示す指標となっている。

(エ)　下線部ⓔに関する記述のうち、最も適当なものを選びなさい。

A　ASEANの加盟国は自主的な経済発展を実現するために、2005年以降、日本からのODAを辞退している。

B　アジア太平洋地域の安全保障を討議するために2014年にASEAN外交プラットフォーム(APF)が創設された。

C　1999年のカンボジアの加盟に伴いASEANの加盟国は10か国になっ

た。

D ASEAN内部の協定として地域的な包括的経済連携(RCEP)協定が締結され、2015年に発効している。

(オ) 下線部㋔に関する記述のうち、最も適当なものを選びなさい。

A 中国は日米安全保障条約に対抗するため2020年にロシアとの軍事同盟を締結した。

B 中国はシルクロード経済ベルトと21世紀海上シルクロードの構築を目指して一帯一路を提唱している。

C 中国共産党の全国大会である全国人民代表大会は年一回開催され、そこで上院と下院の国会議員が選出される。

D 中国は環太平洋パートナーシップ(TPP)に2013年に参加した。

〔Ⅲ〕 次の文章を読み、下記の問に答えなさい。

1950年に、朝鮮戦争が勃発し、1951年にはサンフランシスコ平和条約の調印と同時に旧日米安全保障条約が締結された。後者の条約に基づくアメリカ軍の駐留が日本国憲法9条の禁止する戦力に該当するかが争われた砂川事件㋐で、最高裁は、外国の軍隊は同条の禁止する戦力に該当しないと判断した。

1960年に、旧日米安全保障条約を改定した新日米安全保障条約㋑が自然成立㋒した。この新日米安全保障条約では、在日アメリカ軍の配置、装備の重要な変更、そして日本から行われる戦闘作戦行動のための基地の使用について、アメリカ政府と日本政府との間の事前協議制度が盛り込まれた。

1967年に、日本政府は武器輸出三原則㋓を政府の方針として明らかにした。また、以前から論じられていたが、同年末にも非核三原則が衆議院予算委員会㋔において改めて提示された。

1972年に、沖縄㋕が日本に返還された。この返還にあたって、日本とアメリカとの間の密約の存在を示唆する外務省の極秘文書が国会で暴露された。日本政府はこの密約を否定㋖したが、その後、アメリカで公文書が公開され、その存在が明らかになった。

2001年に、アメリカ同時多発テロ事件を機に勃発したアフガニスタンにおけるアメリカの「対テロ戦争」に際して、日本政府はアメリカ軍の後方支援のために自衛隊を海外派遣した。そして2003年のイラク戦争に際し、㋗イラク復興支援特別措置法に基づき自衛隊を海外派遣した。アメリカ国防総省は、テロ対策に重点を置いて、㋘軍隊の配置を見直した。

2014年に、第二次安倍内閣は憲法9条に関する政府解釈を閣議決定で変更した。翌年、安全保障関連法が成立し、㋙自衛権発動の新要件が示された。

問 1　下線部㋐について、最高裁は、同条約が「主権国としてのわが国の存立の基礎に極めて重大な関係をもつ高度の □ を有するものというべきであつて、その内容が違憲なりや否やの法的判断は……一見極めて明白に違憲無効であると認められない限りは、裁判所の司法審査権の範囲外」にある、とした。この □ に入る最も適当な語句を解答欄に記入しなさい。

問 2　下線部㋑について、同条約はその6条で、「日本国の安全に寄与し、並びに □ における国際の平和及び安全の維持に寄与するため、アメリカ合衆国は、その陸軍、空軍及び海軍が日本国において施設及び区域を使用する……」と定める。この □ に入る最も適当な語句を解答欄に記入しなさい。

問 3　下線部㋒について、新日米安全保障条約を締結したときの内閣総理大臣の名前を解答欄に記入しなさい。

問 4　下線部㋓について、2014年に、第二次安倍内閣はこの原則を見直し、新しく □ 三原則を示した。この □ に入る最も適当な語句を解答欄に記入しなさい。

問 5　下線部㋔について、国会審議では委員会制度が採用されており、議案は関係する委員会に付託される。国会法51条は、委員会で一般的関心及び目的を有する重要案件について、真に利害関係を有する者や学識経験者の意見をきく［　　　］という制度を設けている。この［　　　］に入る最も適当な語句を解答欄に記入しなさい。

問 6　下線部㋕について、今もなお沖縄を中心にアメリカ軍が配置されている。1995年9月のアメリカ兵による少女暴行事件などをきっかけに県民総決起大会が開かれ、アメリカ軍兵士に対する日本側の捜査権を制限する［　　　］が問題とされた。この［　　　］に入る最も適当な語句を解答欄に記入しなさい。

問 7　下線部㋖について、最高裁は、密約の存在を明らかにした取材の手段・方法が問われたいわゆる西山記者事件において、取材活動が国民の「知る権利」に奉仕するものであることを認め、「［　　　］のための取材の自由もまた、憲法21条の精神に照らし、十分尊重に値する」と述べた。この［　　　］に入る最も適当な語句を解答欄に記入しなさい。

問 8　下線部㋗について、2008年に名古屋高裁は、憲法の前文に規定された「ひとしく恐怖と欠乏から免かれ、［　　　］権利」を法的権利として認め、イラクでの航空自衛隊の空輸活動を憲法9条1項が禁止する武力行使に該当するものと判断したが、違憲確認の訴え及び派遣差し止めの訴えは却下した。この［　　　］に入る最も適当な語句を10文字で解答欄に記入しなさい。

問 9　下線部㋘について、アメリカ軍再編の一環として、日本に駐留しているアメリカ軍基地の見直しが行われ、日本とアメリカは、沖縄県宜野湾市の［　　　］飛行場の返還に合意した。この［　　　］に入る最も適当な語句を解答欄に記入しなさい。

問10　下線部㋙について、自衛隊法76条及び武力攻撃事態法9条に基づき内閣総理大臣が自衛隊に防衛出動を命令するためには、わが国と密接な関係にある他国に対する武力攻撃が発生し、これによりわが国の存立が脅かされ、国民の生命、自由及び［　　　］の権利が根底から覆される明白な危険がある事態に際し、他に適当な手段がなく、事態に対処するため武力の行使が必要であると認められるとともに、国会の承認を得なければならない。この

[　　　] に入る最も適当な語句を解答欄に記入しなさい。

〔Ⅳ〕 次の文章の空欄Ａ～Ｊに最も適当と思われる語句を解答欄に記入しなさい。

日本国憲法92条は、「地方公共団体の組織及び運営に関する事項は、地方自治の本旨に基いて、法律でこれを定める」と規定している。地方自治の本旨とは、地方公共団体が国から独立してその地域の政治を行うという [　A　] と、地域住民の意思に基づき地方公共団体の運営を行うという [　B　] を意味している。

地方自治の本旨において地域住民の意思が十分に地方公共団体の運営に反映されるためには、地方公共団体が独自の権限と財源を持つことが重要なものとなる。かつて地方公共団体が扱う事務の中で相当の割合を占めた機関委任事務は、国と地方公共団体との関係では、国から地方公共団体の長が委任を受け、国の指揮監督のもとで行われるものであった。機関委任事務は、1999年に成立した [　C　] 法に基づいて廃止され、現在において地方公共団体の事務には、その固有の事務として独自に処理することのできる [　D　] 事務と、地方公共団体に委託されたものであるが、本来は国や都道府県が果たすべき役割に係るものであって、国や都道府県においてその適正な処理を特に確保する必要がある [　E　] 事務とがある。

多くの地方公共団体は地方税だけでその財政をまかなうことができず、使途を定めて交付される国庫支出金と、使途を定めず交付される [　F　] を国から受けている。小泉純一郎内閣は、いわゆる「三位一体の改革」をすすめ、国から地方公共団体への財源の移譲が図られたが、国から地方公共団体への補助金の削減と、 [　F　] の見直しも図られたので、厳しい財政状況に直面する地方公共団体は少なくない。財政赤字が深刻である夕張市は、「地方公共団体の財政の健全化に関する法律」によって [　G　] 計画の策定が義務づけられた [　G　] 団体となっている。

このように、いかにして新たな財源を確保するかは地方公共団体にとって重要な課題である。2008年には、任意の地方公共団体に寄附すると寄附額の一部が所得税・住民税から控除される［　H　］制度が導入された。この制度の導入により、寄附による財源の確保と税収の地域間格差の是正が期待されたが、寄附者が在住する地方公共団体の税収が減るという弊害も生じている。

さらに、人口減少の問題に直面する地方公共団体の場合、地域の交通網の維持も重要な懸案事項となっている。これについては、地方公共団体が単独で地域の交通事業を運営する方式もあれば、地方公共団体と民間企業によって共同して設立される［　I　］という企業形態を通じて地域の交通事業が運営される方式もある。また、人口減少に悩む地方公共団体の中には、議会の議員に立候補する者がなかなか見つからないために、地方自治法94条及び95条に基づき、議会に代えて、選挙権を有する者が全員参加することになる［　J　］の設置を検討するところも現れている。

問8　空欄 A に入る語句としてもっともふさわしいものを、次の選択肢の中から選び、その番号をマークしなさい。

1　智伯が孤　　2　程嬰・杵臼
3　杵臼が子　　4　趙遁が兵

問9　傍線部8で、程嬰はなぜそのようにしたのか。その理由としてもっともふさわしいものを、次の選択肢の中から選び、その番号をマークしなさい。

1　主君である智伯が志を得ないまま、その息子とともに死んでしまったから
2　杵臼親子を犠牲として、自分だけが栄達することを潔しとしなかったから
3　主君の趙遁を裏切ってしまったことに対して、深い自責の念を感じたから
4　目的を達成した後に兄弟揃って死ぬことが、亡き智伯の命令であったから

問10　次の一文は、本文中から抜き出されたものである。この一文が入るべき位置の直前の四文字を、解答欄に記しなさい。

杵臼喜びて諾《だく》す。

3　趙遁に対する程嬰の敬意　　4　程嬰に対する語り手の敬意

問5　傍線部4「亡国の先人」ならびに5「有徳の賢君」は、それぞれ誰を指すものか。次の選択肢の中から、それぞれもっともふさわしいものを選び、その番号をマークしなさい。

1　程嬰　　2　杵臼　　3　趙遁　　4　智伯

問6　傍線部6「臣たる事」とは、どのような意味か。次の選択肢の中からもっともふさわしいものを選び、その番号をマークしなさい。

1　智伯の家来として死ぬこと　　2　趙遁の家来となること
3　智伯の孤に仕えること　　4　趙遁を服従させること

問7　傍線部7で、趙遁はなぜ「さては偽りなし」と思ったのか。その理由としてもっともふさわしいものを、次の選択肢の中から選び、その番号をマークしなさい。

1　程嬰が智伯の遺児の身替わりになろうとしたから
2　亡き智伯の命令を守る程嬰の態度に感心したから
3　智伯の遺児の所在を、程嬰が教えようとしたから
4　程嬰が自身の息子を犠牲にしようとしているから

注3　徳恵＝恵み、慈しみ。

問1　傍線部ア〜エの助動詞「べし・べき」の中で、「命令」の意味で用いられているものはどれか。次の選択肢の中から一つを選び、その番号をマークしなさい。

1　アの「討ち死にすべし」　　2　イの「亡ぼすべし」
3　ウの「難かるべき」　　4　エの「全くすべし」

問2　傍線部1「智伯が孤」と同じ人物を指す二文字の語を、本文中から抜き出しなさい。

問3　傍線部2「杵臼答へていふ」からはじまる一文は、『史記』における以下のような記述を潤色したものである。

程嬰曰《ク》、「死《スルハ》易《ク》、立孤難耳」。

波線部の読み下しとしてもっともふさわしいものを、次の選択肢の中から選び、その番号をマークしなさい。

1　孤は立てども難ぜんのみ　　2　孤を立つれども難ぜんか
3　孤は立ちて耳を難しとす　　4　孤を立つるは難きのみ

問4　傍線部3「奉る」は、誰に対する誰の敬意を込めたものか。次の選択肢の中からもっともふさわしいものを選び、その番号をマークしなさい。

1　智伯に対する程嬰の敬意　　2　趙遁に対する語り手の敬意

ここに兄弟二人が間に、[1]智伯が孤を隠さんとするに、趙遁これを聞きて討たんとする事しきりなり。程嬰これを怖《おそ》れて杵臼に言ひけるは、「旧君の孤を二人の臣に託したり。死して敵を欺《あざむ》くと、座《ざ》して孤を取り立てんと、いづれか難かる[ウ]べき」。[2]杵臼答へていふ、「死は一心の義に向かふ処に定まり、生は百慮の智を尽くす中に全《まった》し。しからば我は生を難しとす」。程嬰、「さらば我は難きに付きて命を全くすべ[エ]し。汝は易きに付きて討ち死にせよ」といふ。「さらば謀《はかりごと》をめぐらすべし」とて、杵臼が子の三歳になるを、主の孤なりといひて、山深き栖《すみか》に隠し置き、程嬰は趙遁が許《もと》に行きて、降参のよしを申すに、趙遁これを許さず。程嬰重ねて申しけるは、「はるかに君の徳恵《とっけい》[注3]を聞き[3]奉るに、智伯に勝ち給へり。あに[4]亡国の先人の為に、[5]有徳の賢君を謀《はか》らんや。君もし[6]臣たる事を許し給はば、智伯が孤を杵臼隠し置きたる所を、我これを知れり」とぞ申しける。趙遁これを聞き、[7]さては偽りなしと思ひて、程嬰に武臣を授け、杵臼が隠れ居たる所へ数万騎の兵を遣はし、これを討ち取らんとす。杵臼かねて相謀りし事なれば、我が子を刺し殺し、「　A　、運拙《つたな》くしてすでに傾きぬ」と呼ばはつて、腹かき破《やぶ》つて死ににけり。趙遁喜びをなし、程嬰に重禄《ぢゅうろく》を与へ高官を授《さづ》く。

ここに智伯が孤、程嬰が家に人となりしかば、たちまちに義兵を起こし、三年がうちに趙遁を亡ぼし、終に智伯が孤に趙国を保たせり。この大功、程嬰が謀《はかりごと》より出でしかば、趙王これを賞し、大官を与へんとし給ひしかども、これを受けず。「われ官禄を得て世をむさぼらば、杵臼と共に謀りし道にはあらず」とて、杵臼が死して埋し塚の前にて、[8]みづから剣の上に臥して、同じ地にぞ埋れける。

注1　杵臼＝『史記』には「公孫杵臼」とあり、程嬰の友人とされている。

注2　軍命＝戦士としての運命。

3　国家によるてこ入れにもとづき、資本家・労働者双方がたがいに譲歩しあうことで、利害対立を解消してゆくから。

4　特定の立場にたつ特定の利益を主張することで、自身の立場を有利に位置づけるよう努力しなければならないから。

問10　本文の内容と合致するものを、次の選択肢の中から選び、その番号をマークしなさい。

1　国家が市民社会内部の自律的規範をどの程度まで制限するか、一定のルールはあるものの、その論理的限界はない。

2　市民社会における利害の対立は政治の問題だが、異なる階級・階層のあいだの対立は論理の問題へと移行してゆく。

3　利害が対立するごとに、立法、行政、司法の力を借りて、自分の利益が維持されるように努力しなければならない。

4　市民社会では相手の立場を尊重することが、みずからを生かす道となるので、譲歩すればするほどよい結果となる。

三

次の文章は、室町時代後期に編まれた『榻鴫暁筆《とうでんぎょうひつ》』の一節であり、司馬遷の『史記』に由来するエピソードである。よく読んで、設問に対する答えを、解答用紙の該当欄に記入、またはマークしなさい。

昔唐土《もろこし》晋《しん》の世に、趙遁《てうとん》・智伯《ちはく》とて二人の者、趙《てう》の国を争ふこと年久し。ある時智伯、趙遁に取り巻かれ、討ち死にせんとしける時、智伯の兵に程嬰《ていえい》・杵臼《しよきう》[注1]とて兄弟の者あり。智伯、彼らを呼びて、「我が軍命[注2]すでに究《きは》まる、夜明けには討ち死にすべし（ア）。汝等はひそかに城をしのび出で、我が三歳の孤《みなしご》を隠し置き、人とならば敵《かたき》趙遁を亡ぼすべし（イ）」とぞ申しける。兄弟の者ども、これを聞き、「君臣ともに今討ち死にせん事は近くして易く、三歳の孤を隠して命を全くせん事は遠くして難《かた》し」とて、その夜ひそかに落ちにけり。夜《よ》明けければ、智伯遂《つひ》に討ち死にして、趙国みな趙遁に従へり。

問8　傍線部4「二つの異なる要求の妥協として一定のルール」の説明として、もっともふさわしいものを、次の選択肢の中から選び、その番号をマークしなさい。

1　労働者の実質的自由・平等を回復するための、自律的規範が論理必然的にある。
2　資本主義法のわく内であれば、双方の主張をすべて認めあわなければならない。
3　異なる立場の力関係にかかる問題であり、論理必然的な限界を考えなくてよい。
4　相互に自由・平等・独立な商品所有者としての相手の立場を認めねばならない。

問9　傍線部5「市民一般なる立場はここにはない」について、次の①・②の問いに答えなさい。

①　「市民一般なる立場」の説明として、もっともふさわしいものを、次の選択肢の中から選び、その番号をマークしなさい。

1　特定の政治信条をもたず、市民生活全体の幸福を考え行動すること。
2　固定した特定の立場にたたず、自制作用により自己を実現すること。
3　資本主義のわく内で、労働者が最大限利益を得ようと努力すること。
4　市民の利益を守るため、他律的調整原理に積極的に働きかけること。

②　「市民一般なる立場はここにはない」の理由として、もっともふさわしいものを、次の選択肢の中から選び、その番号をマークしなさい。

1　売買契約において、特殊利益維持のための社会的諸集団をバックとした運動を通じて、自己の利益を主張するから。
2　国家権力は、全体社会の秩序維持の観点から政策的な基準にもとづき、だれもが不利にならないよう調整するから。

問3　傍線部D「カンショウ」を、漢字で記しなさい。

問4　空欄 X に入る漢字一文字を、解答欄に記しなさい。

問5　傍線部1「まずまず合理的とおもわれるルールが、おのずとそこに見出される」のはなぜか。「自分に有利な規則を作っても、立場が変われば、□から」の形で説明する場合、空欄に入る適切な記述を、本文中から二十文字で抜き出し、その最初と最後の三文字を、解答欄に記しなさい。

問6　傍線部2「国家がたちあらわれる」とあるが、「国家」の説明として、もっともふさわしいものを、次の選択肢の中から選び、その番号をマークしなさい。

1　相互に立場を交換できる諸階級や諸階層の利害の対立に、その調整者として介入してゆく。

2　諸階級・諸階層を統合し、それぞれの特殊利益を維持できるよう、両者を一致協力させる。

3　紛争当事者たる諸階級・諸階層を超越した中立的存在として、市民法上の原則を制限する。

4　市民一般に共通な尺度を用いながら、全体社会の秩序維持の観点から利害対立を解消する。

問7　傍線部3「市民社会の自律的秩序のわく内では、もはや処理できない関係」となった理由は何か。「資本家と労働者との関係には、□から」の形で説明する場合、空欄に入る適切な記述を、本文中から十八文字で抜き出し、その最初と最後の三文字を、解答欄に記しなさい。

権力は、社会的諸勢力によって影響されながら、その力関係の推移をみきわめつつ、全体社会の秩序維持の観点から政策的な基準にもとづいて、労働者の権利保護の範囲を具体的に決定しなければならない。

この意味で、社会法において、論理の問題は政治の問題に直結する。市民一般なる立場はここにはない。人は、好むと好まざるとにかかわらず、また自覚するとしないとにかかわらず、何らかの特定の立場にたたざるをえない。特定の立場にたつ特定の利益主張は、その特殊利益の維持のためにつくられた社会的諸集団の力をバックとした運動の過程において実現されてゆくであろう。そして、政治というものが、それら特殊利益の分化を前提とし、対立する諸特殊利益を、全体社会の秩序維持の観点から位置づけ、調整することを任務とするものである以上、それぞれの特定の立場にたつ個々の具体的人間は、一国の政治利害の配置のなかで、みずからの立場を有利に位置づけるよう努力しなければならない。

（渡辺洋三『法というものの考え方』による）

問1　傍線部A「トウ」、傍線部B「ヘン」と同じ漢字が用いられる組み合わせを、次の選択肢の中から選び、その番号をマークしなさい。

1　Aトウ高線で標高を示す。　　B公正不ヘンの態度を取る。
2　A先生の薫トウを受けた。　　B糸ヘンの漢字を覚える。
3　A万世一系の王トウを伝える。　　B才能のヘン鱗を見せた。
4　A五つのトウ級に分ける。　　B全国にヘン在する伝説。

問2　傍線部C「自縄自縛」の読みを、ひらがなで記しなさい。

ゆかない。土台に手をつけたら家はたおれてしまうだろう。その意味で、社会法が社会主義法でなく、依然として、資本主義法のわく内にあるかぎり、近代市民法の根本的関係を否定するわけにはゆかない。つまり、こうである。資本家と労働者の関係も、根本的には労働力という商品の売買関係であるという市民法的わくのなかにおさめられている。資本家も、労働者が商品所有者として売手の立場にたつこと、つまり、できるだけ有利に商品を売らなければならない立場にたつことを、みとめなければならない。労働力という商品を有利に売ろうとする労働者の立場を否定することは、資本家にとっての自己否定である。同様に、労働者は、資本家が商品の買手として、できるだけ安く労働力を買おうとする立場にあることを、みとめないわけにはゆかない。その資本家の立場を否定することは、ついに資本主義そのものの否定をみちびきだす。

だから、資本家も労働者も、資本主義のわくのなかにあるかぎり、相互に自由・平等・独立な商品所有者としての相手の立場を論理必然的に承認しあわなければならない。しかし、その大きなわくを前提としたうえで、具体的にどの程度まで相手の立場をみとめるかということについての論理的限界はなにもない。力関係の均衡が、それをささえているだけである。個々の職場においても、労働組合の力の強いところでは、その限界は労働者に有利な線でひかれているし、労働組合の力の弱いところでは、不利な線にとどまっている。同一の職場でも、組合の力が弱くなれば、その限界線は労働者に不利な方向にうごいてゆく。

全社会的規模で問題を考えてみても、事態は同様である。一国の労働者階級の法的権利を、具体的にどの程度まで保護しなければならないかは、それぞれの国の資本家階級と労働者階級との力関係にかかる問題であって、論理必然的な限界があるわけではない。もちろん、紛争調整者としての国家は、制度的には、紛争当事者たる諸階級・諸階層を超越した中立的存在である。しかし、国家それ自体のなかに調整の客観的基準があるわけではない。諸階級・諸階層は、そのそれぞれの主張を、国家権力の力を借りて実現しようとはたらきかける。立法、あるいは行政過程をつうじて、さらには司法機構の力を借りて。国家がはたらく余地がない。資本家と労働者の関係の内部に、自動的な調整装置がない以上、ほうっておけば、異なる立場からの利益主張はぶつかりあい、おたがいに火花を散らして、ますますせりあい、ついに爆発してしまうかもしれない。爆発してしまえば、関係それ自体の死滅で、もとも子もなくなる。

そこで、これを爆発させないためには、資本家と労働者との関係の外部から、それぞれの立場をこえたところで、その利益主張を制限するような他律的調整原理を導入してこなければならない。外部からの調整者として[2]国家がたちあらわれる。こうして市民社会は、その自己完結的秩序を維持することができなくなり、国家権力の介入を仰がなければならなくなるのである。

資本家と労働者との関係も、本来、市民と市民との関係であった。しかし、それは、[3]市民社会の自律的秩序のわく内では、もはや処理できない関係となった。ここに社会法は、国家権力による市民社会秩序のてこ入れとして登場してくる。全体社会の秩序維持に任ずる国家は、諸階級・諸階層の利害の調整者として、市民社会内部の自律的規範に[D]カンショウし、一定の限度で、所有権の自由・契約の自由などの市民法上の原則を制限し、修正する。

この場合、利害調整の基準は何にもとめられるであろうか？　ここには、共通の立場を前提とする理性的＝論理的基準はない。紛争処理の基準は、論理の問題から政治の問題へと移行してゆくのである。たとえば、資本家にたいする労働者の具体的不自由・不平等を救済するために資本家の自由をおさえて、労働者の実質的自由・平等を回復するとして、では、これを、どの程度まで回復すべきであろう？　この場合、労働者の権利をここまでみとめなければならない、という一般的基準が論理必然的にあるわけではない。労働者の立場にたてば、その権利は大きければ大きいほどよいにきまっているし、資本家の立場にたてば、小さければ小さいにこしたことはない。現実には、[4]二つの異なる要求の妥協として一定のルールが成立するが、その具体的範囲は力によってきまるのであって、論理＝理性によってきまるのではない。

もちろん、社会法といえども、市民法の土台のうえにある。家を改築するからといって、土台までこわしてしまうわけには者のどちらの側にも、そういう意味での自己抑制が論理必然的にあるわけであり、こうして、そのどちらかの側から見ても、1まずまず合理的とおもわれるルールが、おのずとそこに見出される。

立場を交換しあう市民相互間の利害を調整する市民法は、かくて厳密に論理的であり、かつ非政治的規範としての性格をもつ。つまり市民社会における利害の対立は、各当事者の内発的な自己抑制作用によって、おのずとおちつくべきところにおちつくという、自己調整の装置を、その関係の内部にもっている。この意味で、たしかに、市民社会の秩序は自己完結的な秩序、論理的秩序であり、政治的な力の介入を必要としない。たとえば売買契約において、売主はどのような法的保護をうけるべきであるか、ということについての基準は、どの線にきまるであろうか？　それは、契約当事者のそれぞれの立場をこえた外部の特定の政治的・倫理的要求によってきまるものではない。むしろ、契約当事者のそれぞれの立場に内在的にふくまれている自制作用をつうじて、Aトウ質の市民一般を前提とする理性的、したがって論理的基準としてきまってくるのである。そして、何人も、固定した特定の立場、すなわち買手のみという立場、売手のみという立場にたちえないとしたら、ここにみとめられる共通の立場は、ただ市民一般という普遍的立場にほかならず、したがって、根本的には、市民一般に共通な尺度のみが法的判断の基準となる。それは、どの特定の立場にもBヘンすることはできないという意味で、個々の具体的政策判断をはなれた、形式合理的＝論理的理性的規範として自己を実現してゆくのである。

これにたいし、相互に立場を交換しえない諸階級ないし諸階層のあいだの利害の対立においては、それぞれの立場からの利益主張が当然にでてくる。たとえば、資本家は資本家にとって有利な規則をつくりたいとおもうし、労働者は労働者にとって有利な規則をつくろうとするだろう。資本家は、いかに自分に有利な規則をつくったところで、今度は逆に自分が労働者の立場にまわる番がきて、C自縄自縛におちいるというおそれはない。労働者にとっても、事情はおなじである。資本家も労働者も、それぞれが、自己の立場に有利なルールをつくろうとして争う場合、ここには、さきに市民法でみたような自動的な抑制作用問10　傍線部C「十六夜」の読みを、現代仮名遣いのひらがなで記しなさい。

問11　本文の内容と合致するものを、次の選択肢の中から選び、その番号をマークしなさい。

1　筆者は、既存の概念や権威におもねらない前衛的な作品の内にこそ、時代をひらく芸術性が宿ると信じている。
2　生活必需品を発明した人間は、自らの名前が歴史に刻まれ、後人に記憶されることを期待するものである。
3　華麗な文章は、一つの作品を執筆するために全身全霊をあげて取り組んだ結果、自ずと生み出されるものである。
4　筆者は、金銭のために芸術に臨む態度を非難する文章を書いて収入を得ることに、後ろめたさを感じている。

二

次の文章をよく読んで、設問に対する答えを、解答用紙の該当欄に記入、またはマークしなさい。

資本家が原料を買うときには、買主に有利な規則があればいいとおもい、それを主張するかもしれない。しかし、そのような規則をつくったら、今度は、その同一の資本家が生産物を売るという段階では、右の規則が自分に不利なものとして、はねかえってくることを覚悟しなければならない。その資本家が買主の立場にあるときには、買主に都合いい規則を主張し、売主の立場にあるときには、売主に都合いい規則を主張するとすれば、それはもはや取引でさえもなく、かくては取引秩序そのものが自己崩壊してしまうであろう。だから、市民的取引において、売手にのみ一方的に有利な規則、買手にのみ一方的に有利な規則というものができるわけはない。自己の立場を、一方的に相手に押しつけることは、結局、みずから真［ X ］で首を絞めるにひとしいことであり、逆に相手の立場を尊重することが、みずからを生かすみちにもなるのである。対立する当事

1　美に対する概念は時とともに変化するので、それをもって芸術を論評する基準にはできないから。

2　筆者は芸術家を自任しており、誰よりも人の心を動かす文章を書くことができると自負しているから。

3　筆者は、言葉の背後にある芸術家の仕事ぶりを見極めることが最も大切だという信念を持っているから。

4　きらびやかな言葉はいたずらに人を惑わせるだけで、そこに真の芸術性が宿ることなどは絶対にないから。

問7　傍線部6「万葉の歌人」とあるが、これにあてはまるものを、次の選択肢の中から選び、その番号をマークしなさい。

1　大伴家持　　2　藤原定家　　3　紀貫之　　4　在原業平

問8　傍線部7「生活の経済的安全やのために態度をぐらつかせるようなこと」とあるが、「経済的安全のために態度をぐらつかせること」を「□こと」の形で言い換える場合、空欄に入る適当な記述を、本文中から二十五文字で抜き出し、その最初と最後の三文字を、解答欄に記しなさい。

問9　傍線部A「シュウ」、傍線部B「コウ」と同じ漢字が用いられている組み合わせを、次の選択肢の中から選び、その番号をマークしなさい。

1　A証拠品の押シュウ。　Bコウ背常ならず。

2　A議論の応シュウ。　Bコウ位に昇る。

3　A互シュウ的な交換。　Bコウ衣室に入る。

4　A慣シュウ的な儀礼。　Bコウ配を賜る。

問3　傍線部2「剛毅な態度」の説明としてもっともふさわしいものを、次の選択肢の中から選び、その番号をマークしなさい。

1　社会への還元など二の次にして、趣味の世界に没頭できているかどうか。
2　芸術に取りくむ必然性に対し、自覚をもって仕事に励んでいるかどうか。
3　世にあまり知られていない世界の実情を、鮮やかに再現できているかどうか。
4　命を削ってでも、同時代人から評価されるために全力をつくしているかどうか。

問4　傍線部3「世人の考え」の説明としてもっともふさわしいものを、次の選択肢の中から選び、その番号をマークしなさい。

1　目に入らないところで作品を支えるものに対し、あまり気を配ろうとしないこと。
2　無名の人間のありのままの姿を引き出す点に、芸術家の理想像を見出すこと。
3　教科書に名前が載らない人物の作品でも、古典として評価すること。
4　自分で実際に見聞きすることもなく、世間の評判のみを参考にすること。

問5　傍線部4「千万無量」の言い換えとしてもっともふさわしい四字熟語を、次の選択肢の中から選び、その番号をマークしなさい。

1　千歳不磨　　2　一粒万倍　　3　広大無辺　　4　情状酌量

問6　傍線部5「花々しい文字づらなぞをさげてきても決して驚かないつもりでいる」とあるが、なぜか。次の選択肢の中からもっともふさわしいものを選び、その番号をマークしなさい。

ことを知っている。

倒れてのち止むという古い言葉をわれわれは頑固に守らなければならず、文芸というような仕事が上っ滑りに滑りやすい仕事であることを知っていなければならず、多少の名聞や7生活の経済的安全やのために態度をぐらつかせるようなことがあったら縊《くび》って死ぬべきであることをわきまえていなくてはなるまい。

金銭のことをいえばそれについても僕は僕のいわゆる素樸の説を持っている。だがともあれ僕の素樸の説もひととおり終った。結局ほら吹きのようなことになった。素樸を説教するほどにもずうずうしかった罰であろう。また銭をつくるためにこともあろうに素樸を持ちだしたことの恥さらしでもあろう。

（中野重治「素樸ということ」による）

問1　傍線部1「論文を書いた当人にとっては、その論文自身が不要になってしまうことが大切なのだ」とあるが、なぜか。次の選択肢の中からもっともふさわしいものを選び、その番号をマークしなさい。

1　論文を執筆し、それを公にすることによって、社会が抱えていた問題が解決されるべきだから。
2　論文を書く際は、過去を振り返るのではなく、常に前を見て学問を進展させねばならないから。
3　結論までの見通しがたった問題には、急速に関心が失われ、それ以上の追究をする気が失せるものだから。
4　研究者に必要なのは結論だけであり、問題解明への過程を記した文章は無用の長物にすぎないから。

問2　空欄 ア に入るもっともふさわしい表現を、次の選択肢の中から選び、その番号をマークしなさい。

1　まげて　　2　加えて　　3　ふるって　　4　折って

として少なくとも芸術家はわきまえておく必要があるだろう。たとえば、われわれはただ何かのきっかけでそのことをやっと時たまに思い出すのだが、人間の歴史は大学の歴史の教科書みたいなものではない。われわれはしばしば、歴史一般のなかにかき消されている力学の歴史、医学の歴史などを忘れている。同様に芸術の歴史のなかにしばしばかき消されている芸術に関する学問の歴史を忘れている。またたとえば演劇の歴史にしても、そのなかに撚《よ》りこめられて素人には見えない演出の歴史、建築の歴史、照明の歴史などを忘れている。忘れているどころか僕なぞはだいたい少しも知らない。そしてその無知からして、われわれ自身の文字となって残るような仕事だけを仕事と思いこみ、それがそれとして人の眼に映るために[4]千万無量のおかげをこうむっている眼に見えない仕事、瞬間に消えて行くような仕事を仕事だとも思わないようになる。それは間違っており、無知であるために不遜《そん》であるところのものであり、仕事の価値を真実に知っており、それゆえこういう輩からは永久に顧みられないような仕事を一生の仕事としてこつこつと築いて行くような賢い人たちからは憐まれるところのものであろう。こういうほんとうの賢さを持った人たちから笑われ憐まれることのないような考え方こそ、僕は、われわれの持つべき仕事にたいする素樸な考え方だと考えている。

（……中略……）

以上ごてごてと書いたところで僕がひとり合点で納得してい、ひとり合点で目ざしている素樸というやつが大体はよその人にもわかったろうと思う。

こういうひとり合点をしている僕は、だから、[5]花々しい文字づらなぞをさげてきても決して驚かないつもりでいる。それが苦心の過程に必然に生じてくるのならしかたがない。苦心するのが恐ろしさに手前勝手な理窟を並べてやってくる小手先きの芸当なぞは頭から軽蔑するつもりでいる。僕は僕なりに、どんな自然描写も「大風起り雲飛揚す」の一句に及ばないことを知り、『土佐日記』が[C]『十六夜日記』に及ばないことを知り、[6]万葉の歌人でさえ皇帝を褒めたたえた歌は存外くだらなかったのの顔が写真になってのっていた。僕はそれを見ると昂《こう》奮して、このおじいさんや子供たちにこんな嬉しそうな顔をさせることができるなら死んでもかまわないと思った。僕の昂奮は別として、ただ僕は、その笑顔を引きだしたフィルムが、彼自身への報[A]シュウをそれらの美しい笑顔に換算して受けとっているということを信じて疑わないものだ。芸術家は誰でも、人を喜ばせるためには芸術上の制作に従うほか彼にとって道がないからこそ芸術家になるのであり、もし彼が、芸術上の制作以外の仕事で人心をさらに美しく激しく[B]コウ揚させうることがわかったときには、さっさと筆を[ア]その方へ行くだろうということ、したがって彼に芸術上の制作ができなくなったり、彼が芸術的才能を持たないことがわかったりした場合には、彼はすぐにほかの仕事に取りかかるものであって、けっしてそのやくざな「彼の」芸術に未練を残していないだろうということ、芸術家は誰でも、彼の制作とそれを贈られる多くの人びととの関係をこんなふうに考えなければなるまいということは動かない真実であろう。したがって芸術家は、彼の作品が永遠に残ることなぞを目当てるべきでなく、彼の作品なぞを必要としないような美しい生活が人間の世界に来ることを、そしてそのことのために彼の作品がその絶頂の力で役立つことを願うべきであろう。作家のすべては彼の制作を一つのブルジョア的範疇《ちゅう》である貨幣に換算して評価するべきでなく、この貨幣のいっそう賤しい変身に過ぎない世評によって評価するべきでなく、じつに右のような[2]剛毅な態度で評価するべきであろう。すべての芸術家は常に、シェイクスピアもカリダーサもついに車輪の発明家ほどには人類に貢献していないことをわきまえているべきであろう。もちろん僕はすべての芸術家に車輪を発明しろとは言わない。制作にあたって僕らは、いつもその制作を車輪の発明のようにすることを――というのは、車輪の発明者を誰も記憶していない。だが車輪を使わない人間が一人もいないくらいに彼を記憶している。だれも車輪の発明者に感謝していない。しかし人間の残らずが車輪を使用しているということよりも立派な感謝状は一枚もないに違いない。――念願とするべきであることを言いたいのだ。

　さらにまた芸術のもろもろの範疇に従って変ってくるそれぞれの労力にたいする[3]世人の考えなどというものも、他の人は別

国語

（六〇分）

一

次の文章をよく読んで、設問に対する答えを、解答用紙の該当欄に記入、またはマークしなさい。

ここで僕は仕事というものについての僕の考えを書きつけることにする。おそらくそれもこの素樸《ぼく》ということに関係してくるだろうから。

僕のひとり考えでは、仕事の価値はそれがどこまでそれを取りかこむ人間生活のなかに生きかえるかにある。

たとえばわれわれが論文を書くとする。その場合その論文が重要な当面性を持っていればいるほど、1論文を書いた当人にとっては、その論文自身が不要になってしまうことが大切なのだ。その論文がそれ自身としては死んでしまい、しかしそれがかつてその論文が理論的に解決しようとして努力した問題の具体的な解決そのもののなかに全く別個によみがえることが大切なのだ。それが真実にこのようによみがえりえないような論文なら、それがちょっと見にどれだけ堂々としていようが、いつまでそれが本の形で残っていようが、下の下の論文でしかない。

最近僕はロシヤの農村でやられている活動写真について読んだ。そこには大きな都会から非常に遠方の、遠方という言葉がほんとうに使われるような農村で、活動写真を見ながらおもしろくてにこにこしている子供だのおじいさんだのおばあさんだ

解答編

英語

I **解答** （問１）(ア)―３　(イ)―３　(エ)―４
（問２）(A)―１　(B)―２　(C)―２　(D)―３　(E)―４
(F)―４　(G)―１
（問３）(A)―３　(B)―４　(C)―２　(D)―４　(E)―３　(F)―２

◆全　訳◆

≪独立宣言と奴隷解放≫

ヴァージニアに最初の死の船が到着してから150年以上経った後に，ヴァージニア出身の著名なトーマス＝ジェファーソンはフィラデルフィアの自室に座って，現在は独立宣言として知られるようになっている文書を起草していた。ジェファーソンは，すべての人間は生まれながらにして平等であり，幸福を追求する譲ることのできない権利を有しているという刺激的な主張から始めた。しかし，そのような素晴らしい原則に忠実な新しい国家の創設を宣言したときでさえ，300万人の国民のうち50万人以上が奴隷となっていたのである。南部の５つの植民地（サウスカロライナ，ジョージア，ノースカロライナ，ヴァージニア，メリーランド）では，５人に２人が奴隷であった。北部植民地の奴隷人口は，ニューヨークの２万人からニューハンプシャーのたった200人までと非常に少なかったが，北部の投資家は奴隷が作った商品に大きな利害を持っていたし，南部沿岸に販売目的で運ばれた奴隷のほとんどは，北部の船によって運ばれていた。奴隷制度は，その国家が誕生する以前から国家的な制度であった。

それは常に黒人に対してのもの，というわけではなかった。独立戦争の半世紀前，サウスカロライナでは，アメリカ先住民が奴隷の３分の１近くを占めていた。しかし，ある歴史家が指摘するように，「輸入された奴隷や使用人とは異なり，インディアンはアメリカの森が本拠地であり，その中で生き延びることができた。その結果，脱走の可能性は高く，成功する確率も高かった」のだ。それに比べて，アフリカ人とその子孫は，より豊富で入手しやすく，いったん買い手に渡れば，より安全な人的資産であると考えられていた。

それでも，どのような出自であれ，奴隷は保釈聴聞会でいうところの逃亡の危険をはらんでいた。アフリカの奴隷貿易の最盛期には，輸送を待つ捕虜にスパイク付きの首輪をつけ，海岸から内陸に逃げようとするとやぶに引っかかるように設計されていた。

このような工夫が問題を完全に解決することはなかった。アフリカと同様，アメリカでも奴隷のままでいることを望まない奴隷は，白人所有者の悩みの種であった。サウスカロライナでは1683年に最初の「逃亡防止法」が採択され，奴隷だけでなく使用人の移動も制限された。その法律はすぐに更新され，保安官が公費で「…逃亡者を追跡し，逮捕し，生死を問わず連行するために…都合のよい人数を集める」ことができるようになった。60年後，議会はまだこの問題に取り組んでいた。1751年に採択された新しい法律では，6カ月以上逃亡中で，武装した逃亡者を捕らえた場合，報奨金が支払われることが規定された。捕獲者自身が奴隷であったとしても，報酬を受け取る資格があったが，その額は自由人の奴隷捕獲者に支払われる金額の半分だった。1770年，ジョージアは主要な港湾都市に，「サバンナ・ウォッチ」として知られるようになる夜間の奴隷パトロール隊を設置した。英国支配の衰退期，植民地当局者は，植林のためだけでなく，「逃亡中の奴隷や野獣」が湿地に避難するのを防ぐ目的で，湿地の排水を行うことを好んだ。

帝政の終焉は，この問題を軽減することはできなかった。独立宣言の起草直前，トーマス=ジェファーソンは，大工兼靴職人として彼に仕えた後，彼の馬1頭と靴作りの道具を持ち去った「巧妙で悪らつな」逃亡者（の捕獲）に40シリングから10ポンド（捕獲された距離によって異なる）の報酬を提示した。このジェファーソンの広告と，同じ人が宣言文の中で書いた自由を高らかに謳いあげる文章を並べて読むと，控えめに言っても驚かされる。

ジェファーソンと彼の仲間の革命家たちが見せた詭弁，あるいはもっと露骨に，偽善と呼ばれることもあったものへの才能は，当時気づかれないわけがなかった。1775年，イギリスの道徳学者サミュエル=ジョンソンは，

「自由を求める叫び声が，黒人の持ち主の間で最も大きく聞こえるのはなぜだろう」と問いかけた。アメリカ独立戦争の前夜，フランス生まれのクエーカー教徒で，若い頃にアメリカに移住したアンソニー=ベネゼットは，大胆不敵なほど明晰に「奴隷が，自身とその子孫が奴隷になることを望んだのでなければ…キリスト教徒は奴隷を持てない」と宣言している。イギリスとの戦争が始まると，ジェファーソンのライバルであったマサチューセッツ出身のジョン=アダムスの妻アビゲイル=アダムスは，「私たちと同様に自由の権利を持つ人々から奪い，略奪しているものを求めて自分たちのために戦うことは…不義である」と夫に手紙を書いた。数年後，ジェファーソンは私的に，なぜか自分のことは除外して，南部の仲間たちを非難した。「自分たちの自由には熱心だ」が，「他人の自由は踏みにじる」のだと。

さらに厄介なことに，革命指導者たちは，自分たちの理想を世界に宣言するための，多くの宣伝用の小冊子やビラの中で，定期的に奴隷制を非難する文章を発表した。その代表的なものが，宣言の原文である。ジェファーソンは，大陸会議から反乱を正当化する公文書の作成を委ねられた 5 人の委員会（他のメンバーは，アダムズ，ベンジャミン=フランクリン，ロジャー=シャーマン，ロバート=リビングストン）から依頼を受けて，最初の草稿を作成した。

彼の言い回しのセンスは音楽家にもふさわしく，平等というテーマの人の注意を引く和音で始め，抑圧というテーマで変奏曲を演奏した。作曲の中で彼は，とりわけ植民地の人々の犠牲の上に占領軍を維持し，民衆の同意なしに統治者を任命し，代表なき課税をしていることで国王を非難した。不平不満の一覧の締めくくりとして，彼は，国王が「人間性そのものに対して残酷な戦争をし，遠方の民族の個々人が持つ，生命と自由という最も神聖な権利を侵害している」と非難した。

ジェファーソンは，アフリカ人が故郷から連れ去られた「海賊的な戦争」について国王と議会を非難し，彼らを受け入れた植民地の人々を免責にしたかったのだろう。この点で，ジェファーソンは，6 年前にイギリスに対して同じ非難（「あなた方は奴隷を連れてきて，それを買うよう私たちを誘惑する」）をした先輩のベンジャミン=フランクリンよりも自分に甘く，率直さを欠いていたが，「盗品の引取人は泥棒と同じくらい悪い」と結論づけた。

ジェファーソンが提案した奴隷貿易への非難は，宣言の最終草稿には入らなかった。1776 年までに，奴隷労働の需要は，ヴァージニアでは減少していたが，ジョージアとサウスカロライナでは増加していた。今日の銃規制法の反対派と同様，深南部の奴隷所有者たちは，今すぐ新たな供給を必要としているかどうかにかかわらず，自分たちが奴隷を所有する権利の抑制に危うくつながってしまわないよう，奴隷貿易のいかなる規制にも反対する傾向があった。

◀解　説▶

(問１) (ア)下線部は「奴隷制度は，その国家が誕生する以前から国家的な制度であった」という意味である。第１段第４～５文（In the five … by northern ships.）より，３.「奴隷制度は，南北両植民地の社会・経済システムの一部となっていた」が最も近い。他の選択肢は，１.「奴隷売買は南北アメリカ大陸に広がっていた」，２.「奴隷売買は，古代文明で認められていた古くからの慣習であった」，４.「奴隷の売買を阻止することは，国家の最も崇高な目標であった」

(イ)下線部の直訳は「それは常に黒人のために確保されていたわけではなかった」という意味である。第２段第２文（Half a century …）より，黒人だけでなくアメリカ先住民も奴隷にされていたことがわかる。したがって，３.「奴隷にされたのは黒人に限ったことではなかった。他の民族の人々からも奴隷が出た」が最も近い。他の選択肢は，１.「すべての黒人が必ずしも奴隷にされていたわけではなかった。自由な黒人もいた」，２.「アメリカでの奴隷生活は，黒人にとって完全に悪いものだというわけではなかった。彼らは幸せな生活を求める権利も与えられていた」，４.「独立宣言は，黒人を念頭に置いて作られたものではなかった。彼らはあまりにも頻繁に人間以下の存在として扱われていた」

(エ)下線部の直訳は「言い回しへの耳は音楽家にふさわしかったので」という意味である。an ear for *A* は「*A*（音・語学など）を聞き分ける力，理解力」で，「音感，語感」とも訳される。下線部を含む文，および次の文（In the course …）では音楽の用語が使われているが，実際の内容は独立宣言の草稿のことなので，４.「音楽の才能を示すような書き方をしていたので」が最も近い。他の選択肢は，１.「彼の作曲した良い音楽は本当に聴き応えがあったので」，2．「他人をコントロールする手段として音楽を使ったので」，3．「彼は仲間の言葉を音楽家が音楽を聴くように注意深く聴いたので」

（問2）(A)「独立宣言の最初の草稿に書かれていたことは何か」

第8段第2～3文（In the course … a distant people.”），および第9段第1文（Jefferson would have liked …）より，1．「イギリス王がいかに残忍で不当であったか」が正しい。他の選択肢は，2．「戦争を避けようとする政治的指導者の意志」，3．「アメリカはイギリスの支配下にあった方が良いということ」，4．「アメリカ国民が女性の権利よりも人権を重視していたこと」

(B)「筆者はなぜ，この問題を『より混乱させる』と言ったのか」

第5段第2～3文（Shortly before drafting … a startling experience.）および第7段第1文（To make matters …）より，革命指導者たちは，自身も奴隷を使っていたにもかかわらず奴隷解放を求めていたことがわかる。したがって，2．「革命指導者たちは奴隷制を非難する一方で，その恩恵を受けていたから」が正しい。他の選択肢は，1．「アメリカは独立前，イギリスより経済的にずっと弱かったから」，3．「深南部で逃亡奴隷の数が減少していたから」，4．「イギリスがアメリカ植民地に課した貿易税が，当時重すぎたから」

(C)「『引取人』と『盗人』はそれぞれ何を示しているか」

下線部の直前に，ベンジャミン=フランクリンの「あなた方は奴隷を連れてきて，それを買うよう私たちを誘惑する」という，イギリスに対する批難の言葉が書かれている。この言葉における「あなた方」はイギリス人，「私たち」はアメリカ人である。このことから，下線部においては，奴隷の引取人がアメリカ人，奴隷を盗んでくるのがイギリス人であるとわかる。したがって，2．「アメリカ人―イギリス人」が正しい。他の選択肢は，1．「アフリカ人―アメリカ人」，3．「イギリス人―アメリカ人」，4．「アメリカ人―奴隷」

(D)「トーマス=ジェファーソンを最もよく表しているのは次のうちどれか」

第5段第2～3文（Shortly before drafting … a startling experience.）より，3．「彼は，虐げられている人々を利用しながらアメリカ植民地の自由のために戦った高名な政治家であった」が正しい。他の選択肢は，1．

「彼は有能な指導者であり，北部植民地の利益のためにイギリスの支配者とアメリカ先住民を巧みに騙して，互いに戦わせた」，2．「彼はアメリカ建国の父として尊敬され，北部と南部の植民地が奴隷制度に反対して立ち上がるのを手助けした」，4．「彼は北部植民地の偽善と専制に一貫して対抗した誠実な政治家であった」

(E)「トーマス=ジェファーソンの時代のアメリカにおける奴隷制度について述べた文章として最も適切なものは次のうちどれか」

第1段第4～5文（In the five … by northern ships.）より，4．「南部植民地の方が著しく多くの奴隷を確保していたが，北部植民地もまた奴隷制度から経済的な利益を得ていた」が正しい。他の選択肢は，1．「奴隷制度は南部植民地の経済発展に貢献したが，北部植民地には大きな損害をもたらした」，2．「南部と北部の両植民地は，奴隷制度に多大な価値を見いだし，アフリカからより多くの奴隷を獲得するために互いに争った」，3．「奴隷制度は深南部に住む人々にのみ影響を与え，北部植民地に住む人々には関係ないものであった」

(F)「奴隷の逃亡の抑止力として言及されていないものは次のうちどれか」

本文全体を通して，4．「奴隷は逃げなければ報酬が支払われた」という記述はないのでこれが正しい。他の選択肢は，1．「逃亡した奴隷を捜すために，人々がグループになってその地域をパトロールした」，2．「植民地によって新しい法律が制定された」，3．「奴隷に特別な首輪がつけられた」

(G)「奴隷所有者と銃規制法反対者の共通点は次のうちどれか」

第10段第3文（Like opponents of …）より，1．「原則としていかなる制限にも反対する」が正しい。他の選択肢は，2．「非合法な製品の販売を禁止している」，3．「他の場所で違法とされているものを廃止しようとする」，4．「独立より人命を重視する」

（問3）(A)第1段第4文（In the five …）より，3．「トーマス=ジェファーソンが独立宣言の草稿に取り組んでいたとき，南部の5つの植民地の奴隷の割合は40％程度であった」が最も近い。他の選択肢は，1．「トーマス=ジェファーソンが独立宣言の草稿を作成していたとき，北部の植民地のうち，ニューヨークの奴隷の数はニューハンプシャーより少なかった」，2．「トーマス=ジェファーソンが独立宣言の草稿を作成していたとき，ニューヨークなどの北部植民地ではすでに奴隷制度が廃止されていた」，4．「トーマス=ジェファーソンが独立宣言の草稿に取り組んでいたとき，アメリカ全人口に占める奴隷の割合は約30％であった」

(B)第6段第1文（The gift for …）より，4．「トーマス=ジェファーソンの奴隷制度に関する偽善は，一部の人々から批判された」が最も近い。他の選択肢は，1．「アビゲイル=アダムスは，イギリスと戦う手助けのために，奴隷貿易の継続を望んだ」，2．「革命指導者たちは，宣伝用の小冊子やビラを非難することで一致した」，3．「ベンジャミン=フランクリンは，奴隷を持っている人を，たとえ私的な場であっても批判しようとしなかった」

(C)第6段第3文（On the eve …）より，2．「アンソニー=ベネゼットは，奴隷制を支持することはキリスト教の信条と相容れないと主張した」が最も近い。他の選択肢は，1．「アビゲイル=アダムスは手紙の中で，南部の人々も北部の人々と同じように自由を得る権利がある，と書いている」，3．「サミュエル=ジョンソンは，奴隷制に反対する声を上げた奴隷の持ち主を賞賛した」，4．「トーマス=ジェファーソンは後に，自分と南部の仲間たちが黒人の自由を損なっていたことを悔やんだ」

(D)第10段第1文（Jefferson's proposed attack …）より，4．「独立宣言の最終稿には，ジェファーソンが書いた奴隷貿易を非難する一節は含まれなかった」が最も近い。他の選択肢は，1．「ジェファーソンは国王の奴隷売買を非難したが，フランクリンは非難しなかった。彼らは独立前の大陸会議について意見が分かれたからである」，2．「ジェファーソンは，当時のアメリカの社会経済状況を考慮すれば，反乱は許されると公言していた」，3．「ジェファーソンは5人委員会のメンバーではなかったが，文才があったため，独立宣言の初稿の執筆を依頼された」

(E)第10段第3文（Like opponents of …）より，3．「深南部の奴隷所有者は，やがて数年後に奴隷を所有する権利を失うことを恐れていた」が最も近い。他の選択肢は，1．「1776年までには，深南部の農園では奴隷は労働力として必要とされていなかったが，それでも所有者は奴隷を家に置いておきたいと考えていた」，2．「1770年代までには，人々の意識の変化により，深南部の人々は新たな奴隷を得ることができなくなった」，4．「深南部で奴隷を所有していた白人は，銃の射撃が好きで，そのために銃を家に置いておきたかった」
(F)第1段第5文（The slave population …）より，2.「北部植民地の投資家が奴隷の売買に積極的な役割を果たした」が最も近い。他の選択肢は，1.「南部の植民地では人権に関し自由主義的な考え方がより多かったので，その地域の奴隷人口はかなり少なかった」，3.「北部植民地の法律の一つは，奴隷を所有する者への金銭の支払いを合法化した」，4.「トーマス=ジェファーソンは，独立宣言の最終稿で，すべての奴隷を自由にする意志を示した」

II　解答

（問1）(ア)―1　(イ)―3　(ウ)―2　(オ)―1
（問2）(A)―2　(B)―2
（問3）(1)社会規模が大きく，1個体当たりの生産性が高いので，素早く配置できる予備労働力が生まれるから。(50字以内)
(2)軍隊だけでなく娯楽・芸術・科学など他の分野への余剰労働力の投資，および同種の社会間の提携関係の構築。(50字以内)

◆全　訳◆

≪人間社会とアリの社会の類似点と相違点≫

よく見ると，現代社会は，私たちの近縁種であるチンパンジーやボノボよりも，ある種のアリの社会によく似ていることがわかる。チンパンジーは高速道路や交通ルール，インフラを作ったり，組み立てラインや複雑なチームワークに参加したり，効率的な分業のために労働力を配置したりする必要はない。(差異の）リストはまだまだ続く。

なぜなら，どの種の社会も規模に応じた組織の義務があり，数百万まで爆発的に増える可能性がある個体数を持つのは人間と特定の社会的昆虫だけだからである。例えば，100頭程度のチンパンジーのコミュニティでは公衆衛生問題に取り組むことはないが，アリの大都市には衛生班が存在する。主に（人間の場合）知的思考によってであろうと，（アリの場合）遺伝によってであろうと，多くの個体が長期にわたって調和的に共存するためには，ある種の特徴が必要なのである。

逆に，集団が大きくなればなるほど，部外者に対する攻撃的な反応は多様化し，極端になる可能性があるということだ。人間と社会的昆虫の間にしばしば見られる顕著な類似点を考えるとき，興味深い類似点の一つは，両者に戦争が存在することである。

戦争という言葉は，動物や初期の人間の間のあらゆる種類の争いを表現するために軽率に使われてきたと思う。それには急襲や他の小さな，あるいは一方的な攻撃が含まれるかもしれないが，私が最も関心を抱いているのは，私たちが一般的に戦争といえば思い浮かべるような紛争の発生である。私は 2011 年に『サイエンティフィック・アメリカン』の記事で，戦争を「集団対集団で集中的に行われ，双方が大規模な破壊のリスクを負うこと」と定義づけた。そのような戦争はどのようにして起こるのだろうか。

チンパンジーの一団が相手の縄張りに忍び込んで，一頭のチンパンジーを虐殺する（チンパンジーが部外者を攻撃する際の通常の手口）ことは，本当の意味での戦争ではない。同様に，小さなアリの社会が大きなリスクを冒すことはほとんどない。例えば，コスタリカのアカントグナサス=トラップ=ジョー=アントは，中央部が朽ちた小枝にわずか数十匹のコロニーを作って巣を作る。維持に手間がかからない住みかでは，近隣との衝突も暴力ではなく逃亡によって解決される。数匹のアリで構成されるコロニーは，すぐに引き払って次の小枝に移動することができるのだ。

私たちの祖先が通常行っていたように，小さな集団で生活する狩猟採集民にも同じことが言える。彼らは所有物も少なく，守るべき永続的な建造物もなかった。虐殺は彼らの手に余るものではなかったが，実行してもほとんど収穫はなく，無謀であっただろう。近隣のグループとの関係が悪化した場合，通常は移転するか，報復が必要な場合は，ライバルの領土に忍び込み，１人か２人を殺してこっそり出ていく，チンパンジースタイルの襲撃の方が容易であった。

全面的な戦争は，ほとんどの場合，大規模な社会によって行われる――私たちの場合は，ローマ帝国以前にさかのぼり，何世紀にもわたって洗練された技術を駆使している。このように社会を危険にさらすような攻撃的な作戦を定期的に行う脊椎動物は他にいない――しかし，社会的昆虫の中には行うものもいる。アリと人間の社会が，リスクの低い襲撃や儀礼的な戦いから本格的な戦争に移行する個体数の規模は，私の推定では１万から数万程度である。

多くの場合，数十万以上の社会では，攻撃性は壮大なレベルに達する。南カリフォルニア全域をはじめ世界各地を支配する侵略的な種であるアルゼンチンアリのコロニー間の戦争では，サンディエゴ付近の数マイルに及ぶ境界線で毎週数百万の犠牲が出ている。銃や爆弾を持たないアリは，圧倒的な数と筋力で敵を圧倒し，それぞれの敵の周りに集結して引き裂く。

アリでも人間でも，大きな社会で戦争が起こる可能性がある理由の一つは，単純な経済学にあると思われる。大きな社会は1個体当たりの生産性がより高い。つまり，各個体の食事や住居に必要な資源がより少なくてすむ。その結果，必要に応じて——アリの場合，典型的には兵士として——素早く配置できる予備労働力が生まれる。幸いなことに，私たちの国は，余剰労働力を軍隊だけでなく，娯楽，芸術，科学など，多くの他の分野に投資することで，昆虫にはない選択をすることができるのだ。

人間は，エクアドルのアリのように石の陰に隠れるのではなく，アリには不可能な，同種の社会間で提携関係を築くという選択もできる。平和の追求のためにこそ，人間の頭脳はその真価を発揮する。

◀解　説▶

(問1) ㈠下線部は「効率的な分業のために労働力を配置する」という意味である。したがって，1.「仕事を円滑に進めるために，労働者を異なるグループに割り当てる」が最も近い。他の選択肢は，2.「最も生産性の高い方法として，グループのメンバー全員が同時にプロジェクトに取り組むようにする」，3.「人件費をできるだけ安くするために，各プロジェクトの作業者の数を減らす」，4.「その社会の市民1人ひとりの理想的なライフスタイルを実現するために，働き方を変えていこうとする」

㈡下線部を含む文の後半に populations「個体数」とあること，また続く第2段第2文（A chimpanzee community …）に書かれている例では，チンパンジーやアリのコミュニティにおける個体数と，そのコミュニティが取り組む問題が書かれていることから，3.「種の社会は通常どれくらいの数のメンバーで構成されているか」が最も近い。他の選択肢は，1.「種の平均的な個体はどれくらいの大きさか」，2.「種の社会の領域は通常どれくらいの大きさか」，4.「種の典型的な標本は通常どのくらい背が高く，太く，重く成長するか」

㈢下線部は「裏側は」という意味である。下線部の前の第2段最終文（Whether assembled largely …）には，（集団が大きくなると）個体が調和的に共存できるような特徴が必要になる，とあり，下線部の後には，部外者には攻撃的になる，と対照的な特徴が挙げられているので，2．「それに対して」が最も近い。他の選択肢は，1．「さらに」，3．「幸運なことに」，4．「さらに」

(オ)下線部は「悪化した」という意味である。下線部の直後は，移転や襲撃をする，という内容なので，1．「悪くなった」が最も近い。他の選択肢は，2．「仲良くなった」，3．「より暖かいところに引っ越した」，4．「テキサス州に旅行した」

（問2）(A)「どのようにして近隣との衝突は『逃亡によって解決される』のか」

第5段第4文（With a home …）のコロンの後ろに書かれている内容より，2．「新しい場所に引っ越すことによって」が正しい。他の選択肢は，1．「近隣と和解することによって」，3．「学校での暴力を通報することによって」，4．「チャーター便を利用することによって」

(B)「著者の主張に最も近いものは次のうちどれか」

第3段第2文（When considering the …）より，2．「人間の社会は，特に戦争の存在に関して，アリの社会と似ている」が最も近い。他の選択肢は，1．「人間の社会は，アリの社会よりもチンパンジーやボノボの社会と似ている」，3．「人間とアリは全く同じ方法で社会を構成している」，4．「人間同士であれ，アリのコロニーであれ，戦争にはルールがない」

（問3）(1)第9段第1～3文（One likely reason … typically as soldiers.）の内容をまとめる。

(2)第9段第4文（Fortunately, our nations …）および第10段第1文（Rather than hiding …）の内容をまとめる。

❖講　評

2023年度も大問2題の出題で，ともに読解問題である。

Ⅰは独立宣言と奴隷解放に関する説明文である。トーマス=ジェファーソンのエピソードを軸に，当時の社会状況が描かれている。受験生にとっては馴染みのない内容だったかもしれない。また，内容真偽問題の設問や選択肢の配置が，本文で描かれている通りの順序にはなっておらず，処理にはかなりの労力を要する。

Ⅱは人間社会とアリの社会の類似点と相違点を描いた説明文である。

Ⅰに比べると読みやすい英文ではあるが，記述式問題が2問含まれている。

全体的に見て，試験時間に対しての読解文の分量と設問数が多く，文章読解および設問中の選択肢の把握にスピードが必要である。

日本史

I **解答** 問⑴神仏分離　問⑵廃仏毀釈　問⑶大教宣布
問⑷浦上教徒弾圧〔浦上信徒弾圧〕　問⑸山本権兵衛
問⑹土地調査事業　問⑺亀戸　問⑻東条英機　問⑼隣組
問⑽大政翼賛会

◀解　説▶

≪近代の社会・政治≫

問⑵「仏教を排斥するさまざまな行動」から空欄(イ)には廃仏毀釈を導く。「毀」の漢字が難しいので注意したい。

問⑶「神道国教化推進を表明」から空欄(ウ)には大教宣布の詔を導く。この計画のために明治政府は神祇官（後に神祇省と改称）を設置したが，仏教勢力の抵抗もあり，神道の国教化政策は失敗に終わった。

問⑷「長崎のキリスト教徒迫害」「列国から強い抗議」から空欄(エ)には浦上教徒（信徒）弾圧事件を導く。明治維新後も政府は，長崎浦上の隠れキリシタンに対して弾圧を強行したが，列国の強い抗議のため 1873 年に切支丹禁制の高札を撤廃した。

問⑸「今度の地震」とは関東大震災のことである。関東大震災後，組閣したのは山本権兵衛である。

問⑹「朝鮮全土で実施」「所有権の不明確などを理由に農地・山林が接収」から空欄(カ)には土地調査事業を導く。この結果，朝鮮の多くの土地が国有地とされ，困窮した小農民が没落して日本へ移住してきた。

問⑺「社会主義者」「10 人が警察署構内で軍隊によって虐殺」から空欄(キ)には亀戸事件を導く。この事件の数日後，無政府主義者の大杉栄や，伊藤野枝らが，憲兵大尉甘粕正彦らに殺害された。

問⑻「大東亜戦争勃発直後」から空欄(ク)には東条英機を導く。東条英機は，第 3 次近衛文麿内閣が総辞職した後，陸相・内相を兼任して組閣した。

問⑼・問⑽「5 ～10 戸ほどで構成」「回覧板による情報伝達や配給などの戦時業務」から空欄(ケ)には隣組を導く。「総裁を総理大臣，支部長を道府県知事」「官製の上意下達機関」から空欄(コ)には大政翼賛会を導く。隣組は大政翼賛会の最末端組織であった。

Ⅱ 解答

問(1)―CまたはF※　問(2)―D　問(3)―E　問(4)―C
問(5)―F　問(6)―D　問(7)―B　問(8)―E　問(9)―C
問(10)―F

※設問(1)については，正答が複数存在することから，正解を複数とする措置が取られたことが大学から公表されている。

◀解　説▶

≪古代～中世の法令≫

問(1)C．誤文。憲法十七条は豪族に官僚としての心がまえなどを示したもの，冠位十二階は官僚制の整備をめざして氏族単位の王権組織を再編成しようとした制度であり，これらが直接的に「地方組織の編成を進めた」とはいいがたい。ただし，間接的な影響を考慮するとCは正文となるので，正答はFとも考えられる。

問(3)E．誤文。布一尺相当のものを盗んだ場合に，徒刑3年に処すという意味の条文である。

問(4)C．正解。律の刑罰の五刑とは，罪の軽い順から重い順に笞・杖・徒・流・死と分類される。「徒以上犯せらば，刑部省に送れ」とあり，「(エ)罪以下は当司決せよ」から空欄(エ)には，徒よりも1つ軽い刑罰である「杖」が入ることがわかる。また，「郡断定して国に送れ」が杖なので，「(オ)罪は郡決せよ」から空欄(オ)には杖より1つ罪が軽い笞が入ることがわかる。

問(5)やや難。F．正解。五刑の最高刑である死刑は絞（絞首刑）・斬（斬首刑）の2種類があり，斬の方が重罪である。よって，空欄(カ)には絞，空欄(キ)には斬が入る。

問(6)D．誤文。後鳥羽上皇は執権北条「泰時」ではなく，義時を追討せよという宣旨と院宣を出した。

問(8)やや難。E．正解。「所領を子息に譲，安堵の御下文を給りて後」「他の子息に譲与る事」をヒントに悔返を導く。悔返はいったん譲与した所領を取り戻すことができる権利であり，武家法では認められていた。

問(9)やや難。C．正解。「駿府の中」をヒントに今川氏の分国法である今川仮名目録を想起する。史料では，守護不入地の廃止について述べられている。

Ⅲ 解答

問(1)－C　問(2)－D　問(3)－B　問(4)－E　問(5)－C
問(6)－A　問(7)－B　問(8)－C　問(9)－E　問(10)－B

◀解　説▶

≪江戸時代の社会・文化・政治≫

問(1)やや難。C．正解。『昇平夜話』は江戸時代の武士の教訓書で，徳川家康が農民支配について代官や支配する各所へ命令を出したことが書かれている。「百姓は財の余らぬやうに，不足になきやうに」は江戸時代の教訓書である『本佐録』に記述されている。また，「胡麻の油と百姓は，絞れば絞る程出る物」とは享保の改革の時に勘定奉行であった神尾春央が述べた言葉で，『西域物語』に記述されている。

問(2)D．誤文。田畑勝手作りの禁は，五穀（米・麦・粟・黍《きび》・豆）以外の作物を栽培することを禁止したとされるものである。「菜種」は栽培を禁止された商品作物，「大豆」（豆）は五穀の１つである。

問(3)やや難。B．誤文。高請地とは田・畑・屋敷地のことで，「林野」は含まれない。

問(4)E．正解。「平賀源内に洋風画を師事した人物」から小田野直武を導く。彼の代表作に「不忍池図」などがある。

問(5)C．正解。「面中」「堆起せるもの」から，顔面の中で高く盛り上がっている部分である「鼻」を想起したい。

問(7)やや難。B．正解。「将軍継嗣問題で一橋派として活躍し，安政の大獄で刑死した人物」から橋本左内を導く。ちなみに，岩瀬忠震も一橋派であり，安政の大獄で処罰されたが，刑死していない。

問(8)C．誤文。松平容保と松平慶永の職名が逆である。松平容保は京都守護職に，松平慶永が政事総裁職に任命された。

問(10)B．正解。「未曾有ノ国難」「先帝頻年宸襟ヲ悩サレ候」から，先帝とは孝明天皇のことであり，「癸丑」がペリーの来航であることを想起したい。

Ⅳ 解答

問(1)－E　問(2)－A　問(3)－E　問(4)－A　問(5)－D
問(6)－A　問(7)－B　問(8)－C　問(9)－E　問(10)－D

◀解　説▶

≪近現代の政治・社会・文化≫

問(1)E．正解。「2012 年」「消費増税で国民に負担を強いる代わりに『身を切る』姿勢を示し」から空欄(ア)には野田佳彦を導く。当時の自民党の総裁は次期首相となる安倍晋三である。

問(2)やや難。A．正文。B．細川護熙を首班とする非自民「7 党派」ではなく，8 党派の連立内閣が成立した。C．日本新党は 1994 年に解党し「新党さきがけ」ではなく，新生党・公明党・民社党などと合流して新進党となった。D．羽田孜は「日本新党」ではなく，新生党の所属。E．日本新党は「革新政党」ではなく，保守政党を標榜していた。

問(3)やや難。E．正文。A．三党に社民党は含まれない。三党とは民主党・自民党・公明党である。B・D．消費税は 1989 年，竹下登内閣の時に導入され，1997 年，橋本龍太郎内閣の時に税率が 3％から 5％に引き上げられた。C．2019 年 10 月に税率が 8％から 10％に引き上げられたが，食料品については従来の税率である 8％に据え置かれた。これを軽減税率制度という。

問(4)やや難。A．正解。「森戸事件で休職」「人民戦線事件で検挙され休職」から大内兵衛を導く。ちなみに，E．有沢広巳も大内兵衛と同じような経歴を持っているが，森戸事件の時は東大助教授ではなかった。

問(6)A．正文。B．滝川幸辰は「東京帝国大学教授」ではなく，京都帝国大学教授の職を休職処分により追われた。C．滝川幸辰に処分を迫った文部大臣は「近衛文麿」ではなく，鳩山一郎であった。D．大学の法学部教授会は「一部」ではなく，全員の教授が辞表を提出して滝川の休職処分に対して抗議の意思を示した。E．「大学に復帰することはなかった」が誤り。滝川幸辰は戦後に復職し，後に京大総長となっている。

問(8)やや難。C．正解。『機械』は，菊池寛に師事した横光利一によって書かれた文学作品である。A．『大菩薩峠』は中里介山，B．『雪国』は川端康成，D．『村の家』は中野重治，E．『生活の探求』は島木健作の作品である。

問(9)E．誤文。『破戒』は「昭和初期」ではなく，明治後期の作品である。

問(10)D．正文。A．『麦と兵隊』は火野葦平自らが「シンガポール」ではなく，日中戦争（徐州作戦）への従軍体験を記録した作品である。B．火野葦平は第二次世界大戦中に戦死しておらず，戦後も執筆活動などを行った。C．日本文学報国会の会長は「徳冨蘆花」ではなく，兄である徳富蘇峰である。E．石川達三の『生きてゐる兵隊』は「インパール作戦」ではなく，日中戦争を取材して執筆された。

❖講　評

2023 年度は 2022 年度と同様に大問数 4 題，解答個数は 40 個であった。大問 2 題は史料を題材とした問題である。正文・誤文選択問題は，2022 年度は 16 問出題されていたが，2023 年度は 11 問であった。また，2023 年度は 2010 年代の出来事も問われており，この年代をしっかり学習できていない受験生は苦戦したと思われる。難易度は総合的に見ると，標準的な問題といえる。

Ⅰ 「神仏分離令」「地震・憲兵・火事・巡査」「婦人参政関係史資料」の 3 つの史料から，近代の社会・政治を問う問題である。初見史料も含まれているが，史料内容はさほど難しいものではなく，設問文をヒントに解答できる問題が多くを占める。問(2)の「毀」の漢字には注意しよう。設問自体は教科書の記述に沿ったものであるので，漢字のミスをなくして高得点を目指したい。

Ⅱ 「憲法十七条」「獄令・賊盗律」「御成敗式目」「今川仮名目録」の 4 つの史料から，古代～中世の法令に関して問う問題である。「獄令・賊盗律」に関して問われている設問は史料内容をしっかりと把握できていないと解答に迷う受験生も多かったと思われる。特に，問(5)は判断しにくかっただろう。問(9)も史料学習をしていない受験生は解答に迷ったかもしれない。

Ⅲ 江戸時代の社会・文化・政治分野を中心に出題されている。問(1)・問(3)はやや詳細な内容が含まれているために解答に迷ったかもしれない。また，問(7)の人物を選択する問題は，一橋派として活躍した人物が誰なのかを理解できていなければ，難しかったと思われる。

Ⅳ 近現代の政治・社会・文化について出題されており，戦後史からの出題では，2010 年代の政治分野が問われているが，教科書範囲の知識だけで正答するのは難しいといえる。特に，問(2)・問(3)は政党の詳細な知識も必要となるため，受験生は苦戦したと思われる。

世界史

I　解答

問１．①アリスタルコス　②王立協会　③イスタンブル
④孟子　⑤プルードン
問２．(ア)ケプラー　(イ)トレド　(ウ)アヘン
(エ)マンチェスター・リヴァプール　(オ)ルイ=ブラン

◀解　説▶

≪世界史上の「革命」≫

問１．②王立協会はイギリス最古の学会であり，自然科学の普及や発展に貢献した。所属していた人物としては「近代化学の父」として知られるボイルや，万有引力の法則を発見したニュートンが有名である。

③リード文中の「海峡の要衝」とは，ボスフォラス海峡のことを指す。コーヒーはスーフィーの修行の際にイスラーム世界で用いられており，オスマン帝国の首都であるイスタンブルに世界初のコーヒーハウスが誕生した。

問２．(ア)設問文中の「天体の運動法則を理論的に打ち立て」という表現から，ケプラーの３法則を想起してケプラーを解答したい。

(イ)イベリア半島のトレドやシチリア島のパレルモを拠点として，アラビア語・ギリシア語の文献がラテン語に翻訳される 12 世紀ルネサンスが進展した。本設問は「カスティリャ王国」とあるため，イベリア半島のトレドが正解となる。

(エ)スティーヴンソンは，1825 年にストックトン・ダーリントン間に初の鉄道を運行させると，1830 年にはランカシャー地方の綿工業の中心地であるマンチェスターと，奴隷貿易で繁栄していた外港リヴァプールを結ぶ鉄道営業を開始した。

II　解答

問１．①－G　②－T　③－W　④－Q　⑤－L
問２．(ア)－C　(イ)－A　(ウ)－D　(エ)－E　(オ)－D

◀解　説▶

≪古代エジプト≫

問１．③ラメセス（ラメス）２世がシリアをめぐってヒッタイトと戦った

カデシュの戦いでは，世界最古の和平条約が結ばれたとされる。今回は「シリアの都市」として聞かれているので，戸惑った人もいるかもしれない。

問２．(ア)Ｃ．正文。

Ａ．誤文。バビロン第一王朝を建国したのはアッカド人ではなくアムル人。

Ｂ．誤文。「エジプトはナイルの賜物」という言葉でエジプト地域の繁栄を言い表したのは，トゥキディデスではなくヘロドトス。

Ｄ．誤文。神官文字がヒエラティック，民用文字がデモティックである。

Ｅ．誤文。アケメネス朝ペルシアが用いた楔形文字を解読したのは，フランスのシャンポリオンではなくイギリスのローリンソンである。

(イ)Ａ．正文。

Ｂ．誤文。1727 年にキャフタ条約が締結された時代の清の皇帝は，康熙帝ではなく雍正帝である。

Ｃ．誤文。カトー=カンブレジ条約の結果，フランスはイタリアにおける権利を放棄し，イギリスはフランスに領有していたカレーを失った。

Ｄ．誤文。ユトレヒト条約は，オランダ戦争の講和条約ではなく，1713 年に結ばれたスペイン継承戦争の講和条約の総称である。

Ｅ．誤文。ウェストファリア条約では，カルヴァン派の信仰も公認された。

(ウ)Ｄ．正文。

Ａ．誤文。やや難。新バビロニアの滅亡が前 539 年，リディアの滅亡が前 547 年である。新バビロニアの滅亡の翌年，バビロンに入城したキュロス２世によってユダヤ人が捕囚から解放された。

Ｂ．誤文。ダレイオス１世が建設した王都はクテシフォンではなくペルセポリスである。

Ｃ．誤文。「王の道」の西端は，ミレトスではなくサルデス。

Ｅ．誤文。ゾロアスター教における光明の神はアフラ=マズダ，暗黒の神がアーリマンである。

(エ)Ｅ．正文。

Ａ．誤文。アルキメデスはキプロス島ではなくシチリア島の出身である。晩年は，ポエニ戦争中にローマ兵に殺害された。

Ｂ．誤文。『幾何原本』は宋応星ではなく，徐光啓とマテオ=リッチとの共同で刊行された。

C．誤文。理性による禁欲が重要であるとする哲学思想は，エピクロス派ではなくゼノンが創始したストア派。また，ゼノンはキプロス島の出身。

D．誤文。やや難。「ラオコーン」は，ルーブル美術館ではなくヴァチカン美術館に所蔵されている。また「ラオコーン」「サモトラケのニケ」のいずれもプラクシテレスの創作ではない。

㈹D．正文。

A．誤文。キリスト教公認以前，とくに「3世紀の危機」と呼ばれる混乱の時代になるとキリスト教徒の数は飛躍的に増加していった。また，『新約聖書』はヘブライ語ではなくコイネーで書かれた。

B．誤文。ローマの大火に際してキリスト教徒を迫害したのは，ディオクレティアヌス帝ではなくネロ帝である。

C．誤文。イエスの直弟子で使徒として伝道活動をしたのはペテロで，ローマ市民権を持ちローマ帝国内を広く伝道して周ったのは，ペテロではなくパウロ。

E．誤文。ネストリウス派は431年のエフェソスの公会議ですでに異端とされ，カルケドンの公会議でも再び退けられた。

III　解答

問1．①―V　②―E　③―L　④―S　⑤―W

問2．㈠―E　㈡―E　㈢―C　㈣―E　㈹―A

◀解　説▶

≪クルド人の歴史≫

問1．③やや難。オスマン朝のセリム1世は，チャルディラーンの戦いで騎兵集団のキジルバシュを中心としたサファヴィー朝を撃破した。

問2．㈠E．正文。

A．誤文。オスマン朝では18世紀以降に徴税請負制の導入が進み，ほぼすべての税が請負制となった。ティマール制は建国初期から採用されている。

B．誤文。サファヴィー朝では徴税のための検地や人口調査は行われてはいない。また，サファヴィー朝の軍隊はイラン系ではなくトルコ系遊牧民のキジルバシュが主である。

C．誤文。プロノイア制の導入は，コンスタンティヌス9世ではなくアレクシオス1世の統治下である。

D．誤文。マムルーク朝は，軍人に農地からの徴税権を与えるイクター制をアイユーブ朝から継承し，一貫して採用されていた。

(イ)E．正解。湾岸戦争（1991 年）はイラクが隣国クウェートに侵攻したことがきっかけであり，「政府が自国民に対して大規模な迫害をおこなっている」状況に該当しない。

(ウ)C．正文。

A．誤文。ウクライナは十四か条の平和原則で明示的に独立を認められてはいない。

B．誤文。ローザンヌ条約とセーヴル条約が逆。オスマン朝が締結したセーヴル条約にクルド人の自治を認める内容が含まれていたが，この条約に代えてトルコ共和国が締結したローザンヌ条約にはクルド人の自治を認める規定はなかった。

D．誤文。アフガニスタンは第二次世界大戦前の 1919 年，第 3 次アフガン戦争後に独立を達成した。

E．誤文。1916 年にアイルランドで発生したイースター蜂起は，イギリス政府により鎮圧された。アイルランド自由国が誕生するのは 1922 年。

(エ)E．正文。

A．誤文。イラン=イスラーム共和国はシーア派が主導する革命で誕生した。また，イラクのサダム=フセイン政権はスンニ派であったが，国民の大多数はシーア派。

B．誤文。1951 年にアングロ=イラニアン石油会社を接収・国有化したモサデグ政権が，53 年にイラン国王を支持する将校のクーデタにより崩壊し，国有化は失敗に終わった。

C．誤文。サダム=フセインはイラン革命の余波を恐れたアラブ諸国や米国など西側諸国の支援を受けて，反米的であったイランに侵攻した。

D．誤文。やや難。イラク革命により成立したカセム政権は反英米・親ソの立場を取り，バグダード条約機構から脱退した。

(オ)A．正文。

B．誤文。西ドイツは西ヨーロッパ連合条約（ブリュッセル条約）を締結していない。

C．誤文。ヨーロッパ中央銀行はドイツのフランクフルトに設置された。ヨーロッパ中央銀行が発券するユーロをイギリスが導入していないことから誤文と判断したい。また，シューマンはフランスの外相である。

D．誤文。東南アジア条約機構（SEATO）には東南アジア地域内の国家のみならず，アメリカ・イギリス・フランスといったヨーロッパ諸国も参加した。

E．誤文。アラブ諸国によるアラブ連盟の結成は 1945 年であり，第一次中東戦争（1948～49 年）より前のことである。

Ⅳ　解答

問１．①－X　②－H　③－J　④－Y　⑤－S

問２．(ア)－D　(イ)－A　(ウ)－C　(エ)－E

(オ)－B または D※

※設問２(オ)については，正答が複数存在することから，正解を複数とする措置が取られたことが大学から公表されている。

◀解　説▶

≪明代と清代の社会経済≫

問１．②杭州は浙江省の港市であり，隋代に建設された大運河の南端として発展し，南宋代には都とされた。明代には絹織物業で繁栄した。

問２．(ア)D．正文。

A．誤文。明朝が結んだアルタン=ハンとの和議は通商の拡大が主な内容であり，燕雲十六州の割譲を行ってはいない。

B．誤文。アルタン=ハンは北京を包囲したが，陥落させていない。またアルタン=ハンの侵入によって明朝は遷都を行うことはなかった。

C．誤文。エセン=ハンが土木堡で捕虜としたのは，建文帝ではなく正統帝。

E．誤文。選択肢文の内容は 14 世紀の前期倭寇に関するものである。

(イ)A．正文。

B．誤文。やや難。中国の人口は，18 世紀の１億数千万人から 19 世紀初頭には３億人を超えた。

C．誤文。欧米貿易を限定した港は，香港ではなく広州。

D．誤文。『四庫全書』は康熙帝ではなく乾隆帝が編纂を命じた。

E．誤文。典礼問題以降，雍正帝の時代にキリスト教の布教は全面禁止された。

(ウ)C．正文。

A．誤文。鄭芝竜は，息子の鄭成功の死去の前年に，清朝により処刑された。

B．誤文。鄭成功が撤退させたのは，ポルトガル人ではなくオランダ人。

D．誤文。やや難。鄭成功は，華僑ではなく日本人の母から生まれた。

E．誤文。鄭和と鄭氏一族は無関係。

(エ)E．正文。

A・B・C．誤文。呉三桂は雲南省に依拠する平西王であった。

D．誤文。三藩の乱に際して，呉三桂たちは北京を包囲していない。

(オ)B．正解。『皇輿全覧図』はフェルビーストではなく，ブーヴェやレジスにより制作された。

D．正解。アダム=シャールが『崇禎暦書』を作成したのは，清代ではなく明代である。

❖講　評

Ⅰ　世界史上の「革命」をテーマとして，古代から近代までの社会・文化史が主に問われた。平易な設問が多いが，文化史の設問が多かったため学習時間の確保ができていなければ解答が難しかったかもしれない。

Ⅱ　古代エジプトがテーマの大問であった。問２の正文選択問題は選択肢の文章が長く，その吟味が必要である。特に問２(ウ)・(エ)はやや難の選択肢を含んだ正誤判定を行わせる問題であり，そこで差がついたと思われる。また文章をよく吟味するための時間の確保も必要だろう。

Ⅲ　クルド人の歴史をテーマに，イスラーム史を中心に問う大問であった。問われた地域は歴史的に複雑で，また時代的にも現代史が多く出題されたため，対策を講じていたかどうかで差がついたであろう。問２(イ)は戦争が起こった背景を考察させる問題であった。Ⅱと同じく，選択肢の文章が長いので，その内容の吟味と時間の確保が必要であろう。

Ⅳ　明代と清代の社会経済がテーマとなった大問であった。テーマ通り，正文選択問題で社会経済の分野が多く問われたため，政治史のみならず社会経済史まで対策ができていたかどうかが鍵となる。問２(イ)や(ウ)はやや難の問題であった。

全体的に，文化史・現代史・社会経済史など受験生が苦手とする分野が出題された。こうした分野の対策を万全にしたうえで，受験本番に臨みたい。正文選択問題は１文が長いため，時間配分等に気をつけ落ち着いて取り組む練習をしておこう。

政治・経済

Ⅰ　解答

問1．①―E　②―F　③―K　④―O　⑤―D
問2．(ア)―C　(イ)―C　(ウ)―C　(エ)―D　(オ)―A

◀解　説▶

≪会社制度≫

問1．①合同会社は，経営者と出資者が同一であり，出資者全員が有限責任社員である会社である。設立が簡単で経営の自由度も高いため，中小企業経営に向いた会社形態である。2006年から施行された会社法により，従来の有限会社に代わって新設された。

②株主有限責任の原則とは，株主は，その所有する株式の引受価格（出資額）を超えて，会社の損失や債務につき会社の債権者に対して責任を負わない（会社法第104条）とする原則である。

③所有と経営の分離は，大企業の経営が，個人の資本家ではなく，専門経営者（雇用経営者）に委ねられるようになったことをいう。その背景には，株式の分散と大衆化，法人株主の増大，経営の複雑化・専門化などがある。

④持株会社は，傘下の会社の株式を独占的に保有することで企業グループ全体の中核となる会社である。戦前の財閥本社がこれにあたる。独占禁止法によって全面的に禁止されてきたが，1997年，規制緩和，およびグローバル化とビッグバンの流れのなかで解禁された。銀行・証券・保険など業態の異なる金融機関を統轄する金融持株会社も，同年，解禁された。

⑤敵対的買収は，いわゆる乗っ取りのことで，相手企業の取締役会の同意を得ずに企業買収を仕掛けることである。

問2．(ア)C．正文。日本電信電話公社は1985年，日本電信電話株式会社（略称NTT）として，日本専売公社は1985年，日本たばこ産業株式会社（JT）として，日本国有鉄道（国鉄）は1987年，全国を6地域に区分する旅客会社（JR，Japan Railway）と貨物会社などに分割されて，いずれも株式会社として民営化された。

A．誤文。財政活動を行うのは「日本銀行」ではなく「政府」である。

B．誤文。株式会社ではない企業も市中銀行や証券会社から資金を調達できる。

D．誤文。公益企業も株式会社の形態をとることができる。

(イ)C．誤文。インサイダー取引とストック=オプションとは関係がない。インサイダー取引は，公表前の内部情報を利用して行う違法取引である。ストック=オプションは，企業の役員や従業員に対し成功報酬として付与される自社株購入権である。1997 年の商法改正で本格的に導入され，現在の会社法では新株予約権として扱われ，禁止されていない。

(ウ)C．誤文。2006 年に施行された会社法では，最低資本金の制限が廃止され 1 円でも株式会社を設立できる。

(エ)D．正文。自己資本は，企業の総資本のうち，出資者から調達した資本金（株式会社の場合は株式の時価総額）と内部留保（剰余金）をいう。

A．誤文。キャピタルゲインは保有している債券や株式などの資産を売却することによって得られる売買差益で，配当ではない。

B．誤文。株式会社は，事業利益を，配当以外に拡大再生産や内部留保の資金として用いる。

C．誤文。株式会社において，配当金の額は固定されていないし，借入金の返済額は会社の利益に比例するとは限らない。

(オ)A．正文。株式会社の行う災害救援資金の寄附は，会社の利潤追求とは異なるが法的に問題はない。企業の慈善活動や社会的貢献を意味するフィランソロピーとして期待されている面もある。

B．誤文。株式会社の取締役は，不当な取引制限にあたるカルテルを行うことはできない（独占禁止法第 3 条）。

C．TOPIX は，東京証券取引所に上場する銘柄を対象として算出される株価指標である。当日の株式の商いから時価総額を合計し，1968 年 1 月 4 日を基準日に，当時の時価総額を 100 として算出される。日経平均株価と並ぶ代表的な株価指標として知られる。

D．誤文。株式会社の取締役が義務に違反し会社に損害を与えた場合，株主は株主代表訴訟を提起して責任を追及することができる。

Ⅱ　解答

問1．①―O　②―B　③―N
④（設問省略）　⑤―G

問2．(ア)―B　(イ)―B　(ウ)―C　(エ)―C　(オ)―B

◀解　説▶

≪APEC とその加盟国≫

問1．①UNCTAD（United Nations Conference on Trade and Development，国連貿易開発会議）は，南北問題を解決するために設置された国連総会の常設機関である。第1回のプレビッシュ報告以来，先進国への要求を決議してきた。

② ASEAN 自由貿易地域（AFTA，Asean Free Trade Area）は，貿易の自由化をはじめとする域内経済の活性化をはかる機関である。

③チリは，太平洋に面していることからペルーと並んで APEC の加盟国である。また，2023 年には TPP11 にも加盟する予定である。2023 年現在，南米諸国が関税同盟で結束する MERCOSUR（メルコスール，南米南部共同市場）の準加盟国になっている。

⑤アジアインフラ投資銀行（AIIB）は，アジア諸国で高まるインフラ整備の需要に応えるために 2015 年に設立された投資銀行である。中国の習近平国家主席の提唱によって発足したこともあって中国の主導権が強い。

問2．(ア)B．正文。APEC は，1989 年からアジア・太平洋地域の貿易・投資の自由化のため，21 の国と地域で結成する経済協力機関である。距離的に離れた国・地域を結び付けるため，台湾や香港のような地域，ロシアやペルー・チリといった国も加盟している。

A．誤文。オーストラリアは APEC を脱退していない。

C．誤文。ASEM（Asia-Europe Meeting，アジア欧州会合）は，アジアと欧州との間のパートナーシップを強化するための会合である。1996 年から，2年に1度，アジアと欧州の首脳・閣僚が出席する会議になっている。アジア側からは 21 カ国と1機関（ASEAN 事務局），欧州側からは 30 カ国と1機関（EU の欧州委員会）が参加する。

D．誤文。インドネシアは APEC を脱退していない。

(イ)B．正文。

A．誤文。気候変動枠組条約が調印されたのは，1992 年に開催された国連環境開発会議（地球サミット）である。国連人間環境会議が開催されたのは，1972年である。

C．誤文。2002年の持続可能な開発に関する世界首脳会議（環境・開発サミット）は，アジェンダ21（地球サミットで採択された21世紀への環境計画）の達成状況を検証するために開かれた。

D．誤文。2015年のCOP21（パリ会議）では，196の国・地域が参加し新たな地球温暖化対策の枠組みを決めるパリ協定が採択された。

(ウ)C．誤文。人間の基本的ニーズ（BHN，Basic Human Needs）を満たせない貧困は，「相対的貧困」ではなく「絶対的貧困」である。相対的貧困は，その国や地域の水準のなかで比較して大多数よりも貧しい状態をいう。

(エ)C．正文。1997年にラオス，ミャンマー，1999年にカンボジアが加盟して，東南アジア全域が加盟するASEAN10が実現した。

A．誤文。ASEANの加盟国は，日本からのODA（政府開発援助）を辞退していない。また，ODAは被援助国の自主的な経済発展を阻害するものでもない。

B．誤文。ASEANで安全保障を討議するのは，1994年に創設されたASEAN地域フォーラム（ARF）である。

D．誤文。RCEPは，ASEAN内部の協定ではなく，地域的な包括的経済連携協定をいう。2011年にASEANが提唱し，2020年に15カ国が署名し2022年に発効した。

(オ)B．正文。2013年，中国の習近平国家主席は，APECの場で一帯一路の構築を提唱した。それは，中国西部から中央アジアを経てヨーロッパを結ぶシルクロード経済ベルト（一帯），中国沿岸部から東南アジア・インド・中東を経てアフリカ・地中海を結ぶ21世紀海上シルクロード（一路）の2つから成る。この構想に沿って，中国は，2つのシルクロード上に経済圏をつくり，インフラ整備と連結した貿易・投資の促進を強化する政策を進めている。

Ⅲ　解答

問1．政治性　問2．極東　問3．岸信介
問4．防衛装備移転　問5．公聴会
問6．日米地位協定　問7．報道　問8．平和のうちに生存する
問9．普天間　問10．幸福追求

◀解　説▶

≪日本をめぐる安全保障体制≫

問1.「高度の政治性」は，国家の存立に関わるような高度な政治的判断を求められる性質のことである。国家の行為のうち高度な政治性をもつ統治行為にあたるものについては裁判所は審査を控えるべきだとする法理を統治行為論（司法消極主義）と呼ぶ。1959年の砂川事件の判決において，最高裁判所は統治行為論を採用した。

問4. 防衛装備移転三原則は，従来の武器輸出三原則に代わる新たな原則で，共産圏，国連で武器禁輸になっている国，紛争当事国への，日本からの武器輸出を禁止する。しかし，平和貢献，国際協力の積極的な推進に資する場合，日本の安全保障に資する場合，紛争当事国への日本からの武器輸出は禁止されていない。

問5. 公聴会は，日本国憲法には規定されていない。日本では，国会（衆参両院の委員会）および地方議会が行うものと，行政機関が行うものとがあり，国会の予算委員会では，必ず公聴会を開かねばならない。

問6. 日米地位協定は，新日米安保条約第6条「基地供与」に関して，在日米軍が日本国内で円滑に活動できるようにするために特別な権利を定めた協定である。在日米軍関係者が犯した犯罪行為については米軍当局が第一次の裁判権を有し，公訴までの期間の拘禁も米国側が行うとしており，然るべき捜査権を日本側がもたないことで，在日米軍関係者の犯罪の抑止に問題があるとされた。

問7. 報道の自由は，日本国憲法第21条1項に規定する表現の自由に含まれる。

問8.「平和のうちに生存する権利」は平和的生存権と呼ばれ，新しい人権の一つである。

問9. 普天間飛行場（米軍の海兵隊基地）の返還要求は，1995年の沖縄米兵少女暴行事件や2004年の沖縄国際大学米軍ヘリ墜落事故が背景にある。

問10.「幸福追求」の箇所は，「生命，自由及び幸福追求に対する国民の権利」（日本国憲法第13条）からの引用である。

Ⅳ 解答

A．団体自治 B．住民自治 C．地方分権一括
D．自治 E．法定受託
F．地方交付税（地方交付税交付金） G．財政再生 H．ふるさと納税
I．第三セクター J．町村総会

◀解 説▶

≪地方公共団体≫

C～E．地方分権一括法は，2000年4月から施行された。同法により機関委任事務は廃止され，自治体の事務は自治事務と法定受託事務に整理された。

F．地方交付税は，2022年現在，所得税・法人税の33.1％，酒税の50％，地方法人税の全額，消費税の19.5％（地方消費税は別）が各地方公共団体の財源不足の程度に応じて交付され使途は限定されない。

G．財政再生団体は，地方財政健全化法によって財政再生計画を策定した地方公共団体をいう。2007年に民間企業の倒産にあたる財政再建団体となった夕張市は，2010年以降，財政健全化法に基づく財政再生団体に移行し現在に至っている。

I．第三セクターは，都市開発や交通事業など公益性の高い事業を行うために，第一セクター（公企業）と第二セクター（私企業，民間資本）の共同出資で設立される企業形態である。

J．町村総会は，町村議会に代わるものとして設置される機関である。「町村の議会に関する規定を準用する」（地方自治法第95条）と規定される。過疎化や高齢化が進み定数を満たす議員のなり手が不足する町村では，議会に代わる選択肢として注目されている。

❖講 評

Ⅰ・Ⅱともにマークシート法で，それぞれ空所補充の選択式設問が5問，正誤判断による選択式設問が5問である。Ⅲ・Ⅳは記述式で，Ⅲは問3以外すべて，Ⅳは全問が空所補充の形式をとっている。全体的に教科書の内容で解答できる出題箇所が多い。詳細な知識を問う出題箇所もあるが，全体としての難易度は標準的である。

Ⅰ　会社制度に関連した出題である。正誤判断は消去法で正解を絞る解き方がよい。問2は，会社関連の経済用語の知識があると判別が容易

である。必ずしも教科書に準拠しないが，標準的な出題である。

Ⅱ　世界的な経済圏に関連した出題である。問1の③，問2の(ア)は，意表を突く国名の出題でありやや難しい。問2の(ウ)は「相対的貧困」の意味を考えないと判別が難しい。その他は標準的な出題である。

Ⅲ　日本の安全保障に関連した出題である。事象関連（問1・問2，問7～問10），人名（問3），法制（問4～問6）などの記述が求められた。教科書中心の丁寧で確実な学習の成果が問われたといえよう。

Ⅳ　地方公共団体に関連した出題である。空所補充問題の前半のFまではオーソドックスな出題である。後半のG・Hは話題性のある知識（それぞれ財政再生団体，ふるさと納税）が，Jは教科書の範囲を超えた知識（町村制）が問われた。全体的には標準からやや難のレベルといってよい。

明文の文脈に置き換え、さらに本文中から当該箇所を探さなければならないので、文脈理解を要し、やや難のレベルと言えよう。

〔二〕の現代文は、渡辺洋三の古典的評論が出典。「市民法」と対比しつつ「社会法」の考え方について説明している。内容・用語はやや専門的・学術的だが、具体例を交えつつ、対比される概念について、表現を変えて繰り返し説明しており、内容理解にさほどの困難はない。しかし、設問および選択肢には、じっくりと見極めたり考えたりする必要のあるものがいくつかある。問5・問7は、箇所指摘の設問で、傍線部に関する説明文の空欄にふさわしい表現を、本文中から指定された文字数で探させている。〔一〕の問8と同じく、文脈把握力を要し、やや難のレベルである。問9の②や問10は、選択肢の見極めにも慎重な判断を要する設問である。

〔三〕の古文は、随筆『榻鴫暁筆《とうでんぎょうひつ》』からの出題。多くの出典をもとにした作品であるが、この箇所は、『史記』に基づく、程嬰・杵臼兄弟の忠義についてのエピソードである。和漢混交文体であり、設問にも漢文が含まれている。時間を追って話題が展開されており、読み取りやすい。用語にもさほど困難なものは含まれておらず、文法上も解釈に困るようなものはない。ただ、人物がたくさん登場するため、それぞれの名前や関係を理解するのに煩わしさを感じるかもしれない。設問はほぼ標準的であるが、問2は、傍線部の人物と同一の人物を文中から指摘する設問で、最後まで読んで本文全体の展開を把握する必要があり、当該箇所は見つけにくい。問10については、「杵臼喜びて諾す」という短い欠文から、これが用いられている場面を推測しなければならない。「諾す」をヒントに「程嬰」が命令した部分を探すことになり、文脈把握力も必要となる。やや難のレベルであろう。

〔一〕・〔二〕・〔三〕ともに素材文の質や量および設問の形式やレベルは、いずれも標準的である。しかし、試験時間が六〇分なのに対し、大問が三題（大問中の設問は十問または十一問）で、しかも古文には漢文が含まれている。知識ばかりでなく、かなり迅速かつ的確な内容理解力や情報処理力が要求されている。その意味では、全体として、やや難のレベルの出題だと言える。

それは、「杵臼と共に謀りし道」、すなわち、「三歳の孤」を育てて敵を討てという主君「智伯」の遺命を果たすという「義」のために「杵臼」と共謀した道に背くことになる、と言っている。よって自分だけの栄耀栄華は、「杵臼親子を犠牲」とした「義」のあり方に背く、とした2が正解。

1は、「息子とともに死んでしまった」が誤り。「息子」=「智伯が孤」は「趙遁」を討って趙王となっている。

3は、「主君の趙遁を裏切って」が誤り。「程嬰」は「智伯」の遺命を受けて「義兵を起こし」て「趙遁」を滅ぼしている。

4は、「亡き智伯の命令」が誤り。「智伯」は「趙遁」を討てと遺命を残しているが、「兄弟揃って死ぬ」ことは命じていない。

問10　「諾す」は〝承諾する、受け入れる〟の意なので、誰かの提案があり、それを受け入れる箇所を探す。また、挿入文には「喜びて」とあり、自分にとっては本来好ましくないであろう提案を甘受する箇所である。第二段落に「程嬰」の「汝（=杵臼）は易きに付きて討ち死にせよ」という提案がある。「杵臼」は、これを承け、自らの子を「主の孤」と偽って殺し、自らも死ぬことになるので、この提案の続きに入れるのが適当。

❖講　評

現代文二題、古文一題の計三題。ただし、古文の中に漢文の設問を含む。記述式とマークシート式の選択問題を併用した解答方式である。選択問題はすべて四者択一となっている。

[一]の現代文は、中野重治の随筆。芸術家の仕事のあり方について語っている。何気ない言い回しや話題の展開の中に深い含蓄を込めた文章であり、受験生がその真意を理解するにはやや困難があろう。設問自体は、語意や文学史など知識を問うものが小問の約半数を占めていることや、選択肢の見極めが易しいものが多いことから、おおむね標準的である。ただし問8については、傍線部について言い換えた文の空欄を本文中の語句で埋める形式であるが、傍線部を説

分。「君」は、面と向かっている「趙遁」を示す。「趙遁」が「徳恵」を持った人物であり、その力で「智伯」を打ち破ったなどと追従《ついしょう》を述べて、疑念を晴らそうとしている。「あに～んや」は、漢文では「豈―哉」などと表記する反語の用法。「謀る」は〝だます、欺く〟の意。〝「亡国の先人」のために「有徳の賢君」を偽るだろうか、いやそんなはずはない〟と言っている。よって「有徳の賢君」は持ち上げられている「趙遁」、これに対比して貶めた「亡国の先人」は、〝国を亡ぼすほどの悪徳の先に仕えた人〟の意で、「智伯」を指すことになる。

問6　傍線部6を含む会話を聞いた「趙遁」は、傍線部7以降「さては偽りなしと思ひて、程嬰に武臣を授け」たとある。「趙遁」は「程嬰」に武士の家来を与え、「杵臼」を攻撃させたのだから、「程嬰」が申し出たのは、「趙遁」の配下となって「杵臼」を攻撃することである。また、問5でふれたように、この部分の「君」は「趙遁」を指す。「臣」は〝臣下、家来〟の意（臣下の自称としても使われる）。以上より正解は2。

問7　傍線部3～6を含む「程嬰」の会話の終わりに、「智伯が孤を杵臼隠し置きたる所を、我これを知れり」とある。「趙遁」は、「これを聞き」「さては偽りなしと思」ったのだから、「智伯が孤」の所在にふれた3が正解。1・2・4いずれも「程嬰」の会話の中にない。

問8　空欄［A］の直前に「かねて相謀りし事なれば、我が子を刺し殺し」とある。「かねて相謀りし事」とは、第二段落半ばほどの「杵臼が子の三歳になるを、主の孤なりといひて、山深き栖に隠し置」いたこと。さらに、その上で、これを「趙遁」に知らしめ、軍隊を派遣させ、「智伯が孤」を討ち取ったと思わせることである。すなわち、「主の孤」の身代わりに「我が子を刺し殺」すことで「趙遁」を欺くことであるから、「杵臼」の「呼ばはり（＝大声で叫ぶこと）」は、「趙遁」に「主の孤」が討ち死にしたと思わせるものでなければならない。「傾く」は〝敗れ死ぬこと〟の意。「主の孤」が討ち死にしたとする、1が正解。

問9　最終部分の「程嬰」の会話に「われ官禄を得て世をむさぼらば、杵臼と共に謀りし道にはあらず」とある。「官」は〝官職、役職〟、「禄」は〝俸禄、報酬〟の意。「世をむさぼる」とは〝世俗的な欲望をほしいままにする〟の意で、

▲解　説▼

問1　「べし」の文法的意味は、推量（…ダロウ）、意志（…ヨウ）、当然・義務（…ハズ・…ネバナラナイ）、適当・勧誘（…ガヨイ）、命令（…セヨ）等とたくさんあり、文脈に沿って識別することになるが、原則的には、主語の人称によって次のように判別する。⑴一人称：意志、⑵二人称：適当・勧誘・命令、⑶三人称：推量。ア・イは、「智伯」が「程嬰・杵臼」の兄弟に語っている部分にある。アの「討ち死にす」の主語は「智伯」（もしくは「我が軍」）。「夜明けには」と自分（たち）の未来を想像しており、「推量」の意。イの「亡ぼす」の主語は「汝等（＝語りの相手である「程嬰・杵臼」の兄弟）」。原則⑵と文脈から判断して「命令」の意。これが正解。ウは、程嬰が杵臼に向かって、生・死の困難性について尋ねている部分である。「いづれか」とあり、「推量」がふさわしい。エは、程嬰が杵臼に語っている部分。「（命を）全くす」の主語は、「我（＝語り手である程嬰）」。原則⑴から判断して「意志」の意。

問2　最終段落の最初の文に「終に智伯が孤に趙国を保たせり」とあり、「程嬰」は「智伯が孤」に趙の国を平定させたことがわかる。「趙の国を平定した」者は、すなわち「趙王」となった人物である。続いて「この大功、程嬰が謀より出でしかば、趙王これを賞し」とあり、ここから「趙王」を抜き出す。

問3　「難」は、上の句の「易（やすし：〝やさしい〟の意）」と対になっており、「かたし」（〝むつかしい〟の意）と読む。「耳」は、「爾、而已、而已矣」などと同様に、「のみ」と読む限定の意をあらわす助字。

問4　敬意の方向については、敬語の使用者（地の部分の場合は「書き手」、会話の部分の場合は「語り手」）から、⑴尊敬語の場合は「動作の主体」に対する敬意、⑵謙譲語の場合は「動作の受け手」に対する敬意、⑶丁寧語の場合は「読み手」もしくは「聞き手」に対する敬意、とするのが定義。ここは、「程嬰」が「趙遁」に語っている部分なので、「程嬰」からの敬意である。「奉る」は謙譲語であるから、⑵より、「聞く」という「動作の受け手」である「趙遁」に対する敬意ということになる。よって正解は3。

問5　傍線部4・5があるのは、程嬰の降参を許さない「趙遁」に（偽って）取り入ろうとする「程嬰」による会話の部た。（自ら）死んで敵を偽るのと、このままで（＝生き永らえて）遺児の力添えになるのと、どちらが困難（な道）であろうか」（と）。杵臼が答えて言う、「死はひたすら義を果たそうという心によってもたらされ、生は知恵をこらすことによって保たれる。とすると私は生が困難だと思う」（と）。程嬰は、「それならば私は困難な方を選んで生を全うしよう。お前は簡単な方に身をおいて討ち死にせよ」と言う。杵臼は（程嬰の提案を）喜んで受け入れる。「それでは計略を練ろう」と言って、杵臼の子で三歳になる者を、主君の遺児であると偽って、山深い住み家に隠しておいて、程嬰は趙遁の所に行って、降伏する旨を申し出るが、趙遁はこれ（＝降伏）を認めない。程嬰が重ねて言うには、「はるか遠くからあなた様の慈悲の徳を（備えていることを）聞き申し上げているが、（その徳によって、あなた様は）智伯に勝利なさった。どうして国を亡ぼすような（悪徳の人である）先に仕えた人（＝智伯）のために、徳のある賢君であるあなた（＝趙遁）を偽ることがあるだろうか、いやそんなことは決してない。あなた様がもし（私が）家来になることをお許しになるならば、智伯の遺児を杵臼がかくまっている場所を、わたしは知っている（それをお教えしよう）」と申し上げた。趙遁はこれを聞いて、それならば間違いないと思って、程嬰に武士を与え、杵臼の隠れ住んでいるところに数万騎の兵を派遣して、これを討ち取ろうとする。杵臼は前もって（程嬰と）示し合わせたことなので、自分の子どもを刺し殺し、「智伯の遺児は、武運に恵まれずもう敗死した」と叫んで、腹をかき切って死んでしまった。趙遁は喜んで、程嬰に多くの俸禄を与え高い位につける。

　さてやがて智伯の遺児が、程嬰の家で育ち成人になったので、（程嬰は）すぐに忠義のための戦を起こし、三年のうちに趙遁を滅ぼし、ついに智伯の遺児に趙の国を平定させた。この大きな手柄は、程嬰の計略から生まれたことであるので、趙王（＝智伯の遺児）は程嬰を褒めたたえ、高い身分を与えようとなさったが、（程嬰は）これを受け入れない。「私が官職や俸禄をいただいて栄華をほしいままにするなら、（それは）杵臼と一緒に計らった（忠義の）道ではない」と言って、杵臼が死んで埋葬した墓の前で、自分から剣の上に倒れ伏して（死に）、同じ場所に埋葬された。

解答

問1　2
問2　趙王
問3　4
問4　3
問5　亡国の先人：4　有徳の賢君：3
問6　2
問7　3
問8　1
問9　2
問10　といふ。

◆全　訳◆

むかし唐の国の晋の時代に、趙遁と智伯という二人の者が、趙の国を（手に入れようと）長年争っていた。あるとき智伯が、趙遁に取り囲まれ、討ち死にしようとしたときに、智伯の家来に程嬰と杵臼という兄弟がいた。智伯は、彼らを呼んで、「私の戦士としての運命はこれまでだ、夜明けには討ち死にするだろう。お前たちはこっそりと城を抜け出し、私の三歳になる遺児をかくまい、成人したならば敵の趙遁を滅ぼせ」と言った。兄弟は、これを聞いて、「主君と臣下がいっしょに討ち死にすることはすぐにできることでたやすいことであるが、三歳の遺児を隠して命を無事に保つことは将来にわたることであり難しいことである」と言って、その夜こっそりと落ちのびた。夜が明けると、智伯はそのまま討ち死にをし、趙の国はみな趙遁に帰属した。

さてそこで兄弟二人で、智伯の遺児を隠そうとするが、趙遁はこのことを聞いてしきりに（遺児を）討とうとした。程嬰はこれ（＝趙遁が遺児を討つこと）を恐れて杵臼に言ったことには、「亡き主君（＝智伯）は遺児を二人の臣下に託しである。

4は、傍線部5の理由ではなく結果について述べており、全文が不適切。傍線部5以降に述べているのは、「政治の問題」と認識すること（＝結果）が、人々にどういう行動を促すか、ということである。双方の対立は「政治の問題」となるから、個々の人間は政治的な立場を明確にし、政治参加しなければならない、としている。

問10　選択肢の内容を本文の該当箇所と照らし合わせて消去法で対処する。

1、前半部の「国家が市民社会内部の…制限する」は、第五段落の「社会法は、国家権力による市民社会秩序のてこ入れとして登場してくる」や「市民社会内部の自律的規範にカンショウし、…制限し、修正する」に相当する。後半部の「一定のルールはあるものの…限界はない」は、第六段落の「一般的基準が論理必然的にあるわけではない」や第九段落の「論理必然的な限界があるわけではない」などに相当する。よって正解。

2、「市民社会における利害の対立」は「論理の問題」として解決され（第二段落など）、「階級・階層のあいだの対立」は「政治の問題」として妥協がはかられる（第六段落など）とする、本文の逆になっている。

3、「利害が対立するごとに」が不適切。本文では、「好むと好まざるとにかかわらず…特定の立場にたたざるをえない」「個々の具体的人間は、一国の政治利害の配置のなかで…努力しなければならない」（最終段落）とあり、避けられない「特定の立場にたつ特定の利益主張」のためには、常日頃の政治参加が欠かせないとしている。

4、「譲歩すればするほどよい結果となる」が不適切。本文では、「市民社会の秩序」は「市民一般を前提とする理性的、したがって論理的基準としてきまってくる」（第二段落）のであって、個々人の「譲歩」の度合いによってもたらされるものではない、としている。

三

出典　一条兼良『榻鳴暁筆』〈第三　程嬰・杵臼〉

必然的な限界があるわけではない」と言っている。

4は、「市民法」の内容。本文では、「社会法」は、大わくとしてはこのなかにおさまるべきだが、その「相手の立場を認め」ることには、必然的な限界がなく、相互の力関係によるものだと言っている。

問9　①「市民一般なる立場」は「普遍的立場」（第二段落）であり、「市民法」の判断基準である。第二段落の冒頭には「立場を交換しあう市民相互間」とあり、後半には「固定した特定の立場、…にたちえない」とある。また、この「立場を交換」することから、「内発的な自己抑制作用」が生まれ、政治的な力の介入を必要としない「自己完結的な秩序」が生まれているとしている。よって正解は2。

1は、「市民生活全体の幸福を考え」が不適切。市民相互の立場に触れていない。一般市民相互がお互いの立場を承認するのである。

3は、「社会法」に関わる内容であり不適切。特に「労働者が…」としているのは、「市民一般」について述べた内容ではない。

4は、「他律的調整原理」が誤り。これは「社会法」の政治力に関わる表現である。

②傍線部5の「ここ」は「社会法」を指す。この直前に「社会法において、論理の問題は政治の問題に直結する」とある。「論理の問題」とは、「市民法」が基準とする「市民一般なる立場」。この「市民一般なる立場」が「社会法」にない理由は、基準が諸階層の力関係に基づく「政治の問題」へと変わるから、ということになる。第六段落で、資本家と労働者の利害調整という「政治の問題」の例を挙げて「二つの異なる要求の妥協として一定のルールが成立する」（傍線部4）としている。「妥協」を「たがいに譲歩しあう」と言い換え、「政治の問題」＝「国家によるてこ入れ」が「市民一般なる立場」に代って対立を調整する基準となる、とした3が正解。

1は、「売買契約において」が不適切。これは「市民法」における市民相互の関係を説明する際に用いた例である。

2は、「だれもが不利にならないよう」が不適切。双方の対立は、力関係を反映した「妥協」によって調整されるの

1は、「相互に立場を交換できる」が誤り。これは「市民的取引（自動的な抑制作用が働く場合）」の説明である。本文では「異なる立場からの利益主張はぶつかりあい…爆発してしまうかもしれない」（傍線部Cを含む段落）とある。

2は、「両者を一致協力させる」が不適切。国家は利害の「調整」すなわち線引きを行うのであり、諸階級・諸階層の対立、力関係は残ったままである。

4は、「市民一般に共通な尺度を用いながら」が誤り。傍線部5に「市民一般なる立場はここにはない」とある。国家の調整は「力関係にかかる問題」であり、「政治の問題」なのである。

問7　本文が、「市民法」と対比しつつ「社会法」のあり方について述べていることを確認する（要旨参照）。傍線部3の、「市民社会の自律的秩序」は、「市民法」に関わる内容。第二段落に「各当事者の内発的な自己抑制作用によって、…おちつく」とあるように、「内発的な自己抑制作用」に基づくものである。とすると、設問の説明文の「資本家と労働者との関係」を調整する「社会法」の基盤には、この「内発的な自己抑制作用」がないことになる。第三段落は、「これにたいし、…」、「さきに市民法でみたような…」とあるように、「市民法」と対比して「社会法」について述べ始める箇所である。ここから〝「内発的な自己抑制作用」がない〟に相当する表現を抜き出す。

問8　問7と同様「市民法」と「社会法」の由来・内容の対比をおさえる。傍線部4の「一定のルール」は「社会法」を指す。「社会法」は、「市民法の土台のうえにある（＝市民法的わくのなかにおさめられている）」（第七段落）から、「資本家も労働者も…相手の立場を論理必然的に承認しあわなければならない」が「しかし」、その「論理的限界はなにもない。力関係の均衡が、それをささえているだけである」（第八段落）とある。「一定のルール」は「力関係にかかる問題であって、論理必然的な限界があるわけではない」（第九段落）という内容を踏まえた3が正解。

1は、「自律的規範が論理必然的にある」が誤り。これは「市民法」に内在している要素である。

2は、「双方の主張をすべて認めあわなければならない」が不適切。本文では、資本主義のわくの中にある限り「社会法」も「市民法」のように相手の立場を承認しあわなければならないが、その承認は「すべて」ではなく、「論理く。市民法によってもたらされる市民社会の秩序は、自己完結的、論理的なものであり、政治的な力の介入は必要としない。これに対し、諸階級・諸階層の対立から市民社会秩序を保持するための社会法は、集団相互の力関係を基盤とするものであり、その秩序は、国家の介入や力関係の均衡によってもたらされるもので、理性的＝論理的基準はない。人は何らかの特定の立場にたっており、政治的利害のなかで、みずからの立場を有利に位置づけることが求められる。

▲解　説▼

問2　「自《じ》縄《じょう》自《じ》縛《ばく》」は〝自分のせいで自分自身が身動きできなくなり苦しむこと〟の意。本文中の「みずから真綿で首を絞める」とほぼ同意の表現であり、取引の際、自分の立場を有利にすることだけを考えていると、立場が逆転したときには、自分が不利になる、という意味で用いている。

問3　傍線部D直前に「国家は…調整者として、市民社会内部の自律的規範に」とある。ここでの「カンショウ」は、「市民法」による市民と市民との秩序関係に国家権力が〝立ち入る、「介入」する〟の意である。

問4　「真綿で首を絞める」は〝遠まわしにじわじわと責め苦しめること〟の意。直前に「みずから」とあり、問2の「自縄自縛」とほぼ同意で用いている。

問5　傍線部1の「そこ」が指示するのは「市民的取引」。「買主」と「売主」との取引を言う。設問の説明文にある「自分に有利な規則を作っても、立場が変われば」という仮定や条件を示す表現に着目しつつ、「買主」と「売主」の「立場が変わる」箇所を探す。第一段落のはじめに「そのような規則（＝買主に有利な規則）をつくったら、今度は、…売るという段階では…」とあるので、これ以降の記述を説明文に合う形で抜き出すことになる。

問6　傍線部2「国家」の説明として、前に「資本家と労働者との関係の外部から、それぞれの立場をこえたところで、その利益主張を制限するような…外部からの調整者として」と述べられている。また、「国家は…市民法上の原則を制限し、修正する」（傍線部3を含む段落）や「国家は…諸階級・諸階層を超越した中立的存在である」（最後から二段落目）とも言い換えられている。よって正解は3。

3は、「華麗な文章」を「全身全霊をあげて取り組んだ結果、自ずと生み出される」とするのは、傍線部5の「花々しい文字づらなぞ」に価値を置かない筆者の考えに反する。
4は、本文の最終段落にある「銭をつくるためにこともあろうに素樸を持ちだしたことの恥さらしでもあろう」に相当する。「銭をつくるため」は、ここでは〝原稿料を得るために〟の意。「素樸」という通俗性から離れた理屈（＝信念）を持ち出しながら、最も通俗的な金銭を手に入れたことへの、筆者の言い訳めいた面目ない思いである。

二

出典　渡辺洋三『法というものの考え方』〈第四章　社会法の考え方〉（岩波新書）

解答

問1　1
問2　じじょうじばく
問3　干渉
問4　綿
問5　自分に～てくる
問6　3
問7　自動的～がない
問8　3
問9　①－2　②－3
問10　1

◆要　旨◆

市民相互間の利害を調整するための市民法は、市民一般という普遍的立場を基準とする、内発的な自己抑制作用に基づ

「花々しい文字づらなぞ」で飾り立てて来ても、僕には「（芸術家の）持つべき仕事にたいする素樸な考え方」があるから、「僕は僕なりに…を知り…を知り…を知っている」（傍線部5の次段落）という具合に、作品の本質を見極める力を失わない、というのである。芸術家の仕事ぶりについての素樸な見方（＝信念）があるから、とした3が正解。

1は、「美に対する概念は時とともに変化する」が、自分なりの基準を持っているから、とする本文に合わない。

2は、「筆者は…人の心を動かす文章を書くことができる」が、本文の「僕」の持つ「仕事にたいする素樸な考え方」に合わない。

4は、「言葉はいたずらに人を惑わせるだけ」が誤り。表現だけの問題にしており、本文に言う表現の背後にある芸術家としての仕事ぶりに触れていない。

問7　1「大伴家持」は『万葉集』の歌人であり、その編者とされる。2「藤原定家」は『新古今和歌集』の編者の一人。3「紀貫之」は『古今和歌集』の編者の一人。4「在原業平」は『古今和歌集』などに入集した六歌仙の一人。

問8　傍線部7の「態度をぐらつかせる」は、〝芸術家としての信念（＝人・社会の役に立つ仕事をする、顧みられない仕事をこつこつとする）を曲げる〟こと。問3の「剛毅な態度」を曲げることである。「剛毅な態度」についての説明箇所である傍線部2の前から探すとよい。傍線部7直前の「名聞」に相当する表現があることや、「経済」に関わる語は「貨幣」であることもヒント。

問10　『十六夜《いざよい》日記』は鎌倉時代、「阿仏尼」の作品。日記の開始が十月十六日であることから名付けられた。

問11　1は、「前衛的な作品」が不適切。筆者が芸術にもとめるのは、「人を喜ばせ」、「人心をさらに美しく激しくコウ揚させ」ること（空欄［ア］の直前）や「美しい生活が人間の世界に来ること」（傍線部2の前）である。芸術家としての仕事を話題にしていない点でも不適切。

2は、「自らの名前が歴史に刻まれ…」が、本文の「作品が永遠に残ることなぞを目当てるべきでなく」（傍線部2の前）に反する。

た評価に流されることなく、自分が「美しい生活が人間の世界に来る」という芸術の価値に役立っているかどうかで評価すべきだと言っている。芸術の価値とそれに携わる意識に触れた2が正解。

1は、「社会への還元など二の次」が本文の「芸術」は「人を喜ばせる」ものだという価値に反する。「趣味の世界に没頭」も「芸術家」の態度にふさわしくない。

3は、「世界の実情を、鮮やかに再現」が、本文の言う「芸術」の価値や「芸術家」のあり方と無関係。

4は、「同時代人から評価されるため」が、本文の世評とは無関係に芸術に身を捧げる「芸術家」のあり方に反する。

問4　傍線部3に続く、「たとえば…」や「またたとえば…」の内容をおさえる。「芸術の歴史のなかにしばしばかき消されている芸術に関する学問の歴史を忘れている」、「文字となって残るような仕事だけを仕事と思いこみ、…眼に見えない仕事…を仕事だとも思わない」とある。「歴史」や「文字」として残っているものだけに眼が向き、それらを支える残らないものに眼が向かない、と言っているのだから、正解は1。

2の「無名の人間の…点に、芸術家の理想像を見出す」は、本文の「…を忘れている」や「…とも思わない」と逆の意味になる。

3の「古典として評価する」も、本文の「…を忘れている」に反する。

4の「世間の評判のみを参考」は、前の段落にある「芸術家」の望ましくないあり方に関わる内容。

問5　「千万無量」は〝計り知れなく多いこと〟の意。1の「千歳不磨」は〝長く残っていること〟、2の「一粒万倍」は〝少しのものから多くのものが生み出されること、少しのものも粗末にできないこと〟、3の「広大無辺」は〝限りもなく大きいこと〟、4の「情状酌量」は〝事情を考慮して罪を軽くすること〟の意。〝とてつもなく多い、大きい〟の意を持つことから3が正解。

問6　傍線部5の直前に「だから」と理由を示す語があるので、その前の段落に注目する。「僕」には、「ひとり合点で目ざしている素樸というやつ」があるのである。「…をさげて」くるのは「芸術家（と称する者たち）」。いくら彼らがとなく毅然とした態度で芸術上の制作に向かうべきだ。また、芸術は千万無量の仕事のおかげをこうむっている。それらの仕事にこつこつと携わるほんとうの賢さを持った人たちに恥じない仕事をすることが、芸術家の持つべき仕事に対する素樸な考え方だ。だから僕は一見花々しい作品には驚かないし、何が価値を持った芸術であるか知っている。

▲解　説▼

問1　傍線部1の「論文」は「仕事」の一例。前の段落には「仕事の価値は…それを取りかこむ人間生活のなかに生きかえるか」によって定まる、とある。また、傍線部1以降にも「論文がそれ自身としては死んでしまい、…具体的な解決そのもののなかに全く別個によみがえることが大切なのだ」とある。「論文自身が不要にな」るとは論文が書いた当人や理論性を離れ、人間生活の中で具体的な解決策を示すものになる（=「生きかえる」・「よみがえる」）ことを意味する。よって、1が正解。他の選択肢は、どれも、書いた「当人」を問題にしている点で不可。

問2　「芸術家」が芸術上の制作をするのは「人を喜ばせるため」であり、芸術上の制作以外に「人心をさらに…コウ揚させうる」仕事が見つかったなら、さっさと〝制作をやめて〟その仕事に向かうだろう、という文脈にある。4の「筆を折って」が正解で〝書くことをやめて〟の意。

1の「筆をまげて」は、〝自分の利益のために嘘や本音ではないことを書いて〟の意。

2の「筆を加えて」は、〝書き足して、添削して〟の意。

3の「筆をふるって」は、〝書画を書いて〟の意。

問3　「剛毅な態度」は〝信念にもとづいた強くくじけないあり方〟の意。空欄ア の後に、「彼に芸術上の制作ができなくなったり…した場合には、…けっしてそのやくざな『彼の』芸術に未練を残していない」とある。また、その前には「芸術家は…人を喜ばせるためには芸術上の制作に従うほか…道がない」とあり、「人を喜ばせる」（=人や社会のために）という芸術の価値に自らの作品がふさわしいかどうかを意識して制作するのが「芸術家」だと言っている。そして、傍線部2の前では、「芸術家」は、「作品が永遠に残ること」や「貨幣（金銭価値）」や「世評」といっ

国語

一

出典 中野重治「素樸ということ」（『中野重治全集9』筑摩書房）

解答

問1 1
問2 4
問3 2
問4 1
問5 3
問6 3
問7 1
問8 一つの～価する
問9 2
問10 いざよい
問11 4

◆要　旨◆

仕事の価値はそれがどこまで人間生活のなかに生きかえるかにある。芸術の制作は作品が残ることではなく、美しい生活が人間の世界に来るために役立つことを願う仕事である。芸術家は作品の永遠性や貨幣的評価・世評などに流されるこ

2022年度

問題と解答

■学部別入試

問題編

▶試験科目・配点

教　科	科　　　目	配　点
外国語	「コミュニケーション英語Ⅰ・Ⅱ・Ⅲ，英語表現Ⅰ・Ⅱ」，ドイツ語（省略），フランス語（省略）から１科目選択	150点
地歴・公民	日本史Ｂ，世界史Ｂ，政治・経済から１科目選択	100点
国　語	国語総合（漢文の独立問題は出題しない）	100点

英語

(70分)

I 次の文章を読んで，以下の問に答えなさい(＊のついた語句は文末に注があります)。

Everything was ready for Jonathon's birthday party. Or at least it had been until Quercus, the big, friendly, very unruly wire-haired pointer intervened with his insatiable and indiscriminate appetite. He had eaten most of the ingredients for the party — sausage rolls, jelly, some of the balloons and, most significantly, most of the party poppers*. He had guzzled* it all down before anyone could stop him. He had also eaten some cufflinks.

As I cast my eyes down the list on screen of appointments for the afternoon, "Quercus: eaten party poppers" stood out from the rest.

Vets, nurses, and receptionists all gathered to stare at the screen, not knowing what to expect when Quercus arrived and not knowing whether to laugh, cry or panic.

In over twenty years of being a veterinary surgeon, I had never seen a dog who had swallowed one party popper, let alone several.

It sounded like a joke — "Did you hear the one about the dog who ate the party poppers? Streamers came out of his bum* every time he broke wind!" — but it wasn't a joke and I was worried.

Eventually, (ア) the culprit* appeared with Jonathon and his mum, Sandra.

"Honestly, this dog!" Sandra exclaimed. "Everything was going so well and then Quercus got into the kitchen and the next thing we knew, he'd eaten all these things! Is it going to be serious, do you think? Will you need to operate?"

I looked down at the dog with his large ears and slightly droopy eyes and his happy but rather dozy expression. (イ) It was hard not to laugh at the situation.

"Well," I replied, as I started to examine the hapless hound, "I'm sure we can (ウ) sort him out, although I've never seen a dog eat party poppers before." And then, as an afterthought, "Has he definitely eaten them?"

"Yes, I'm sure he has," confirmed Sandra. "There was a box of about ten. The box is all chewed up and I can only find three. So, I suppose he might have eaten seven! That sounds an awful lot."

Jonathon had been standing quietly all this time, but at this he piped up, "Do you think his stomach will explode, doctor?"

"I suppose it might," I said, mischievously. "I'd better be careful when I examine him."

I knelt on the floor, as I usually do to examine large dogs who are too big to lift onto the table. I needed to check Quercus over, starting at his head and working back. First, I looked at his gums*, as an obstruction in the intestines would make his membranes change from a healthy pink to a nasty reddish purple. I also wanted to see if there were any plastic or stringy bits of confetti* still in his mouth, which might suggest that Quercus had chewed the poppers into pieces rather than swallowing them whole. Either could present a problem. Plastic chewed up into little bits would not cause an obstruction, but the sharp edges could do some serious damage to the wall of the intestine. On the other hand, a whole party popper would simply act as a plug that nothing could get past.

Being a vet is sometimes like being a detective. Of course, animals cannot tell us what is wrong, where it hurts or how they feel — or, as in this case, whether they have actually eaten the party poppers. A doctor would simply say to his patient, "Have you eaten the party poppers?" and the patient would answer, "No, of course not. That would be a stupid thing to do." Or, "Yes, I've eaten seven of them. Is that going to be a problem, do you think, doctor? I'm not sure why I ate them. I just fancied them." And then the doctor would know exactly what to do.

But since animals can't talk, working out where the problem lies is often more difficult, and we have to look for clues. So this was what I was doing with

Quercus.

After I had looked in his mouth, I moved to his abdomen*, gently pressing with my fingers to try to feel if there were any party-popper-shaped objects in his insides. I needed to be very careful. I didn't want him to explode.

It all felt remarkably normal; I couldn't feel anything hard or unusual. My detective work had, so far, not led me to an answer.

I stood up from the floor of the consulting room. "I think we will need to do an X-ray," I explained. The X-ray would show if there were any intact party poppers inside his stomach or bowels. If there were, I would definitely need to operate to take them out, to prevent them from getting stuck. It was possible they could get stuck in either his stomach or his intestines or his anus*.

Sandra and Jonathon went home to try to clear up what was left of Jonathon's party, while I took Quercus through into the kennels to get him ready for his X-ray. He didn't have a care in the world as he trotted behind me, nose in the air, looking for more interesting things to swallow.

He was well behaved for the injection that would send him to sleep, and it was not long before he was sedated*, snoozing happily, oblivious to the fuss and worry around him. We lifted him onto the table, arranged him into position and took the X-ray. Within a few minutes, the image started to appear on the computer screen. Several vets and nurses gathered alongside me to peer at the picture.

I was expecting to see a collection of party-popper-shaped objects inside the greedy dog's stomach. Not so long ago I saw a radiograph of the stomach of a dog who had eaten some plastic ducks, like the ones that float in a child's bath. They were very clear on the image, which looked pretty funny. But, today, I could not see any shapes that looked like whole party poppers. This had to mean that Quercus had chewed them into pieces of plastic, lengths of stringy confetti and gunpowder mixed in there too. I did not need to operate, but I was worried about the powder mixing with the stomach acid. I couldn't see the cufflinks in there either.

What to do?

After a lengthy discussion with the rest of the team, we concluded that we should wake Quercus up by reversing his sedation, and then try to make him sick so that the dangerous chemicals, any nasty sharp bits of plastic and the stringy confetti would come back up rather than continuing down through his small intestines, where they could cause other serious problems.

I called Sandra, who was very relieved that their big, hairy dog would not need an operation. But, of all the things I have to do as a veterinary surgeon, making a dog sick is my least favourite. Vets spend much of their time trying to stop dogs and cats from being sick, or feeling sick. But now I would be deliberately making Quercus feel awful. So awful, in fact, that he would vomit up all of his stomach contents.

I knelt beside the big, grey and by now very confused hound.

"I'm really sorry, Quercus," I said. I felt I should offer him some explanation. "I'm going to give you another injection, but it won't make you feel better. In fact, it will make you feel worse."

Quercus had no idea what I was talking about.

I gave him the tiny injection and waited for the worried expression to appear across his confused face. It did, quickly followed by the gulping and a new expression of deepening concern and deeper confusion. I held his enormous ears out of the way so he wasn't sick on (エ) them, which would have been the final insult.

Then poor Quercus started to heave. Out came pieces of plastic, streamers, bits of paper packaging, mangled* balloons and some suspicious, grey sludge* that looked like gunpowder mixed with stomach acid. Several piles of chewed-up party apparatus appeared before he stopped looking worried and started to wag his tail again. Quickly, I took him back to his kennel — the daft* dog had started sniffing the vomit and I thought he was about to eat it again.

Quercus would make a full recovery. I phoned Sandra with news of the afternoon's activities and the outlook for him.

Jonathon and Sandra were soon back at the surgery to collect their beloved but rather naughty dog.

"Goodbye Quercus," I called as he trotted out to the car. "I'm sorry I made you sick but I'm happy you didn't explode."

As Quercus, now happily sitting in the back seat of the car, looked at me from under his hairy eyebrows, I felt sure that this would not be the last time we met.

I never did hear if the cufflinks turned up.

出典：Julian Norton, *A Yorkshire Vet: The Next Chapter*. London: Coronet, 2020.
（一部省略・変更しました）

注 party popper：パーティー用クラッカー（プラスチック製）
guzzle：がつがつ食べる bum：おしり culprit：犯人 gum：歯茎
confetti：（色紙の）紙ふぶき abdomen：腹部 anus：肛門
sedate：鎮痛剤や催眠剤を投与する mangle：ずたずたに切る
sludge：へどろ daft：ばかな

（問 1） 下線部 (ア)〜(エ) の内容に最も近いものをそれぞれ1つ選び，その番号を解答欄にマークしなさい。

(ア) the culprit
1. Jonathon
2. Quercus
3. the receptionist
4. the surgeon

(イ) It was hard not to laugh at the situation.
1. It was impossible for the author to hold back his negative feelings.
2. The author could not help making fun of the owner.
3. The author found the situation very funny.
4. The joke about the dog was not funny at all.

(ウ) sort him out

1. find a solution for him
2. keep in touch with him
3. let him eat more
4. take him away

(エ) wasn't sick on

1. did not feel bad with
2. did not feel tired of
3. did not throw up on
4. did not feel proud of

(問 2) 本文の内容に基づいて，(A)〜(F) の質問の答として最も適切なものをそれぞれ１つ選び，その番号を解答欄にマークしなさい。

(A) What is the author's occupation?

1. Animal doctor
2. Detective
3. Dog trainer
4. Party arranger

(B) Why are vets like detectives?

1. Because a veterinarian has to find out what is wrong with an animal by looking for signs and symptoms instead of directly asking questions.
2. Because being a veterinarian is as time-consuming as being a detective, and they both have hardly any private time.
3. Because veterinarians can simply ask animals what is wrong with them.
4. Because veterinarians must have a strong body to carry out work as demanding as that of detectives.

(C) What was the first thing that the vet did when Quercus arrived?

1. He asked Quercus's family about his record of past illnesses.
2. He carefully examined the dog's bowels.
3. He checked Quercus's mouth.
4. He took an X-ray of the dog's abdomen.

(D) Why did the doctor take an X-ray?

1. Because he could not get enough information just by touching.
2. Because it was required by law before the operation.
3. Because it was the doctor's personal preference over other examinations.
4. Because it was the easiest way to earn money.

(E) What was the purpose of the first injection?

1. To ease his pain.
2. To make the dog motionless and steady.
3. To prevent infection from the internal injury.
4. To stabilize the dog's blood pressure.

(F) What was the purpose of the second injection?

1. To cure minor injuries of the intestines.
2. To help him throw up what he had eaten.
3. To make him calm.
4. To neutralize acid in the stomach.

(問 3) 以下の (A)〜(C) について，本文の内容に最も近いものをそれぞれ１つ選び，その番号を解答欄にマークしなさい。

(A)
1. The author began his career as a veterinarian several years ago.
2. The author prefers treating smaller animals to larger ones.
3. The author used to be a detective, but changed his job because of

his love for animals.

4. The author works as a veterinary surgeon at a clinic with other co-workers.

(B) 1. Because of the size of the dog, the author did not put him on the table for examination at first.

2. Jonathon and Quercus are good brothers and they helped each other in preparation for Jonathon's birthday party.

3. Quercus seemed to have accidentally eaten party poppers and plastic ducks during Jonathon's birthday party.

4. The author was quite certain that the dog consumed party poppers, but he did an X-ray just to avoid a lawsuit.

(C) 1. The author, his colleagues and Quercus played together in the afternoon, pretending to be detectives.

2. The author, his co-workers and Quercus had a wonderful afternoon together having fun with some party goods.

3. The author intentionally made Quercus sick and made him throw up all of what he had eaten.

4. The author saw Quercus, took an X-ray and then made him sleep with calming drugs before treatment.

(問 4) 以下の英文は著者が Quercus の状態をどのように考えたのか述べたものです。空欄①～④のそれぞれに選択肢Ａ～Ｈのどれか１つを入れてこの文章を完成させるとき，最も適切な組み合わせを選択肢組み合わせ群の中から１つ選び，その番号を解答欄にマークしなさい。

The author had to guess what had happened to Quercus, and he came up with two possible theories. If Quercus (①), (②) by the fragments of what he had eaten. If Quercus (③), the poppers

（ ④ ）. Both situations could be quite dangerous.

選択肢：

A．had bitten the poppers into bits and eaten them

B．had crunched the plastic into pieces and thrown them up

C．had mixed the poppers with the balloons inside his stomach

D．had swallowed down the poppers whole

E．might have damaged the inside of the mouth of Quercus

F．the inside of the gut might have been clogged

G．the internal organs of Quercus could have been harmed

H．would block the flow of Quercus's digestive organs

選択肢組み合わせ群：

1.	① A	② F	③ C	④ E
2.	① A	② G	③ D	④ H
3.	① B	② F	③ C	④ E
4.	① B	② G	③ D	④ H

（問 5） 著者が開腹手術は必要ないと判断した理由を述べた以下の文を完成させなさい。答えは［　　　］の中に入るできるだけ具体的な文言とし，25 字以内の日本語で記述解答欄に記入すること。

レントゲン写真に［　　　　　　］からである。

Ⅱ　次の文章を読んで，以下の問に答えなさい(＊のついた語句は文末に注があります)。

The most popular surname in Germany and Switzerland is Müller, while in Ukraine, it's Melnik; both are words for a miller*. In Slovakia, the most common last name is Varga, a word that means shoemaker. And in the UK, Australia, New Zealand, Canada and the US, it's Smith — as in blacksmith, silversmith, locksmith, gunsmith. These names date back as far as the Middle Ages, when a person's job was considered a defining characteristic; it became their literal identity.

Today, our jobs don't dictate our names but they still often become a major part of our identities. After all, one of the first questions we tend to exchange with a new acquaintance is, "[(a)]?"

In many ways, it feels natural to see a person's profession as a defining detail of who they are. It can be a clue into their values, interests or background (or simply help two strangers pass time at an awkward cocktail party). But many of us have come to actually define ourselves by our occupations. How did work become to be so entangled with identity — and is it too late to separate our perceptions of self from our professional lives?

Historically, most people didn't get to choose their jobs, says Anne Wilson, a professor of psychology at Wilfrid Laurier University in Ontario. "It was usually generational — your father was a carpenter, so you were a carpenter," she says. "Or, you'd just (ア)take a job based on the opportunities available."

But increased access to education over the past century has led to the emergence of more varied jobs, and thus more income tiers*. So, jobs have become a significant marker of identity in a more nuanced way. When someone says they're a surgeon, you generally assume they have a good education and high income — two criteria that can determine one's standing in society, and affect how you subsequently judge the person. Of course, (イ)it's a two-way street: many welcome this judgement, because they desire to associate themselves with the wealth and accomplishment their professional titles imply. "That is especially true among the 'educated elite'," says Wilson. "For people who have a certain type of job and certain class, it often becomes how you identify yourself and how others identify you."

However, (ウ) those who do let their jobs consume their identities may be doing so at their own expense. When people invest a disproportionate amount of their time and energy into their career, explains Wilson, it can lead to a psychological state called "enmeshment," where the boundaries between work and personal life are blurred.

"This tends to happen especially for people with jobs that are relatively self-determined, where you're not clocking in at nine and out at five," says Wilson. People in high-powered executive positions, lawyers, doctors, entrepreneurs, academics and others who set their own hours "can end up letting their jobs fill a lot of — or most of — the time in their lives."

When you become so enmeshed in your job that it begins to define you, you also may begin to let it determine your own value. This can have disastrous effects.

"If you tie your self-worth to your career, the successes and failures you experience will directly affect your self-worth," says Wilson. "And because we live in a society where careers are less likely to be lifelong, if we switch or find ourselves out of a job, it can also become an identity crisis."

And enmeshment doesn't only threaten the way we feel about ourselves personally. Janna Koretz, founder of Azimuth Psychological, a Boston-based practice focused on the mental health of people in high-pressure jobs, says that linking self-worth to your career can turn a career hurdle into something considerably tougher to overcome. "Inevitably, something will happen," she says. "There will be lay-offs, a recession, your company will be acquired, and suddenly your job isn't what it used to be. It becomes really existential for people, and they have poor coping strategies because it's earth-shattering*. So, it becomes depression, anxiety, even substance abuse*."

But until there's a problem, most people who've slipped into a career-centric identity don't even realise it's happening. "We work with people who are uncomfortable with how much they're defined by their job," says Koretz. [(b)] , she adds, most would also say they're doing their "dream job," or something they love.

However, we may have a rare opportunity to disassociate who we are with what we do.

The pandemic's forced disruption of all elements of our lives — work, especially — has caused many to evaluate what's actually important to them. Some have taken on new hobbies; others have evolved their bonds with family and friends.

"When we face experiences that remind us that our mortal existence is transient and that tragedy can strike with little or no warning, we tend to be motivated to evaluate what makes life worthwhile," writes Clay Routledge, a professor of psychology at North Dakota State University. Routledge is one of the co-authors of a recent study on how American adults derived meaning in their lives.

So, while our careers are still in the picture, of course, we may be at a juncture where our jobs become only one significant puzzle piece of our lives.

Wilson points out that doing work you love is not a bad thing, nor is considering what you do for a living an important part of who you are. But she says moving away from a system where people are defined primarily — or exclusively — by their jobs will take more than realising there is a problem, or re-prioritizing in the wake of the pandemic. It will also require a cultural shift (エ) away from the idea that each person has a professional calling (オ) and that the goal of life should be to discover it. "We often set people up to feel dissatisfied; if they don't find themselves in that perfect job, they've somehow failed," she says.

Changing that way of thinking may need to begin long before people actually enter the workforce. Research shows that pressure to find "a calling" makes students feel lost and depressed. Even young children get the message that the career they choose will be part of who they become; consider how often today's kids are asked, "What do you want to be when you grow up?"

Discussing careers with children — especially little girls — can help them see the myriad* possibilities their future holds. But Wilson says asking young people what they want to be may have knock-on effects.(カ) "The idea that this is when we want kids to determine a life course may influence the degree to which, as adults, we end up tying our identity so much to our jobs."

出典：Kate Morgan, "Why we define ourselves by our jobs." BBC.com, 13 April 2021.（一部省略・変更しました）

注　miller：粉屋，製粉業者　　income tiers：所得層
earth-shattering：驚天動地の
substance abuse：薬物・アルコールなどの乱用　　myriad：無数の

（問 1）　下線部 (ア)〜(カ) の内容に最も近いものをそれぞれ1つ選び，その番号を解答欄にマークしなさい。

(ア)　take a job based on the opportunities available

1. consult with your parents and let them decide the job that would suit you
2. decide your job when you are sure it is a once-in-a-lifetime offer
3. pick a job among vacancies that are open at the time
4. think twice before taking a job that is unpopular among elites

(イ)　it's a two-way street

1. we tend to look down on people who try to understand others through their jobs
2. when we meet people on business, their job is the easiest way to remember who they are
3. we are inclined to associate employment with identity, if people introduce themselves with their job title

4. we evaluate others by their professions and a lot of them enjoy being thus evaluated

(ウ) those who do let their jobs consume their identities may be doing so at their own expense

1. there can be negative consequences to tying yourself too tightly to your career
2. your job may alienate you from your friends, but that's the cost you should be prepared to pay for great success
3. you should devote everything to your work to avoid wasting your capabilities
4. you will be asked to cover the costs if you use company resources for private purposes

(エ) It will also require a cultural shift

1. Corporate culture needs to change from a top-down to bottom-up model
2. Children should be encouraged to work instead of seeking higher education
3. We should change the idea that everybody has a job that perfectly fits him or her
4. People should move out of their offices, and enjoy the freedom of choosing their working locations

(オ) a professional calling

1. a realisation that each person has their own way of working
2. a request for professional services
3. an attraction to a specific company
4. a career which a person is destined for

(カ) knock-on effects

1. chain reactions
2. banging sounds
3. physical impacts
4. unexpected success

(問 2) 本文の文脈に沿って，[(a)] [(b)] それぞれの空欄に入れるのに最も適切な語句を選び，その番号を解答欄にマークしなさい。

(a)
1. How do you do?
2. How do you think?
3. What do you do?
4. What do you think?

(b)
1. Hopefully
2. Ironically
3. Justly
4. Naturally

(問 3) 以下の (A)〜(D) について，本文の内容に最も近いものをそれぞれ1つ選び，その番号を解答欄にマークしなさい。

(A)
1. Company executives and professionals who can choose their working hours may find their work-life balance getting worse.
2. Once you attain a high-powered executive position you can make others work long hours.
3. People in high-powered executive positions often work from home, which enables them to spend longer hours with their families.
4. Remote work has set people free of many old office rules, but there still remains a strong work ethic that binds people to fixed timetables.

(B)　1. The writer finds it is wonderful to be identified by our occupations, because we don't have to worry about defining ourselves.

2. The writer is surprised how many people actually choose a job that is not financially rewarding.

3. The writer thinks that if our ancestors were all members of the same profession, we should uphold that tradition.

4. The writer warns that it is not wise to regard ourselves as completely at one with our job.

(C)　1. A person's self-evaluation should not be based solely on the social status of his or her occupation.

2. People who decide their own work hours rarely forget how valuable their personal lives are.

3. The more you devote yourself to your job, the better you understand your true value.

4. You should re-evaluate everything in financial terms and discard outdated work habits.

(D)　1. If we are to admit that our lives are primarily about our jobs, we should not refrain from asking our boss for help and encouragement.

2. Once we realise how dependent we are on our family history, it makes us sincerely respect our ancestors.

3. Since our lives often feature unexpected success, we can get by without a little help from our friends.

4. When we are reminded that our lives are fragile and temporary by such experiences as a pandemic, we ask ourselves what is really important.

日本史

（60 分）

〔Ⅰ〕 次のA・B・Cの各文章(一部変更をくわえている)を読んで，それぞれの設問に答えなさい。

A

…然ルニ太政維新列藩版図ヲ奉還シ，辛未ノ歳ニ及ヒ遠ク郡県ノ古ニ復ス。世襲坐食ノ士ハ其禄ヲ減シ，刀剣ヲ脱スルヲ許シ，四民漸ク自由ノ権ヲ得セシメントス。是レ上下ヲ平均シ人権ヲ斉一ニスル道ニシテ，則チ兵農ヲ合一ニスル基ナリ。是ニ於テ，士ハ従前ノ士ニ非ス，民ハ従前ノ民ニアラス，均シク皇国一般ノ民ニシテ国ニ報スルノ道モ固ヨリ其別ナカルヘシ。凡ソ天地ノ間一事一物トシテ税アラサルハナシ。以テ国用ニ充ツ。然ラハ則チ，人タルモノ固ヨリ心力ヲ尽シ国ニ報セサルヘカラス。西人之ヲ称シテ血税(a)ト云フ。其生血ヲ以テ国ニ報スルノ謂ナリ。…(b)全国四民男児二十歳ニ至ル者ハ尽《ことごと》ク…編入シ以テ緩急ノ用ニ備フヘシ。…

（『法令全書』）

問(1)　1872(明治５)年に出されたAの文章の名称を漢字で記しなさい。

問(2)　Aの文章に基づき翌 1873(明治６)年１月に公布された法令などによる新たな負担の増加をきらって，同年，農民をはじめとする人々が ［(ア)］ を起こした。これは，下線部(a)の文言が誤解されたことにも原因があるといわれている。空欄(ア)に入る出来事の名称を，漢字で記しなさい。

問(3)　Aの文章では下線部(b)の原則が示されていたが，その翌年に公布された法令では，戸主とその跡継ぎ，官吏や学生，さらに，代人料 ［(イ)］ 円を納める者などについては免除されると規定されていた。空欄(イ)に入る金額を漢数字で記しなさい。

問(4)　Aの文章が出された翌年に公布された法令は，その後，改正などを重ね，これに基づく制度が， ［(ウ)］ 年には朝鮮で，その翌年には台湾でも施行される。空欄(ウ)に入る西暦の年号を，漢数字で記しなさい。

B

一，我等は…男女共に天賦の義務権利に即して新日本建設の責務を負ふ可き事を信ず。

一，明治初年より半世紀に亘り国民教育に於て已《すで》に男女の別なく…今日，普通選挙の実施に当り女子を除外するは不当のことと云はざるを得ず，我等は之を要求す。

一，我国の ［(エ)］ は已に四百万に達せり，其利益擁護のために参政権を要求するのは当然のことと信ず。

一，我国大多数の家庭婦人は其生活完成のため，法律上国家の一員たるべく之を要求す。…

一，以上は宗教の異同，職業の差異，有ゆる異同を除き唯女性の名に於て一致し得る問題なるが故に，ここに大同団結を作り婦人参政権獲得運動をなす必要と其可能性とを信ず。

依って左の決議をなす。

…

決議二

我等は国家の半身たる存在と義務とを全うせんがために，来る第五十議会に提出せられんとする選挙法改正法律案(c)中に婦人を男子と同様に含むことを要求す。

…

(「宣言書及規約　婦人参政権獲得期成同盟会－大正 13 年 12 月 13 日創立総会に於て決定」『日本女性運動資料集成　第 1 巻　思想・政治 I』)

問(5)　空欄(エ)に入る，タイピスト，電話交換手，事務員，店員，教師，看護師，医師といった仕事に就く女性を総称する言葉を漢字で記しなさい。

問(6)　山川菊栄らとともに，［　(オ)　］は赤瀾会を結成して社会主義の立場から女性の運動を展開したが，Bの文章が発表された前年の1923(大正12)年9月，大杉栄とその甥とともに憲兵によって殺害された。空欄(オ)に入る人物の姓名を漢字で記入しなさい。

問(7)　下線部(c)が1925(大正14)年に可決，成立した20年後の1945(昭和20)年12月，女性参政権を認めた新選挙法が制定された結果，1946(昭和21)年4月の選挙で［　(カ)　］人の女性議員が誕生した。空欄(カ)に入る女性議員の人数を，漢数字で記しなさい。

C

…米内首相は事変処理については，すでに確乎不動の方針が定められておる，かく声明せられているのでありまするが，その方針とは何であるか，所謂近衛声明なるものであるに相違ない。…

ご承知のごとく…［　(ク)　］氏，同氏はこの近衛声明に呼応して立ち上ったのである。即ちこの近衛声明を本《もと》として，和平救国の旗を押し立てて，新政権の樹立に向って進んで来ているのである。…

しかる以上はこれより新政権を対手《あいて》に和平工作をなすに当りましては，支那の占領区域から日本軍を撤退する…過去二年有半の長きに亙って内には全国民の後援のもとに，外においては我が皇軍が悪戦苦闘して進軍しましたところのこの占領地域より日本軍全部を撤退するということである。

これが近衛声明の趣旨でありますが，政府はこの趣旨をそのまま実行するつもりでありますか。これを私は聴きたいのであります。…

次に(d)事変処理について…昨日以来この議場においてもどれだけ繰り返されているか分らない…この言葉は…一昨年11月3日近衛内閣の声明によって初めて現れたところの言葉であるのであります。…これほど広く，これほど強く高調せられているところの戦争の目的であり犠牲の目的であるところの　(ケ)　建設の実体について，政府の見るところは何であるか。…

政府においてはこういうことを言われるに相違ない。…世界の平和を確立するがために戦っているのである故に，眼前の利益などは少しも顧みるところではない。これが即ち聖戦である。神聖なるところの戦いであると言う所以《ゆえん》である。…

世界永遠の平和，これは望ましきことではありまするが，…一たび戦争が起こりましたならば，もはや問題は正邪曲直の争いではない。…強者が弱者を征服する，これが戦争である。…

この現実を無視して，ただいたずらに聖戦の美名に隠れて，国民的犠牲を閑却し，曰く国際正義，曰く道義外交，曰く共存共栄，曰く世界の平和，かくのごとき雲を掴むような文字を列べ立てて，…国家百年の大計を誤るようなことかありましたならば…現在の政治家は死してもその罪を滅ぼすことは出来ない。…

(「支那事変処理に関する質問演説－昭和 15 年 2 月 2 日，第 75 議会」　(キ)　『回顧 70 年』)

問(8)　上の文章は「反軍演説」とも呼ばれ，演説を行った立憲民政党議員　(キ)　はこのあと議員を除名される。空欄(キ)の人物の姓名を漢字で記しなさい。

問(9)　　(ク)　は重慶を脱出し，1940(昭和 15)年，南京に新国民政府を樹立した。空欄(ク)に入る人物名の姓名を漢字三字で記しなさい。

問(10)　下線部(d)では，「戦争の目的」を指す　(ケ)　建設という「言葉」が，1938(昭和 13)年 11 月 3 日の近衛内閣の声明で，「初めて現れた」と述べられている。空欄(ケ)に入る語句を，漢字五字で記しなさい。

〔Ⅱ〕 2021(令和3)年7月，文化審議会は，宮内庁三の丸尚蔵館に収蔵されている5件の絵画や書を重要文化財としたうえで国宝に指定するよう文部科学大臣に答申した。この(A)・(B)・(C)・(D)・(E)の5件の美術工芸品に関して，各設問に答えなさい。選んだ記号を，一つだけ，解答欄にマークしなさい。

(A)

小野道風《おののみちかぜ》の書「屏風土代《びょうぶどだい》」

問(1)　この書に関連する記述として正しいものを選びなさい。正しいものがなければ，Fにマークしなさい。

〔選択肢〕

A　小野道風・藤原佐理・藤原行成は，「三筆」と呼ばれている。

B　小野道風は，空海・嵯峨天皇とともに，「三跡(蹟)」と呼ばれている。

C　小野道風は，中国的書風(唐様)から脱皮して和様書道の基礎を築いた人物であると評価されている。

D　小野道風末流の人々が伝えた書風が，世尊寺流であり，16世紀前期まで存続した。

E　小野道風の書は，王羲之を手本とした，かな及び草体の流麗・優雅な書風である。

F　正答なし

(B)

絵巻物「蒙古襲来絵詞《もうこしゅうらいえことば》」

問(2)　この絵巻物に関連する記述として正しいものを選びなさい。正しいものがなければ，Fにマークしなさい。

〔選択肢〕

A　蒙古襲来絵詞は，肥後国の御家人竹崎季長が，弘安の役で奮戦する様子を中心に描いたもので，ほぼ同時代に記録された視覚資料として貴重である。

B　元軍の一騎打ち戦法に対して，集団戦法を得意とする日本軍は，非常に善戦したと言われている。

C　蒙古襲来絵詞には，元軍が，銅の球体罐に火薬をつめて飛ばした武器(「てつはう」とよばれた)が描かれている。

D　文永の役では，九州北部の要地を御家人に警備させる異国警固番役を設け，博多湾沿いには石造の防塁を構築して元の襲来に備えた。

E　文永の役と弘安の役のほか，度重なる元の襲来を総称して，蒙古襲来(元寇)と呼んでいる。

F　正答なし

問(3)　蒙古襲来後の政治に関する記述として誤っているものを選びなさい。誤っているものがなければ，Fにマークしなさい。

〔選択肢〕

A　鎌倉幕府は，3度目の蒙古襲来に備え，当時すでに機能しなくなっていた鎮西奉行にかえて，鎮西探題を博多に置き，北条氏一門をこれに任じた。

B　幕府内では北条氏の力がますます大きくなり，時宗の代になると，対モンゴルの方策についても，有力御家人などに相談せず，独断的に決定するようになった。こうして，北条氏の本家，すなわち得宗を中心とする専制体制が出現した。

C　評定衆や引付衆の要職や守護職には，北条氏一門の者が多く就任した。

D　北条氏の家臣の地位も向上し，とくに得宗の家臣は，御内人と呼ばれ，有力な御内人は幕府政治に関与するようになった。

E　執権北条時宗の死後，有力御家人の平頼綱と御内人首座の安達泰盛の勢力争いが激化して，霜月騒動が起こった。

F　正答なし

(C)

絵巻物「春日《かすが》権現《ごんげん》験《げん》記《き》絵《え》」

問(4)　この絵巻物に関連する記述として正しいものを選びなさい。正しいものがなければ，Fにマークしなさい。

〔選択肢〕

A　この春日権現験記絵のほか，同時代における寺社の縁起絵の傑作としては，平等院鳳凰堂扉絵などがある。

B　鎌倉時代に盛行した絵巻物は，絵のみで構成され，登場人物の動きや情景の展開を視覚に訴えた巻物である。

C　鎌倉時代の絵巻物は，文字を読めない武士や民衆に神仏の教えを説く手段としてしばしば用いられたとはいえ，宗教的な主題をもつ作品は少ない。

D　春日権現験記絵には，貴族から庶民にいたる生活場面が描かれている。

E　春日権現験記絵の作者は，藤原定家の異父兄である藤原隆信である。

F　正答なし

問(5)　鎌倉時代には，写実的な肖像彫刻にも傑作が多い。六波羅蜜寺の空也上人像の作者は誰か，次の中から選びなさい。

〔選択肢〕

A　定　朝　　B　康　慶

C　康　勝　　D　運　慶

E　湛　慶　　F　快　慶

(D)

狩野永徳《かのうえいとく》の屏風絵「唐獅子図《からじしず》」

問(6)　狩野永徳に関連する記述として誤っているものを選びなさい。誤っているものがなければ，Fにマークしなさい。

〔選択肢〕

A　狩野永徳は，室町時代に盛んになった水墨画と日本古来の大和絵とを融合させた新しい装飾画を大成した。

B　狩野派からは多くの画家が出て，それぞれに永徳の様式を受け継ぎ，門人の狩野山楽の代表作に「松鷹図」がある。

C　「洛中洛外図屏風」も，狩野永徳の代表作の一つである。

D　長谷川等伯は狩野派に属してはいないが，永徳の影響を受けつつ，独自の新画風を創造し，「松林図屏風」など，水墨画などにも優れた作品を残した。

E　狩野派は，城や殿舎内部を飾る障壁画を数多く手がけた。

F　正答なし

問(7)　この時期の桃山文化の中心的人物の一人は豊臣秀吉であるが，秀吉が打ち出した中心政策のうち，検地と刀狩に関連する記述として誤っているものを選びなさい。誤っているものがなければ，Fにマークしなさい。

〔選択肢〕

A　秀吉は，当時建設中であった京都方広寺の大仏の釘を調達するという名目で，1588(天正16)年に刀狩令を発した。

B　刀狩は，百姓から武器を没収し，百姓の身分を明確にする目的で行われた。

C　刀狩令に次いで，1591(天正19)年，秀吉は人掃令を発して，武家奉公人・町人・百姓の職業別にそれぞれの戸数・人数を調査・確定する全国的な戸口調査を行った。

D　検地・刀狩・人掃令などの政策によって，職業に基づく身分が定められ，いわゆる兵農分離・農商分離が完成した。

E　太閤検地は，土地の面積表示を新しい基準のもとに定めた町・段・

畝・歩に統一した。

F　正答なし

問(8)　全国統一に向けて秀吉が行った戦いでないものはどれか，次の中から選びなさい。

〔選択肢〕

A　石山本願寺攻め

B　小牧・長久手の戦い

C　山崎の合戦

D　根来・雑賀一揆平定

E　小田原攻め

F　賤ケ岳の戦い

(E)

伊《い》藤《とう》若《じゃく》冲《ちゅう》の絵画「動《どう》植《しょく》綵《さい》絵《え》」

問(9)　伊藤若冲に関連する記述として誤っているものを選びなさい。誤っているものがなければ，Fにマークしなさい。

〔選択肢〕

A　1716（正徳6）年に，京都・錦小路の青物問屋の息子として生まれた。

B　はじめ狩野派，のち宋元明画や尾形光琳を研究して，写実性と装飾性に新機軸を開き，動植物をモチーフとしたものを多く描いた。

C　とりわけ鷹の絵を得意とし，「若冲の鷹」と言われたほどであった。

D　若冲は，「動植綵絵」を相国寺に寄進したが，その後，この作品は，1889（明治22）年に皇室に献上された。

E　代表作には，「釈迦三尊像」「鹿苑寺大書院障壁画葡萄図」などがある。

F　正答なし

問(10)　若冲が誕生した1716年は，徳川吉宗が，江戸幕府の第8代将軍となった年にあたる。吉宗が行った享保の改革と関係のないものを，次の中から選びなさい。

〔選択肢〕

A　足高の制　　B　棄捐令

C　倹約令　　D　流地禁止令

E　目安箱　　F　相対済し令

〔Ⅲ〕　次の(A)・(B)・(C)の各文章を読んで，それぞれの設問に答えなさい。答えは，解答欄に記入しなさい。

(A)

大坂の役直後の 1615(元和元)年，江戸幕府は，一国一城令を出して，大名の居城以外の領内の城を破壊させ，ついで武家諸法度を制定して大名を厳しく統制した。この武家諸法度は，徳川家康が南禅寺金地院の崇伝に起草させ，2代将軍徳川秀忠の名で発布したものである。1623(元和 9)年，秀忠は，将軍職を子の徳川家光にゆずり，大御所として幕府権力の確立に努めた。

武家諸法度は，将軍の代替わりごとに修正・発布されたが，(a)家光は，1635(寛永 12)年，新たな武家諸法度(寛永令)を発布し，諸大名に法度の遵守を厳命した。こうして，家光のころまでに，将軍と大名との主従関係が確立し，強力な領主権を持つ将軍と大名(幕府と藩)とが全国の土地と人民を支配する体制をつくり上げた。これを(b)幕藩体制という。大名は，幕府の法に反しない限りで，その領地の支配をまかされており，独自の制度や法を定めることが認められていた。しかし，(c)大名は，武家諸法度に違反したり，跡継ぎの子がいない場合は，改易(領地の没収)・減封(領地の削減)・転封(領地の移転)などの厳しい処分を受けた。1651(慶安 4)年，家光が死去し，わずか 11 歳の徳川家綱が 4 代将軍となったのを好機として，駿河生まれの兵学者由井正雪は，牢人丸橋忠弥らと幕府転覆を企てたが，この事件の背景には，大名の改易や減封によって大量に発生した牢人たちの不満があった。

問(1)　下線部(a)に関連して，1635(寛永12)年の武家諸法度(寛永令)の条文として誤っているものを，次の選択肢から1つ選んでその記号を解答欄にマークしなさい。

〔選択肢〕

A 「私ニ婚姻ヲ締ブベカラザル事。…」

B 「五百石以上ノ船停止ノ事。」

C 「大名小名，在江戸交替，相定ル所也。毎歳夏四月中参勤致スベシ。…」

D 「万事江戸ノ法度ノ如ク，国々所々ニ於テ之ヲ遵行スベキ事。」

E 「私ノ関所，新法ノ津留，制禁ノ事。」

問(2)　下線部(b)に関連して，幕府と藩の機構に関する記述として誤っているものを，次の選択肢から1つ選んでその記号を解答欄にマークしなさい。

〔選択肢〕

A　大老は，将軍のもとでの最高職であったが，常置の職ではなく，将軍代替わりなど重要事項の決定を行う場合にのみ合議に加わった。大老は，酒井・土井・井伊・堀田の10万石以上の譜代大名から選任された。

B　老中は，はじめ年寄と呼ばれていたが，幕府の政務全体を統括する常置の最高職であった。老中には譜代大名が就任した。

C　大目付は，老中に属して大名の監察に当たり，若年寄は，老中を補佐するとともに旗本・御家人の監察を行い，目付は，若年寄に属して旗本・御家人の監察を行った。若年寄には譜代大名が就任し，大目付・目付には旗本が就任した。

D　江戸以外には，西国大名の監督に当たる京都所司代のほか，重要都市の大坂・京都・駿府には城代と町奉行，伏見・長崎・山田・佐渡・日光などには奉行(遠国奉行)が置かれた。京都所司代・城代には譜代大名が就任し，町奉行・奉行には旗本が就任した。

E　大名の家臣は，初期には知行地が与えられる地方知行制がとられていたが，17 世紀半ばになると，知行地を与えられず，大名の直轄地(蔵入地)から納入される年貢米(蔵米)を俸禄として支給される蔵米知行制が一般的になった。

問(3)　下線部(c)に関連して，関が原の戦いで功績があったが，1619(元和５)年，武家諸法度違反を理由に，２代将軍秀忠が改易した人物を，次の選択肢から１つ選んでその記号を解答欄にマークしなさい。

〔選択肢〕

A　黒田長政　　B　加藤忠広　　C　大久保忠隣

D　福島正則　　E　小早川秀秋

(B)

幕藩体制の安定とともに，儒学は興隆期を迎えた。当時の中国・朝鮮では朱子学が官学であったことから，日本でも朱子学が歓迎された。朱子学は，上下の身分秩序を重んじ，礼節を尊ぶ考え方であり，封建的社会を自然秩序と同じように定まったものと捉えたので，封建社会を維持するための教学として幕府や大名に重んじられた。(d)<u>朱子学を批判するものは，幕府により弾圧されることもあった</u>。

儒学の発達は，合理的で実証的な歴史学の発展を促した。木下順庵の門下で６代将軍徳川家宣の侍講として正徳の政治に参画した新井白石は，『読史余論』において，「(e)<u>本朝天下の大勢，九変して武家の代となり</u>，(f)<u>武家の代また五変して当代におよぶ</u>総論の事。」と記し，朝廷や武家政権の推移を段階的に時代区分して徳川政権に至る興亡の歴史を著し，江戸幕府の歴史的正統性を主張した。

問(4)　下線部(d)に関連して，朱子学を批判する新しい学問が古学であったが，古学派の儒学者で実用の学を提唱して朱子学を批判する『聖教要録』を著したため，幕府により播磨赤穂に流された人物を，次の選択肢から１つ選んでその記号を解答欄にマークしなさい。

〔選択肢〕

A 山崎闇斎　B 山鹿素行　C 中江藤樹

D 熊沢蕃山　E 荻生徂徠

問(5) 下線部(e)に関連して，公家の世を九段階に分け，四変については「後三条・白河両朝は政天子に出ず。」と書かれており，後三条天皇・白河天皇が親政を行ったことが記されている。このうち，後三条天皇に関する記述として誤っているものを，次の選択肢から1つ選んでその記号を解答欄にマークしなさい。

〔選択肢〕

A 関白の藤原頼通は，娘を後冷泉天皇に入内させたものの皇子が生まれなかったので，1068(治暦4)年，摂関家を外戚としない後三条天皇が即位した。

B 即位当時すでに壮年だった後三条天皇は，摂関政治に不満をもつ受領層などの中級貴族を結集し，大江匡房のような学識にすぐれた貴族を登用して親政を行った。

C 後三条天皇が最も力を注いだのは，荘園整理をめぐる問題であったので，1069(延久元)年，延久の荘園整理令を発し，1045(寛徳2)年以後の新立荘園を停止することとした。

D 延久の荘園整理令を厳しく実施するため，太政官に記録荘園券契所を設け，摂関家と石清水八幡宮のような大寺社を除くすべての荘園領主から提出された書類(券契)と受領の報告書とをあわせて審査し，年代の新しい荘園や書類不備なものなど，基準に適合しない荘園を停止した。

E 後三条天皇は，従来大きさがまちまちであった枡の統一基準として，公定の枡(宣旨枡)を制定し，また全国の耕地の調査に着手し，この時作成された土地台帳は，のちの大田文の原型となるものであった。

問(6)　下線部(f)に関連して，武家の世を五段階に分け，三変については「後醍醐中興ののち，源尊氏反して天子蒙塵。尊氏，光明院を北朝の主となして，みづから幕府を開く。子孫相継て十二代におよぶ。凡二百卌八年。」と書かれている。この時代に関する記述として誤っているものを，次の選択肢から１つ選んでその記号を解答欄にマークしなさい。

〔選択肢〕

A　御成敗式目８条は，「当知行の後，廿カ年を過ぐれば，大将家の例に任せて理非を論ぜず改替に能はず。」と定めており，これは武士社会では不変の法とされていたが，建武の新政では，後醍醐天皇は，天皇への権限集中をはかり，すべての土地所有権の確認には天皇の綸旨を必要とする旨の法令を定めた。

B　足利尊氏は，1338(暦応元)年，征夷大将軍に任命されると，弟足利直義との間で政務を分担し，二頭政治を行った。しかし，鎌倉幕府以来の法秩序を重視する尊氏の執事高師直を支持する勢力と直義を中心とする武力による所領拡大を願う新興武士勢力との対立が激しくなり，やがて両派の対立は，尊氏と直義の全面的な抗争に発展した。

C　1352(文和元)年，室町幕府は，はじめて半済令を発布し，動乱の激しかった近江・美濃・尾張三か国の荘園年貢の半分について，一年限りで兵粮料所として守護に預けられた。この方式は，やがて全国的に，また永続的に行われるようになり，のちには年貢だけではなく，土地そのものを分割するようになった。

D　室町時代の守護の権限は，鎌倉幕府の守護の職権であった大犯三か条より拡大され，田地をめぐる紛争に際して，紛争当事者が自分の所有権を主張して実力で稲を刈りとる行為(刈田狼藉)を取り締まる権限や幕府の裁判の判決を強制執行するために使節を遣わす権限(使節遵行)などの権限が新しく守護に与えられた。

E　南北朝の動乱も，３代将軍足利義満のころには終息するようになり，1392(明徳３)年，義満は，南朝側と交渉して，南朝の後亀山天皇が京都に戻り，北朝の後小松天皇に三種の神器を渡して，南北朝の合体が実現した。1394(応永元)年，義満は，将軍職を子の足利義持にゆずり，自らは武家としては平清盛以来の太政大臣となった。

(C)

① 「近来(g)英吉利国王より支那国帝に対し兵を出して烈しく戦争せし本末ハ，我国の船，毎年長崎に到て呈する風説書を見られて既に知り給ふべし。…是に殿下に丁寧に忠告する所なり。今貴国の幸福なる地をして兵乱の為に荒廃せざらしめんと欲せば，異国の人を厳禁する法を弛め給ふべし。」(『通航一覧続輯』)

② 「異国船と見受け候ハヾ得と様子相糺《ただ》し，食料薪水等乏しく，帰帆成難き趣ニ候ハヾ，望の品相応ニ与へ帰帆致すべき旨申し諭し，…」(『通航一覧続輯』)

③ 「異国船乗寄せ候を見受け候ハヾ，其所ニ有合せ候人夫を以て，有無に及ばず，(h)一図ニ打払ひ，…」(『御触書天保集成』)

④ 「我国用ふる所の蒸気船ハ，其大洋を航するに当て，石炭を費すこと甚だ多し，而して其石炭を亜墨利加より搬運せんとすれバ，其不便知るべし。是を以て予願ハくは，我国の蒸気船及び其他の諸船，石炭食料及び水を得んが為に，日本に入ることを許されんことを請う。」(『大日本古文書幕末外国関係文書』)

⑤ 「イキリスは，日本に対し，敵国にては之無く，いはヾ付合も之無き他人に候故，今彼れ漂流人を憐れみ，仁義を名とし，態ヾ《わざわざ》送り来り候者を，何事も取合申さず，直に打払に相成候はヾ，日本は民を憐まざる不仁の国と存じ，…」(『 (ア) 』)

問(7)　①から⑤の史料の記述を古い年代順に並べ替えたとき，4番目となるものを，次の選択肢から1つ選んでその記号を解答欄にマークしなさい。

〔選択肢〕

A　①　　B　②　　C　③
D　④　　E　⑤

問(8)　下線部(g)に関連して，この戦争が勃発した年を，次の選択肢から１つ選んでその記号を解答欄にマークしなさい。

〔選択肢〕

A　1838 年　　B　1839 年　　C　1840 年
D　1841 年　　E　1842 年

問(9)　下線部(h)に関連して，外国船で長崎以外の場所では打払いの対象とされた国を，次の選択肢から１つ選んでその記号を解答欄にマークしなさい。

〔選択肢〕

A　清　　B　オランダ　　C　琉球
D　朝鮮　　E　イギリス

問(10)　空欄(ア)に該当する書物の著者と書名の組合せとして正しいものを，次の選択肢から１つ選んでその記号を解答欄にマークしなさい。

〔選択肢〕

A　高野長英・戊戌夢物語　　B　古賀侗庵・海防臆測
C　渡辺崋山・慎機論　　D　林子平・海国兵談
E　佐藤信淵・宇内混同秘策

〔Ⅳ〕　次の(A)・(B)の設問に答えなさい。

(A)

次の文章は，アメリカの駐日大使を務めたライシャワーの著書からの抜粋である。これを読んで，各設問に答えなさい。

六〇年代の終わりから七〇年代の初めにかけて，国内経済と社会問題に対する日本人の姿勢に大きな変化が起こった。

すでにその当時，居住適地の限られた国土で急速な工業成長をとげた結果，日本はすさまじい都市集中と前代未聞の大気と水の汚染を招いていた。(中略)

局地的な公害反対運動は，一八九〇年代にさかのぼってその萌芽をみる。当時，本州中央部にあった足尾銅山が川の流域全体を汚染したことに強い鉱害反対運動が起こり(a)，…。しかし，国全体が公害問題に注意を払うようになったのは，ようやく一九六〇年代になってからのことであった。日本に比べればはるかに深刻度の薄いアメリカで，アメリカ人が環境問題に関心を抱きはじめたことも，ある面で日本人のそうした機運を高めることになった。(中略)

「市民運動」と呼ばれたこれまでの大衆運動は，おおむね国内外の大問題を対象とするのが常で，政治的色彩が強かったが，いまやこれらの局地的公害問題を対象に，新しい形の「住民運動」が高まった。これらの住民運動は，地方行政当局に圧力をかけることを狙ったが，同時に政治的には無党派の立場に留まろうとしていた。

農業や大企業との結び付きが強い自民党は，これらの運動に対して革新政党ほど熱心ではなかった。一九七二年になって田中角栄(b)が首相に就任すると，『日本列島改造論』の名で広く知られる著書を発表した…。

こういう局地的問題に対し，革新政党はますます積極的に取り組んだが，それはかねてから反自民票が集中していたことと相まって，六〇年代末期に過半の大都市圏で県，市レベルの選挙に革新派候補が当選する結果を生んだ。この新しい傾向に先鞭をつけた一例として，東京都議会で一九六五年に野党が多数を制し，六七年に［(ア)］が都知事に当選したことが挙げられる。(中略)

このような局地的な「公害」問題がにわかに表面化したことは，地方の行政当局にかつてない重要な役割を与えることになった。(中略)しかしこうした問題は，やがて全国的な規模で革新政党はもとより自民党によっても先取りされるようになった。(中略)七一年には環境庁を設けて公害問題の対策にあたり，その後の数年間に厚生省の予算は大幅な増額をみた。

公害問題を裁判にもちこんだ場合，それまでは長年にわたり，原告側が報われることはまずなかったが，七一年から七三年にかけて，一連の大きな公害訴訟(c)で画期的な公害規制判決が打ち出された。公害を発生させた側は，それが招いた損害に対し賠償責任があるという原則が明確に確立されたのである。

出典：エドウィン・O・ライシャワー(國弘正雄訳)『ライシャワーの日本史』(文藝春秋，1986 年)より

問(1)　下線部(a)のいわゆる足尾鉱毒事件に関して，誤った記述を次の選択肢から１つ選んでその記号を解答欄にマークしなさい。

〔選択肢〕

A　銅山から渡良瀬川に流れ込んだ鉱毒によって，流域の農業・漁業に深刻な影響が生じた。

B　議会で政府に銅山の操業停止をせまった田中正造は，栃木県選出の衆議院議員であった。

C　政府は鉱毒を予防する措置を講ずるよう足尾銅山に命じたが，銅山の操業そのものは停止させなかった。

D　田中正造は鉱毒問題を天皇に直訴しようとしたが，捕縛され失敗した。

E　1907 年，鉱毒の被害と洪水の緩和のため，政府は渡良瀬川と利根川の合流点に近い谷中村の住人を集団移転させ，そこを遊水池にしたが，田中正造もこれに従って移転した。

問(2)　下線部(b)に関して，田中角栄の首相在任中の記述として誤った記述を次の選択肢から1つ選んでその記号を解答欄にマークしなさい。

〔選択肢〕

A　田中角栄は列島改造論によって産業を地方都市へ分散させ，都市間を新幹線や高速道路で結ぶ計画を実行しようとした。

B　列島改造論に触発されて土地の投機熱が高まり，地価が高騰し，国内の激しいインフレを招来した。

C　トイレットペーパーや灯油の買占め騒動が発生したが，その要因の一つとして第2次石油危機が挙げられる。

D　政府は金融引き締めを行ったが，インフレは収束しなかった。

E　日中共同声明が発表された。

問(3)　空欄(ア)に入るべき人物を次の選択肢から1つ選んでその記号を解答欄にマークしなさい。

〔選択肢〕

A　家永三郎　　B　黒田了一　　C　蜷川虎三

D　美濃部亮吉　　E　美濃部達吉

問(4)　下線部(c)はいわゆる四大公害訴訟のことである。四大公害訴訟に関する記述として誤った記述を次の選択肢から1つ選んでその記号を解答欄にマークしなさい。

〔選択肢〕

A　富山イタイイタイ病は，三井金属神岡鉱山から神通川へ流出したカドミウムが原因であった。

B　水俣病訴訟では，熊本県水俣湾周辺の水俣病の患者が新日本窒素肥料に損害賠償を求めた。

C　新潟水俣病訴訟では，新潟県の信濃川流域の患者が昭和電工に損害賠償を求めた。

D　四日市ぜんそくの病状はぜんそくなどの呼吸器疾患であり，その原因は三重県四日市市の石油コンビナートを中心とする工場からの排煙に含まれている硫黄酸化物などであった。

E　水俣病は，工場から垂れ流されたメチル水銀に汚染された魚介類を食べた住人が罹患したメチル水銀中毒症である。

(B)

次の文章は，ジャーナリストの徳岡孝夫が，昭和天皇の崩御の当日をふり返って記した文章の一部である。これを読んで，各設問に答えなさい。

次に［　(イ)　］の『こゝろ』を取り出して開いた。もちろん「先生」の遺書の部分である。十分に知っているはずの文章が，みずからも昭和の天皇を送ったいまとなっては，全く新しい光の中で読めた。（中略）

［　(イ)　］は明治改元に先立つこと二年足らずの生まれ，鷗外(d)はそれより少し早いが物心ついたのはやはり明治に入ってからである。当時の日本人といまの日本人とでは，平均寿命が違う。二人はいずれも生きて明治天皇を送ったが，［　(イ)　］は『こゝろ』を書いてから二年後の大正五年に，鷗外は同十一年，つまり関東大震災が目に見える「明治の精神」を焼き尽くす前年に没している。（中略）

［　(イ)　］が死に築地本願寺で葬儀が営まれたとき，受付係をしていた学生・芥川龍之介(e)の前に名刺を置いて式場に入っていった「神彩ある紳士」がいて，それが鷗外だった。（中略）

午後二時半になった。新元号は「平成」だと発表があり，官房長官(f)がテーブルの下に隠していたその字を見せた。（中略）

駅前の小さいスーパーがラジオを一台，音を大きくして店の前に置いている。アナウンサーが新元号や皇位継承の儀式の模様を読み上げ，足を止めた数人が地べたに置かれたラジオに聞き入るために自然に頭を垂れた格好で立っていた。みんなでラジオを聞くなんて，いったい何年ぶりのことだろう。

あのとき，私は勤労動員に行っている西大阪の鉄道用品庫という資材置場でラジオを聞いた(g)。当時の大阪鉄道局長は佐藤栄作(h)で，動員の初日の制服授与式のとき壇上に見て，いやに目玉の大きい人だなと思った。

出典：徳岡孝夫「大いなる父の死」文藝春秋編『大いなる昭和―昭和天皇と日本人』（文藝春秋，1996年）より。

問(5)　空欄(イ)にはある人物の名前が記されている。その人物を次の選択肢から1つ選んでその記号を解答欄にマークしなさい。

〔選択肢〕

A　夏目漱石　B　国木田独歩　C　島崎藤村
D　正宗白鳥　E　田山花袋

問(6)　下線部(d)の森鷗外の作品を次の選択肢から1つ選んでその記号を解答欄にマークしなさい。

〔選択肢〕

A　渋江抽斎　B　五重塔　C　胡蝶
D　浮雲　E　金色夜叉

問(7)　下線部(e)の芥川龍之介に関する記述として正しい記述を次の選択肢から1つ選んでその記号を解答欄にマークしなさい。

〔選択肢〕

A　白樺派に属し，自然主義と対立した。
B　『文藝春秋』を創刊した。
C　自然主義を否定する耽美派に属した。
D　代表作のひとつ「羅生門」は，宇治拾遺物語を素材にしている。
E　新思潮派に属し，菊池寛らとともに活躍した。

問(8)　下線部(f)の官房長官は，1998（平成10）年7月に首相に就任したが，①

この人物は誰か。また，②この人物が首相であったときの記述として正しいものはどれか。①と②の組み合わせとして正しいものを次の選択肢から１つ選んでその記号を解答欄にマークしなさい。

〔選択肢〕

A　①小渕恵三，②大蔵大臣は元首相の宮沢喜一であった。

B　①森喜朗，②沖縄・九州サミットが開催された。

C　①小渕恵三，②内閣は自民党と自由党の連立内閣として発足した。

D　①橋本龍太郎，②消費税率が５パーセントに引き上げられた。

E　①森喜朗，②内閣は自民党・公明党・保守党の３党連立内閣として発足した。

問(9)　下線部(g)は，1945(昭和20)年８月15日のいわゆる玉音放送を筆者がラジオで聞いたという意味である。ここでは昭和天皇による「終戦の詔書」が放送されたが，その中には「朕ハ帝國政府ヲシテ［(ウ)］四國ニ對シ其ノ共同宣言ヲ受諾スル旨通告セシメタリ」という文言がある。これに関して，①共同宣言の受諾が決定された当時の首相は誰か，また，②空欄(ウ)に入る漢字四文字が指す四か国はアメリカ・イギリスのほかどの国であるか，①と②の組み合わせとして正しいものを次の選択肢から１つ選んでその記号を解答欄にマークしなさい。

〔選択肢〕

A　①鈴木貫太郎，②中華人民共和国・ソ連

B　①小磯国昭，②オランダ・ソ連

C　①近衛文麿，②オランダ・中華人民共和国

D　①鈴木貫太郎，②中華民国・ソ連

E　①小磯国昭，②中華民国・ソ連

問(10)　下線部(h)の佐藤栄作はのちに首相に就任し，1964(昭和39)年11月から1972(昭和47)年７月の長期にわたってその任にあった。この佐藤栄作が

首相在任中にあったことがらではないものを次の選択肢から1つ選んでその記号を解答欄にマークしなさい。

〔選択肢〕

A　日韓基本条約の調印

B　沖縄返還協定の調印

C　小笠原諸島の返還

D　変動為替相場制への移行

E　非核三原則の明確化

世界史

（60分）

〔Ｉ〕 次の文章を読み，下記の問に答えなさい。

古代，ギリシアやローマの地で生きた人々はいったいどのような価値観を持っていたのだろうか。18世紀から19世紀にかけてフランスなどで活躍した思想家のバンジャマン＝コンスタンは，古代人と近代人それぞれの「自由」という観念に対する理解の違いを明らかにしたうえで，㋐近代の自由主義を擁護した人物としてよく知られている。フランス革命とその後の激動の時代を生き抜いたコンスタンは，それぞれの時代の世界観や精神に根ざした「自由」があり，近代人（彼からすれば「現代人」だが）には古代とは異なる近代に適した自由があると主張したのである。

他者からの干渉を受けずに望むように行動できることと主に理解される近代人の自由に対して，コンスタンが描きだす古代人の自由とはどのようなものだろうか。コンスタンの講演録から彼の考えを追ってみよう。

> （古代人の自由は）全体としての主権をいくつかの部分に分けて，集団でかつ直接に行使すること，公の広場で戦争と講和について議論すること，㋑外国政府と同盟を結ぶこと，法を議決すること，判決を宣告すること，役人の会計や業務や管理状況を審査すること，人民集会に彼らを召喚すること，そして彼らを告発し，断罪し，赦免することである。（中略）
>
> （古代人は）政治的権利の行使に時間と労力を費やせば費やすほど，自分がより自由になると考えていたのである。他方で現在私たちが受容している自由については，政治的権利の行使以外の自分自身のために使える時間が残れば残るほど，自由はより価値の高いものになる。
>
> バンジャマン＝コンスタン「近代人の自由と比較された古代人の自由」

ギリシアやローマを生きた古代人たちは，自分が所属する国家への政治的・軍事的参加をおこなうことが「自由」であると考えていたのである。その極端な例がスパルタに見られる。スパルタでは，参政権はないが従軍義務のあった［　①　］と呼ばれる半自由民と市民が戦争の担い手となったが，とくに男性市民は幼いころに親元から引き離され，軍事訓練を目的とする厳格に管理された共同生活に入ることになっていた。軍国主義を採用したスパルタでは，市民のあいだで貧富の差などが生じないように，土地を平等に配分したり，他国との自由な交易を禁止したりと，強固な軍隊を維持するために市民の団結が重視された。たとえ命を落としても市民の軍事的活躍は尊敬され，勇敢に戦った子供の遺体を母は悲しむどころか誇りにしたとまで言われている。このようなスパルタ独自の体制は，創設者の名から「リュクルゴスの制」と呼ばれた。リュクルゴスは，プルタルコスの書いた伝記である『［　②　］』やヘロドトスの『歴史』にも登場するが実在の人物かは定かではない。いずれにせよスパルタにおいては軍事的貢献こそが自由市民の義務であるとともに誇りであった。

スパルタと比べられることが多いのがアテネである。ポリスのなかでも民主政を広めたことで知られるアテネについてコンスタンは以下のように語っている。

> 古代の性質を決定づける諸状況がアテネにも存在していた。奴隷がいて国土が大変限られていた。古代人にふさわしい自由の痕跡がそこには見られるのである。市民は法を作り，役人の振る舞いを審査し，㋒ペリクレスにその行動の説明を求め，アルギヌサイの戦いで指揮した将軍たちに死刑を宣告した。同様に，当時のすべての立法者から絶賛されていた㋓陶片追放は，現在のわれわれからすれば不快なほど不正だと感じられる法的な恣意そのものであるが，アテネという社会全体の優位性に個人がかなり従属していたことを証明するものである。
>
> バンジャマン＝コンスタン「近代人の自由と比較された古代人の自由」

僭主政や貴族政などを経て民主政へと至ったアテネにおいても，スパルタとは様相を異にしているが人々はやはりポリス中心の自由を考えていた。民会などを通じてポリス政治に参画することこそが自由な市民の徳だったのである。

このようにギリシア人たちは自身が所属するポリスへの強い帰属意識を持っていたが，他のポリスであったとしても言語と神話を共有することのできる「ギリシア人(ヘレネスと呼ばれた)」に対しては同一民族意識を持っていた。この同一民族意識と大きく関わるのが，デルフォイの神託とオリンピアの祭典である。

デルフォイの神殿はアポロン神を祀り，ギリシア人たちは重要な決定の際にはここに神託を受けに行くことが多くあった。哲学者ソクラテスが「無知の知」を自覚するきっかけとなる「ソクラテス以上の賢者などいない」との神託も，［　③　］が書いた『オレステイア』三部作の物語で重要な役割を果たす神託も，プルタルコスがその衰退を嘆いて自ら神官になってまで復興させようとした神託も，すべてがこのデルフォイの神託であった。ギリシア人が運命を神の託宣にゆだねていたことが理解できるだろう。

紀元前776年にはじまったオリンピアの祭典は，19世紀にクーベルタンの提唱によりギリシア王国の協力を得ておこなわれることになった近代オリンピックの着想の元になった。ギリシア人たちの抱くオリンピアの祭典への敬意の大きさは，小国が分立して戦争がたびたび起きていたギリシアにおいて，祭典期間中にはすべての戦争が中断されていたことからもわかる。オリンピアに関しては，競技会優勝者を讃えた叙情詩人［　④　］の荘重な祝勝歌が知られている。ローマの閥族派の将軍スラによって劫略されたアテネが政治的自立を失うなどして，ギリシアがローマの属州になったあともオリンピアの祭典は続けられた。しかし，オリンピアの祭典はギリシア精神からかけ離れていってしまう。師であり施政を支えた哲学者の［　⑤　］を自殺に追いやり，狂気じみた暴政をおこなったことで知られるネロ帝が，自分の勝手な都合でオリンピアの開催を延期して自ら優勝したことからも，ギリシア的なるものへの敬意が失われたことがわかるだろう。

結局，デルフォイの神託もオリンピアの祭典も，テオドシウス帝によって㋔キリスト教が国教化されると，異教の神を讃える祭事だとして廃止されてしまう。

ギリシア人やローマ人の価値観は，特有の時代精神と世界状況によって成立していたのであり，コンスタンの生きた時代やましてや私たちの生きる現代において，古代人の自由を謳歌することはもはや不可能である。コンスタンは，近代人の自由には政治的自由と個人的自由がありそのバランスが重要だと述べたうえで，法制度の目的を次のように述べるが，現代人の私たちにもそれが通用するのか，コンスタンにならって考えなければならないだろう。

人々の個人的権利を尊重し，独立を保障し，仕事を邪魔しないようにしながら，公共のことに対する人々の影響力を尊重し，投票によって権力行使に貢献するよう求め，意見表明によって統制と監視をする権利を付与し，そして，実践を通じてこれら高尚な機能を果たせるように人々を訓練することによって，彼らにこれらを実行する意欲と能力を与えなければならないのである。

バンジャマン＝コンスタン「近代人の自由と比較された古代人の自由」

問１　文中の空欄の①～⑤のそれぞれに最も適切な語句を解答欄に記入しなさい。

問２　文中の下線部㋐～㋔に関して，下記の問㈠～㈬に答えなさい。解答は解答欄に記入しなさい。

㈠　下線部㋐に関して，すべての人民が持つ自然権を守るために作られたのが政府であるから，政府が自然権を侵そうとするときには政府に抵抗し，革命をする権利があると主張したジョン＝ロックが，その主著『統治二論』で理論的正当化を与えた革命を何というか。

㈡　下線部㋑に関して，紀元前４世紀にギリシアのほぼすべてのポリスが結んだ同盟を何というか。

㈢　下線部㋒に関して，ペリクレスと親交があったことから，ペルシア戦争で破壊されたパルテノン神殿の再建に関わり，金と象牙を用いたギリシア彫刻「アテナ女神像」を製作したとされる彫刻家は誰か。

㈣　下線部㋓に関して，大艦隊を組織して海戦に勝利するなど海軍重視政策が功を奏したものの，能力の高さと野心が災いし，自らも政敵を遠ざけるのに利用した陶片追放によってアテネ市民から追い出され，敵国であったペルシアに逃れた人物は誰か。

(オ) 下線部㋔に関して，ローマではキリスト教に対する態度が何度も変化したが，キリスト教優遇政策を改めて，古来の伝統宗教をはじめとする多神教，キリスト教諸派，ミトラ教などにも寛容な宗教政策をとった皇帝は誰か。

〔Ⅱ〕 次の文章を読み，下記の問に答えなさい。

1526年に北インドにおいて建国されたムガル帝国は，第3代皇帝アクバルの治世において，その中央集権的な土台を整えた。例えば，検地をおこない徴税の基盤を作ったり，官僚に序列をつけ，その官位に応じて保持すべき騎兵や騎馬数を定め給与地を与えるというマンサブダール制の導入をおこなった。このイスラーム王朝の支配がきっかけとなり，インド文化とイスラーム文化とが融合した㋐インド＝イスラーム文化が花開くことにもなる。

ムガル帝国は，第6代皇帝アウラングゼーブの治世下において最大版図を実現した。その一方で，この治世は帝国の支配が衰え始めた時期でもあった。厳格なイスラーム教スンナ派信者であったアウラングゼーブは，アクバルの治世以降廃止されていたジズヤの復活やヒンドゥー教寺院の破壊など，異教徒に対する差別政策をおこなった。そのため，特にヒンドゥー教徒の反発を招き，17世紀後半になると，デカン高原においてはシヴァージーにより建国された［　①　］王国が帝国と対立し，パンジャーブ地方においてはシク教徒が反乱を起こした。また，ムガル帝国は，版図の拡大に伴い生じた財政の悪化に悩まされることになる。アウラングゼーブが死去すると，帝位の継承をめぐって争いが繰り返されるようになり，諸侯・大公の離反や独立も相次いだ。

その後，パンジャーブ地方ではシク教徒がシク王国を建てた。また，デカン地方では，［　①　］王国の王権の名目化に伴い有力諸侯により結成されていた［　①　］同盟が，ムガル帝国の領土を奪った。そして，南インドではイスラーム教国のマイソール王国が急成長した。その結果として，ムガル帝国は滅亡にまでは至らなかったものの，事実上，［　②　］周辺を支配する一勢力にすぎなくなった。

インド地域への西洋諸国の進出は，ムガル帝国の建国に前後する時期に始まった。㋑大航海時代にあたる 15 世紀末にはポルトガルのヴァスコ＝ダ＝ガマが地中海を経ず，アフリカ大陸の喜望峰を回る航路を開拓し，インド西南部の［　③　］に来航した。さらに，ポルトガル軍人であるアルブケルケは，1510 年にインド西部の港市を占領し，ここをポルトガルによるインド洋交易の中心地とした。もっともポルトガルは交易活動を安定的に継続することができず，インド地域におけるその影響力は次第に衰えた。他方で 17 世紀以降は，オランダ，イギリス，フランスがそれぞれ東インド会社を設立して，インド各地に商館を設け影響力を持つようになる。とくにイギリスは，1623 年のアンボイナ事件により東南アジアの貿易から追い出されると，インドに活動の中心を移し，1639 年と 1661 年にはインド南東岸と西岸の 2 つの都市を領有し，1690 年にはインド北東部に位置する［　④　］に拠点を築いた。

18 世紀頃，ヨーロッパにおいてイギリスとフランスが対立を深めると，その対立がインドにも飛び火した。そして，1744 年にはインド南部にてイギリス軍とフランス軍が衝突することになる。これにより勃発した戦争は，1761 年までに三度繰り広げられ，最終的にはイギリス側が勝利することになる。またインド東部では，1757 年に，ベンガル太守がフランス軍と手を結んだうえで，イギリス東インド会社の軍と戦い，敗れた。この 1757 年の［　⑤　］の戦いの結果，インドにおけるイギリスの優位が確立したとされる。さらにイギリスは，1764 年のブクサールの戦いにも勝利し，その翌年にはベンガル地方のディーワーニー(徴税権等)を得た。これに伴い，イギリスは，本国から持ち込んだ銀の代わりに，徴税で得た資金を使って輸入用の商品を買い付けることが可能となった。その後なおも，イギリスは，マイソール戦争(1767 年～ 99 年)，［　①　］戦争(1775 年～ 1818 年)，シク戦争(1845 年～ 49 年)等を経て，インドの支配領域を広げていく。その結果として，イギリスは 19 世紀半ばにはインドのほぼ全域を支配下に入れ，三管区に区分けされた直轄地を支配するのみならず，現地の約 560 に及ぶ藩王国を介して間接統治するに至った。

18 世紀後半，イギリスでは産業革命がおこり，1780 年には㋒蒸気機関を活用した紡績機が実用化されていた。これによってイギリスは，これまではインドから輸入していた綿織物をイギリス国内の工場で大量生産して利益を上げることができるようになった。19世紀になると，インドとイギリスの輸出入が逆転し，イギリス産の安価な綿織物が逆にインドに流入した。これが原因でインド産の綿織物がイギリス国内で売れなくなったため，イギリス東インド会社は，新たな輸出品とするべく，黄麻，コーヒー，アヘンの栽培をインド農民の間に広めた。そしてイギリスは，自国産の繊維製品をインドに輸出する代わりに，中国の清から茶葉を輸入し，その赤字の補填のためインドで収穫したアヘンを清に転売するという三角貿易を確立した。これにより清にアヘンが流通し，㋓イギリスと清との間でアヘン戦争が勃発するきっかけとなった。

イギリスの影響下において，インドでは様々な社会的変容が起こったが，そのような中，1857年にインド人傭兵のシパーヒーがイギリスに対して反乱を起こした。この反乱は，イギリスの支配に不満を抱いていた人々や一部の藩王国を巻き込んだ大規模な反英闘争にまで発展した。しかし，この反乱は北インド全域にまで広がったものの，活動そのものは地域ごとに分裂したままであったため，イギリス軍により個別に鎮圧されていった。当初，反乱軍は［　②　］を占拠しムガル皇帝を擁立して，ムガル帝国の統治復活を宣言したものの，結局，1858年に皇帝はイギリスにより捕えられて廃位させられた。これをもって，名実ともにムガル帝国は滅亡した。同帝国の滅亡と同時にイギリスは東インド会社を解散させ，インド地域をイギリス政府の直轄領とした。1877年には，同地域にてイギリス女王を皇帝とするインド帝国が成立することになる。

このようにしてインド地域は，㋔インド連邦として1947年に独立するまで，イギリスの支配を受け続けた。

問1　文中の空欄の①～⑤のそれぞれに最も適切と思われる語を下記の語群から一つずつ選び，その記号を解答欄にマークしなさい。

〔語　群〕

A　マラッカ	B　ボンベイ
C　ビハール	D　カルカッタ
E　オリッサ	F　アグラ
G　カーブル	H　シャンデルナゴル
I　カリカット	J　クイロン

K　ポンディシェリ　L　コロンボ
M　マラーター　N　バタヴィア
O　ブルネイ　P　マドラス
Q　ゴア　R　プラッシー
S　ホルムズ　T　ヴィジャヤナガル
U　マカッサル　V　カーナティック
W　パーニーパット　X　デリー
Y　アッサム　Z　ペナン

問２　文中の下線部㋐～㋔に関して，下記の問(ア)～(オ)に答えなさい。解答は各問の選択肢の中から最も適切と思われるものを一つ選び，その記号を解答欄にマークしなさい。

(ア)　下線部㋐に関して，ムガル帝国の時代の文化に関する以下の記述のうち正しいものはどれか。

〔選択肢〕

A　カビールにより創始されたシク教は，ヒンドゥー教のバクティ信仰を基礎としながらも，偶像崇拝やカースト制を批判し，愛と献身により神と共に生きることでカーストにかかわらず解脱することができると説いた。

B　ムガル帝国第２代皇帝であるバーブルがアラビア語で著した回想録である『バーブル＝ナーマ』には，バーブル自身の日常生活やその折の心情などが記述されており，文学としてのみならず，当時のインドに関する重要な史料として高く評価されている。

C　インド＝イスラーム文化の黄金期を築いたムガル帝国第４代皇帝のシャー＝ジャハーンは，「赤い砦」と呼ばれる荘厳な建築物を残したことで有名であるが，特にその愛妃であるムムターズ＝マハルのためにタージ＝マハルと呼ばれる墓廟の建築に心血を注いだ。

D　ムガル帝国の公用語であるペルシア語が北インドの地方語と融合して生まれたヒンディー語は，アラビア文字で記述される。この言語は，現代においてはインドの公用語となっている。

E イラン地域で発達したミニアチュール(精密画)の技法はインドにも継受された。この技法は，元々は写本に挿入される絵画として発展したものであったが，宮廷芸術としてのムガル絵画や，宗教的・庶民的画風を特徴とするラージプート絵画などのように，独立した絵画として鑑賞されるようにもなった。

(イ) 下線部④に関して，大航海時代に関する以下の記述のうち正しいものはどれか。

〔選択肢〕

A 15世紀，ポルトガルは，ジョアン1世の王子であるエンリケの下で地理や航海術の研究を進め，1415年にはジブラルタル海峡に面するイスラーム教徒の拠点マリンディを攻略し，西アフリカへ進出を始めた。

B フィレンツェ生まれの天文・地理学者であったトスカネリは，地球球体説を唱え，大西洋を西側に航海するルートがアジアへの最短ルートであると主張した。彼のこの主張を信じたマゼランは，スペイン王フェルナンドの後援の下で西側への航海を三度試みた。

C 15世紀頃にはポルトガルとスペインの対立が激化したため，スペインの要請により，ローマ教皇が教皇子午線を設定し，その東をポルトガル，西をスペインの勢力圏とした。1494年には，両国は，この教皇子午線の位置を西方に大幅に修正したトルデシリャス条約を締結した。

D ポルトガルは1521年にフィリピン諸島を発見し，1571年にはルソン島にマニラ市を建設して，ここをアジア貿易の拠点とした。ポルトガルは，スペインに対抗するため，ここに積極的に中国商人を誘致し，商人のもたらす物資の対価をメキシコ銀で支払った。

E イタリア出身のバルボアの南アメリカ探検によって，従来インドと信じられていたこの地が，インドとは別の大陸であることが明らかとされた。

(ウ)　下線部㋒に関して，産業革命期の発明品とその発明者に関する以下の組み合わせのうち正しいものはどれか。

〔選択肢〕

A　多軸紡績機－アークライト
　水力紡績機－ハーグリーヴス
　ミュール紡績機－カートライト
　力織機－クロンプトン

B　多軸紡績機－ハーグリーヴス
　水力紡績機－アークライト
　ミュール紡績機－クロンプトン
　力織機－カートライト

C　多軸紡績機－クロンプトン
　水力紡績機－アークライト
　ミュール紡績機－ハーグリーヴス
　力織機－カートライト

D　多軸紡績機－カートライト
　水力紡績機－アークライト
　ミュール紡績機－クロンプトン
　力織機－ハーグリーヴス

E　多軸紡績機－ハーグリーヴス
　水力紡績機－アークライト
　ミュール紡績機－カートライト
　力織機－クロンプトン

(エ)　下線部㋓に関して，アヘン戦争に関する以下の記述のうち正しいものはどれか。

〔選択肢〕

A　清の乾隆帝は1757年に，上海において「公行」と呼ばれる特定の特許商人を介した貿易のみを許可した。公行は関税の徴収などすべての手続きを請け負い，巨万の富を築いて，商業資本家となった。しかしアヘン戦争の結果，この組織は廃止された。

B　イギリスから流入するアヘンに対抗するため，清は繰り返しアヘン禁止の命令を発した。しかし奏功せず，アヘンの輸入額が増大するとともに銀の流出も続いた。そこで，道光帝により欽差大臣に任命された洪秀全が1839年に上海に派遣され，同地にてアヘンの没収と廃棄などが強行された。

C　アヘン戦争の結果，清はイギリスと南京条約を結んだ。この条約においては，上海，寧波，福州，厦門，広州の5港の開港，自由貿易の実施，香港島の割譲，賠償金の支払いなどが定められた。さらにこの条約の中には，清の関税自主権の喪失やイギリスの領事裁判権，片務的最恵国待遇といった不平等な内容も含まれていた。

D　フランスとアメリカは，イギリスと清の間で結ばれた南京条約と同様の内容の条約を清と結んだ。フランスは1844年にマカオ郊外の望厦にて望厦条約を結び，アメリカは同年に広州郊外の黄埔にて黄埔条約を締結した。

E　1856年，イギリス船籍を主張するアロー号の中国人乗組員が広州で海賊行為の容疑により逮捕されると，これを口実にイギリスは，フランスと共に第2次アヘン戦争とも呼ばれるアロー戦争を起こした。結果的にこの戦争は英仏の勝利に終わり，1858年には天津条約，1860年には北京条約が締結された。

(オ)　下線部㋔に関して，インドの民族運動に関する以下の記述のうち正しいものはどれか。

〔選択肢〕

A　1905年にイギリスがインド支配を強化するためにベンガル分割令を発布すると，これに対する反対運動がおこった。これに呼応したインド国民会議派のティラクらは，1906年の大会にて，英貨排斥・スワデーシ(自治獲得)・スワラージ(国産品愛用)・民族教育の4綱領を決定して反英運動の先頭に立った。

B　イギリスは，第一次世界大戦後にインドに自治を認めると約束していたにもかかわらず，1919年にインド統治法を制定した。その内容は，形式的には連邦制を採用しつつも，州行政のみならず中央政府の活動について総督の独裁を実質的に認めるものであった。

C　令状なしでの逮捕や裁判なしでの投獄を認めるローラット法が1919年に施行されると，国民会議派は，この法と武力弾圧に抵抗するため，ガンディーの指導の下，非暴力・不服従を意味するプールナ＝スワラージ運動を展開した。

D　全インド＝ムスリム連盟は，当初は指導者であるネルーの下でインド独立のため国民会議派と共闘していたものの，1940年のボンベイ大会以後は，彼らと決別しムスリム国家として独立を目指すようになった。

E　ガンディーは，イギリスの塩の専売制をイギリスによるインドの支配と搾取のシンボルととらえた。彼はこれに対抗するため，1930年に二度目の非暴力・不服従運動である「塩の行進」をおこない，実際に海岸に向かって行進し，自ら塩を作った。

〔Ⅲ〕 次の文章を読み，下記の問に答えなさい。

中南米のスペイン領植民地は，1811年のベネズエラの独立を嚆矢として，1820年代の半ばまでに次々と独立を達成した。ポルトガル領のブラジルでは，ポルトガル王 [①] の本国帰還後も摂政としてとどまった皇太子(後の [②])が，1822年，ブラジルを本国から独立させ，自ら帝位について立憲帝国を樹立した。

独立を達成した中南米諸国の領域は，旧植民地行政区域をもとに形成された。ベネズエラ出身でラテンアメリカ独立運動の指導者 [③] が構想したような統合国家は，根強い地方主義や分離主義の抵抗にあって実現しなかった。大コロンビアは1831年までに現在のベネズエラ，エクアドル，コロンビアなどに分かれ，中米連邦共和国も1838年以降にグアテマラ，ホンジュラス，エルサルバドル，ニカラグア，コスタリカの5か国に分裂した。(ア)メキシコ，チリ，ペルー，ブラジル，(イ)ハイチなどのほか，1844年にハイチの支配から独立したドミニカ共和国を加えると，19世紀半ばまでに計18か国が中南米に成立した。

これらの新興国家は，植民地時代から引き継いだ古い社会構造の上に，最新の欧米諸国の統治形態を接木した。大部分の国で共和制が採用され，(ウ)アメリカ合衆国やフランスの憲法を模倣した憲法を制定した。しかし，実際には，それらは空文に帰し，社会構造は変革されず，大土地所有者，鉱山所有者，大商人からなる，かつての独立運動の指導勢力であった植民地生まれの白人である [④] が政治権力を独占して，国民大衆を政治から除外した。

ラテンアメリカ諸国の独立運動は，社会革命を伴わなかっただけでなく，大土地所有制を一層進展させた。広大な教会所有地が国家に接収され売却されたが，それらの土地は，白人と原住民の混血である [⑤] 中産層の他は [④] 大地主や軍人に分配された。こうしてラテンアメリカ諸国のどこでも，少数者による巨大農場の独占と，大多数の零細土地所有が20世紀まで続くことになった。

大土地所有を基盤とする [④] 層の寡頭支配権力は，世界資本主義に対してラテンアメリカ諸国の経済を一層従属させることになった。独立後のチリ，ペルー，パラグアイなどで，19世紀の半ばまでは経済的独立をはかる努力がなされたが，それらはほとんど失敗に終わった。[④] 支配層が自由貿易を好み，原料輸出と工業製品輸入を望んで国内工業の発展に冷淡であったからである。㊁「世界の工場」を誇る自由貿易帝国主義は，このラテンアメリカ諸国に進出し，アルゼンチンに代表されるように，諸国を原料供給地，製品および投資の市場にかえていった。この結果，㊉各国でモノカルチャー経済，植民地型輸出経済が促進され，経済的従属ぶりが深まり，低開発状態が続いた。

したがって，ラテンアメリカ諸国やアフリカなど「第三世界」が低開発状態に長くとどまり，経済発展が遅れたのは，1970年代に，フランク，ウォーラーステイン，アミンらの「新従属理論」で共通に説かれたように，中枢＝中核の経済発展が衛星＝周縁の経済余剰を収奪した結果なのであり，衛星＝周縁化された諸国家・諸地域は，いやおうなしに低開発を強いられたのであった。

19世紀に確立された資本主義的世界体制は，それが確立される同一の過程のなかで，経済発展と構造的低開発の双方を同時に産み出したのである。

問１　文中の空欄①～⑤のそれぞれに最も適切と思われる語を下記の語群から一つずつ選び，その記号を解答欄にマークしなさい。

〔語　群〕

A	カルロス２世	B	ペドロ２世	C	サン＝ドマング
D	イザベル２世	E	ペニンスラール	F	ペロン
G	ムラート	H	イダルゴ	I	シモン＝ボリバル
J	クリオーリョ	K	ヴァルガス	L	ジョアン６世
M	ルイス１世	N	ティエール	O	アルフォンソ12世
P	バティスタ	Q	メスティーソ	R	マラー
S	レセップス	T	エベール	U	ブリッソ
V	ペドロ１世	W	カルロス４世	X	サッカレー
Y	ユンカー	Z	デュナン		

問２　文中の下線部㋐～㋔に関して，下記の問(ア)～(オ)に答えなさい。解答は各問の選択肢の中から最も適切と思われるものを一つ選び，その記号を解答欄に

マークしなさい。

(ア) 下線部㋐に関して，アメリカ合衆国との戦争に敗北したメキシコでは，1855年以降の自由主義的な改革運動によって教会の土地所有を禁じるなどの改革が進んだが，保守派や軍の反発を受け，内戦が勃発した。こうした改革を進めた当時の指導者として正しいのは下記の語群のうち誰か。

〔語　群〕

A　ディアス　　B　マデロ　　C　サパタ

D　ウエルタ　　E　フアレス

(イ) 下線部㋑に関して，ハイチ独立運動に大きく貢献したトゥサン＝ルヴェルチュールについての以下の記述のうち正しいものはどれか。

〔選択肢〕

A　ベネズエラの名家に生まれ，ヨーロッパの啓蒙思想に接する。独立運動に参加するが，スペイン軍に敗退してジャマイカに亡命する。カルボボの戦いやアヤクチョの戦いに勝利した。

B　奴隷として生まれ，黒人奴隷の武装蜂起を指揮した。しかし，ナポレオンが派遣した鎮圧軍に敗れ，フランスに幽閉され獄死した。

C　亡命先のイギリスで支援を求めて活動し，故郷に自治政府ができると帰国した。1812年に王党派の反攻に敗れて捕らわれ，スペインで獄死した。

D　アルゼンチン出身の独立運動の指導者・軍人である。チリ解放やペルー解放の後，スペイン軍との戦いに協力を求めた人物に協力を拒まれ，すべての地位を退き，ヨーロッパにわたりフランスで死去した。

E　1810年に自身が神父を務める教区で蜂起したが，副王軍に捕らえられ処刑された。

(ウ) 下線部㋒に関して，19世紀におけるアメリカ合衆国では，著しい領土の拡張がみられる。フランスからルイジアナを購入した当時の大統領は誰か。

〔語　群〕

A　トマス＝ジェファソン　　B　マディソン

C　モンロー　　D　ジョン＝アダムズ

E　ジャクソン

(エ)　下線部㊁に関して，1800年代におけるイギリスの動きとして正しいものは下記の記述のうちのどれか。

〔選択肢〕

A　「世界の工場」とは，19世紀中頃のイギリスの国際的地位を表現した言葉で，産業革命により圧倒的な工業力を持ったイギリスがこの時期に工業製品の世界への独占的な供給者となったことを当時首相だったパーマストンが1838年の議会演説で話した言葉である。

B　ディズレーリは，1837年に保守党の下院議員となり，新しい保守主義を唱える青年イングランド派の指導者となり，穀物法撤廃に賛成の立場を示し，保守党内閣で3度蔵相を務めた後に，1867年には首相になった。

C　パーマストンは，1807年にトーリ党所属で下院議員となり，陸相を経験した後，ホイッグ党や自由党内閣で外相等を務め，1855年に首相となった。彼の政策は，自由主義外交の典型とされているが，実情はイギリスの国益至上主義によって貫かれ，自由貿易遂行のためであれば砲艦外交も辞さないというものだった。

D　ピールは，1809年にトーリ党所属の下院議員となり，1828年～1830年に内相として結社禁止法の制定，警察制度の整備など多くの改革をおこなった。その後首相となり，穀物法の制定を断行して，保守党の分裂を招いた。

E　グラッドストンは，1833年に保守党所属の下院議員となり，穀物法制定でピール内閣を支持した。蔵相時代には，自由貿易を推進し，増税政策によって国家の財政立て直しに尽力した。

(オ) 下線部㋔に関して，第二次世界大戦後，アメリカ系の砂糖企業が多数進出していたキューバでは，親米的な政権がカストロを指導者とする革命運動によって打倒された。カストロ政権はソ連寄りの姿勢を強めるとともに，社会主義的な性格を明確にしていった。当時のアメリカの政権はキューバに圧力をかけたが，キューバはソ連からの援助でミサイル基地の建設計画に踏み切った。これを契機として米ソ間では緊張が高まったため，当時のソ連の指導者がアメリカによるキューバへの内政不干渉を条件にミサイル基地の撤去に合意した。この時のソ連の指導者は誰か。

〔語　群〕

A　ブルガーニン　　B　フルシチョフ　　C　ブレジネフ
D　チェルネンコ　　E　アンドロポフ

〔Ⅳ〕 次の文章を読み，下記の問に答えなさい。

世界の歴史は長きにわたりユーラシア大陸を中心として展開されてきた。しかし，コロンブスがアメリカ大陸に到達したことを一つの契機として，16世紀以降，「世界の一体化」が急速に進展することとなる。即ち，それまでユーラシア大陸とほぼ交流が皆無であったアメリカ大陸が世界の歴史の表舞台に登場することとなった。

当時，アメリカ大陸では，「インディオ」と呼ばれるモンゴロイド系と推定される先住民が定住し，北アメリカ地域では狩猟採集を中心とする文化を，メソアメリカと南アメリカでは農耕文化をそれぞれ基礎として独自の社会を形成していた。メキシコ高原では前2世紀頃に［①］文明が誕生し，6世紀まで繁栄した。その後，14世紀頃には，北方から進出してきた［②］人が現在のメキシコ市の地に都を造り，王国を建設した。ユカタン半島では，前1000年頃からマヤ文明が勃興し，ピラミッド状神殿，二十進法を用いた数学，独自の文字などを生み出した。また，南アメリカのアンデス高地には，前1000年頃［③］文化が成立し，都市文明が発展した。その後，高度な石造建築技術をもつティワナク文化の都市が栄えた後，諸王国の抗争を経て，15世紀には太陽の神殿に象徴される巨大な石造建築技術や金属加工技術に優れたインカ帝国が繁栄し，コロンビア南部からチリにおよぶ広大な地域を支配した。

他方，ヨーロッパでは，莫大な富を生み出すアジア産の香辛料などを求めてポルトガル・スペイン王家を中心として大海原に乗り出す大航海時代を迎えつつあった。15世紀末，ポルトガルはアフリカ南端の喜望峰経由によるインド航路の開拓に成功，一方で出遅れたスペインは西方からのインド航路開拓に挑み，アメリカ大陸に到達した。そして，スペイン王室は「征服者」(コンキスタドール)をアメリカ大陸に派遣し，［　④　］が1521年に［　②　］王国を，［　⑤　］が1533年にインカ帝国をそれぞれ滅亡させた。

㋐大航海時代の訪れとともに一体化した世界は，ヨーロッパとアメリカ大陸沿岸部を中心として世界規模で経済的な結びつきを急速に深めていった。そして，これを媒介したのが銀の存在である。即ち，1545年に現在のボリビア領でポトシ銀山が発見され，大量の銀が世界中に流れ出した。これによりヨーロッパでは銀の価格が急落，物価が高騰するなどの影響を受けた。㋑この時引き起こされた物価上昇は価格革命と呼ばれ，ヨーロッパの経済活動に大きな影響を与えた。

また，新大陸産銀に起因する世界的な商業の活発化は，ヨーロッパに止まらず，アジアにも波及することとなる。14世紀に建国された㋒明朝は，民間人の海上貿易を極力抑える海禁政策を採用し，東アジアおよび東南アジアにおいて広域的な㋓朝貢体制を築き上げ，政府が一元的に貿易を管理していた。だが，16世紀になると，国際商業の活発化により，明の貿易統制体制は揺らぎ始める。東南アジアでは，香辛料の輸出拡大にともない経済力を高め，軍事力を備えたことで，明の権威にたよらない新興国家が台頭した。また，中国周辺でも北方遊牧民や東南海岸の倭寇の活動が活発化し，自由な貿易を求めて㋔海禁政策の緩和の機運が高まりを見せる。これに苦慮した明はモンゴルとの間に交易場を設置すると同時に，海禁を緩和し，民間人の海外貿易を許可するに至った。

問1　文中の空欄①～⑤のそれぞれに最も適切と思われる語を下記の語群から一つずつ選び，その記号を解答欄にマークしなさい。

〔語　群〕

A　オルメカ　　　**B**　ラパス

C　アステカ　　D　トゥーラ
E　アタワルパ　　F　リマ
G　クスコ　　H　サカテカス
I　ピサロ　　J　テノチティトラン
K　チャビン　　L　ナスカ
M　チチメカ　　N　テスココ
O　テオティワカン　　P　ドナテルロ
Q　チムー　　R　ケチュア
S　トルテカ　　T　バルトロメウ＝ディアス
U　カブラル　　V　ジョット
W　コルテス　　X　カボット
Y　マチュ＝ピチュ　　Z　ホルバイン

問2　文中の下線部㋐～㋔に関して，下記の問(ア)～(オ)に答えなさい。解答は各問の選択肢の中から最も適切と思われるものを一つ選び，その記号を解答欄にマークしなさい。

(ア)　下線部㋐に関して，「世界の一体化」が進んだ結果について次の記述のうち正しいものはどれか。

〔選択肢〕

A　世界の一体化によって，西ヨーロッパ諸国では工業に大きな変化が起きた。これを支える原材料の調達先として16世紀にアメリカ大陸，そして，中国および朝鮮半島を含むアジア諸地域が経済的にヨーロッパに従属することとなり，国際分業体制が構築された。

B　大航海時代以降，世界の一体化によって海を介した人々の交流が活発化するにともない，疫病が世界中に蔓延することとなった。この頃，ヨーロッパでもアメリカ大陸から伝わった黒死病により多数の死者を出すこととなった。

C　世界の一体化によって，大陸間での経済的な結びつきが深まり，相互依存が進展する一方で，鉱業・工業における急速な経済発展は，17

世紀に土壌汚染や地球温暖化などの深刻な環境問題を引き起こした。

D　大航海時代以降，アメリカ大陸が世界的交易網とつながり，世界の一体化が進展したことで交易の恒常化や商品の量的増加が世界的規模で進み，一部の上流階層の人々だけでなく，一般庶民の生活にも世界経済が影響を及ぼすようになった。

E　世界の一体化にともない，ヨーロッパ諸国は，交易の利益を巡って激しい経済的競争を繰り広げるようになった一方で，互いに経済的結びつきが深化したことにより，政治的統合も進展した。

(イ)　下線部㋑に関して，この時期のヨーロッパにおける物価上昇の原因と影響に関しては諸説があるが，以下の記述のうち正しいものはどれか。

〔選択肢〕

A　ヨーロッパへの銀の流入に加えて，農村部で人口が減少し食糧生産量が低下したため，物価が上昇した。

B　都市部を中心に人口が減少し労働力が不足したため，実質賃金が上昇した。

C　物価上昇により，封建領主のうち，固定地代によって経済基盤を築いていた人々は経済的に困窮し没落した。

D　物価上昇は，南ドイツのフッガー家などの大富豪や南欧の商業資本を台頭させた。

E　物価上昇は，農業を基盤とした社会からの脱却をもたらすと同時に工業の急速な発展を促し，17世紀の産業革命を引き起こす直接的な要因となった。

(ウ)　下線部㋒に関して，明朝期において起きた歴史上の出来事を時系列に沿って正しく並べているものはどれか。

〔選択肢〕

A　靖難の役→土木の変→一条鞭法→南海諸国遠征

B　靖難の役→南海諸国遠征→一条鞭法→土木の変

C　土木の変→南海諸国遠征→一条鞭法→靖難の役

D 靖難の役→南海諸国遠征→土木の変→一条鞭法

E 南海諸国遠征→土木の変→靖難の役→一条鞭法

(エ) 下線部㋓に関して，朝貢体制について次の記述のうち正しいものはどれか。

〔選択肢〕

A 朝貢体制に参加するには，冊封体制に組み入れられ，明朝皇帝と正式に君臣関係を結ばなければならなかった。

B 永楽帝は，ムスリムの宦官鄭和に命令を下し，南海諸国に大艦隊を派遣した。鄭和の艦隊は東南アジアから西アジアにまで到り，一部はアフリカ大陸南端にまで達した。

C 日本の室町幕府は第3代将軍足利義昭の時代に日本国王として冊封され，正式な臣下として勘合貿易をおこない，朝貢体制に加わった。

D 明朝によって東アジアに築かれた朝貢体制は，貢物を介する形で明朝を中心とする周辺国との関係性に安定をもたらし，明朝の厳格な管理の下で使節団および同行商人の交易が認められた。

E 明朝によって構築された朝貢体制は，16世紀に清朝の侵入によって明朝が滅亡するまで，東アジア世界に安定的な秩序をもたらし続けた。

(オ) 下線部㋔に関して，海禁政策の緩和について次の記述のうち正しいものはどれか。

〔選択肢〕

A 海禁政策の緩和によって，中国国内の手工業製品が海外貿易を通じて輸出されるようになるにともない，当時生産を増大しつつあった日本銀や新大陸産の銀が大量に中国に流入するようになった。その結果，中国における商工業はより一層の発展を見せた。

B 海禁政策の緩和は，中国沿岸部と東南アジア地域および日本との間における民間貿易を促し，これにより経済力を得た倭寇はその勢いを増し，織田信長による海賊の取締りが始まるまで活発な活動が続いた。

C 海禁政策の緩和により海を介した民間貿易が進んだ一方で，陸に関してはソグド人などの北方遊牧民による直接的な軍事的脅威も重なり，明朝による警戒心の高まりから貿易制限の緩和は一時的なものにとどまった。

D 海禁政策の緩和に起因する海外貿易の活発化にともない，海外から大量の銀が中国に流入した。その結果，富が明朝の首都であった北京に集中し，明朝の中央集権がより一層強まった。

E 海禁政策の緩和に起因する海外貿易の活発化にともない，大量の日本銀や新大陸産銀が流入した。これにより明朝領内では経済力を得た新たな地域政権が次々と台頭し，このことが結果的に明朝を分裂と衰退へ導くこととなった。

政治・経済

（60分）

〔Ⅰ〕 次の文章を読み，下記の問に答えなさい。

人が，健康で文化的な生活を営むために必要な環境を享受する権利は環境権と呼ばれている。この権利は日本国憲法の13条や25条を根拠にして主張されてきた。日本では，1960年代から公害問題が深刻化し，㋐1970年に開かれた臨時国会では，公害に対する懸念が高まり，水質汚濁防止法をはじめとする各法が制定された。

㋑公害を規制するために，法を通じて人間や企業の行動をいかに変化させられるかが大きな課題である。それにはいくつかの方法がある。ひとつの方法は，環境に負荷を与えた個人や企業などに環境を改善させる費用を直接，負担させる方法である。これを［　①　］原則という。

㋒公害対策基本法と自然環境保全法に代わって1993年に成立した［　②　］法に基づき，大気汚染，水質汚濁，騒音などについて環境基準が定められている。また，水質汚濁防止法では，一律に排出基準を定めて，それぞれの企業に守らせるという㋓濃度規制を実施する手法等が用いられている。

日本国憲法は第8章において地方自治に関する独自の章を置いており，各地方公共団体は，㋔条例を制定する権限を有している。各地方公共団体の議会が制定する条例が，国会による立法の先駆けになることがある。環境影響評価法(環境アセスメント法)は，発電所，高速道路，ダム，廃棄物の最終処分場など一定の規模以上の公共事業を行う場合に環境影響評価を実施して，環境に対する負荷を未然に防止しようとしている。この規制のモデルになったのが，各地方公共団体が制定していた独自の㋕環境アセスメント条例である。

㋖環境汚染による生命や健康に対する損害の発生をいかに防止させられるかは極めて重要であるが，実際に被害が発生した場合には，可能な限り原状回復がなされなければならない。有名な四大公害裁判は，被害者救済㋗を重要視した。

地球環境を維持し，持続可能な社会をつくるために［　②　］法の15条に基づき，政府は環境の保全に関する基本的な計画を定めている。限られた資源を有効に活用し，地球環境を保全していくために，循環型社会を形成していく必要がある。

問 1　文中の下線部㋐について，1970年の臨時国会で改正される前の公害対策基本法には，経済界の強い要望により「経済の健全な発展との［　　］」という語句が入っていた。この語句を含む条項は通称［　　］条項と呼ばれ，環境汚染に対する規制の実質が弱まる根拠になった。この［　　］に入る最も適当な語句を解答欄に記入しなさい。

問 2　文中の下線部㋑について，栃木県の足尾銅山の鉱毒が渡良瀬川流域の住民に被害を与えたことで，明治天皇にその窮状を訴えようとした政治家の名前を解答欄に記入しなさい。

問 3　文中の空欄①に最も適当と思われる語句を解答欄に記入しなさい。

問 4　文中の下線部㋒の公害対策基本法2条は，事業活動その他の人の活動に伴って生ずる相当範囲にわたる大気汚染，水質汚濁，土壌汚染，騒音，振動，地盤沈下，及び［　　］によって被害が生じた場合を公害と規定していた。この［　　］に最も適当と思われる語句を解答欄に記入しなさい。

問 5　文中の空欄②に最も適当と思われる語句を解答欄に記入しなさい。

問 6　文中の下線部㋓の規制では各事業者が汚染物質を大量の水で薄めることで，各事業者は汚染物質を大量に排出することができてしまうという問題がある。この点，地域全体としての一定の排出量を設定し，その地域内の汚染物質の排出の合計量を抑制しようとする仕組みを水質［　　］規制という。この［　　］に最も適当と思われる語句を解答欄に記入しなさい。

問 7　文中の下線部㋔について，日本国憲法94条では，地方公共団体は「［　　　］の範囲内で条例を制定することができる」と規定されている。この［　　　］に最も適当と思われる語句を解答欄に記入しなさい。

問 8　文中の下線部㋕について，全国に先駆けて［　　　］市は1976年に環境アセスメント条例を制定した。この［　　　］に最も適当と思われる語句を解答欄に記入しなさい。

問 9　文中の下線部㋖について，大気汚染防止法25条や水質汚濁防止法19条は，排出事業者に故意や［　　　］がなくても，人の生命または身体に生じた損害に対する責任を負わせる原則を採用している。この［　　　］に最も適当と思われる語句を解答欄に記入しなさい。

問10　文中の下線部㋗について，裁判所による司法的解決とは別に，公害にかかわる紛争を調停や裁定などの方法を用いて迅速・適正に解決するべく，総務省の外局として設置されている行政委員会の名称を解答欄に記入しなさい。

〔Ⅱ〕 次の文章の空欄Ａ～Ｊに最も適当と思われる語句を解答欄に記入しなさい。

日本国憲法14条1項は「すべて国民は，法の下に平等」であるとし，憲法24条1項は「[A]は，両性の合意のみに基いて成立し，[B]が同等の権利を有する」ことを規定するだけでなく，同条2項は，家族生活における個人の尊厳と両性の本質的平等について規定している。このような憲法の基本理念を受けて1947年に，それまで「家」制度の下で認められていた[C]が有する家族の居所指定権などの[C]権は廃止された。

性別や家族関係における異なる取り扱いが差別に当たるかは裁判において度々問題となった。1907年に制定された刑法は200条で[D]殺人罪を規定しており，同条は憲法が施行された後も適用されていたが，1973年に最高裁判所は，この罪の刑が一般の殺人罪よりも極端に重く，家族関係において不合理な差別的取り扱いをしているとして憲法14条1項に違反して無効であると判断した。

民法では，1947年の改正により家督相続制が廃止されたが，この改正後の民法においても，[A]関係のない男女から生まれた「[E]でない子」の法定相続分は[A]関係のある男女から生まれた「[E]子」の2分の1であると規定されていた。この規定について，2013年に最高裁判所は，法定相続分につき区別をする合理的な根拠が失われており，憲法14条1項に違反するものであると判断した。

また，民法では，[A]に関して，父子関係をめぐる紛争を避けるため女性のみに[F]期間を設ける規定がある。その期間は6か月とされていたが，2015年に最高裁判所は，100日を超えて[F]期間を設けることは立法の目的に照らして合理性を欠き，憲法14条1項に違反するだけでなく，憲法24条2項にも違反すると判断した。

1950年に制定された[G]法では，父系血統主義がとられていたが，1979年に国連総会において採択された[H]条約を受けて[G]法は改正され，父母両系血統主義がとられることになった。しかし，この改正によっても，[A]関係のない日本人の父と外国人の母との間に生まれた

「[E]でない子」は，その父が出生後にその子を認知しただけでは日本の[G]を取得できず，さらにその父母が[A]してその子が「[E]子」になってはじめて日本の[G]を取得するとされていた。このような取り扱いについて，2008年に最高裁判所は，合理的な根拠が失われているとして，憲法14条1項に違反するものと判断した。

最高裁判所が性別や家族関係に関する規定について違憲の判断を示した問題もあれば，合憲の判断を示した問題もある。民法は，[B]の[I]について同一のものを[B]が称するものと規定するが，[A]して[B]の一方が[I]を変えても，様々な不利益が生じることを理由に旧[I]を通称として使用する者は少なくない。この民法の規定について，2015年に最高裁判所は，この規定によって自らの意思に関わりなく[I]を改めることが強制されるものではないこと，また，どちらの[I]を称するかは当事者の協議に委ねられていることなどを根拠として憲法13条，14条1項，24条に違反するものではないとした。ただし，この判例において最高裁判所は，[B]が選択的に別の[I]を称することができる制度について合理性がないとまではいえず，[I]についてどのような制度をとるべきかは国会において議論されるべき事柄であるとした。2021年にも最高裁判所は，この民法の規定について合憲とする判断を示している。

現代の家族関係においては，ＬＧＢＴなどの性的少数者の人権をいかに尊重するかも問題になっている。同性間の社会生活上の関係を公認するものとして，2015年に東京都渋谷区は，条例によって，同性間であっても男女の[A]関係と異ならない程度の実質を備えた関係にある場合には，当事者の申請に基づき[J]証明書を交付する制度を導入した。これと同様の[J]制度は，その他の地方公共団体においても徐々に導入されはじめている。

〔Ⅲ〕 次の文章を読み，下記の問に答えなさい。

現代社会において自動車は経済活動のみならず日常生活においても必要不可欠な交通手段であるが，その高い利便性と有益性の反面，死傷事故の多発などの負の側面もあることを看過できない。

高度経済成長期㋐において自動車保有台数が増加し，自動車事故による死者数が1万人を超える年が続くこともあったが，様々な取り組みの成果として最近では死者数は大幅に減少している。その一方で，加害者に対する社会の目は以前にも増して一層厳しくなっており，飲酒運転をはじめとする危険運転行為に対する厳罰化や，高齢者の運転による事故が多発したことに伴い高齢者に運転免許の自主返納を求める動きが高まっている。もっとも，他の交通機関が整備されていない地方，とりわけ，過疎化が進み65歳以上の高齢者が半数を超え共同体の機能を維持することが厳しくなった［　①　］集落などに居住する高齢者にとって，買い物をはじめ生活全般にわたり自動車の利用は必要とされており，全国一律に運転免許の自主返納を求めることには疑問も出されている。少子高齢化の問題㋑はこのような場面にも暗い影を落としている。

戦後のわが国における主力産業は，ペティ・［　②　］の法則の通り第一次産業から第二次産業，そして第三次産業へと移行し，産業構造が高度化されてきたが，その中にあって，自動車製造業はわが国を代表する業種として経済の発展を牽引してきた。1980年代になると，日本車の海外への輸出が盛んになり，アメリカ合衆国においても日本車が大量に輸入され，アメリカ国内の自動車製造業を圧迫し，日米貿易摩擦や日米経済摩擦と呼ばれる国際問題㋒にまで発展した。このため，両国間において解決に向けた取り組みがなされ，1989年から1990年にかけて行われた日米［　③　］協議はその一例である。

自動車は数多くの部品を組み立てることにより製造されるため，高度経済成長期には完成品を製造する自動車会社を頂点として，多くの中小企業㋓が部品の製造などの下請業務を担い，大企業が中小企業を系列化する支配構造になっていた。わが国では自動車業界以外でも多数の中小企業が存在しており，中小企業を保護するために様々な政策がとられてきたが，中小企業が金融機関から資金を借り入れる際に中小企業の債務を保証する ④ 保証協会のような機関の存在も中小企業の保護に寄与している。

オーストリアの経済学者である ⑤ が経済発展の主体は技術革新を積極的に行う企業家であると述べたように，自動車産業においても絶え間なく技術革新が進められており，現在でも，環境に配慮した電気自動車や，最先端のＩＴ(情報技術)㋔を活用した自動運転の開発等が進められている。

問１　文中の空欄①～⑤のそれぞれに最も適当と思われるものを次の語群から一つずつ選び，その記号を解答欄にマークしなさい。

〔語群〕

A　振興	B　ホフマン	C　整理
D　リカード	E　信用	F　シュンペーター
G　構造	H　トービン	I　清算
J　地位	K　限界	L　クラーク
M　再生	N　ラッセル	O　産業

問２　文中の下線部㋐～㋔に関して，次の問(ア)～(オ)に答えなさい。解答は各問の指示に従い選択肢の中から一つ選び，その記号を解答欄にマークしなさい。

(ア)　下線部㋐に関する記述のうち，最も適当なものを選びなさい。

A　高度経済成長期の中期にあたる1970年代に田中角栄首相が国民所得倍増計画を発表した。

B　高度経済成長期においてある企業の設備投資が他の企業の設備投資を呼び起こす好循環は，当時の経済白書において「投資が投資を呼ぶ」と表現された。

C　高度経済成長期には年平均20％を超える実質経済成長率を達成していた。

D　終戦直後の１ドル＝360円の固定相場がドッジラインにより１ドル＝308円に切り上げられたことがわが国の高度経済成長を支えた。

(イ) 下線部㋑に関する記述のうち，最も適当なものを選びなさい。

A　認可保育所に入所できない待機児童問題は少子化の進行により2018年4月には全国で解消された。

B　児童手当は所得の低いひとり親家庭にのみ支給されるものであったが，2009年から子ども手当へと名称が変更されている。

C　2008年に老人保健制度が廃止され，同年に後期高齢者医療制度が新設された。

D　介護保険は介護が必要となった70歳以上の高齢者に支給される公的年金であり，2010年から実施されている。

(ウ) 下線部㋒に関する記述のうち，最も適当ではないものを選びなさい。

A　日米貿易摩擦とは，日米の経常収支における日本の大幅黒字とアメリカの大幅赤字という不均衡な状態に起因する両国間の対立のことである。

B　日米貿易摩擦は，当初，繊維で問題となり，1970年代には鉄鋼やカラーテレビ，1980年代には自動車，半導体，農産物で問題となった。

C　アメリカにおいて1990年に制定されたいわゆるスーパー310条では，不公正な貿易を行った相手国に対して輸出制限などの報復措置を発動する権限がアメリカ連邦準備制度理事会に与えられている。

D　1993年から行われた日米包括経済協議において，アメリカ側から日本側に対して貿易黒字削減のための数値目標の設定が求められた。

(エ) 下線部㋓に関して，最も適当ではないものを選びなさい。

A　1963年に制定された中小企業基本法は企業合併等を促進して中小企業を大企業に転換することを目的とするものであり，1999年に大幅に改正された。

B　下請等により大企業の系列下に置かれた中小企業は，景気の変動に伴い生産の増減を大企業に強いられるところから，「景気の調節弁」と呼ばれることがある。

C　一定規模を超える労働組合が存在する中小企業に対しても労働契約法

は適用される。

D　ある地域の小規模小売店を保護するために大規模小売店の進出を規制する大規模小売店舗法は 2000 年に廃止され，同年に大規模小売店舗立地法が施行された。

(オ)　下線部㋔に関する記述のうち，最も適当なものを選びなさい。

A　中小企業庁が進めているセーフティネットとは，インターネット上のウイルスを駆除してインターネットを安心して利用できるようにする取り組みを指す。

B　ＩＴ革命とは，パソコン，インターネット，携帯電話などの普及により，ＩＴに精通した新しい世代が社会の多数を占め，政権の交代に至る現象を意味している。

C　行政のデジタル化の基盤とされるマイナンバー制度は，税，社会保障，災害対策などに関わる情報を国が一元的に管理するために，行政機関において運用されている。

D　2020 年に新設されたデジタル庁は旧科学技術庁を組織改編したものである。

〔Ⅳ〕　次の文章を読み，下記の問に答えなさい。

蒸気機関の改良等の技術革新を背景として，［　①　］世紀後半のイギリスで始まった産業革命は各国に波及し，社会や経済のありかたに大きな変化をもたらした。その変化の一つが，［　②　］等を基盤とする資本主義経済の発展である。

資本主義経済の発展は，生産能力の向上をもたらす一方で，資本家と労働者間の対立を深刻化させた。このような問題状況に対して，資本主義に代わる経済思想として台頭したのが社会主義㋐である。1922年には社会主義国家であるソビエト社会主義共和国連邦(ソビエト連邦)が成立し，第二次世界大戦後，東ヨーロッパ諸国や中華人民共和国，ベトナム㋑等において社会主義が導入された。

社会主義経済の基本的な特徴の一つとして，商品の生産や流通等を政府が管理する計画経済が挙げられる。資本主義諸国が1929年に始まる大恐慌による経済の混乱に苦しむなかで，ソビエト連邦が五カ年計画のもと経済発展を続けたことは人々の計画経済への関心を高めた。

しかし，政府による需要と供給の調整は実際には困難であり，さらに社会主義体制下における生産効率の改善の努力の欠如や勤労意欲の減退等が要因となって，後にソビエト連邦の経済は慢性的な停滞に陥った。1985年にソビエト連邦共産党中央委員会書記長に就任したゴルバチョフは，自由主義的な政治・経済改革を実施し，［　③　］と呼ばれる情報公開を進めたが，経済の混乱は続き，1991年にはソビエト連邦が崩壊するに至った㋒。

他方，アメリカ合衆国では，大恐慌による経済の混乱への対応として政府が市場への介入を積極的に行うニューディール政策が実施された。当初のニューディール政策の根幹であった全国産業復興法は1935年に［　④　］により違憲と判断されたが，全国産業復興法の内容のうち労働関係に関する部分については1935年7月に制定された［　⑤　］として改めて立法化された。

また，イギリスの経済学者であるケインズは1936年にその著書である『雇用，利子および貨幣の一般理論』を出版し，大恐慌への対応として，政府が公共事業の実施等の積極的な財政支出を行い，有効需要を創出すべきであると主張した。

第二次世界大戦後の資本主義諸国においては，自由市場経済を基礎としつつも，政府がある程度市場へ介入することで不況や失業，貧困等の問題に対処しようとする修正資本主義が主流となっていった。例えば，最低賃金に関する規制は［　②　］の修正の一例である。

もっとも，政府による公共事業を目的とする多額の財政支出は財政赤字㋓の一因ともなり，このような財政政策を批判し，小さな政府を志向する新自由主義㋔の考え方も有力となった。

問 1　文中の空欄①～⑤のそれぞれに最も適当と思われるものを次の語群から一つずつ選び，その記号を解答欄にマークしなさい。

〔語群〕

A　ペレストロイカ
B　18
C　下院
D　生産手段の私有
E　ボルシェビキ
F　連邦最高裁判所
G　上院
H　タフト・ハートレー法
I　所有権の不可侵
J　19
K　ワグナー法
L　グラスノスチ
M　17
N　契約自由の原則
O　反トラスト法

問 2　文中の下線部㋐～㋔に関して，次の問(ア)～(オ)に答えなさい。解答は各問の指示に従い選択肢の中から一つ選び，その記号を解答欄にマークしなさい。

(ア)　下線部㋐の社会主義に関連する記述として最も適当なものを選びなさい。

A　サン＝シモンは，自らの社会主義思想を科学的社会主義と呼び，レーニンの社会主義思想は非科学的であると批判した。

B　マルクスらによる指導のもと，1864年に第一インターナショナルが結成された。

C　第二インターナショナルは，第一次世界大戦に反対する労働者を中心として，1914 年に結成された。

D　ロバート＝オーエンは，協同組合運動についてギルドによる独占を招くものであると批判した。

(イ)　下線部㋑のベトナムに関連する記述として最も適当なものを選びなさい。

A　1980 年以降のドイモイ政策により，ベトナムでは複数政党制が導入されている。

B　ベトナムは，1930 年時点でイギリスの植民地であった。

C　第二次インドシナ戦争(ベトナム戦争)の開戦時のアメリカ合衆国大統領はジョンソンであり，アメリカ軍の全面撤退時の大統領はケネディである。

D　ベトナムは，環太平洋パートナーシップに関する包括的及び先進的な協定(CPTPP 協定)の締約国である。

(ウ)　下線部㋒に関連して，東欧の民主化やソビエト連邦の崩壊に関する記述として最も適当ではないものを選びなさい。

A　ポーランドの民主化運動では，独立自主管理労働組合「連帯」が主導的な役割を果たした。

B　ソビエト連邦の崩壊により，アフガニスタンは独立を達成した。

C　ソビエト連邦の構成国であったラトビアは，独立国家共同体には参加しなかった。

D　1990 年に，ドイツ民主共和国をドイツ連邦共和国が編入する形で，東西ドイツの統一が実現した。

(エ)　下線部㋓に関連して，日本における財政赤字や国債に関する記述として最も適当なものを選びなさい。

A　財政法では，日本銀行による国債の引き受けが例外なく認められている。

B　財政法では，公共事業費，出資金及び貸付金の財源については国債を発行することが許容されている。

C　赤字国債については，従来，1年限りの特別法により例外的にその発行が許容されていたが，2021年4月1日に制定された財政特例法により，はじめて5年間の赤字国債の発行が認められた。

D　2015年度から2018年度までの国の決算における国債依存度は50％を超えていた。

(オ)　下線部㋔の新自由主義に関連する記述として最も適当なものを選びなさい。

A　アメリカの経済学者フリードマンは，マネタリズムに基づく政策を批判した。

B　イギリスでは，1997年から2007年の保守党のブレア政権において，新自由主義に基づく政策が実施された。

C　日本では，中曽根康弘政権において，国鉄が分割民営化された。

D　1981年から1989年のアメリカにおけるレーガン政権は，従来のケインズの理論に基づく政策を改め，財政赤字を大幅に削減した。

3　君子たるものは、またとない重要なものとして言葉を重んじていかなければならない。

4　日光や月光、草木の色が変化するのは、世の中が衰えていく凶兆に他ならないと考えられる。

1　奥深い山を流れる穢れない水で即座に耳を洗い清めた行為を絶賛している。
2　人目を避けて深山幽谷を好む隠者の鏡そのものとして大いに褒め称えている。
3　人も通わない場所にこもらなかったために見出されてしまったと非難している。
4　自分ひとり人目のつかない山中に身を潜め俗世を避ける態度に疑問を持っている。

問9　傍線部G「その人」が指す対象として最も適切なものを、次の選択肢の中から選び、その番号をマークしなさい。

1　源氏と平氏　　2　家子と郎従　　3　乱臣と賊子　　4　許由と巣父

問10　傍線部H「行く末の人の心思ひやるこそあさましけれ」の解釈として最も適切なものを、次の選択肢の中から選び、その番号をマークしなさい。

1　後世の人の心持ちに思いをいたすにつけても嘆かわしいかぎりだ。
2　後世の人の評価を気にするようになるとはさもしいばかりである。
3　後世の人の心情を予想するのは隠者にとり興ざめなものである。
4　後世の人の考えを想像するようになるとは意外な成り行きだ。

問11　本文の内容と合致するものを、次の選択肢の中から選び、その番号をマークしなさい。

1　見返りを求めずに命をかけて忠節にはげむ臣下の存在は、君主にとって頼もしい限りである。
2　近年はわずかな戦功を大げさに喧伝しようとする人間であふれかえり、皆が閉口しきっている。

問6　傍線部D「堅き氷は霜を踏むよりいたるならひ」はどのようなたとえとして用いられているか。最も適切なものを、次の選択肢の中から選び、その番号をマークしなさい。

1　事態の悪化により、対応に四苦八苦してしまうこと。
2　わずかな兆しから始まり、重大なことに達すること。
3　非常に危険な場面に接し、ひやひやしながら臨むこと。
4　日々の努力の結果、期待していた以上の収穫をえること。

問7　傍線部E「許由といふ人は～耳を洗ひき」に関し、「流れに耳を洗う」ということばがある。このことばの意味の説明として最も適切なものを、次の選択肢の中から選び、その番号をマークしなさい。

1　評判通りの結果に心から感嘆すること。
2　過去に犯した過ちを咎めだてしないこと。
3　筋の通らない理屈をこねて言い逃れること。
4　俗事を嫌い世間での立身出世を避けること。

問8　傍線部F「巣父はこれを聞きて、この水をだに汚がりて渡らず」に関連し、皇甫謐（二一五―二八二）の『高士伝』では、犢（子牛）を引いていた巣父が、許由が潁川で耳を洗う理由を聞き、「**子若《シ》処《おラバ》二高岸深谷《ニ》一、人道不レ通《ゼ》、誰《カ》能《ク》見《ン》レ子《ヲ》**」と述べた上で「**汚《ス》二吾《ガ》犢《ノ》口《ヲ》一**」と断じている。『高士伝』における巣父の許由評として、最も適切なものを、次の選択肢の中から選び、その番号をマークしなさい。

1　後醍醐天皇　2　北畠親房　3　楠木正成　4　新田義貞

問2　二重傍線部①から④のうち、助動詞が含まれるものを、次の選択肢の中から選び、その番号をマークしなさい。

1　捨つる　2　あやぶむる　3　しぬる　4　いへる

問3　傍線部A「前車の轍を見ることはまことにありがたきならひなりけむ」の解釈として最も適切なものを、次の選択肢の中から選び、その番号をマークしなさい。

1　先人が予め道を作ってくれたのに心から感謝するべきだろう。
2　先人と同じように生きていくのはとても難しいようだ。
3　先人の過ちから学ぶのはなかなかできないものらしい。
4　先人の偉業にならって己を律していくのは尊く思われる。

問4　傍線部B「乱世の基」とあるが、これを具体的に述べた箇所を「□こと」の形で説明する場合、空欄に入る適当な記述を本文中から二十一字で抜き出し、その最初と最後の三文字を、解答欄に記しなさい。

問5　傍線部C「あからさまにも」の解釈として最も適切なものを、次の選択肢の中から選び、その番号をマークしなさい。

1　かりそめにも　2　露骨なまでに
3　全くもって　4　唐突にも

て、やがて肩を入るる族多くなりしによりて、この制符は下されき。果たして、今までの B乱世の基なれば、いふかひなきことになりにけり。

このごろのことわざには、一度軍にかけあひ、或は家子《いへのこ》・郎従、節に③しぬる類もあれば、「我が功におきては日本国をたまへ、もしは半国をたまはりても足るべからず」など申すめる。まことにさまで思ふことはあらじなれど、やがてこれより乱るる端ともなり、また朝威の軽軽しさも推し量らるるものなり。「言語は君子の枢機なり」といへり。C あからさまにも君をないがしろにし、人におごることあるべからぬことにこそ。D 堅き氷は霜を踏むよりいたるならひなれば、乱臣・賊子といふものは、そのはじめ心ことばを慎まざるより出で来るなり。世の中の衰ふると申すは、日月の光の変はるにもあらず、草木の色の改まるにもあらじ。人の心の悪しくなりゆくを末世とは④いへるにや。昔E 許由《きよいう》注2といふ人は、帝堯《げう》の国を伝へんとありしを聞きて、潁《えい》注3川《せん》に耳を洗ひき。F 巣父《さうほ》注4はこれを聞きて、この水をだに汚がりて渡らず。G その人の五臓六腑の変はるにはあらじ。よく思ひならはせる故にこそあらめ。なほH 行く末の人の心思ひやるこそあさましけれ。

（『神皇正統記』による）

注1　宣旨＝天皇の命令を伝えた公文書。

注2　許由＝中国の古代伝説上の隠者。

注3　潁川＝川の名前。

注4　巣父＝中国の古代伝説上の隠者。

問1　『神皇正統記』の作者を、次の選択肢の中から選び、その番号をマークしなさい。

1　舜帝の時代より現在に至るまで、権力の秘儀とは、祭祀や度量衡の統一とならんで、褒賞と刑罰の、どちらが欠けてもいけない運用にある。

2　統治者が欺瞞の繁栄に己れを忘れてきたので、刑罰が厳罰主義的傾向をおび、裁判所が判事に国家意志を押しつけるのも当然の結果である。

3　統治者は忠誠心を起こさせるために、褒賞を賦与し、刑罰を使行するが、国家はその褒賞と科罰の陰陽呼応した座標の中心に位置している。

4　褒賞と刑罰の使行主体が常に一致しているとは誰も認識していないので、栄誉や恩典を拒絶しても、個人の性格の問題に還元されてしまう。

三

次の文章は、日本の南北朝時代の南朝側に属した人物により書かれたものである。よく読んで、設問に対する答えを、解答用紙の該当欄に記入、またはマークしなさい。

凡そ王土にはらまれて、忠をいたし命を①捨つるは人臣の道なり。必ずこれを身の高名と思ふべきにあらず。しかれども、後の人をはげまし、その跡をあはれみて賞せらるるは、君の御政《まつりごと》なり。下として競ひあらそひ申すべきにあらぬにや。まして、させる功なくして過分の望みをいたすこと、自ら②あやぶむる端なれど、A前車の轍を見ることはまことにありがたきならひなりけむかし。中古までも、人のさのみ豪強なるをば戒められき。豪強になりぬれば、必ずおごる心あり。果たして身を滅ぼし、家を失ふためしあれば、戒めらるるも理なり。鳥羽院の御代にや、諸国の武士の源平の家に属することを止むべしといふ制符度々ありき。源平、久しく武をとりて仕へしかども、事ある時は、注1宣旨をたまはりて諸国の兵を召し具しけるに、近代となりら選び、その番号をマークしなさい。

1　爵位や勲章などよりも、公正な裁判を受けられる権利のほうが大切だとする考え。
2　褒賞と刑罰の不可分な相関関係を解体し、根拠のない統治を拒否しようとする考え。
3　統治者から授与される栄誉や褒賞を拒絶し、国家の威信を損傷しようとする考え。
4　位階や勲功などの褒賞がなくとも、統治者への忠誠心を持ち続けようとする考え。

問8　傍線部5「居丈高」と同じような意味の表現として最もふさわしいものを、次の選択肢の中から選び、その番号をマークしなさい。

1　高飛車に出る　　2　なりふり構わず
3　高をくくる　　4　有無を言わせず

問9　空欄 X に入る適切な言葉を、次の選択肢の中から選び、その番号をマークしなさい。

1　一罰百戒　　2　金科玉条　　3　論功行賞　　4　情状酌量

問10　空欄 Y に入る適切な言葉を、次の選択肢の中から選び、その番号をマークしなさい。

1　大東亜共栄圏　　2　栄誉と忠誠
3　法家的イデオロギー　　4　褒賞と刑罰

問11　本文の内容と合致するものを、次の選択肢の中から選び、その番号をマークしなさい。

問3　傍線部D「糾弾」の読みを、ひらがなで記しなさい。

問4　傍線部1の理由は何か。「褒賞と刑罰を適切に運用しなければ、統治者は［　　　］から」の形で説明する場合、空欄に入る適切な記述を、本文中から十三文字で抜き出し、その最初と最後の三文字を、解答欄に記しなさい。

問5　傍線部2「舜帝の政治」の内容として最もふさわしいものを、次の選択肢の中から選び、その番号をマークしなさい。

1　刑罰と恩賞は当該者だけが対象であり、子々孫々にまで引き継がれないようにした。
2　遠い過去の罪であるならば許し、事故による損害であるならば罰しないことにした。
3　軽微な犯罪であれば罰しないこととし、功績に疑問があっても褒賞することとした。
4　罪のない者を誤って殺すことになるよりは、大罪の者を見逃したほうがよいとした。

問6　傍線部3について、作者の考えとして最もふさわしいものを、次の選択肢の中から選び、その番号をマークしなさい。

1　栄誉や褒賞も時には必要だが、治安を維持するためには刑法の厳格な運用こそが最善の方法である。
2　国民に厳罰を加えるのではなく、積極的に褒章を与えることによって、社会を統治するべきである。
3　秩序や治安維持のために刑罰は必要であるが、被告人に対しては公正な裁判につとめる必要がある。
4　いくら刑法の運用を理想に近づけたところで、統治者が国民に刑罰を加える根拠などどこにもない。

問7　傍線部4「もはや国家の賦与する栄誉など必要としない精神」の説明として、最もふさわしいものを、次の選択肢の中かっとも明瞭なごとく、あくまで思想の問題だったのであり、国家の側から言えばその威信の損傷は、裁判の拒否にあい等しい。そして、喜ぶべきか、悲しむべきか、自覚的にこうした挙に出る人は、これまでほとんど、文学者にしかなかったのである。

（高橋和巳『人間にとって』による）

注1　『尚書』＝儒学の経典である『書経』のこと。「舜典」・「大禹謨」はその篇名。

注2　平賀書簡＝札幌地裁所長であった平賀健太が、長沼ナイキ訴訟を審理中の福島重雄裁判長に対して、国側の意向を尊重する内容の書簡を示し、これが裁判の独立をおかすものとして批判をあびた。その書簡のこと。

注3　東大裁判＝東大医学部の待遇改善に端を発し、安田講堂が占拠されるなど、大規模な大学紛争に発展、多数の逮捕者が出た。その事件の裁判のこと。

問1　傍線部A「茲」の読みを、ひらがなで記しなさい。なお、「茲《ヲ》用《テ》」は「是《ヲ》以《テ》」と意味・読みともに同じである。

問2　傍線部B「シン」、傍線部C「コウ」と同じ漢字が用いられる組み合わせを、次の選択肢の中から選び、その番号をマークしなさい。

1　B肺のシン潤が再発する。　C赤字コウ債を乱発する。

2　B氷河が岩をシン食する。　C重コウな響き。

3　B隣国をシン略する。　Cコウ言してはばからない。

4　B台風で家がシン水する。　Cコウ遇を受ける。

や国家の賦与する栄誉など必要としない精神の形成されるべき絶好の機会でもあった。だが、その試みはなされず、人々は恩給を求め、戦没者叙勲の復活を受けいれた。一方の刑罰が厳罰主義的傾向をおび、[C]コウ僕たるべき司法関係者が、デモ隊に向って[5]居丈高に警棒をふりあげ、公正を装っていた裁判所が、「平賀書簡」[注2]にみられるごとく、下級判事に対する国家意識の押しつけを敢えてするようになるのは、必然のなりゆきといわねばならない。

東大裁判[注3]の被告たちの出廷拒否や、裁判官も傍聴人に大衆的に批判される大公開堂での統一公判の要求は、法律史上、ほとんど空前の問題提起であるとともに、欺瞞の繁栄に己れを忘れてきた戦後精神の帰趨が、追い詰められたかたちで問われているのだとみることもできる。

東大闘争弁護団の編になる『東大裁判』を読むと、官憲の許されえぬ劇薬の使用や、それ自体が刑罰である長期拘留、保釈を餌にした〈転向〉の強要など、崩壊してゆく擬制的民主主義の末路をまざまざと見せつけられる。だが、そうした個別的[D]糾弾だけをこの書物は訴えているわけではないと、私には感ぜられる。そのまだ明確には声にならぬ呻きを、いささか代弁するとすれば、それはおそらくこうなのだ。

人々よ。あなた方は、ふたたび戦中戦前と同じ [Y] の価値を受け入れ、ふたたびやがては自らにも降りかかりうる刑罰の体系をも、そのまま是認するつもりなのか、と。

ことを刑罰の面に限れば、平和を欲し日常の安定を希求する人々は、拒絶反応をおこす。しかし、考えてみれば、刑罰の反面、栄誉の領域における、ある反抗を幾分かは支持する心性をもっているのではないだろうか。

たとえば夏目漱石における博士号辞退、島崎藤村や内田百閒の芸術院拒否、近くは武田泰淳の文部大臣賞辞退など。人は、褒賞と刑罰の不可分な相関関係に必ずしも注意しないから、こうした国家機関からの称号や恩典授与の拒否を、ともすればその人の性格の問題に還元してすませてしまう。要するに彼はひねくれ者だったのだ、と。しかし、これは夏目漱石の場合にも字通り政治の権衡であって、その天秤のありようが、各々の時代にさまざまに合理化され、種々のイデオロギーによって正当化されもするが、いわばその飴と鞭が、民衆のがわの、栄誉と忠誠心、罪と秩序の意識にBシン透することによってしか、統治者は一日もその位置を保ち得ないのである。なぜといって、他者の労役の産物を占有壟断すべき理由など、もともとなにもないからである。

　近来、人はしばしば忘れ勝ちだが、精神的・物質的褒賞・特権の賦与主体と、可視的な刑罰、不可視的疎外の使行主体はつねに一致している。それが権威・権力の秘儀であり、でなければいかなる体制にもせよ、被統治者のがわに、忠誠心など起りうるはずはない。それゆえにまた、裁判や刑罰について考えようとする際には、一方の眼で、当該社会における栄誉の意識、褒賞の体系がどうなっているのかを睨みすえていなければならないのである。

　いまも古い共同墓地に行ってみれば、日清日露の戦役いらい、二十数年まえの太平洋戦争にいたるまでの、おびただしい戦没者の墓に、たとえば、「故陸軍輜重兵上等兵勲八等功七級」「故陸軍歩兵上等兵勲七等功七級」などといった、位階と勲功がその生命とひきかえに空しく御影石に刻まれて残っているのをみることができる。この人々は国家に命を捧げた。そのお返しは一体なんだったか。この勲位この階級称だけか。そしてもしこの人々が国家の命令よりも自己の存在を優位にあるものと感じ、それを実際に行為にうつしたとしたら、その人々に与えられたものは何であろう。叛逆者、逃亡者の汚名をきせられ、墓標にしるされる勲位階級の代りに、生身に加えられる死刑・禁錮・懲役・拘留・罰金等の負の位階、つまりは刑罰であったろう。そうなのである。五等爵・九勲位・何級かの褒賞の曲線と対照的に、国家を座標軸として、刑法第×条何々罪による細密に区分けされた科罰の曲線が陰陽呼応して描かれているのが、政治の座標というものである。

　敗戦にともなって、一時期、栄賞の観念は崩壊し、爵位は否定され、金鵄勲章は二束三文で古道具屋に売りはらわれた。それは褒賞の体系の中で生命を犠牲に、青春を埋没させた人々や遺族にとって悲しいことではあったが、しかし、その時に4もは

二　次の文章をよく読んで、設問に対する答えを、解答用紙の該当欄に記入、またはマークしなさい。

いったい人間を裁きうることの根拠はなにか。裁く者が、堂々と裁くものであり続けえて、裁かれる者の自己釈明を許すことはあっても、裁かれる立場に立った者からの批判を封殺しうる根拠はなにか。

私が学んできた中国の典籍に含まれる思念からいえば、徳性による教化を理想とする統治においても、1権力が権力であろうとする限り身につけねばならぬ徽章は、褒賞と刑罰としてまずあらわれる。力はむき出しの力だけでは決して維持されないのであって、それが人間社会の統治力として完成するためには、［　X　］を基礎におく勲爵位階の体系と、みずからに叛く者に下される刑罰の体系の天秤を持たねばならない。

たとえば中国における儒家の経典であり、古代の策命の記録に政治理想の託された『尚書』[注1]の「舜典」をひもといてみると、理想化された伝説の王、舜が皇帝の位についてまずなしたことは、天地の神々の祭祀、度量衡の統一、五等爵の制定、諸国の巡察、そして刑法の改正であったことがしるされている。そして「大禹謨」においてその部下皐陶が、2舜帝の政治をたたえて次のように言ったという言葉がしるされている。

帝徳罔《なシ》レ愆《あやまツコト》、臨《のぞムニ》レ下《かニ》以《テシ》レ簡《ヲ》、御《ぎょスルニ》レ衆《ヲ》以《テス》レ寛《くわんヲ》。罰《ハ》弗《ず》レ及《およボサ》レ嗣《しニ》、賞《せうハ》延《およボス》二于世《よよニ》一。宥《ゆるスニ》レ過《くわヲ》無レ大《ク》、刑《スルニ》レ故《こヲ》無レ小《シ》。罪《ノ》疑《ハシキハ》惟《これ》軽《クシ》、功《ノ》疑《ハシキハ》惟《これ》重《クス》。与《よりハ》三其《ノ》殺《サン》二不《ふ》辜《こヲ》一、寧《ロ》失《セントス》二不《ふ》経《けいニ》一。好《ム》レ生《せいヲ》之徳、洽《かなフ》二于民心《ニ》一。A茲《ヲ》用《テ》不レ犯《おかサ》二于有司《いうしヲ》一。

3統治をやむをえぬ人間の現実と認め、その上に、刑法の運用を理想に近づけようとする態度の正非についてはいましばらくおく。私が、古き典籍『尚書』の一節を引用したのは、共同の幻想としての国家にとっての祭祀の重要性や、一切の流通および経済の基礎である度量衡の統一、あるいは諸地域からの情報の募集と処理にならんで、褒賞と刑罰の、どちらが欠けてもいけない運用こそが、権力の持続にとって必須の条件であるとする古代の認定をはっきりと確認したかったためである。それは文問8　空欄 イ に入る最もふさわしいことばを、次の選択肢の中から選び、その番号をマークしなさい。

1　苦汁　　2　辛味　　3　苦肉　　4　辛辣

問9　傍線部A「ホウ」、傍線部C「シン」と同じ漢字が用いられる組み合わせを、次の選択肢の中から選び、その番号をマークしなさい。

1　Aホウ潤な土地。　　Cシン経がたかぶる。
2　Aホウ食の時代。　　Cシン剣勝負。
3　Aホウ年満作。　　Cシン価を発揮する。
4　Aホウ和状態。　　Cシン妙な態度。

問10　傍線部B「ドン」を、漢字で記しなさい。

問11　本文の内容と合致するものを、次の選択肢の中から選び、その番号をマークしなさい。

1　研究の歴史が短い民間伝承論では、文庫での系統的な分類は不可能なので、古本屋の助けを借りるしかない。
2　史学が手をつけなかった分野を民間伝承論は対象とするが、研究が進むうちに史学との境界が曖昧になった。
3　資料の煩雑は、史学では昔から当たり前の現象であったが、民間伝承論では最近になって生じた現象である。
4　古本屋が狡猾に活躍できるのは、民間伝承論に関わる資料が多く、文庫の管理も乱雑なことに起因している。

問5　傍線部4「歴史が人の伝記に偏る傾向がある」とあるが、歴史が人の伝記に偏るのはなぜか。次の選択肢の中から最もふさわしいものを選び、その番号をマークしなさい。

1　史学は現代よりも昔の方が良かったことを伝達するのを義務と感じており、それには歴史的な人物が好材料だから。
2　著名な人については、資料も保存されており、またこれまでの研究の蓄積もあるので、容易にまとめられるから。
3　伝記で扱われる人物は歴史的に重要なことを行っており、その業績を語り継ぐ必要があると考えられているから。
4　歴史の資料は莫大に存在するので、特定の人物を対象として資料を活用することにより、資料が整理できるから。

問6　傍線部5「歴史の恩恵」について、民間伝承論が受けた歴史の恩恵とはどのようなことなのか。次の選択肢の中から最もふさわしいもの選び、その番号をマークしなさい。

1　ある地域の行事について、史学の研究成果を利用することによって、それがいつ発生したのか確定できたこと。
2　史学の研究方法を模倣することにより、自らの研究方法を創案する必要がなく、早急に研究に取り組めたこと。
3　地域による道具や習慣の違いを歴史と照らし合わせることによって、それらの歴史的な動きを確認できたこと。
4　民間伝承論の調査において、その地域で行われた史的な研究を活用することで、調査が容易に実施できたこと。

問7　傍線部6「史学のわがままな態度」について、民間伝承論は学問的に史学のどのような態度に反抗して起こってきたのか。「□態度」の形で説明する場合、空欄に入る適当な記述を本文中から三十一文字で抜き出し、その最初と最後の三文字を、解答欄に記しなさい。

上現在は古本屋の活躍時代で、標題によって人の心持を掻《か》き乱すことがはなはだしい。おまけに書物はいたずらに高価になった。実際郷土研究の流行は、古本屋の狡猾《こうかつ》を助長して、我々は我々の欲する書に似た名の書物に悩まされている。自ら招いたこととはいえ皮肉すぎる。

（柳田国男『民間伝承論』による）

問1　傍線部1「島崎藤村」について、次の選択肢の中から島崎藤村の作品でないものを選び、その番号をマークしなさい。

1　家　　2　五重塔
3　千曲川のスケッチ　　4　若菜集

問2　傍線部2「託っていた」の意味として最もふさわしいものを、次の選択肢の中から選び、その番号をマークしなさい。

1　あきらめていた　　2　思い悩んでいた
3　当然だと思っていた　　4　嘆いていた

問3　傍線部3「この傾向」について簡潔に表現している箇所がある。「［　　］こと」の形で説明する場合、空欄に入る適当な記述を文中から十三文字で抜き出し、その最初と最後の三文字を、解答欄に記しなさい。

問4　空欄［ア］に入る最もふさわしいことばを、次の選択肢の中から選び、その番号をマークしなさい。

1　往古　　2　今古　　3　考古　　4　尚古

は知り得なかったろうし、また事物及び社会文化の変遷進歩の跡を心づくのにまだまだ時間を費さねばならなかったはずである。我々は史学によって事物の沿革を教えられた。言葉を換えていえば、史学の暗示、指示によって、民間伝承の学も養われて来たともいえるのである。今後といえども、我々はこの沃野から分離して、独往することはできがたいのである。しかも乱雑にして茫漠《ぼうばく》たる前代知識の荒海の中に、我々を連れて来てしかも突き放したのも彼で、その被害に我々は現在苦しまされているともいえるのである。そして今日の民俗学は、史学の処理し得ぬものを押しつけられた形なのである。

前にも述べたごとく、民間伝承の学問はこの[6]史学のわがままな態度に反抗して起った学問であった。我々は書物にひきまわされて自己の知りたいと欲するものを見失わないために、書外の真実を求めんとしたのではあるが、それがわずかの年月の間に、今度は自分もこの文庫の重荷にうめくに至ったのである。あらゆる他の学問の研究よりもはるかに雑駁《ざっぱく》な、価値の大小の区々なる材料が、我々の学問には過多にあるのだ。史学の文献よりは雑駁であるだけによけいに煩雑である。実際のところ以前史学が悩んでいるのを遠く対岸の火事視していたのに、今ではそれ以上にこの煩雑に苦しまねばならぬのである。その理由はもとより多いであろうが、この学問では文献を供給することが容易なだけにその煩雑もひどいわけである。ことに少年の著述が多く出る可能性さえあるのがこの学問であって、片仮名で物した手毬唄《てまりうた》の採集だけでもが十分研究材料となり得るのである。歌・俳諧には[C]シン童文芸として六つ七つの天才が出るが、それには多少の教養ということが必要である。しかも民間伝承の学問では、そこらのつまらぬ人間でも、いい資料を書き残すかも知れない。農人だって字さえ書ければよき記録者になれるのである。それらをさえ見落してはならぬという不安を我々は持っているのである。しかも材料の範囲は広いがゆえに、多数の文献を持ちつつもなお手に入らぬ資料になやまねばならぬのである。現に自分等はつぶさにその［　イ　］を嘗《な》めつつあるのである。

材料が多くなり、しかもこのごろのようにあちこちから印刷物が出ると、集書家としては実に苦闘しなければならぬ。そのは前期の十倍ではきかないほどである。これが明治時代になるともうその十倍どころか、百倍にもなっている。かく資料は急激に増加しているのに、その取扱いを昔のままの煩雑の状態で続けて行くことは許されない。鎌倉時代を縦横に一通り研究するような態度で、江戸のものをやろうとすると一生かかってもできそうにないことは明らかである。たった一つの問題をいじくっているだけでも、人は老いてしまわなければならない。

　一方この資料の多さは研究家に[A]ホウ満感を抱かせる。いかに勢力の強い人でもこれだけの資料を十分にこなすことは難しい。今あるものだけで満足を強いられる。そして他の方面に向っての率直な疑問、すなわち研究心を遅[B]ドンにしてしまう。若い史学の徒を見ると、資料によって動かされているようにさえ思える。自身の率直な学的疑問、幼児から抱いていた疑問を捨ててしまって、材料に曳《ひ》かれてしょうことなしに動いているようである。実に気の毒千万という他はない。文庫の迷宮は実際入って来たところも、出て行く先も、途中の道をさえ、わからなくしてしまっているのである。思うに史学には最初から[3]この傾向があったのであろう。歴史はいつでも【ア】派の武器といわれ、老人の護衛者のごとく、古いことを語るためのものとなっている。そして人が眼前の新しい文化に囚《とら》われざらんがために、いつもやや意外なるものの記憶を強いる傾向がある。そして学ばんとする者の要求を忘れさせ、あらぬ方面に導いて行こうとする。それを学問の義務とさえ心得ているのである。これだけは必要だ、これだけはぜひ覚えておけというのであるが、これはおそらく口で歴史を語り伝えていた時代からの遺伝なのであろう。歴史は実際求める者の知識欲とはぴたりと合致せぬ学問なのである。日本のみならずどこの国でも、[4]歴史が人の伝記に偏る傾向があるのを見てもその点は明らかである。多くの地方史が名士の伝記あるいは個人的主張に満ちているのを見ても、歴史のこの傾向があらわれているというべきであろう。実際資料が多くなればその重圧に堪えられなくなるのが今日の歴史の学問である。

　史学と民間伝承の学問との相互的恩恵は認めねばならぬ。我々は[5]歴史の恩恵によらずしては過去のこれほど遠いということ

国語

（六〇分）

一

次の文章をよく読んで、設問に対する答えを、解答用紙の該当欄に記入、またはマークしなさい。

ここに掲げる文章は、日本民俗学の開拓者である柳田国男によるものである。柳田は、大学生の時愛知県の伊良湖岬に滞在していて、海岸に流れ着いた椰子《やし》の実を見つけ、そのことに興味を持った。その話を友人の[1]島崎藤村に語ったところ、できたのが「名も知らぬ遠き島より　流れ寄る椰子の実一つ」で始まる有名な「椰子の実」という詩である。柳田は、「日本人とは何か」という問いの答えを求めるために、自ら郷土研究会を発起し、全国にその活動を広めようとした。この文章は、柳田の努力が実を結び、各地から様々な報告書などが刊行され始めた頃の話である。

文庫が迷宮になったということはまま聞かされるところである。しかしこれは新しい現象であって以前は人は文献の少ないことを[2]託《かこ》っていた。それが近来は文庫に入ってもどうしてよいかわからないほど資料が乱雑になっている。広い意味の史学の徒は、一般にこの文庫の迷宮になったことに悩まされている。今日文献の側からいうと、近代の記録の方面では実に莫大《ばくだい》な収集があり、材料は多きに過ぎるほどになっている。江戸期にしても前期と後期とでは文献の量において大変相違があり、後期

解答編

英語

I **解答**　(問1) (ア)―2　(イ)―3　(ウ)―1　(エ)―3
(問2) (A)―1　(B)―1　(C)―3　(D)―1　(E)―2
(F)―2
(問3) (A)―4　(B)―1　(C)―3
(問4) 2
(問5) クラッカーは写っておらず腹の中で詰まる恐れがない（25字以内）

◆全　訳◆

≪異物を飲み込んだ犬≫

ジョナサンの誕生日パーティーの準備は万端だった。少なくともクワーカスという名の大きな人懐っこいが手に負えないワイアーヘアードポインターが貪欲かつ見境のない食欲で邪魔に入るまでは。彼はパーティーの食材の大半を食べてしまった。ソーセージロール，ゼリー，さらに風船をいくつか，そしてなんと大半のパーティー用クラッカーさえ。誰かが止めることができる以前に彼はそれらを全てがつがつ食べてしまった。彼はまたカフスボタンもいくつか食べてしまっていた。

私が午後の予約の画面上のリストを見ていたとき，「クワーカス：パーティー用クラッカーを食べてしまった」というのが他よりも目についた。

獣医師，看護師および受付みんなが集まり画面をじっと見つめた。クワーカスが到着したときどうなるのか，また笑ったらよいのか泣いたらよいのかパニックになればよいのかわからなかった。

私は20年以上獣医をしているが，パーティー用クラッカーを飲み込んだ犬など出会ったことがなかった。まして数個というのはなおさらのことだ。

冗談のようだった。「パーティー用クラッカーを食べた犬のジョークを聞いたことがあるかい？　おならをするたびにお尻から飾りリボンが飛び出してきたっていうような」 でもそれは冗談ではなかったので私は心配だった。

ついにその張本人がジョナサンと母親のサンドラと一緒に現れた。

「まったくこの犬は！」 サンドラは叫んだ。「順調に進んでいたんですが，クワーカスがキッチンに入ってきて，次にわかったことは彼がそれら全部を食べてしまっていたっていうことなんです。大丈夫でしょうか？　手術が必要なのでしょうか？」

私は大きな耳と少したれ目の，うれしそうだがちょっと眠たげな表情をしている犬を見下ろした。思わず笑わずにはいられないような状況だった。

「そうですね」 そう答えつつ私はその気の毒な犬を検査し始めた。「彼を処置することは確実にできます。ただしパーティー用クラッカーを食べた犬を診たことはありませんが」 そして次に，ちょっと思いついたので，「本当に食べたのでしょうか？」とつけ加えた。

「ええ，食べたと思います」 サンドラは請け合った。「だいたい10個入った箱が1つありました。その箱は完全に噛みちぎられていて，3個しか見つからないんです。ですから私は彼は7個食べてしまったかもしれないと思っています！　随分たくさんですよね」

ジョナサンはずっとおとなしく立っていたのだが，このとき口を開いた。「先生，お腹が爆発すると思いますか？」

「爆発するかもしれないね」 私はいたずらっぽく言った。「私が検査しているときは気を付けたほうがいいよ」

台に乗せるには大きすぎる大型犬を調べるためにいつもするように，私は床にひざまずいた。私はクワーカスをくまなく調べる必要があり，頭から始めてさらにもう一度戻って調べた。最初私は歯茎をみた。腸が詰まっていると粘膜の色が健康的なピンク色から嫌な赤みがかった紫色になることが多いからである。私はまたプラスチックかひも状の紙ふぶきのかけらがまだ口の中にあるか確かめたかった。それがあれば，クワーカスが丸飲みしたのではなくクラッカーを噛みちぎり粉々にしたことが暗示されるだろうから。いずれにしても問題が生じかねなかった。粉々に噛み砕かれたプラスチックは詰まることはないにしてもその尖った先端部が腸の壁に深刻な損傷をもたらしかねなかった。一方，パーティー用クラッカー丸ごとだとすると，それがまさしく栓の役割を果たし何も通れなくなってしまう可能性があった。

獣医師であることは時には探偵のようなものである。もちろん動物は私たちにどこが悪いのか，どこが痛むのか，あるいはどう感じているのか，またあるいはこの場合は実際にパーティー用クラッカーを食べてしまったのか教えてはくれない。医師であれば自分の患者にただ「パーティー用クラッカーを食べましたか？」と尋ね，患者は「もちろんそんなことはありません。そんなことをしたらばかでしょ」，あるいは「食べましたよ。そのうちの7個を頂きました。それってまずいことになると思われますか，先生？　なぜ食べたのかは自分でもよくわかりません。ただほしいと思っただけなんです」と答えるだろう。そうするとその医師はどうしたらよいのかわかるだろう。

しかし動物は話すことができないので，どこが悪いのか突き止めることはより困難なことが多く，私たちは手がかりを探さなければならない。したがって私たちはこのことをクワーカスに対してしていたのだ。

彼の口の中を調べたあと彼の腹部へと移り，お腹の中にパーティー用クラッカーの形をしたものがあるかどうか調べるため指で静かに押してみた。私はとても注意する必要があった。私は彼に爆発してもらいたくはなかった。

全てごく正常であるような感じだった。固いものや普通ではないものは何も感じられなかった。私の探偵の仕事はそれまでのところ答えに導いてくれなかった。

私は診察室の床から立ち上がった。「レントゲン撮影をする必要があると思いますね」 私は説明した。もし胃や腸の中に無傷のパーティー用クラッカーがあればレントゲンでわかるだろう。もしあれば詰まってしまわないよう取り出すために絶対に手術をする必要があるだろう。胃や腸や肛門で詰まってしまう可能性があったのだ。

サンドラとジョナサンはジョナサンのパーティーで何が残されているかはっきりさせようと帰宅した。その間私はクワーカスを犬小屋に連れていきレントゲン撮影に備えさせた。飲み込める面白いものがもっとないか探しながら得意げに私の後ろをトコトコついてきたとき彼には悩みが何もない様子だった。

寝つかせる注射に対して彼はおとなしかった。そしてすぐに鎮静剤が効き，彼の周囲での大騒ぎや心配のことなど忘れ，すやすや眠ってしまった。私たちは彼を台の上に上げ，適切な位置に彼を向け，レントゲン写真を撮った。数分以内で，映像がコンピューター画面に現れ始めた。獣医師と看護師が数人私の横に集まりその写真をじっと見つめた。

私はその貪欲な犬の胃の中にひとまとまりのパーティー用クラッカーの形をした物体が見えることを予想していた。少し以前になるが，いくつかのプラスチックのアヒルを食べた犬の胃のレントゲン写真を見たが，それは子どもの風呂に浮かぶおもちゃのアヒルみたいなものだった。それらは画像の中で大変鮮明であり，かなり滑稽に見えたものだ。しかし今日はパーティー用クラッカー丸ごとといったような形は見られなかった。このことはクワーカスがそれらをプラスチックの破片や長い紐状の紙ふぶき，またその中に混ざる形での火薬へと噛んでばらばらにしてしまったことを意味しているに違いなかった。私は手術をする必要はなかったが，火薬が胃酸と混ざってしまっていることを懸念していた。さらにまた私はそこにカフスボタンを見つけることができなかった。

さてどうしたらよいだろう。

残りのチームスタッフとの長い協議の末，私たちは鎮静状態から戻すことでクワーカスを目覚めさせ，その後で危険な化学物質や厄介な尖ったプラスチックの破片や紐状の紙ふぶきがそのまま小腸に入りそこで別の大きな問題を引き起こしてしまうよりは上から出てくるよう，彼に吐き気を催させることを試みるべきだ，という結論に至った。

私はサンドラに電話した。彼女は彼らの大きな毛むくじゃらの犬が手術をしないで済んだことにとても安堵していた。しかし獣医師として私がしなければならないことの中で，犬に吐き気を催させるというのは一番嫌な仕事である。獣医は犬や猫が体調不良，あるいは気分が悪くなるのを防ごうとすることにその大半の時間を費やす。しかし今，私は故意にクワーカスの気分を悪くさせようとしているのである。実際に大変気分が悪くなり，胃の中の内容物を全て吐いてしまうことになるのである。

私は大きく灰色をした今では大変困惑している犬のそばにひざまずいた。「本当にごめんね，クワーカス」 私は言った。彼に少し説明をするべきだと感じた。「もう一回注射するよ。でも気分は良くならないよ。実際もっと気分が悪くなるよ」

クワーカスは私が話していることを全くわかっていなかった。

私は彼に小さな注射をし，彼の困惑している顔に不安な表情が現れるのを待った。その表情が現れ，すぐその後にあえぎ，深まる不安とより深い困惑の表情が新たに現れた。私は彼が自分の耳の上に吐かないよう彼の大きな耳を邪魔にならないようおさえていたが，もしそうなったなら決定的な侮辱となったのだろう。

その後，気の毒なクワーカスはもどし始めた。プラスチックの破片，飾りリボン，紙袋のかけら，ずたずたになった風船，そして火薬と胃酸が混ざったような怪しい灰色のヘドロ状のものが出てきた。いくつかの噛み砕かれたパーティー用品の塊が現れた後，彼は不安な様子を止め，再び尻尾を振り始めた。すぐに私は彼を犬小屋に戻した。そのばかな犬は吐き出したものの匂いを嗅ぎ始めたのでまたそれを食べてしまうのではないかと思ったからである。

クワーカスは完全に回復した。私はその日の午後に処置したことと彼の今後の見通しの報告のためにサンドラに電話をかけた。

ジョナサンとサンドラは診療所にすぐに戻ってきて愛すべきだが相当やんちゃな犬を引き取った。

「さよなら，クワーカス」 私は彼が車へトコトコ歩いていくときに呼びかけた。「気持ち悪くさせて悪かったね。だけど爆発しなくてよかったよ」

クワーカスが車の後ろのシートに今やうれしそうに座り，毛むくじゃらの眉毛の下から私を見たとき，私は彼に会うのはこれが最後にはならないなと確信した。

あのカフスボタンが見つかったのかどうかは私は全く聞いてない。

◀解　説▶

（問1）㋐ culprit「犯人，容疑者」 第2段（As I cast …）より，2．Quercus「クワーカス」が正しい。

㋑ It は仮主語で，真の主語は not to laugh 以下。「笑わないことが難しい」というのは二重否定に準ずる表現なので，3．「筆者はその状況を大変滑稽であると思った」が最も近い。他の選択肢は，1．「筆者には否定的感情を抑えることが不可能だった」，2．「筆者は飼い主をからかわずにはいられなかった」，4．「その犬に関する冗談は全く面白くなかった」。

(ウ) sort out ～「～を整理する，解決する，処理する」 1.「彼のために解決策を見つける」が最も近い。他の選択肢は，2.「彼と連絡をとる」，3.「彼にもっと食べさせる」，4.「彼を取り去る」。

(エ)直後の them は his enormous ears「彼の大きな耳」を指している。sick は状況的に「吐き気がして」という意味であるが，be sick on them で「耳の上に吐いてしまう」を婉曲的に表現している。したがって，3.「～の上に吐かなかった」が最も近い。他の選択肢は，1.「～で気分が悪くならなかった」，2.「～にうんざりしなかった」，4.「～を誇りに思わなかった」。

(問2) (A)「筆者の職業は何か」

第4段（In over twenty …）より，1.「獣医」が正しい。他の選択肢は，2.「探偵」，3.「犬のトレーナー」，4.「パーティー設計者」。

(B)「なぜ獣医師は探偵のようなのか」

第15段第1文（But since animals …）より，1.「獣医師は直接質問するのではなく徴候や症状を探し求めることにより動物の体の悪い箇所を突き止めなければならないから」が適切。他の選択肢は，2.「獣医師であるということは探偵であるということと同程度に時間がかかり，ともに自分の時間はほとんどないから」，3.「獣医師はどこが悪いのか動物に簡単に尋ねることができるから」，4.「獣医師は探偵と同じくらいきつい仕事を遂行するために強靭な体をもっていなければならないから」。

(C)「クワーカスが到着したときその獣医師がした最初のことは何だったか」

第13段第3～5文（First, I looked …）および第16段（After I had …）より，3.「彼はクワーカスの口を調べた」が正しい。他の選択肢は，1.「彼はクワーカスの過去の病歴について家族に尋ねた」，2.「彼は念入りにその犬の腸を調べた」，4.「彼はその犬の腹部のレントゲン写真を撮った」。

(D)「なぜその医師はレントゲン写真を撮ったのか」

第17段（It all felt …）より，1.「触っただけでは十分な情報を得ることができなかったから」が正しい。他の選択肢は，2.「手術を実施する前に法的にそれが必要だったから」，3.「それは他の検査よりもその医師の個人的な好みであったから」，4.「それはお金を稼ぐ最も簡単な方法だったから」。

(E)「最初の注射の目的は何だったか」

第 20 段第 1 文（He was well …）より，2.「その犬を動かないよう固定させるため」が正しい。他の選択肢は，1.「彼の痛みを緩和させるため」，3.「内臓の損傷による感染を防ぐため」，4.「その犬の血圧を安定させるため」。

(F)「2 回目の注射の目的は何だったか」

第 26 段第 3・4 文（“I'm going to … you feel worse.）および第 29 段第 1 文（Then poor Quercus …）より，2.「彼が食べてしまったものを吐くのを助けるため」が正しい。他の選択肢は，1.「腸の小さな損傷を治すため」，3.「彼を落ち着かせるため」，4.「胃の中の酸を中和させるため」。

(問 3) (A)第 2・3 段（As I cast …）より，4.「筆者は他の同僚とともに診療所で獣医師として働いている」が最も近い。他の選択肢は，1.「筆者は数年前に獣医師としての仕事を始めた」，2.「筆者は大きな動物より小さな動物を扱うほうが好きである」，3.「筆者はかつては探偵をやっていたが，動物が好きなために仕事を替えた」。

(B)第 13 段第 1 文（I knelt on …）より，1.「犬の大きさのせいで筆者は最初診察台の上に彼を乗せなかった」が最も近い。他の選択肢は，2.「ジョナサンとクワーカスはよい兄弟でありジョナサンの誕生パーティーの準備で互いに助け合った」，3.「クワーカスはパーティー用クラッカーとプラスチックのアヒルをジョナサンの誕生パーティーの間に偶然に食べてしまったようである」，4.「筆者はその犬がパーティー用クラッカーを食べてしまったと確信していたが，訴訟を回避するためだけにレントゲン撮影をした」。

(C)第 28 段（I gave him …）および第 29 段第 1 文（The poor Quercus …）より，3.「筆者は意図的にクワーカスに吐き気を催させ，彼が食べた物全てを吐き出させた」が最も近い。他の選択肢は，1.「筆者とその同僚たちとクワーカスは午後に一緒に探偵ごっこをして遊んだ」，2.「筆者とその同僚たちとクワーカスはパーティー用の品物を使って一緒に午後の時間を楽しく過ごした」，4.「筆者はクワーカスを見てレントゲン写真を撮り，そのあとで治療する前に鎮静剤で彼を眠らせた」。

（問4）第13段第6・7文（Plastic chewed up … could get past.）より，①A，②G，③D，④Hの組み合わせが適切。よって2が正しい。なお，全文は以下の通り。

筆者はクワーカスに何が起きたかを推測しなければならなかったが，彼は2つの可能性のある仮説を考えた。もしクワーカスが（①パーティー用クラッカーを噛み砕いて食べてしまったならば），食べたものの破片で（②クワーカスの内臓は傷ついてしまいかねないだろう）。もしクワーカスが（③クラッカーを丸ごと飲み込んでしまったならば），そのクラッカーが（④クワーカスの消化器官の流れを遮ってしまうだろう）。どちらの状況もかなり危険になりかねない。

（問5）第13段第7文（On the other …），第21段第1文（I was expecting …）および第4文（But, today, …）の内容に注目してまとめる。

II　解答

（問1）(ア)―3　(イ)―4　(ウ)―1　(エ)―3　(オ)―4　(カ)―1

（問2）(a)―3　(b)―2

（問3）(A)―1　(B)―4　(C)―1　(D)―4

◆全　訳◆

≪仕事に自分らしさを求める危険性≫

ドイツとスイスで最もよくある苗字はミュラーであり，一方ウクライナではそれはミルニックであるが，ともに粉屋を表す言葉である。スロバキアで最もありふれた苗字はヴァーガであり，靴職人を意味する。そしてイギリス，オーストラリア，ニュージーランド，カナダそしてアメリカではそれはスミスという苗字であり，鍛冶屋，銀細工師，錠前師，鉄砲鍛冶という言葉の一部になっている。これらの名前は中世までさかのぼり，当時はその人の仕事は定義となるような特徴であるとみなされ，それがまさに自分らしさとなったのである。

今日，私たちの仕事が名前を決定するわけではないが，それでもしばしば自分らしさの主要な部分となる。結局，私たちが新たな知人と取りかわしがちな最初の質問の一つが「どんなお仕事をなさっていますか？」なのである。

多くの点で，職業がその人らしさの定義項目の一つであるとみなされることは自然なことのように思える。職業とはその人の価値観，関心あるいは背景に対する手がかりとなりえる（あるいは単に2人の見知らぬ人同士が居心地悪いカクテルパーティーで時間を過ごすのに役立つ)。しかし私たちの多くは私たち自身を職業によって実際に定義するようになってしまっている。どうして仕事はそこまで自分らしさと絡みあってしまったのか，そして私たちの自身への認識を職業的生活から分離させるにはもう遅すぎるのだろうか？

歴史的に見ると，大抵の人々には仕事を選択する機会はなかった，とオンタリオ州，ウィルフリッドローリエ大学の心理学教授であるアンネ=ウィルソンは言う。「通常は世代で受け継がれました。父親が大工だから息子は大工となったのです」と彼女は言う。「あるいは利用できる機会に基づいて仕事に就くだけでしょう」

しかしここ百年，教育へのアクセスが向上したことでより多彩な仕事が現れ，それゆえ所得層もより広がった。したがって仕事はより匂わせるような形での自分らしさに関する重要な標識となっている。誰かが自分は外科医であると言うと，人々は一般的にはその人は良い教育と高収入を得ていると推測するが，この教育と収入は社会におけるその人の立ち位置を決め，人々がどのようにその人を後に判断するかに影響を及ぼしうる基準である。もちろんそれは双方向的なものであり，大抵の人はこのような判断の仕方を歓迎して受けとめる。なぜなら，彼らは自分の職業的称号が暗に意味する富と業績を自分自身と結びつけて考えたいからである。「これは特に『教育を受けたエリート』の間で当てはまります」とウィルソンは言う。「ある種の仕事とある階級を有する人々にとり，それが自身が自分らしさを特定する方法であり，また周りの人々がその人を特定する方法となることがよくあるのです」

しかし，実際に自分の仕事が自分らしさを食い尽くすのを許容している人々は身銭を切っているのかもしれない。人々が不釣り合いに大量の時間とエネルギーを自分のキャリアに注ぎ込むと「もつれ」という心理状態をもたらしかねず，その状態においては仕事と個人的生活の境界があいまいになる，とウィルソンは説明する。

「これは特に比較的自己定義的な仕事をもつ人々に生じやすく，そのような仕事では9時に始めて5時に終わりにすることはないでしょう」とウィルソンは言う。強い権限をもつ経営幹部の地位にいる人々，弁護士，医師，起業家，学者，そのほか自身の時間を設定できる人々は「自身の生活の中の多くまたはほとんどの時間を結局仕事に充当させることができてしまうのです」

仕事の中にもつれてしまうようになると，仕事があなたを定義し始め，あなたはまた仕事があなたの価値観を決定するようにさせ始めてしまうかもしれない。こうなると破壊的な影響を及ぼしかねない。

「もしあなたが自身の価値をあなたの仕事に結びつけるなら，あなたが経験する成功と失敗は直接あなた自身の価値に影響を及ぼすでしょう」とウィルソンは言う。「そして我々は仕事がそれほど終身的なものではなくなってきている社会で生活しているわけなので，もし仕事を替えるとか仕事がなくなるとすると，そのことで自己同一性の危機となりかねません」

そしてもつれは，個人的に自身についてどう感じるのかを脅かすだけではない。ストレスがかかる仕事に就く人々の精神衛生を中心に扱う，ボストンを本拠とするアジムス・サイコロジカルの創設者，ジャンナ=コレッツは，自分の価値をキャリアに結びつけることはキャリア上の障害を何かかなり克服しにくいものに変えてしまいかねない，と述べる。「何かが生じることになるのは避けられません」と彼女は言う。「一時解雇や景気後退があるかもしれませんし，あなたの会社が吸収されて突然あなたの仕事がかつての仕事ではなくなるかもしれません。それは人々にとり本当に存在に関わることとなり，しかも彼らの対処的戦略はろくなものではありません。驚天動地のことだからです。なのでそれはうつ，不安症，薬物・アルコールなどの乱用につながってしまいます」

しかし，自分らしさが仕事中心になってしまっている人のほとんどが，問題が生じるまでそれが生じていることにすら気づかない。「仕事に自分が定義されてしまっていることに心が落ち着かなくなってしまった人々に対処しようと私たちは取り組んでいます」とコレッツは言う。彼女は付け加える。「皮肉なことに，大抵の人々はまた彼らが『夢の仕事』あるいは好きなことをしていると述べる傾向があります」

しかし，自分らしさと自分の仕事が解離させるごくまれな機会を我々は手にしているのかもしれない。

パンデミックのやむを得ないあらゆる生活要素——特に仕事——の混

乱により，多くの人々は実際に自分に何が重要なのかを評価するようになった。ある人々は新たな趣味を始め，またある人々は家族や友人との絆を強めた。

「この世の生活ははかないものであり，悲劇はほぼ何ら前触れもなく生じうることを私たちに想起させる経験に直面すると，私たちは何が生きることを価値あるものにさせるのか評価するよう動機づけられる傾向があります」とノースダコタ州立大学の心理学教授であるクレイ=ロートレッジは書いている。ロートレッジはどのようにアメリカの大人が人生から意味を引き出すかに関する最近の研究の共著者の一人である。

したがって，キャリアはもちろんまだ目立ってはいるものの，仕事が私たちの生活の大事なパズルの一片にすぎなくなるという岐路に立たされているのかもしれない。

ウィルソンは好きな仕事をすることは悪いことではないし，生活のためにすることを自分らしさの重要な一部と考えることも悪いことではないと指摘する。しかし彼女は，何よりもまず仕事で――あるいは仕事だけで――人々が定義されるようなシステムから離れることの方が，問題の存在に気づくことやこのパンデミック後に優先順位を決め直すことよりも時間がかかるだろう，と述べる。それには一人ひとりに専門的な天職があり，人生の目的とはそれを発見することであるべきだという考えからの文化面での転換が必要でもあるだろう。「私たちはしばしば人々を不満な気持ちにさせてしまうのです。もし自分がその最高の仕事に就いていなければ，何らかの失敗をしてしまったのだとなるのです」と彼女は言う。

そのような考え方を変えることは，実際に労働力に加わるずっと前に始める必要がある。研究では「天職」を見つけるプレッシャーは学生たちを途方に暮れさせ，憂うつにさせてしまうことを示している。小さな子どもたちでさえ彼らが選ぶ仕事は彼らの将来の自分らしさの一部になるというメッセージを受ける。今日の子どもたちがどれほど「大きくなったら何になりたいの？」と聞かれるか考えてみるとよい。

子どもたち――特に小さな女の子――と仕事について話をすることは，彼らが自分たちの無数の将来の可能性を考えることに役立つだろう。しかしウィルソンは若い人たちにどのようになりたいのか尋ねることは連鎖反応を引き起こす可能性があると言う。「子どもたちに今人生の道筋を決めてもらいたいという考えは，大人としての自分がどの程度自分らしさを仕事に結びつけてしまうかに影響を及ぼすかもしれないのです」

◀解　説▶

〔問１〕 ㈠ a job based on the opportunities available は自分から主体的に努力して選択するような仕事ではないことから，最も内容が近いのは３．「そのときに空きがある仕事から職を選ぶ」。他の選択肢は，１．「親と相談し彼らにあなたにふさわしい仕事を決めさせる」，２．「それが人生で一度しかない申し出であると確信したときに仕事を決める」，４．「エリートの間では不人気な仕事に就く前に考え直す」。

㈡ a two-way street「どちらの方向にも通れる道」は双方向的関係を示す場合に使われる表現。第５段第３・４文（When someone says … professional titles imply.）と，下線部直後の many welcome … より，最も内容が近いのは４．「私たちは職業によって人を判断し，多くの人々はそのように評価されることを喜ぶ」。他の選択肢は，１．「私たちは仕事を通して他人を理解しようとする人々を軽蔑する傾向がある」，２．「仕事で人に会うとき，彼らの仕事はその人がどういう人物であるかを思い出す最も簡単な方法となる」，３．「もし人々が仕事の名前を使って自己紹介するとすれば，私たちは仕事を自分らしさと関係づける傾向がある」。

㈢仕事が自分らしさを食い尽くすのを許容している人は自費で（犠牲を払って）そうしているのかもしれない，ということ。よって，最も内容が近いのは１．「自身をあまりに仕事に結びつけてしまうと好ましくない影響が生じる可能性がある」。他の選択肢は，２．「あなたの仕事はあなたを友人たちから隔ててしまうかもしれないが，それは大きな成功に対してあなたが覚悟を持って支払うべき対価である」，３．「あなたはあなたの能力を無駄にすることを避けるために全てを仕事に捧げるべきである」，４．「あなたはもし個人的な目的で会社の資源を利用するならばその経費をまかなうよう要求されるだろう」。

㈣仕事により自分が定義されるシステムから離れるには，誰にでも天職があるとか人生の目標は天職を発見することだと考える文化から転換する必要がある，ということ。よって，最も内容が近いのは３．「私たちは誰もがその人に完全に適合する仕事があると考えることを変えるべきである」。他の選択肢は，１．「会社の文化は，トップダウンモデルからボトムアップモデルに変えることが必要である」，2．「子どもたちはより高い教育を求めるのではなく仕事をするように奨励されるべきである」，4．「人々はオフィスから離れ仕事の場所を選ぶ自由を享受するべきだ」。

(オ) calling は「天職」の意。よって，最も内容が近いのは 4．「人が運命づけられている仕事」。他の選択肢は，1．「一人ひとりが自分自身の働き方を持っていると気づくこと」，2．「専門的なサービスを要求すること」，3．「特定の会社に魅了されること」。

(カ) knock-on effects「連鎖反応，ドミノ効果」。よって，最も内容が近いのは 1．「連鎖反応」。他の選択肢は，2．「バタンという音」，3．「身体的影響」，4．「予期せぬ成功」。

（問 2）(a)第 2 段第 1 文（Today, our jobs …）より，3．「仕事は何をされていますか」が適切。他の選択肢は，1．「はじめまして」，2．「どう思われますか」，4．「どう思いますか」。

(b)第 11 段第 2 文（“We work with …）では仕事から生じる好ましくない影響について，一方第 3 文（［ (b) ］, she adds, …）では自分の仕事に対する好意的な評価がそれぞれ記されている。以上 2 つの文の対照性より，2．「皮肉なことに」が適切。他の選択肢は，1．「願わくば」，3．「公平に，まさに」，4．「当然ながら，自然に」。

（問 3）(A)第 7 段（“This tends to …）より，1．「自分の仕事時間を選択できる会社の経営幹部や専門職の人々は自分のワークライフバランスが悪化していると思うかもしれない」が最も近い。他の選択肢は，2．「大きな権力をもつ取締役の地位をいったん達成すると，あなたは他人に長時間働かせることができる」，3．「大きな権力をもつ取締役の地位にいる人々はしばしば在宅で仕事をし，そのことで彼らは家族とより長い時間一緒に過ごすことができる」，4．「リモートワークは人々を多くの古い会社の規則から解放するが，それでも人々を固定されたタイムテーブルに縛る強い就業倫理は存在し続けている」。

(B)第 9 段（“If you tie …）より，4．「著者は自分自身を完全に仕事と一体になっているとみなすことは賢明ではないと警告する」が最も近い。他の選択肢は，1．「著者は私たちが自身を定義することを心配する必要がなくなるので，仕事によって特定化されることはすばらしいことだと思っている」，2．「著者は金銭的に報われない仕事を多くの人々が実際に選んでいることに驚いている」，3．「著者はもし先祖が皆同じ職業に従事していたなら私たちはその伝統を維持するべきだと思っている」。

(C)第 13 段（The pandemic's forced …），第 14 段第 1 文（"When we face …）および第 15 段（So, while our …）より，1．「自己評価はその人の仕事の社会的評価だけに依拠するべきではない」が最も近い。他の選択肢は，2．「自身の仕事時間を決める人々は自分の個人的生活が価値のあるものであるということを滅多に忘れることはない」，3．「仕事に専心すればするほど自分の真の価値をより理解することになる」，4．「あなたは金銭的観点からあらゆるものを再評価し，古くさい仕事上の習慣を捨てるべきである」。

(D)第 13 段（The pandemic's forced …）および第 14 段第 1 文（"When we face …）より，4．「私たちがパンデミックのような経験により自分たちの生活がどれほどもろく一時的なものであるかに気づくと，私たちは何が本当に重要なのか自問することになる」が最も近い。他の選択肢は，1．「もし私たちが私たちの生活が主に仕事に関係していることを認めようとするなら，上司に援助や激励を求めることを控えるべきではない」，2．「いったん私たちがどれほど家族の歴史に依存しているのかに気づくと，私たちは心から先祖を尊敬するようになる」，3．「私たちの生活はしばしば予期せぬ成功を特徴としているので，友人からの少しの助けを得ることなしにやっていくことができる」。

❖講　評

2022 年度は大問の出題は 2 題で，ともに読解問題である。

Ⅰは，ある獣医師が何でも食べてしまう困った犬を処置したときの話が書かれているエッセイである。軽妙なタッチで書かれた文章で堅い表現や構文はないが，仮定法や読解に想像力を要する箇所からの設問（問 1(エ)など）には気をつけたい。設問は主に内容理解に関するものが中心となり，記述式も一部含まれている。

Ⅱは，仕事と自分らしさの関係性を考察した説明文からの出題である。Ⅰと異なり，その関係性に対する複数の専門家の分析が精緻に及び，また心理学用語も登場し，細部までの読み込みは容易ではない。したがって，設問とその選択肢を利用しての本文内容の類推など現実的に対応したい。

全体的にみて，試験時間に対して読解の分量と設問数が多く，素早い読解文章および設問中の選択肢の把握が必要である。

日本史

I **解答**　問(1)徴兵告諭　問(2)血税一揆　問(3)二百七十
問(4)一九四三　問(5)職業婦人　問(6)伊藤野枝
問(7)三十九　問(8)斎藤隆夫　問(9)汪兆銘　問(10)東亜新秩序

◀解　説▶

≪近代の政治・社会≫

問(2)血税一揆が正解。血税一揆は，徴兵令反対の農民一揆で，徴兵告諭中の「血税」の語を取り上げ，血税反対を叫んだことでこの名がある。

問(3)二百七十が正解。徴兵令では，戸主とその跡継ぎや官吏・学生のほか，代人料 270 円を納める者には兵役免除を認めていたので，実際に兵役についたのはほとんどが農村の二男以下であった。設問に「漢数字で記しなさい」とあるため，解答表記に注意したい。

問(4)やや難。一九四三が正解。朝鮮・台湾では，これまで陸軍特別志願兵制度などを通じて現地の人々が兵士として日本軍に加わっていたが，朝鮮には 1943 年，台湾には 1944 年に徴兵制が施行され，朝鮮・台湾の人々も兵役の義務を負うこととなった。

問(5)職業婦人が正解。工場・農業労働以外の職に従事する女性を指す。第一次世界大戦後は女性の社会進出が進み，タイピスト・電話交換手・事務員などが，女性の職業として定着した。

問(6)伊藤野枝が正解。内縁の夫大杉栄とともに無政府主義運動を行い，女性社会主義者団体赤瀾会にも参加した。関東大震災の混乱のなか，大杉栄とその甥とともに甘粕正彦憲兵大尉によって殺害された。

問(7)三十九が正解。1946 年 4 月，戦後最初の衆議院議員総選挙では，有権者の女性の 7 割近くが投票し，39 人の女性議員が誕生した。

問(8)やや難。斎藤隆夫が正解。立憲民政党議員斎藤隆夫は，1940 年の議会で日中戦争を批判するいわゆる反軍演説を行い，軍部の圧力により議員を除名された。

問(9)汪兆銘が正解。国民党副総裁であった汪兆銘は，日中戦争で共産勢力の拡大を嫌い，近衛声明に応じて 1938 年 12 月に重慶を脱出，1940 年 3

月，南京に新国民政府を樹立した。

Ⅱ 解答

問(1)―C　問(2)―F　問(3)―E　問(4)―D　問(5)―C
問(6)―F　問(7)―C　問(8)―A　問(9)―C　問(10)―B

◀解　説▶

≪古代～近世の政治・外交・文化≫

問(1)Cが正文。A・B．小野道風・藤原佐理・藤原行成が「三跡（蹟）」，空海・嵯峨天皇・橘逸勢が「三筆」と呼ばれている。D・E．藤原行成に関連する記述。

問(2)Fが正解。A．弘安の役だけでなく，文永の役でも奮戦する様子が描かれている。B．元軍の集団戦法に対して，一騎打ち戦法を主とする日本軍は苦戦に陥った。C．「銅」が誤り。元軍が使用した「てつはう」は，鉄の球体罐に火薬をつめて飛ばした武器で，爆発音と炎・煙で日本軍を混乱させた。D．文永の役後，防塁を構築して再度の襲来に備えた。E．蒙古襲来（元寇）は，文永の役と弘安の役との二度にわたる元軍の日本襲来を指す。

問(3)Eが誤文。安達泰盛が有力御家人で，御内人首座が平頼綱。なお，「御内人首座」とは，内管領を指す。

問(4)Dが正文。A．春日権現験記絵は鎌倉時代の絵巻物であるが，平等院鳳凰堂扉絵は国風文化期の作品。B．「絵のみで構成され」が誤り。絵巻物は，詞書（文章）と絵を交互に書き，登場人物の動きや情景の展開を示す巻物。C．「宗教的な主題をもつ作品は少ない」が誤り。鎌倉時代の絵巻物には，浄土宗や時宗の開祖の伝記を描いた『法然上人絵伝』や『一遍上人絵伝』など，宗教的な主題をもつ作品は多い。E．春日権現験記絵の作者は，高階隆兼。

問(5)Cが正解。六波羅蜜寺の空也上人像の作者は，運慶の四男である康勝。

問(7)Cが誤文。豊臣秀吉が 1591 年に発した人掃令は，武家奉公人が町人・百姓になることや，百姓が商人・職人になることを禁止した。「武家奉公人・町人・百姓の職業別にそれぞれの戸数・人数を調査・確定する全国的な戸口調査を行った」のは，1592 年，豊臣秀次によって再令された人掃令に関連する記述。

問(8)Aが正解。石山本願寺攻めを行ったのは，織田信長。

問(9)難問。Cが誤文。「鷹」ではなく，鶏。江戸時代中期の絵師伊藤若冲は，鶏の絵を得意とした。

問(10)Bが正解。棄捐令は，松平定信が行った寛政の改革や，水野忠邦が行った天保の改革と関係がある。

Ⅲ　解答

問(1)—A　問(2)—D　問(3)—D　問(4)—B　問(5)—D
問(6)—B　問(7)—A　問(8)—C　問(9)—B　問(10)—A

◀解　説▶

≪中世・近世の政治・外交・文化≫

問(1)Aが正解。「私ニ婚姻ヲ締ブベカラザル事。…」は，1615年の武家諸法度（元和令）の条文である。

問(2)Dが誤文。「城代には譜代大名が就任」が誤り。城代には旗本が就任した。なお，大坂城代には譜代大名が就任した。

問(3)Dが正解。福島正則は，関ヶ原の戦いでは東軍に属し，安芸・備後を領有したが，広島城の無断修築が武家諸法度違反としてとがめられ，領地を没収された。

問(4)Bが正解。古学派の山鹿素行は，朱子学を批判し，『聖教要録』を著して古代の聖賢に立ち戻ることを主張したため，幕府によって播磨赤穂に流された。

問(5)Dが誤文。「摂関家と石清水八幡宮のような大寺社を除く」が誤り。後三条天皇が発した延久の荘園整理令は，摂関家や石清水八幡宮のような大寺社も対象とされ，かなりの成果を上げた。

問(6)Bが誤文。「鎌倉幕府以来の法秩序を重視」したのは足利直義で，「武力による所領拡大を願」ったのが高師直。

問(7)Aが正解。③（1825年，異国船打払令）→⑤（1838年，戊戌夢物語）→②（1842年，天保の薪水給与令）→①（1844年，オランダ国王の開国勧告）→④（1852年，フィルモアの国書）。

問(8)Cが正解。「この戦争」とは，アヘン戦争（1840〜42年）を指す。

問(9)Bが正解。異国船打払令では，清・朝鮮・琉球の船は対象外とされたが，オランダ船は長崎以外の場所では打ち払うこととされた。

Ⅳ　解答

問(1)—E　問(2)—C　問(3)—D　問(4)—C　問(5)—A
問(6)—A　問(7)—E　問(8)—A　問(9)—D　問(10)—D

◀解　説▶

≪近現代の政治・社会経済・文化≫

問(1)Eが誤文。「田中正造もこれに従って移転した」が誤り。田中正造は，政府の対応を不服とする住人とともに谷中村に残り，亡くなるまで，そこに住んで政府に抗議し続けた。

問(2)Cが誤文。「第2次石油危機」ではなく，第1次石油危機。第2次石油危機は，大平正芳内閣時の1979年に起こった。

問(3)Dが正解。美濃部達吉の長男である美濃部亮吉は，1967年に東京都知事に当選し，老人医療費無料化などの政策を展開した。

問(4)Cが誤文。「信濃川」ではなく，阿賀野川。

問(5)Aが正解。文章の『こゝろ』から，夏目漱石を導き出したい。『こゝろ』は，「先生」の遺書によって，人間のエゴイズムと倫理との葛藤を追求した作品。

問(6)難問。Aが正解。Bは幸田露伴，Cは山田美妙，Dは二葉亭四迷，Eは尾崎紅葉の作品。AとCの作品で迷ったはずである。

問(7)Eが正文。A・C．芥川龍之介は新思潮派に属するため，「白樺派に属し」「耽美派に属した」が誤り。B．菊池寛に関する記述。D．「宇治拾遺物語」ではなく，今昔物語集。

問(8)Aが正解。C．小渕恵三内閣は，自民党単独内閣として発足した。

問(9)Dが正解。①ポツダム宣言の受諾が決定されたときの首相は鈴木貫太郎。②「終戦の詔書」には，「朕ハ帝國政府ヲシテ米英支蘇四國ニ對シ其ノ共同宣言ヲ受諾スル旨通告セシメタリ」とあり，「支」は中華民国，「蘇」はソ連をそれぞれ指す。A．中華人民共和国の成立は1949年である。

問(10)Dが正解。「日本の変動為替相場制への移行」は，1973年の田中角栄内閣時のことがら。

❖講　評

2022年度は大問数4題，解答個数40個で2021年度と同じであった。2020年度のような短文論述問題は出題されなかったものの，正文・誤文選択問題が16問出題された。

難易度は2021年度と変わりなく，大半は教科書の範囲内で解答が可能な出題なので，全体としては標準的な問題といえる。

Ⅰは，「徴兵告諭」「婦人参政権獲得期成同盟会」「反軍演説」の3つの史料から，近代の政治・社会を問う問題である。婦人参政権獲得期成同盟会や反軍演説に関する史料はまず目にしない史料であるが，問(4)・問(8)を除いて，出題自体は易しいレベルといえる。漢字のミスをなくし，しっかりと得点したい。

Ⅱは，5つの美術工芸品を通じ，古代～近世の政治・外交・文化について問う出題である。問(9)は難問であるが，他は標準的な出題である。

Ⅲは，幕藩体制の成立，儒学の興隆，近世の外交をテーマとした3つの短文・史料を通じ，中世・近世の政治・外交・文化について問う出題である。問(2)・問(5)・問(6)の誤文選択問題は各選択肢の文が長いが，誤っている箇所が明確であるため，しっかりと正解したいところである。

Ⅳは，2つの文章を通じ，近現代の政治・社会経済・文化について問う出題である。問(1)・問(2)・問(4)・問(7)の正文・誤文選択問題における正答率により，他の受験生と差がつくはずである。問(5)は明治期の文学作品からの出題で，文化史が苦手であればやや難と感じたかもしれない。

世界史

I　解答

問1．①ペリオイコイ　②対比列伝〔英雄伝〕
③アイスキュロス　④ピンダロス　⑤セネカ
問2．(ア)名誉革命　(イ)コリントス同盟〔ヘラス同盟〕　(ウ)フェイディアス
(エ)テミストクレス　(オ)ユリアヌス（帝）

◀解　説▶

≪バンジャマン=コンスタンの考える「自由」≫

問1．③やや難。アイスキュロスが古代ギリシアの悲劇詩人だということは基本事項だが，その代表作『アガメムノン』が『オレステイア』三部作の一つだということは細かい。

⑤セネカはコルドバ出身で，ストア派の哲学者。

問2．(ア)『統治二論』は1690年発刊。社会契約説をとり，政府に対する抵抗権（革命権）を認めた。イギリスの名誉革命を擁護し，アメリカ独立革命やフランス革命に影響を与えた。

(イ)マケドニアのフィリッポス2世がアテネ・テーベの連合軍に勝利したカイロネイアの戦い（前338年）の後にコリントス同盟は結成され，ギリシア世界はマケドニアの支配下に入った。

(エ)テミストクレスはサラミスの海戦で無産市民を三段櫂船の漕ぎ手として採用することによりアケメネス朝に勝利したが，その後政治的対立から陶片追放され，国外に亡命した。

II　解答

問1．①－M　②－X　③－I　④－D　⑤－R
問2．(ア)－E　(イ)－C　(ウ)－B　(エ)－E　(オ)－E

◀解　説▶

≪ムガル帝国とイギリスによる植民地化≫

問1．④イギリスがインドに設置した3大拠点とはマドラス（インド南東，現チェンナイ），ボンベイ（インド西岸，現ムンバイ），カルカッタ（インド北東，現コルカタ）のこと。

問2．(ア)E．正文。

A．誤文。シク教の創始者は，カビールではなくナーナク。
B．誤文。バーブルはムガル帝国の初代皇帝で，第2代皇帝はフマーユーン。また，『バーブル=ナーマ』はバーブルによるトルコ語で書かれた回想録。
C．誤文。シャー=ジャハーンはムガル帝国第5代皇帝。
D．誤文。ヒンディー語は北インドの共通語で，デーヴァナーガリー文字で記録される。ヒンディー語がアラビア語やペルシア語と融合し，アラビア文字で記述されるようになったものがウルドゥー語であり，現在はパキスタンの公用語となっている。
㈠C．正文。
A．誤文。マリンディではなく，セウタが正しい。
B．誤文。トスカネリの主張を信じたコロンブスがスペイン女王イサベルの援助で4回の探検を行った。マゼランはポルトガルの出身で，スペイン王カルロス1世の支援のもとで世界周航を行った。
D．誤文。フィリピンに進出した国はスペイン。マゼランが1521年にフィリピン諸島に到達し，1571年レガスピがルソン島にマニラ市を建設してここをアジア貿易の拠点とした。ポルトガルは中国のマカオをアジア貿易の拠点の一つとした。
E．誤文。バルボアではなく，アメリゴ=ヴェスプッチが正しい。バルボアはパナマ地峡を横断して太平洋に到達したスペイン人。
㈡E．正文。
A．誤文。乾隆帝が貿易を許可した都市は上海ではなく，広州。
B．誤文。アヘン貿易の取締りを実施したのは洪秀全ではなく，林則徐。林則徐は1839年広州に派遣され，アヘンの没収・廃棄を強行した。
C．誤文。清は南京条約後の五港（五口）通商章程で領事裁判権を認め，虎門寨追加条約で関税自主権を喪失し，片務的最恵国待遇を認めた。
D．誤文。望厦条約を結んだのはアメリカ，黄埔条約を結んだのはフランスである。
㈤E．正文。
A．誤文。スワデーシが国産品愛用を，スワラージが自治獲得を意味する。
B．誤文。1919年に制定されたインド統治法は，州行政の一部をインド人に移管したが中央はイギリスが握り続けるもので，大戦中の自治の約束とはほど遠い内容だった。

C．誤文。ガンディーが展開した非暴力・不服従を意味する運動の理念は「サティヤーグラハ」という。プールナ=スワラージは「完全独立」を意味する国民会議派のスローガン。

D．誤文。ネルーは国民会議派の指導者。全インド=ムスリム連盟はジンナーの指導のもとで，1940年のラホール大会以降は分離独立をめざした。

III　解答

問1．①―L　②―V　③―I　④―J　⑤―Q

問2．(ア)―E　(イ)―B　(ウ)―A　(エ)―C　(オ)―B

◀解　説▶

≪ラテンアメリカの独立と課題≫

問1．①・②難問。ジョアン6世はナポレオン1世の圧迫を受けて避難していたブラジルで即位し，その後本国からの帰国要請を受けて王子ペドロを摂政としてブラジルに残してポルトガルに帰国した。ペドロは父ジョアン6世の帰国後，1822年に独立を宣言して皇帝となった。

問2．(ア)E．正解。

A．不適。ディアスは1876年のクーデターで政権を獲得し独裁体制を樹立していたが，メキシコ革命（1910～17年）によって倒され1911年にフランスへと亡命した。

B．不適。マデロはディアス亡命の後に大統領となっている（1911～13年）。

C．不適。サパタはメキシコ革命の指導者の一人。農地改革を主張し貧農の支持を受けたが，後に暗殺された。

D．不適。ウエルタはメキシコ革命でマデロを暗殺して一時権力を握ったが，後に追放された。

(イ)B．正文。

A．誤文。ベネズエラ出身の独立運動指導者シモン=ボリバルについての記述。

C．誤文。ベネズエラの独立運動を指導したミランダについての記述。

D．誤文。アルゼンチン出身の独立運動指導者サン=マルティンについての記述。

E．誤文。メキシコの独立運動指導者イダルゴについての記述。

(エ)やや難。C．正文。

A．誤文。「世界の工場」と演説したのはディズレーリ。

B．誤文。ディズレーリは穀物法の撤廃に反対し，また1868年に首相となった。

D．誤文。ピールは穀物法を制定したのではなく，1846年に廃止した。

E．誤文。グラッドストンは穀物法廃止でピール内閣を支持し，また増税ではなく減税政策で国家の財政立て直しに尽力した。

Ⅳ 解答

問1．①―O　②―C　③―K　④―W　⑤―I

問2．(ア)―D　(イ)―C　(ウ)―D　(エ)―D　(オ)―A

◀解　説▶

≪アメリカ大陸の古代文明と「世界の一体化」≫

問1．①テオティワカン文明では「太陽のピラミッド」や「月のピラミッド」をはじめとする多くの宗教的遺跡が残されている。

問2．(ア)やや難。D．正文。

A．誤文。アジア諸地域がヨーロッパに従属するようになるのは18世紀以降のこと。

B．誤文。アメリカ大陸からヨーロッパに伝わったとされるのは，黒死病ではなく梅毒。黒死病はペストのことで，14世紀のヨーロッパで大流行して人口の約3分の1を失った。

C．誤文。地球温暖化などの環境問題が深刻化するのは20世紀後半になってから。

E．誤文。「政治的統合も進展」が誤り。ヨーロッパでは主権国家体制が成立し，各国間での協力や対抗の関係にあった。

(イ)C．正文。

A．誤文。16世紀のヨーロッパの人口は，増加している。

B．誤文。都市部においても人口は増加している。

D．誤文。価格革命によりヨーロッパの銀の価格が下落し，フッガー家などの大富豪や南欧の商業資本は衰退していった。

E．誤文。産業革命は18世紀後半のイギリスで始まった。

(ウ)D．正答。靖難の役（1399～1402年）→南海諸国遠征（1405～33年）→土木の変（1449年）→一条鞭法（16世紀中頃に開始）の順。

(エ)難問。D．正文。

A．誤文。朝貢体制への参加は，希望する周辺諸国の支配者が正式な国書を携えた使節を貢物とともに皇帝に送ることで成立する。前もって冊封体制に組み入れられる必要はなかった。

B．誤文。鄭和の艦隊はアフリカ東海岸のマリンディまでは到達したが，アフリカ大陸南端までは到達していない。

C．誤文。「日本国王」として冊封されたのは足利義昭ではなく足利義満。足利義昭は室町幕府最後の将軍である。

E．誤文。明朝の滅亡は16世紀ではなく17世紀である。また，朝貢体制は清でも続けられている。

(オ)やや難。A．正文。

B．誤文。貿易活動が活発化すると，倭寇の活動は縮小していく。また海賊の取締りを実施したのは織田信長ではなく，豊臣秀吉である。

C．誤文。ソグド人ではなく，モンゴル人が正しい。ソグド人は突厥やウイグルのもとで商業活動に従事し，唐代の中国に多くの西域の物産を伝えた。

D．誤文。海禁政策の緩和による海外貿易の活発化にともなった富が北京に集中し，明朝の中央集権が強まったわけではなく，明の周辺諸国における権威が弱まり，貿易の利益を求める勢力が軍事力をもち競争し合う時代となった。

E．誤文。海禁政策の緩和による貿易の活発化にともなう銀の大量流入により，地域政権が次々と台頭することはなく，またそのために分裂・衰退へと向かうこともなかった。

❖講　評

Ⅰ　フランスの思想家バンジャマン=コンスタンの思想に関連して，古代ギリシア・ローマ史を中心に出題されている。問2は比較的平易な設問が多いが，問1③は難しい。文化史からの出題が半数を占めたため，十分な学習時間を確保していないと解答が難しい内容であった。

Ⅱ　ムガル帝国とイギリスによるインド植民地化がテーマの大問である。問1の空所補充問題は語群選択なので解答しやすい。問2の正文選択問題は，選択肢の文章が長く，単純な語句の入れ替えだけで誤文にしているわけではないので，文章を一つ一つ吟味することが必要だろう。

Ⅲ　ラテンアメリカの独立とその後の課題がテーマとなった大問である。問1の空所補充問題では①・②が難問。問2では(エ)が難しい。他の設問の選択肢にも世界史の『辞典』レベルの内容や事項が出題されているので，日頃から情報を多く蓄えるための手段を考えたい。

Ⅳ　アメリカ大陸の古代文明と「世界の一体化」がテーマの大問である。Ⅲに続いてアメリカ大陸がテーマとなった。問1の空所補充問題は基本事項なので確実に得点したい。問2の正文選択問題は難問ぞろいで，消去法での対応もなかなか難しい得点しづらい問題であった。確実な設問をしっかりと得点につなげ，失点を最小限にすませたい。

テーマに偏りがあったため，学習の状況次第で得手不得手が顕著に出ただろう。やはり穴のない学習を積んでおきたい。正文選択問題に難問が多いので，落ち着いて取り組めるように時間配分に気をつけよう。

政治・経済

I

解答 問1．調和 問2．田中正造 問3．汚染者負担
問4．悪臭 問5．環境基本 問6．総量 問7．法律
問8．川崎 問9．過失 問10．公害等調整委員会

◀解 説▶

≪公害防止と環境保全≫

問1．公害対策基本法は1967年に制定された。当初「経済との調和条項」が設けられていたため，実効ある公害規制がとりにくいとして，世論の強い批判を受け，1970年12月の「公害国会」において削除された。

問2．足尾銅山鉱毒事件で渡良瀬川流域住民の窮状を明治天皇に直訴しようとしたのは衆議院議員を辞した田中正造である。足尾銅山鉱毒事件は「日本の公害の原点」といわれている。

問3．公害の発生者が公害防止や被害者救済のための費用を負担すべきであるという原則を汚染者負担原則（PPP：Polluter-Pays Principle）という。

問4．公害対策基本法および環境基本法の第2条で規定された7つの公害を典型七公害という。空欄に入るのは悪臭である。

問5．政府が策定する環境の保全に関する基本的な計画を環境基本計画という。環境基本法第15条には「政府は，環境の保全に関する施策の総合的かつ計画的な推進を図るため，環境の保全に関する基本的な計画（以下「環境基本計画」という）を定めなければならない」と規定されている。

問6．濃度規制では汚染物質の排出総量が抑制されないため，地域全体の排出量を抑制する仕組みとして採用されたのが総量規制である。

問7．条例制定権は地方議会が持つ権限のひとつで，日本国憲法第94条には「法律の範囲内」での条例の制定を認めている。なお，条例には罰則を設けることもできる。

問8．全国に先駆けて1976年に環境アセスメント条例を制定したのは川崎市である。国の法律として環境アセスメント法が成立したのは1997年であった。

問 9．無過失責任原則の説明である。無過失責任原則とは，故意・過失の有無にかかわらず損害があれば賠償責任を負うという原則である。

問 10．公害紛争の斡旋・調停・仲裁・裁定を行う機関で総務省の外局として設置されているのは公害等調整委員会である。

Ⅱ 解答

A．婚姻　B．夫婦　C．戸主　D．尊属　E．嫡出　F．再婚禁止　G．国籍　H．女子差別撤廃　I．姓　J．パートナーシップ

◀解　説▶

≪家族関係にかかわる日本の法制度≫

A．「両性の合意のみに基づいて成立」と他の箇所の空欄から「婚姻」が入るとわかる。

B．リード文後半に登場する選択的夫婦別姓に関する記述と合わせて考えれば「夫婦」とわかる。

C．「家」制度のもとで認められていた家長の権限を戸主権という。

D．空欄の後，尊属殺人重罰規定違憲判決についての記述があることから「尊属」とわかる。なお，尊属とは父母や祖父母など自分よりも前の世代の血族のことである。

E．婚姻関係のある男女から生まれた子を嫡出子という。なお，婚姻関係のない男女から生まれた子を非嫡出子または婚外子という。

F．父子関係をめぐる紛争を避けるために女性のみに設けられた期間ということから再婚禁止期間である。

G．国籍取得制限規定違憲判決に関する記述から国籍法であるとわかる。

H．国籍法の父系血統主義が父母両系血統主義に変更されるきっかけとなった条約とのことから女子差別に関する条約であることが推定できる。

I．選択的夫婦別姓制度をめぐる判例に関する記述であることから「姓」とわかる。

J．東京都渋谷区で同性カップルのために設けられた制度はパートナーシップ証明書である。同区では，「渋谷区男女平等及び多様性を尊重する社会を推進する条例」に基づき 2015 年よりパートナーシップ証明書を交付している。

III 解答

問1．①－K ②－L ③－G ④－E ⑤－F
問2．(ア)－B (イ)－C (ウ)－C (エ)－A (オ)－C

◀解 説▶

≪戦後日本経済の歩みと自動車産業≫

問1．①過疎化が進み65歳以上の高齢者が半数を超え共同体の機能を維持することが難しくなった集落を限界集落という。中山間地域や離島等に増えている。

②経済発展にともなって産業構造が高度化していく事象をペティ・クラークの法則という。ペティは17世紀のイギリスの経済思想家で「農業よりも工業のほうが利益が大きく，さらに進んで商業のほうが利益が大きい」と説いた。クラークは20世紀のイギリスの経済学者でペティの法則に基づき「経済発展に伴い第一次産業の比重は低下し，第二次，第三次産業の比重の上昇が見られる」と主張した。

③ 1980年代の日米経済摩擦を解決する取り組みとして1989年から1990年にかけて行われたのは日米構造協議である。なお，日米構造協議を受けて1993年から2001年まで日米包括経済協議が行われた。

④中小企業が金融機関から融資を受ける際，債務保証をするのは信用保証協会である。

⑤オーストリアの経済学者で経済発展にとって技術革新（イノベーション）の重要性を説いたのはシュンペーターである。

問2．(ア)A．不適。国民所得倍増計画は高度経済成長期の初期（1960年）に池田勇人首相が発表した。

B．適当。「投資が投資を呼ぶ」は1960年度の『経済白書』で使われた表現。

C．不適。高度経済成長期の実質経済成長率は年平均約10％であった。高度経済成長期といえども実質経済成長率が20％を超えることはなかった。

D．不適。1ドル＝360円の固定相場はドッジ・ライン（1949年）により決められた。1ドル＝308円になったのは，アメリカの金ドル交換停止（1971年8月）を受けてドル切り下げが合意されたスミソニアン協定（1971年12月）によってである。

(イ)A．不適。厚生労働省のまとめによると，2018年の待機児童数は前年比では 4 年ぶりに減少に転じたものの，全国でなお計 2 万人近くいた。少子化が進んでいるのに，保育所のニーズが高まった背景には，バブル経済が崩壊した 1990 年代初め，共働き世帯が専業主婦世帯を上回り，保育所を必要とする親が増えたことがあるとされる。

B．不適。児童手当は，0 歳から中学校卒業までの児童を養育している者に支給される。一定の所得制限はあるがひとり親家庭にのみ支給されるものではない。

C．適当。65 歳以上の高齢者を満 74 歳までの前期高齢者と満 75 歳以上の後期高齢者に分け，障がいを持つ前期高齢者とすべての後期高齢者を対象にした公的な医療保険制度が後期高齢者医療制度である。2008 年に新設された。

D．不適。介護保険は介護保険法（1997 年成立）に基づき，満 40 歳以上の全国民に加入を義務づけ保険料を徴収し，年令に関係なく介護が必要となったとき（介護認定を受けたとき）に本人負担 10％で居宅もしくは施設サービスを受けることができる社会保険である。年金ではない。

㈡C．不適。スーパー 310 条ではなくスーパー 301 条の誤り。また，同条では不公正な貿易を行った相手国に対して報復措置を発動する権限をアメリカ通商代表部（USTR）に与えている。アメリカ連邦準備制度理事会（FRB）はアメリカの中央銀行なので役割が違うことから誤りと判断できる。

㈢A．不適。1963 年に制定された中小企業基本法は，大企業と比べて経営基盤の弱い中小企業を保護対象とし，大企業との格差是正を目的としていた。1990 年代後半から規制緩和の流れのなかで中小企業への保護政策が国内外から批判を受け，中小企業による経営革新・創業・経営基盤の強化に向けての自助努力を支援する方針に改正（1999 年）された。

㈣A．不適。セーフティネットとは，国民の安心や生活の安定を支える安全網のような仕組みのことである。具体的には生活保護や年金などの社会保障制度，失業者への雇用保険，金融機関の破綻から預金者を守る預金保険機構などである。

B．不適。IT 革命とは情報通信技術により社会のあり方が大きく変わることをいい，政治的な革命とは異なる。

C．適当。マイナンバー制度は，国民一人ひとりに番号を割り振って，その番号で所得や納税実績，社会保障に関する個人情報を管理する制度のことである。2013年に法律が制定され，2016年1月から番号の利用がスタートした。

D．不適。デジタル庁は各省庁のデジタル化を推進するため，2021年9月に新設された省庁である。旧科学技術庁は2001年の中央省庁再編で文部科学省に統合された。

Ⅳ　解答

問1．①－B　②－N　③－L　④－F　⑤－K

問2．(ア)－B　(イ)－D　(ウ)－B　(エ)－B　(オ)－C

◀解　説▶

≪経済社会の発展と資本主義の変容≫

問1．①イギリスで産業革命が始まったのは1770年代であるから18世紀後半ということになる。

②2回目の空欄が，最低賃金に関する規制がこの原則の修正の一例とされていることから，「生産手段の私有」ではなく「契約自由の原則」が該当する。契約自由の原則とは，契約関係は個人の自由意思に基づいて結ばれ，国家は干渉してはならないという原則のことである。

③ゴルバチョフが進めた情報公開を「グラスノスチ」という。「ペレストロイカ」は「再建」「改革」といった意味で，彼が実施した自由主義的な政治・経済改革の総称である。

④違憲判決ということから上院ではなく連邦最高裁判所である。全国産業復興法（NIRA）は自由主義の原則に反するという批判が強く，1935年に連邦最高裁判所が違憲と判断した。

⑤ワグナー法（全国労働関係法）は労働者の権利を拡大するとともに労働組合を保護育成し，対等な労使関係をめざした。一方タフト=ハートレー法はワグナー法を抑え込むことをねらいとして1947年に制定された労働関係法のことである。

問2．(ア)A．不適。サン=シモンは科学的社会主義を標榜するマルクスなどから空想的社会主義と呼ばれた。産業革命期に活躍した社会主義者であり，20世紀に活躍したレーニンを批判するはずはない。

B．適当。第一インターナショナルは労働者の解放をめざした世界最初の国際的労働者組織のことで，マルクスの指導で1864年，ロンドンで結成された。

C．不適。第二インターナショナルは，1889年，フランス革命100周年を記念してパリで結成された社会主義者の国際組織である。1914年は，第一次世界大戦に反対するかどうかをめぐる対立から第二インターナショナルが崩壊した年である。

D．不適。ロバート=オーエンはイギリスの社会改革思想家で協同組合運動の先駆者である。

(イ)A．不適。ドイモイ（「刷新」の意）政策は社会主義国ベトナムで1986年から実施されている経済政策で，市場経済システムや対外開放政策を導入している。一方，ベトナムの政治体制は共産党一党独裁を維持している。

B．不適。ベトナムは1887年から1954年までフランスの植民地（日本軍に一時占領された時期を除く）であった。

C．不適。ケネディ暗殺時に副大統領であったジョンソンが大統領に昇格したという経緯を知っていれば誤りだとわかる。ベトナム戦争開戦時のアメリカ大統領はジョンソンだが，アメリカ軍全面撤退時（1973年）のアメリカ大統領はニクソンである。なお，南ベトナム解放民族戦線によるサイゴン陥落によってベトナム戦争が終結したのは1975年4月。

D．適当。CPTPP協定はいわゆるTPP11のことである。ベトナムはTPP協定の初期段階から参加している。

(ウ)B．不適。アフガニスタンは18世紀に独立したが，19世紀にイギリス・ロシアの激しい勢力争いに巻き込まれ，一時イギリスの保護国となった後，1919年に独立を回復した。1960年代に立憲君主制になったが，1970年代にソ連の影響が強まり共産主義政権が成立した。その維持をねらい1979年にソ連軍が介入，イスラーム勢力が反発して深刻な内戦となった。ソ連のアフガニスタン侵攻は1988年のゴルバチョフによる撤退決定まで9年間続いた。

(エ)A．不適。財政法第5条では日本銀行による国債の直接引き受けは認められていない。

B．適当。財政法第4条第1項は，「国の歳出は原則として国債又は借入金以外の歳入をもって賄うこと」と規定しているが，一方で，但書により公共事業費，出資金及び貸付金の財源については，例外的に「国債発行又は借入金により調達すること」を認めている。この国債は「建設国債」と呼ばれている。

C．不適。5年間の赤字国債の発行を認める特例公債法が初めて制定されたのは2016年安倍晋三内閣の時である。2021年4月に菅義偉内閣のもとで制定されたのはその特例公債法を改正した法律である。

D．不適。2015年度～2018年度までの国債依存度はおよそ35％であった。国債依存度が4年間にわたって50％を超えている状態は異常という他なく正確な数値を把握していなくても誤りと推測できる。ちなみに1965年に初めて赤字国債が発行されて以降，国債依存度が50％を超えたのはリーマンショック後の2009年度（51.5％）とコロナ対策で財政支出が膨張した2020年度（73.5％）の2回である（2020年度決算現在）。

(オ)A．不適。フリードマンはマネタリズムの中心的な経済学者である。

B．不適。イギリスでは1979年から1990年の保守党のサッチャー政権において新自由主義に基づく政策（サッチャリズム）が実施された。ブレア政権（1997～2007年）は労働党の政権で新自由主義でも修正資本主義的な「大きな政府」でもない「第三の道」と呼ばれる政策を実行した。

C．適当。中曽根康弘政権（1982～87年）は新自由主義的な「小さな政府」をめざし，国鉄（現JR各社），日本電信電話公社（現NTT各社），日本専売公社（現JT）の民営化など行財政改革を実施した。

D．不適。レーガン政権のもとで実施された新自由主義的な経済政策（レーガノミックス）による大規模減税と軍事費の増大でアメリカの財政収支は悪化した。財政赤字と経常収支の赤字という「双子の赤字」の悪循環に陥ったのがレーガン政権時代のアメリカであった。

❖講　評

Ⅰ　公害防止と環境保全に関する法制度を中心に知識を問う問題である。大部分は教科書レベルの問題だが，問8の全国に先駆けて環境アセスメント条例を制定した自治体を問う設問と問10の公害にかかわる紛争を解決する総務省の外局として設置されている行政委員会を問う設問はやや詳細な知識が必要で難しかった。

Ⅱ　日本における家族関係法制に関する問題で，法学部らしい出題であるといえるだろう。選択的夫婦別姓制度やLGBTなど性的少数者の人権問題などに関する議論の高まりを背景にした出題と考えられ，受験生の社会的関心を問うねらいもあったと思われる。文脈から判断することが求められるもののほか，教科書レベルの知識だけでは難しいものもある。特にCの戸主権は難問であった。その他，E．嫡出子，F．再婚禁止期間，J．パートナーシップ証明書など時事的素養を含めた幅広い知識が必要とされる設問であった。

Ⅲ　第二次世界大戦後の日本経済史と国際経済関係を中心とした問題である。問1の空欄補充は④信用保証協会のほかは教科書レベルの知識で対応できる。問2㈠高度経済成長期に関する基礎的知識を問う設問。㈡少子高齢化対策に関するやや詳細な知識が必要な問題である。2022年度大学入学共通テスト「政治・経済」（2022年1月実施）に児童手当や待機児童問題に関する資料問題が出題されており，きちんと復習していた受験生はやや判断しやすかったかもしれない。㈢日米経済摩擦に関する正確な知識が求められたものの，Cが誤りであることはアメリカ連邦準備制度理事会が中央銀行であることから判断可能である。㈣教科書レベルの知識で対応できる。㈤マイナンバー制度やデジタル庁など時事的な要素の濃い設問であるが容易。

Ⅳ　産業革命以降の資本主義経済の発展と変容に関する問題である。社会主義国や国際政治の動向も絡めた問題となっている。問1は教科書レベルの知識で対応できるが，問2の各設問はいずれもやや深い知識が必要な設問となっている。問1の空欄②は2つの空欄の文脈を判断して選択できたかどうかがポイントであった。他の空欄は容易。問2㈠第一インターナショナル，第二インターナショナルについては教科書に年表等で掲載されてはいるが，政経の授業で詳しく触れることはないので「世界史」との連携が必要で受験生には判断が難しい問題であった。サン=シモンやロバート=オーエンについては「倫理」で学習する知識との連携が必要であった。㈡ CPTPP 協定が TPP11 であることを知らないと判断に迷う問題であった。㈢東欧の民主化やソビエト連邦の崩壊に関して教科書の内容を正確に把握している必要があった。アフガニスタンはいつ独立を達成したのかというのはかなり深い世界史の知識が必要な難問であった。㈣赤字国債や財政法に関するやや詳細な知識が必要な問題。特に2021年4月の特例公債法改正については細かい時事的知識で受験生には判断が難しかった。㈤教科書レベルの知識で対応可能だが，少しでも理解に曖昧なところがあると間違えやすい設問である。

日本史的な南北朝にかかわる知識があるかどうかで決まる。問2は、基本的な文法問題で易のレベル。問3の解釈問題は、漢文由来の慣用表現と古文基本単語の理解が問われている。やや易。問4は、字数指定での箇所指摘問題。「具体的に述べた箇所」という条件がついている。やや複雑な文脈の中に解答があり、完全に内容を理解して答えるのは難しい。やや難。問5は語意の設問。古文基本単語であり、易のレベル。問6は、比喩の意味を問う設問。あまり目にしない表現であり、文脈から判断することになる。標準レベル。問7は、故事成語の意味を問う設問。消去法で文脈に沿ったものを選択することになる。標準レベル。問8は漢文解釈の設問。基本的句法を踏まえた上での、逐語訳ではない意訳を求めている。標準レベル。問9は、人物指摘の設問。設問箇所は、引用文と本文の境目のわかりにくい文脈の中にある。標準レベル。問10は、傍線部の解釈問題。これまでの展開を踏まえつつ、係り結びの働きや基本単語の意味に沿ったものを選ぶ。標準レベル。問11は、内容真偽の設問。選択肢の見極めがしやすく、本文と照らし合わせれば解答は易しい。やや易のレベル。

一・二・三ともに素材文の質や量は、いずれも標準的である。しかし、試験時間が六十分なのに対し、大問が三題（小問数で三十三問）で、しかも現代文・古文ともに漢文が含まれている。知識ばかりでなく、かなり迅速かつ的確な内容理解力や情報処理力が要求されている。全体としては、やや難レベルの出題だと言える。

を急ぎたい。問8は、慣用表現の一部を答えさせる設問。これも古典的だが消去法で対処すればよい。やや易。問9は、同音異義の漢字に関する設問。やや易のレベル。問10は、漢字の書き取り。問題表紙には「不正解になる文字の例」をわざわざ挙げている。点やはねなどに留意して一画一画ていねいに書き、不用意な減点をしないようにしたい。やや易のレベル。問11は、内容真偽の設問。紛らわしい選択肢があり、対応する本文の箇所を慎重に読み取る必要がある。標準レベル。

二の現代文は、中国文学者で小説家の高橋和巳の評論。褒賞と刑罰の相関性を説き、昨今の褒賞の復活は法権力の強化につながるという警鐘に繋げた、昭和四十年代の文章。一部に漢文を含んでいる。論旨は一貫しているし、展開も明確。読み取りやすい内容である。選択問題の一部には見極めにくい選択肢を持つものがある。問1は漢文の標準的な知識があれば難なく解ける。問2・問3は、漢字の書き取り・読みの基本的な知識問題でやや易。問4は、箇所指摘の問題。解答とすべき箇所は設問箇所とかなり離れている。文脈を的確にとらえながら読み進め、設問の条件と照らし合わせなければならない。手間を要し、やや難のレベル。問5は、文中の漢文に関する内容説明の設問。難解な語句を含んでおり、選択肢も直訳ではなく、ひねった表現になっている。やや難。問6・問7の内容説明の設問は、筆者の明言していない考えを文脈からつかんで解答する必要がある。標準レベル。問8・問9は慣用表現・四字熟語の設問。やや易。問10の空所補充問題は、対比されているものの組み合わせを読み取ればよい。やや易。問11は、内容真偽問題。紛らわしい選択肢があり本文と慎重に照らし合わせる必要がある。やや難。

三の古文は、北畠親房の『神皇正統記』からの出題。本文中に中国の故事を引用した箇所があり、設問にも漢文が含まれている。主題は、臣下が恩賞を求める風潮への戒めである。用語にはさほど難しいものは含まれていないが、前半の主題の展開、および、後半の比喩や引用の主題との関連がやや理解しづらい。細部にわたって内容を理解するには、やや難のレベルの文章である。設問は、基本的な文法・単語および漢文句法にかかわるものや、おおまかな主題・内容にかかわるものが多く、さほどの困難はない。問1は、文学史の設問。近年の古典の授業ではまず取り扱わない作品。

1は、「君主にとって頼もしい限りである」が不適切。本文中には、忠臣に対する君主の思いは示されておらず、冒頭の文で、忠臣の行為に対して、「人臣の道なり」と筆者の意見を述べただけである。

2は、「あふれかえり、皆が閉口しきっている」が不適切。本文中では、戦功による恩賞を求める人々について、「まことにさまで思ふことはあらじなれど」と、実際にはそれ程強く恩賞を願う人はいないことを言っており、その上で、「これより乱るる端ともなり」と、恩賞を求めることは国の乱れることの端緒となると言っているに過ぎない。

3は、「『言語は君子の枢機なり』といへり」（傍線部Cの直前）に合致する。よって正解。

4は、「日光や月光」や「草木の色」の変化を「世の中が衰えていく」ことと結びつけている点が不適切。本文では、「世の中の衰ふると申すは、……にもあらず、……にもあらじ」と述べている。

❖講　評

現代文二題、古文一題の計三題。ただし、現代文の二題目および古文の中に漢文の設問を含む。記述式とマークシート方式を併用した解答方式である。選択問題はすべて四者択一となっている。

[一]の現代文は、柳田国男の評論。民俗学の文献資料が増大し、整理が煩雑になっている現状を語っている。古典的評論であり、受験生は、用語や言い回し、あるいは文体に多少戸惑うかもしれない。設問は、難渋な文脈に関わる一部をのぞいては、おおむね取り組みやすい。問1の文学史の設問は、明治以降の文豪の作品として知っておきたいところ。やや易。問2は、語意の設問。やや古典的な用語であるが、やや易。問3は、指定字数がなければ、他にも解答となり得る箇所があり、特定するのに時間がかかる。標準レベル。問4は、文脈に沿った、これもやや古典的な用語を選ぶことになる。やや易。問5は、解答の根拠が直接示されているとは言い難く、やや難渋な文体を読み解いていく必要がある。やや難。問6は、紛らわしい選択肢があるので慎重に検討する必要がある。問7の箇所指摘の解答箇所は、かなり離れた箇所にあり、難渋な文脈の中にあることから、やや難。解答の形式に目をつけ、指定字数に適した箇所かの確認

問8　設問中の漢文を書き下し、口語訳しておく。

【書き下し文】「子《し》若《も》し高岸深谷に処《お》らば、人道通ぜず、誰《たれ》か能《よ》く子を見ん」「吾が瀆《とく》の口を汚す」

【口語訳】「あなた（＝許由）がもし断崖絶壁の深い谷間にいたならば、人道は通っておらず、誰もあなたを目にすることはできなかったはずだ（＝なまじっか俗世に身を置いていたために、目立ってしまい「国を伝へん」という汚れた話を持ちかけられてしまった）」「（耳を洗ったその水は）私の子牛の口さえも汚す」

「若」は「もシ……バ」と訓読し〝仮に……たならば〟の意の仮定の用法。「誰カ……ン」は〝誰が……か、いや誰も……ない〟の意の反語の用法。「能」は「ヨク」と訓読し、〝……できる〟の意。「許由」の行動を、仮定法と反語法を取り払って解釈し直した、3が正解。

問9　ここは、「人の心の悪しくなりゆく」今の時代の人々を、世俗を避けた「許由」と「巣父」のエピソードと比較して批判している部分。「五臓六腑の変はるにはあらじ」とは、「その人」も今の人々も〝同じ体を持っているだろうに〟の意。彼らも自分たちと同じ人間なのに、思索を練り上げることで隠遁の徳を身につけている、というのである。

問10　「思ひやる」は、「思ひ遣る」で〝遠く離れたものに心を寄せる〟意が原義。ここは「行く末の人の心（のあり方）」という〝遠くにあるものを思う（＝想定する）〟という意味である。「こそ」は、「思ひやる」を取り立てて強調する係助詞。その結びの「あさましけれ」は〝驚きあきれるほどに程度がひどい〟の意。「思ひやる」を「思いをいたす」と「遣る」の意をふまえて表現していること。「につけても」と強調の意味を加えていること。さらに、「あさまし」の意を「……かぎりだ」と程度を示す語で表現していること。以上により、1が正解。

2は「さもしい」が不適切。古典語の「あさまし」の意に合わない。

3は「隠者にとり」が不適切。〝われわれ今の時代の人にとって〟の意である。

4は「ようになるとは」が不適切。係助詞「こそ」の働きをとらえていない。

問11　選択肢の内容を本文の当該箇所とつき合わせ、消去法で対処する。

える。①は、下二段活用動詞「捨つ」の連体形で一語。②は、下二段活用動詞「危ぶむ」の連体形で一語。③はナ行変格活用動詞「死ぬ」の連体形で一語。④は、四段活用動詞「言ふ」の已然形に、完了の助動詞「り」の連体形が付いた形で、これが正解。

問3　「前車の轍《てつ》を踏む」は、〝前の車の通った轍《わだち》の跡を通る〟意から〝前人と同じ失敗を繰り返すこと〟の意の慣用表現。ここは「轍を見る」となっており、〝同じ失敗を繰り返さないよう注意すること〟の意。「ありがたき」は「有難き」で〝めったにない、むずかしい〟、「ならひ」は「習ひ、慣ひ」で〝ならわし、世の常〟の意。

問4　「基」は〝根本、原因〟の意。「今までの乱世」を生み出した原因・起因となる箇所を抜き出す。傍線部Bまでに至る主従関係の歴史的な変遷の説明の中にある、武士が台頭し朝廷がないがしろにされるきっかけとなる事柄である。問題文には「『□こと』の形で」とあり、「こと」に続く語、すなわち連体形の語から指定字数の二十一字を遡って数え、該当するか検討するとよい。

問5　「あからさまなり」は〝ほんのちょっと、かりに〟の意の形容動詞。「あからさまにも」の形で、下に打消・禁止の語を伴って〝ほんの少しでも、かりそめにも（……ない・な）〟の意となる。

問6　傍線部Dに続いて、「乱臣・賊子といふものは、そのはじめ心ことばを慎まざるより出で来る」とある。「心ことば」から「乱臣・賊子」が生じることの例えとして用いられていることがわかる。「『霜を踏む』というわずかの寒さ（＝軽微なこと）から始まって、『堅き氷』の寒さ（＝重大なこと）が生まれる」という内容。

問7　傍線部Eに「帝尭の国を伝へんとありしを聞きて」とある。「尭」が（自分に）国を譲ろうというのを聞いて「（汚れた）耳を（きれいに）洗った」というのだから、許由は「（自分に）国を譲る」話を汚いと思ったということになる。続く傍線部Fにも、巣父が「この水をだに汚がりて渡らず」とある。「国を譲る」といった、世俗的で立身出世に関わることがらを「汚い」と退けたのである。注2・注4に「隠者（＝世俗との交わりを絶って隠れ住む人）」とあるのもヒント。

至る乱世の原因であるので、（その後は）いまさら言っても仕方がないほど（に乱れた状態）になってしまった。

近ごろの人の言いぐさとしては、ひとたび合戦に赴き、どうかして一族郎党の中に、（主君への）忠節のために死ぬ者がいると、「私の功績については日本国をお与えください、たとえ国の半分をいただいても（私への恩賞としては）足りないだろう」などと申し上げるようだ。実際にはそれほどに（多くの恩賞を）願うことはないようだが、やがてこのこと（＝恩賞を願うこと）によって国が乱れるきっかけともなり、また朝廷の権威の衰えが推察されるのである。「（行動に至る前の心や）発言は君子にとって最も肝要（な徳）である」と言っている。（言葉によって）ほんのわずかでも主君を軽視し、他者に対して驕り高ぶるようなことはあってはならないことである。厚い氷は薄い霜を踏んでいる頃から（の寒さが次第に募って）出来上がるのが世の常であり、国を乱す臣下・反逆の輩というものは、まず初めに心中の思いや言葉を慎まないことから生まれるのである。（私が）世の中が衰退していると申し上げるのは、日や月の光が変わるようなものではなく、（また）草や木の色が移り変わっていくようなものでもない（＝自然の変化、推移ではない）だろう。人の心の持ちようが悪くなること（＝人為的・作為的な変化）を末世と言ったのであろう。昔許由という人物は、帝尭が（自分に）国を譲ろうといったのを聞いて、（汚らわしいことを聞いたと）潁川で耳を洗った（という）。（さらに）巣父はこの話を聞いて、その潁川の水さえ汚らわしがって渡らない（という）。これらの隠者たちは（一般の人々と）五臓六腑（＝内臓）が異なるのではないだろう（＝同じ人間である）。（隠遁の思いを）よく練り上げていくからこそ（高潔な人物となるの）であろう。やはり後世の人々の心のあり方（＝どれほどに汚れているか）を想像すると驚きあきれるほどに情けなく感じられる。

▲解　説▼

問1　『神皇正統記』は南北朝時代に北畠親房が著した歴史書（史論）。神代から後村上天皇までの歴史記述の中で南朝の正統性を論じている。

問2　二重傍線部に含まれる「つる」「る」が助動詞として成り立つか、含まれる動詞の活用の種類・活用形と併せて考

問5　1
問6　2
問7　4
問8　3
問9　4
問10　1
問11　3

◆全　訳◆

そもそも帝のお治めになる地に生まれて、帝にまごころを尽くして命を捨てるのは臣下としての道義である。決してこれ（＝手柄）を自分自身の名誉にしようと思っては（＝恩賞を願っては）ならない。だけれども、（手柄を立てた人の）子孫に（恩賞による）励みを与え、その手柄に心を動かし賞賛されるのは、帝のご政務に関わることである。（だから）臣下として（恩賞を）競い合い申してはならないであろう。ましてや、それほどの手柄もないのに行き過ぎた恩賞を望み申すことは、自身を危険に陥れる端緒であるにもかかわらず、（恩賞を望む者が多いのは）先人の過ちを我が身の教訓とするのが本当に難しい仕業であったからだろうよ。さほど昔でない時代までは、（朝廷は）臣下がひどく強大な武力を保持するのを禁じなさった。強大な武力を持ってしまうと、必ずや驕り高ぶる心が生じる。（そして）その結果として自身を滅ぼし、家を失う例があるからであり、禁じなさるのももっともなことである。鳥羽院の御治世であったろうか、諸国の武士たちが（武家の棟梁である）源平の一門と主従関係を結ぶことを止めよという禁制のお達しがしばしばあった。（それまで）源平は、長きにわたり武力によって（朝廷に）仕えたけれども、何か大事が起こったときには、（帝からの）宣旨を承って諸国の武士たちを（戦いへと）連れ出したのだが、近ごろになると、すぐにそのまま（源平に）肩入れする（＝主従関係を結ぶ）一族（＝諸国の武士たち）が多くなったので、この禁制が出された。やはり、（このことは）今に

2、「統治者が」が不適切。「人々は恩給を求め」（傍線部4の段落）や「人々よ。あなた方は、……」（空欄Yを含む段落）からうかがえるように、「己れを忘れてきた」のは、「統治者」ではなくて「人々」（＝「被統治者」）である。

3、傍線部3の次の段落に「物質的褒賞・特権の賦与主体と、可視的な刑罰、不可視的疎外の使行主体はつねに一致している」とある。この「賦与主体」＝「使行主体」に相当するのは「権威・権力」＝「統治者」。本文では続けて「でなければ……被統治者のがわに、忠誠心など起りうるはずはない」と、褒賞と刑罰のセットは統治者が被統治者に忠誠心をもたらすために存在するとしている。ここまで選択肢の前半部「統治者は……使行する」は本文内容に合致する。また、後半部の「国家は……中心に位置している」も、「褒賞の曲線と対照的に、国家を座標軸として……科罰の曲線が……描かれている」（傍線部4の前の段落末文）とあることに合致する。以上より、3が正解。

4、「褒賞と刑罰の使行主体が常に一致しているとは……認識していない」が不適切。最終段落では「褒賞と刑罰の不可分な相関関係に……注意しないから」とあり、民衆は、「褒賞」の向こうに「刑罰」が潜んでいることに気づかないから、夏目漱石などの褒賞拒否を、個人的な問題にしてすませてしまう、という文脈となっている（これは、空欄Yを含む段落の「自らにも降りかかりうる刑罰の体系をも、そのまま是認するつもりなのか」という警鐘にも一致する）。

三

出典　北畠親房『神皇正統記』

解答

問1　2

問2　4

問3　3

問4　近代と～なりし

1、「権利のほうが大切だ」が不適切。二つは「陰陽呼応して描かれ」るものであり、片方（＝褒賞）がなくなればもう片方（＝刑罰）もなくなることが期待された、というのが本文の趣旨。

3、「国家の威信を損傷しよう」が不適切。そのような目的とはされていない。

4、「褒賞がなくとも、統治者への忠誠心を持ち続けようとする」が不適切。最後の二段落にあるように、褒賞の辞退や拒否は「栄誉の領域における、ある反抗」「国家の……威信の損傷」である。

問8　「デモ隊に……警棒をふりあげ」る、ような態度を言う語。権力の代理人・執行者である公僕が民衆に対して圧力をかける態度である。「居丈高」は、〝威圧的な態度をとること〟。1とほぼ同意である。2は〝他人からどう見えるかを気にせずに〟、3は〝あなどる、見くびる〟、4は〝無理やりに、あれこれ言わせず〟の意である。

問9　空欄Xに続いて「を基礎におく勲爵位階」とある。「勲爵位階」を授ける際に判断の基準となるものを言う語句。3の「論功行賞」が〝功績を論じ、賞を授ける〟意で正解。1は〝一人を罰することで多くの人を戒めること〟、2は〝最も大切にする法や規則〟、4は〝情をくみ取って刑罰を軽くすること〟の意。

問10　空欄Y前後の文脈に着目。「人々よ。……戦中戦前と同じ［Y］の価値を受け入れ、……刑罰の体系をも、……是認するつもりなのか」となっている。「戦中戦前」の民衆が「受け入れ（＝是認し）」てきた、「刑罰の体系（およびそれがもたらす意識）」と並立する価値観ということになる。傍線部3を含む段落に「民衆のがわの、栄誉と忠誠心、罪と秩序の意識」とあることに着目すれば、民衆が抱く「罪と秩序の意識」の対極にある価値意識、すなわち「褒賞」によってもたらされる、2「栄誉と忠誠」が正解。

問11　選択肢の内容を本文と照らし合わせて、消去法で対処する。

1、「祭祀や度量衡の統一とならんで」が不適切。「権力の秘儀」という語は傍線部3の次の段落にあり、「精神的・物質的褒賞……刑罰、不可視的疎外の使行主体はつねに一致」がその内容である。「祭祀や度量衡の統一」は、「舜帝」が具体的な政治の一環として「なしたこと」（傍線部2の段落）に当たる。

1、「刑罰と恩賞は当該者だけが対象」「子々孫々にまで引き継がれない」が不適切。引用文では「罰は嗣に及ぼさず、賞は世に延ぼす」とあり、「恩賞」は「刑罰」と異なり、子孫に引き継がれている。

2、「遠い過去」「事故による」が不適切。「過」は〝過失〟、「故」は〝故意〟の意である。

3、「軽微な犯罪であれば」は不適切。引用文では「過を宥すに」と〝過失であれば〟の意となっている。「褒賞することとした」も的確ではない。引用文は「惟重くす」と〝なるべく重い方の褒賞にした〟の意となっている。

4、「其の不辜を殺さんよりは、寧ろ不経に失せんとす」の意味に合致する。「不辜」は〝無実（の人）〟、「不経」は〝不正（をする人）〟の意。「失」は〝見のがす、過ちを犯す、失敗する〟の意。「与A其、寧B」は「其のAよりは、寧ろB」と訓読し〝AよりBの方がましだ〟という意味を持つ選択の句法。

問6　傍線部3の「……の正非についてはいましばらくおく」とは、ある事柄についての判断に疑問を持ち結論を保留するということ。筆者は、現実を是認した上で刑法の理想的運用（＝裁判の公正）を求めるあり方については疑念を抱いていることがわかる。傍線部3の段落の終わりには「（統治者が）他者の労役の産物を占有壟断すべき理由など、もともとなにもない」とある。この、もともと統治者には権力行使の一環として民衆に刑法を適用する根拠はない、という権力の拒否が筆者の真意であり、正解は4。後の「夏目漱石」に見られる「裁判の拒否にあい等しい」思想への賛意である。3は、現状を是認する立場であり、不適切。この立場については、傍線部4・5の段落で「公正を装っていた裁判所が……国家意識の押しつけを敢えてするようになる」などと批判している。

問7　筆者は一貫して、「勲爵位階の体系（＝褒賞）」と「刑罰の体系（＝刑罰）」のバランスによって権力（＝統治者）の統治力がもたらされてきた、と述べている（傍線部1の段落・傍線部3の段落など）。傍線部4前後は、敗戦後の一時期、一方の「栄賞の観念は崩壊し」たのだから「（もう）一方の」「刑罰の観念」も崩壊させる「絶好の機会」だったという文脈。「褒賞」と「刑罰」の切りはなせないバランス関係を「不可分な相関関係」とし、両者の根源にある権力をも拒否すべきだとした2が正解。

装っていた裁判所は国家意識を押しつけようとしている。栄誉と忠誠の価値を受け入れることは刑罰の体系を是認することにつながると気づくべきである。

▲解　説▼

問1　「是以」は、「ここヲもつテ」と訓読し、〝というわけで、それで〟の意を表す接続詞。「是」は、先に述べた観念的な内容を指す。「以」は理由を表す。なお、「以是」は「これヲもつテ」と読み、〝これを用いて、このことによって〟の意。「是」は先の具体的な事物を指す。

問4　傍線部1は〝権力を維持するために必要なものは「褒賞と刑罰」だ〟といった意味。傍線部3に続く部分には、「褒賞と刑罰の……運用こそが、権力の持続にとって必須の条件である」と同意の表現がある。設問は「統治者は……」となっており、この「権力」を「統治者」に言い換え、さらに、「褒賞と刑罰」を「飴と鞭」に例えた部分から、「統治者」側の事情を説明した箇所を抜き出すことになる。

問5　引用されている漢文の書き下し文と口語訳を以下に示す。この意味内容に合致するものを選ぶ。

【書き下し文】帝徳愆《あやま》つこと罔《な》く、下《か》に臨むに簡を以《もつ》てし、衆を御《ぎよ》するに寛《くわん》を以てす。罰は嗣《し》に及ぼさず、賞《せう》は世《よよ》に延《およ》ぼす。過《くわ》を宥《ゆる》すに大無く、故《こ》を刑するに小無し。罪の疑はしきは惟《これ》軽くし、功の疑はしきは惟重くす。其の不辜《ふこ》を殺さんよりは、寧《むし》ろ不経《ふけい》に失《しつ》せんとす。生《せい》を好むの徳、民心に洽《かな》ふ。茲《ここ》を用《もつ》て有司《いうし》を犯《おか》さず。

【口語訳】帝王の仁徳は間違いを犯すところがなく、臣下に対しては大まかな対応をし、民衆を治める際には寛大な導きをした。刑罰は跡継ぎにまでも及ぼさず、恩賞は子孫代々に及ぼした。過失はどんな大きなものでもこれを許し、故意（の悪事）はどんな小さなものでも必ず処罰した。罪状に疑問が残る場合は軽い刑罰にし、功績に疑問がある場合は重い方の恩賞を与えた。無実の人を（罪に問うて）殺すよりは、重罪（人）を見逃す失敗をした方がよいとした。生命を大切にする（帝の）仁徳が、民衆の思いと一致した。ということで（民衆に）役人の命に逆らう者はいなくなった。

合致しているので、これが正解。

二

出典　高橋和巳『人間にとって』〈裁判について〉（新潮社）

解答

問1　ここ
問2　1
問3　きゅうだん
問4　一日も～得ない
問5　4
問6　4
問7　2
問8　1
問9　3
問10　2
問11　3

◆要　旨◆

褒賞と刑罰は権力の持続にとって必須の条件であった。統治者は、この運用によって被統治者に国家・権力に対する忠誠心を植えつけて来た。だから、裁判・刑罰について考える際には、その対極にある栄誉の意識、褒賞の体系を見据える必要がある。敗戦後の一時期は、国家の賦与する栄誉など必要としない精神が形成される絶好の機会だった。しかし、人々は、再び恩給や叙勲といった栄誉の復活を受け入れた。これと軌を一にして、刑罰は厳罰主義的傾向をおび、公正をすことになっている。

問8　空欄イの前後に「なやまねばならぬ」や「苦闘しなければならぬ」とある。「……を嘗める」で〝つらい目にあう〟という意の慣用句となる1が正解。2「辛味」は文字どおり〝からい味〟。「を嘗める」に続いて、慣用句とはならない。3「苦肉」は〝我が身を苦しめること〟の意。慣用表現としては「苦肉の策」がある。4「辛辣」は〝ひどくからいこと、人に手厳しいこと〟の意。

問10　「十分にこなすことは難しい」「あるものだけで満足を強いられる」など、研究心が十分に発揮できなくなる状態を言う語句。「遅鈍」は〝すぐには進まず反応がにぶいこと〟の意。

問11　選択肢の内容を本文と照らし合わせて、消去法で対処する。

1、「不可能」が不適切。本文には「（我々の学問＝民間伝承論の学問は）雑駁であるだけによけいに煩雑である」（第四段落）としている。また、「古本屋の助けを借りる」も、文庫の迷宮を好機に狡猾に活躍する古本屋の姿に合わない。

2、「民俗学は、史学の処理し得ぬものを押しつけられた」（傍線部6の前の文）とはあるが、「史学との境界が曖昧になった」「史学が手をつけなかった分野を……対象とする」とは述べられていない。

3、「史学では昔から当たり前の現象」が不適切。第一段落の初めに「これは新しい現象であって以前は人は文献の少ないことを託っていた」「近来は……広い意味の史学の徒は……文庫の迷宮になった」とある。「史学」も時代の経過とともに文庫の迷宮化が深刻になっていったのである。

4、最終段落の終わりに「自ら招いたこととはいえ皮肉すぎる」とある。「自ら招いたこと」とは、「古本屋の活躍」「古本屋の狡猾」に悩まされていること。悩まされることになる原因は、「文献を供給することが容易なだけにその煩雑もひどい」（第四段落）という民間伝承論の特性と現状である。最終段落には、自らが招いた資料の増大によって「実に苦闘し」「その上」に「古本屋の活躍」にも悩まされるという「皮肉」について書かれており、その内容に向がある、と言っている。⑵傍線部4に続く文では、「名士の伝記あるいは個人的主張に満ちているのを見ても」「歴史のこの傾向があらわれている」とし、特定の人物・主張を語ることが「新しい文化に囚われ」ず「意外なるものの記憶を強いる」のに都合がよかったことを示している。⑴・⑵より、1が正解。

2は、「資料も保存され」「研究の蓄積もある」が不適切。文中に特に述べられていないし、⑵の「特定の人物・主張」と「歴史のこの傾向」を結び付けた文脈に合わない。

3は、「重要なことを行っており」が2と同様の理由で不適切。また「語り継ぐ必要がある」は、「（歴史は）求める者の知識欲とはぴたりと合致せぬ学問」だという主張に合わない。

4は、「資料を活用する」「資料が整理できる」が不適切。「資料が多くな」って苦しんでいるのは「今日の歴史の学問」であり、「活用」することで「整理できる」というのは、矛盾する。

問6　「歴史の恩恵」については、傍線部5に続く部分から、⑴「史学」からの「暗示、指示」によってもたらされた「学問」的な恩恵であること、⑵具体的には「過去のこれほど遠いということ」を知った、「事物及び社会文化の変遷進歩の跡」に心づいた、「事物の沿革」を教えられたことであるのがわかる。1は、⑴「史学」の「学問」的な「暗示、指示」を「研究成果」とし、⑵その具体的な恩恵の内容を「いつ発生したのか確定できた」と事物（社会文化）に存する時間の流れに触れており正解。2は、「模倣することにより」が不適切。⑴の「史学」の「暗示、指示」に当たらない。また、次の段落に「史学が悩んでいる……煩雑に苦しまねばならぬ」とあるのに合わない。3は⑴に言及がなく、「地域による……違い」が本文中に書かれていない内容。4は、「調査が容易に実施できた」が不適切。⑵の具体的な恩恵に当たらない。「その地域で行われた史的な研究」と限定している点も不適切。

問7　傍線部6の直前に「前にも述べたごとく」とあり、後には「我々は……自己の知りたいと欲するものを見失わないために」とある。これより前にあって、〈「歴史」が（古いことを語るためのものとなっているために）自己の知りたい欲求と合致しない〉と同意の部分を、第二段落から抜き出す。この設問も「□態度」と体言に続く形を抜き出反抗して起こった学問である。史学のあり方とは違って書外の真実を求めようとしたのだが、わずかの年月の間に史学以上に文庫の重荷に苦しむ事態となった。民間伝承の学問は文献を供給することが容易で、煩雑もひどいからである。研究家は、自らに起因する文献の多さに苦しむ上に、文庫の迷宮に付け込む古本屋の狡猾さにも悩まされるという皮肉な状態に陥っている。

▲解　説▼

問1　2、『五重塔』は幸田露伴の小説。

問3　傍線部3の「この」が直接指示するのは、直前の「文庫の迷宮」が「入って来たところも……先も、……わからなくしてしまっている」こと。「文庫の迷宮」は「資料が（多すぎて）乱雑になっている」（傍線部2直後の一文）状態。「わからなく」なっている、の主語は「研究家」。傍線部3の直前から、研究家が資料の多さに振り回されている状態を表現した語句を探す。「材料に曳かれてしょうことなしに動いている」も同意だが、設問は、「□こと」の形になる表現を求めており、「こと」に接続する語、すなわち連体形（終止形が連体形と同じ活用形の場合は、終止形でも可）の語から、指定字数の十三字を遡って数え、検討するのが早道。字数制限のある箇所指摘の問題で末尾が指定されているものは、同様に対応するとよい。

問4　空欄アに続いて、比喩を用いて「武器」「老人の護衛者」とある。歴史を、古いことを語るための武器にするようなあり方、老人（古い人）を護衛するような歴史の取り扱い方である。4「尚古」は〝古を尚《たっと》ぶ〟の意。1「往古」は〝遠い昔〟、2「今古」は〝今と昔〟、3「考古」は〝昔を調べる〟の意。

問5　⑴傍線部4に含まれる「傾向」の語に着目。傍線部3は〈史学の傾向〉であったが、ここは〈歴史の傾向〉。空欄アの次の文には「新しい文化に囚われざらんがために、いつもやや意外なるものの記憶を強いる傾向」とある。また、続いて「学ばんとする者の要求を忘れさせ、あらぬ方向に導いて行こうとする」「それを学問の義務とさえ心得ている」などともある。歴史には、それを学ぼうとする者に新しいことよりも古いことを強要することを義務と考える傾

国語

一

出典 柳田国男『民間伝承論』（共立社）

解答

問1　2

問2　4

問3　資料に～ている

問4　4

問5　1

問6　1

問7　学ばん～とする

問8　1

問9　4

問10　鈍

問11　4

◆要　旨◆

文庫が迷宮になった。史学の研究者は資料の多さに飽満感を抱き、資料によって動かされているように思われる。史学は研究家の知識欲を忘れさせ、あらぬ方向に導こうとする傾向がある。民間伝承の学問は、史学のこのわがままな態度に

////////////////////// · memo · //////////////////////

教学社 刊行一覧

2025年版 大学赤本シリーズ

374大学556点
全都道府県を網羅

国公立大学（都道府県順）

全国の書店で取り扱っています。店頭にない場合は，お取り寄せができます。

1 北海道大学（文系－前期日程）
2 北海道大学（理系－前期日程） 医
3 北海道大学（後期日程）
4 旭川医科大学（医学部〈医学科〉） 医
5 小樽商科大学
6 帯広畜産大学
7 北海道教育大学
8 室蘭工業大学／北見工業大学
9 釧路公立大学
10 公立千歳科学技術大学
11 公立はこだて未来大学 総推
12 札幌医科大学（医学部） 医
13 弘前大学 医
14 岩手大学
15 岩手県立大学・盛岡短期大学部・宮古短期大学部
16 東北大学（文系－前期日程）
17 東北大学（理系－前期日程） 医
18 東北大学（後期日程）
19 宮城教育大学
20 宮城大学
21 秋田大学 医
22 秋田県立大学
23 国際教養大学 総推
24 山形大学 医
25 福島大学
26 会津大学
27 福島県立医科大学（医・保健科学部） 医
28 茨城大学（文系）
29 茨城大学（理系）
30 筑波大学（推薦入試） 医 総推
31 筑波大学（文系－前期日程）
32 筑波大学（理系－前期日程） 医
33 筑波大学（後期日程）
34 宇都宮大学
35 群馬大学 医
36 群馬県立女子大学
37 高崎経済大学
38 前橋工科大学
39 埼玉大学（文系）
40 埼玉大学（理系）
41 千葉大学（文系－前期日程）
42 千葉大学（理系－前期日程） 医
43 千葉大学（後期日程） 医
44 東京大学（文科） DL
45 東京大学（理科） DL 医
46 お茶の水女子大学
47 電気通信大学
48 東京外国語大学 DL
49 東京海洋大学
50 東京科学大学（旧 東京工業大学）
51 東京科学大学（旧 東京医科歯科大学） 医
52 東京学芸大学
53 東京藝術大学
54 東京農工大学
55 一橋大学（前期日程）
56 一橋大学（後期日程）
57 東京都立大学（文系）
58 東京都立大学（理系）
59 横浜国立大学（文系）
60 横浜国立大学（理系）
61 横浜市立大学（国際教養・国際商・理・データサイエンス・医〈看護〉学部）
62 横浜市立大学（医学部〈医学科〉） 医
63 新潟大学（人文・教育〈文系〉・法・経済科・医〈看護〉・創生学部）
64 新潟大学（教育〈理系〉・理・医〈看護を除く〉・歯・工・農学部） 医
65 新潟県立大学
66 富山大学（文系）
67 富山大学（理系） 医
68 富山県立大学
69 金沢大学（文系）
70 金沢大学（理系） 医
71 福井大学（教育・医〈看護〉・工・国際地域学部）
72 福井大学（医学部〈医学科〉） 医
73 福井県立大学
74 山梨大学（教育・医〈看護〉・工・生命環境学部）
75 山梨大学（医学部〈医学科〉） 医
76 都留文科大学
77 信州大学（文系－前期日程）
78 信州大学（理系－前期日程） 医
79 信州大学（後期日程）
80 公立諏訪東京理科大学 総推
81 岐阜大学（前期日程） 医
82 岐阜大学（後期日程）
83 岐阜薬科大学
84 静岡大学（前期日程）
85 静岡大学（後期日程）
86 浜松医科大学（医学部〈医学科〉） 医
87 静岡県立大学
88 静岡文化芸術大学
89 名古屋大学（文系）
90 名古屋大学（理系） 医
91 愛知教育大学
92 名古屋工業大学
93 愛知県立大学
94 名古屋市立大学（経済・人文社会・芸術工・看護・総合生命理・データサイエンス学部）
95 名古屋市立大学（医学部〈医学科〉） 医
96 名古屋市立大学（薬学部）
97 三重大学（人文・教育・医〈看護〉学部）
98 三重大学（医〈医〉・工・生物資源学部） 医
99 滋賀大学
100 滋賀医科大学（医学部〈医学科〉） 医
101 滋賀県立大学
102 京都大学（文系）
103 京都大学（理系） 医
104 京都教育大学
105 京都工芸繊維大学
106 京都府立大学
107 京都府立医科大学（医学部〈医学科〉） 医
108 大阪大学（文系） DL
109 大阪大学（理系） 医
110 大阪教育大学
111 大阪公立大学（現代システム科学域〈文系〉・文・法・経済・商・看護・生活科〈居住環境・人間福祉〉学部－前期日程）
112 大阪公立大学（現代システム科学域〈理系〉・理・工・農・獣医・医・生活科〈食栄養〉学部－前期日程） 医
113 大阪公立大学（中期日程）
114 大阪公立大学（後期日程）
115 神戸大学（文系－前期日程）
116 神戸大学（理系－前期日程） 医
117 神戸大学（後期日程）
118 神戸市外国語大学 DL
119 兵庫県立大学（国際商経・社会情報科・看護学部）
120 兵庫県立大学（工・理・環境人間学部）
121 奈良教育大学／奈良県立大学
122 奈良女子大学
123 奈良県立医科大学（医学部〈医学科〉） 医
124 和歌山大学
125 和歌山県立医科大学（医・薬学部） 医
126 鳥取大学 医
127 公立鳥取環境大学
128 島根大学 医
129 岡山大学（文系）
130 岡山大学（理系） 医
131 岡山県立大学
132 広島大学（文系－前期日程）
133 広島大学（理系－前期日程） 医
134 広島大学（後期日程）
135 尾道市立大学 総推
136 県立広島大学
137 広島市立大学
138 福山市立大学 総推
139 山口大学（人文・教育〈文系〉・経済・医〈看護〉・国際総合科学部）
140 山口大学（教育〈理系〉・理・医〈看護を除く〉・工・農・共同獣医学部） 医
141 山陽小野田市立山口東京理科大学 総推
142 下関市立大学／山口県立大学
143 周南公立大学 新 総推
144 徳島大学 医
145 香川大学 医
146 愛媛大学 医
147 高知大学 医
148 高知工科大学
149 九州大学（文系－前期日程）
150 九州大学（理系－前期日程） 医
151 九州大学（後期日程）
152 九州工業大学
153 福岡教育大学
154 北九州市立大学
155 九州歯科大学
156 福岡県立大学／福岡女子大学
157 佐賀大学 医
158 長崎大学（多文化社会・教育〈文系〉・経済・医〈保健〉・環境科〈文系〉学部）
159 長崎大学（教育〈理系〉・医〈医〉・歯・薬・情報データ科・工・環境科〈理系〉・水産学部） 医
160 長崎県立大学 総推
161 熊本大学（文・教育・法・医〈看護〉学部・情報融合学環〈文系型〉）
162 熊本大学（理・医〈看護を除く〉・薬・工学部・情報融合学環〈理系型〉） 医
163 熊本県立大学
164 大分大学（教育・経済・医〈看護〉・理工・福祉健康科学部）
165 大分大学（医学部〈医・先進医療科学科〉） 医
166 宮崎大学（教育・医〈看護〉・工・農・地域資源創成学部）
167 宮崎大学（医学部〈医学科〉） 医
168 鹿児島大学（文系）
169 鹿児島大学（理系） 医
170 琉球大学 医

2025年版　大学赤本シリーズ

国公立大学 その他

171 〔国公立大〕医学部医学科 総合型選抜・学校推薦型選抜※ 医 総推
172 看護・医療系大学〈国公立 東日本〉※
173 看護・医療系大学〈国公立 中日本〉※
174 看護・医療系大学〈国公立 西日本〉※
175 海上保安大学校／気象大学校
176 航空保安大学校
177 国立看護大学校
178 防衛大学校 総推
179 防衛医科大学校(医学科) 医
180 防衛医科大学校(看護学科)

※No.171～174の収載大学は赤本ウェブサイト(http://akahon.net/)でご確認ください。

私立大学①

北海道の大学(50音順)

201 札幌大学
202 札幌学院大学
203 北星学園大学
204 北海学園大学
205 北海道医療大学
206 北海道科学大学
207 北海道武蔵女子大学・短期大学
208 酪農学園大学(獣医学群〈獣医学類〉)

東北の大学(50音順)

209 岩手医科大学(医・歯・薬学部) 医
210 仙台大学 総推
211 東北医科薬科大学(医・薬学部) 医
212 東北学院大学
213 東北工業大学
214 東北福祉大学
215 宮城学院女子大学 総推

関東の大学(50音順)

あ行(関東の大学)

216 青山学院大学(法・国際政治経済学部−個別学部日程)
217 青山学院大学(経済学部−個別学部日程)
218 青山学院大学(経営学部−個別学部日程)
219 青山学院大学(文・教育人間科学部−個別学部日程)
220 青山学院大学(総合文化政策・社会情報・地球社会共生・コミュニティ人間科学部−個別学部日程)
221 青山学院大学(理工学部−個別学部日程)
222 青山学院大学(全学部日程)
223 麻布大学(獣医、生命・環境科学部)
224 亜細亜大学
226 桜美林大学
227 大妻女子大学・短期大学部

か行(関東の大学)

228 学習院大学(法学部−コア試験)
229 学習院大学(経済学部−コア試験)
230 学習院大学(文学部−コア試験)
231 学習院大学(国際社会科学部−コア試験)
232 学習院大学(理学部−コア試験)
233 学習院女子大学
234 神奈川大学(給費生試験)
235 神奈川大学(一般入試)
236 神奈川工科大学
237 鎌倉女子大学・短期大学部
238 川村学園女子大学
239 神田外語大学
240 関東学院大学
241 北里大学(理学部)
242 北里大学(医学部) 医
243 北里大学(薬学部)
244 北里大学(看護・医療衛生学部)
245 北里大学(未来工・獣医・海洋生命科学部)
246 共立女子大学・短期大学
247 杏林大学(医学部) 医
248 杏林大学(保健学部)
249 群馬医療福祉大学・短期大学部
250 群馬パース大学 総推
251 慶應義塾大学(法学部)
252 慶應義塾大学(経済学部)
253 慶應義塾大学(商学部)
254 慶應義塾大学(文学部) 総推
255 慶應義塾大学(総合政策学部)
256 慶應義塾大学(環境情報学部)
257 慶應義塾大学(理工学部)
258 慶應義塾大学(医学部) 医
259 慶應義塾大学(薬学部)
260 慶應義塾大学(看護医療学部)
261 工学院大学
262 國學院大學
263 国際医療福祉大学 医
264 国際基督教大学
265 国士舘大学
266 駒澤大学(一般選抜T方式・S方式)
267 駒澤大学(全学部統一日程選抜)

さ行(関東の大学)

268 埼玉医科大学(医学部) 医
269 相模女子大学・短期大学部
270 産業能率大学
271 自治医科大学(医学部) 医
272 自治医科大学(看護学部)／東京慈恵会医科大学(医学部〈看護学科〉)
273 実践女子大学 総推
274 芝浦工業大学(前期日程)
275 芝浦工業大学(全学統一日程・後期日程)
276 十文字学園女子大学
277 淑徳大学
278 順天堂大学(医学部) 医
279 順天堂大学(スポーツ健康科・医療看護・保健看護・国際教養・保健医療・医療科・健康データサイエンス・薬学部) 総推
280 上智大学(神・文・総合人間科学部)
281 上智大学(法・経済学部)
282 上智大学(外国語・総合グローバル学部)
283 上智大学(理工学部)
284 上智大学(TEAPスコア利用方式)
285 湘南工科大学
286 昭和大学(医学部) 医
287 昭和大学(歯・薬・保健医療学部)
288 昭和女子大学
289 昭和薬科大学
290 女子栄養大学・短期大学部 総推
291 白百合女子大学
292 成蹊大学(法学部−A方式)
293 成蹊大学(経済・経営学部−A方式)
294 成蹊大学(文学部−A方式)
295 成蹊大学(理工学部−A方式)
296 成蹊大学(E方式・G方式・P方式)
297 成城大学(経済・社会イノベーション学部−A方式)
298 成城大学(文芸・法学部−A方式)
299 成城大学(S方式〈全学部統一選抜〉)
300 聖心女子大学
301 清泉女子大学
303 聖マリアンナ医科大学 医
304 聖路加国際大学(看護学部)
305 専修大学(スカラシップ・全国入試)
306 専修大学(前期入試〈学部個別入試〉)
307 専修大学(前期入試〈全学部入試・スカラシップ入試〉)

た行(関東の大学)

308 大正大学
309 大東文化大学
310 高崎健康福祉大学
311 拓殖大学
312 玉川大学
313 多摩美術大学
314 千葉工業大学
315 中央大学(法学部−学部別選抜)
316 中央大学(経済学部−学部別選抜)
317 中央大学(商学部−学部別選抜)
318 中央大学(文学部−学部別選抜)
319 中央大学(総合政策学部−学部別選抜)
320 中央大学(国際経営・国際情報学部−学部別選抜)
321 中央大学(理工学部−学部別選抜)
322 中央大学(5学部共通選抜)
323 中央学院大学
324 津田塾大学
325 帝京大学(薬・経済・法・文・外国語・教育・理工・医療技術・福岡医療技術学部)
326 帝京大学(医学部) 医
327 帝京科学大学 総推
328 帝京平成大学 総推
329 東海大学(医〈医〉学部を除く−一般選抜)
330 東海大学(文系・理系学部統一選抜)
331 東海大学(医学部〈医学科〉) 医
332 東京医科大学(医学部〈医学科〉) 医
333 東京家政大学・短期大学部 総推
334 東京経済大学
335 東京工科大学
336 東京工芸大学
337 東京国際大学
338 東京歯科大学
339 東京慈恵会医科大学(医学部〈医学科〉) 医
340 東京情報大学
341 東京女子大学
342 東京女子医科大学(医学部) 医
343 東京電機大学
344 東京都市大学
345 東京農業大学
346 東京薬科大学(薬学部) 総推
347 東京薬科大学(生命科学部) 総推
348 東京理科大学(理学部〈第一部〉−B方式)
349 東京理科大学(創域理工学部−B方式・S方式)
350 東京理科大学(工学部−B方式)
351 東京理科大学(先進工学部−B方式)
352 東京理科大学(薬学部−B方式)
353 東京理科大学(経営学部−B方式)
354 東京理科大学(C方式、グローバル方式、理学部〈第二部〉−B方式)
355 東邦大学(医学部) 医
356 東邦大学(薬学部)

2025年版　大学赤本シリーズ

私立大学②

357 東邦大学（理・看護・健康科学部）
358 東洋大学（文・経済・経営・法・社会・国際・国際観光学部）
359 東洋大学（情報連携・福祉社会デザイン・健康スポーツ科・理工・総合情報・生命科・食環境科学部）
360 東洋大学（英語〈3日程×3カ年〉）
361 東洋大学（国語〈3日程×3カ年〉）
362 東洋大学（日本史・世界史〈2日程×3カ年〉）
363 東洋英和女学院大学
364 常磐大学・短期大学 総推
365 獨協大学
366 獨協医科大学（医学部） 医

な行（関東の大学）

367 二松学舎大学
368 日本大学（法学部）
369 日本大学（経済学部）
370 日本大学（商学部）
371 日本大学（文理学部〈文系〉）
372 日本大学（文理学部〈理系〉）
373 日本大学（芸術学部〈専門試験併用型〉）
374 日本大学（国際関係学部）
375 日本大学（危機管理・スポーツ科学部）
376 日本大学（理工学部）
377 日本大学（生産工・工学部）
378 日本大学（生物資源科学部）
379 日本大学（医学部） 医
380 日本大学（歯・松戸歯学部）
381 日本大学（薬学部）
382 日本大学（N全学統一方式−医・芸術〈専門試験併用型〉学部を除く）
383 日本医科大学 医
384 日本工業大学
385 日本歯科大学
386 日本社会事業大学 総推
387 日本獣医生命科学大学
388 日本女子大学
389 日本体育大学

は行（関東の大学）

390 白鷗大学（学業特待選抜・一般選抜）
391 フェリス女学院大学
392 文教大学
393 法政大学（法〈Ⅰ日程〉・文〈Ⅱ日程〉・経営〈Ⅱ日程〉学部−A方式）
394 法政大学（法〈Ⅱ日程〉・国際文化・キャリアデザイン学部−A方式）
395 法政大学（文〈Ⅰ日程〉・経営〈Ⅰ日程〉・人間環境・グローバル教養学部−A方式）
396 法政大学（経済〈Ⅰ日程〉・社会〈Ⅰ日程〉・現代福祉学部−A方式）
397 法政大学（経済〈Ⅱ日程〉・社会〈Ⅱ日程〉・スポーツ健康学部−A方式）
398 法政大学（情報科・デザイン工・理工・生命科学部−A方式）
399 法政大学（T日程〈統一日程〉・英語外部試験利用入試）
400 星薬科大学 総推

ま行（関東の大学）

401 武蔵大学
402 武蔵野大学
403 武蔵野美術大学
404 明海大学
405 明治大学（法学部−学部別入試）
406 明治大学（政治経済学部−学部別入試）
407 明治大学（商学部−学部別入試）
408 明治大学（経営学部−学部別入試）
409 明治大学（文学部−学部別入試）
410 明治大学（国際日本学部−学部別入試）
411 明治大学（情報コミュニケーション学部−学部別入試）
412 明治大学（理工学部−学部別入試）
413 明治大学（総合数理学部−学部別入試）
414 明治大学（農学部−学部別入試）
415 明治大学（全学部統一入試）
416 明治学院大学（A日程）
417 明治学院大学（全学部日程）
418 明治薬科大学 総推
419 明星大学
420 目白大学・短期大学部

ら・わ行（関東の大学）

421 立教大学（文系学部−一般入試〈大学独自の英語を課さない日程〉）
422 立教大学（国語〈3日程×3カ年〉）
423 立教大学（日本史・世界史〈2日程×3カ年〉）
424 立教大学（文学部−一般入試〈大学独自の英語を課す日程〉）
425 立教大学（理学部−一般入試）
426 立正大学
427 早稲田大学（法学部）
428 早稲田大学（政治経済学部）
429 早稲田大学（商学部）
430 早稲田大学（社会科学部）
431 早稲田大学（文学部）
432 早稲田大学（文化構想学部）
433 早稲田大学（教育学部〈文科系〉）
434 早稲田大学（教育学部〈理科系〉）
435 早稲田大学（人間科・スポーツ科学部）
436 早稲田大学（国際教養学部）
437 早稲田大学（基幹理工・創造理工・先進理工学部）
438 和洋女子大学 総推

中部の大学（50音順）

439 愛知大学
440 愛知医科大学（医学部） 医
441 愛知学院大学・短期大学部
442 愛知工業大学 総推
443 愛知淑徳大学
444 朝日大学 総推
445 金沢医科大学（医学部） 医
446 金沢工業大学
447 岐阜聖徳学園大学 総推
448 金城学院大学
449 至学館大学 総推
450 静岡理工科大学
451 椙山女学園大学
452 大同大学
453 中京大学
454 中部大学
455 名古屋外国語大学 総推
456 名古屋学院大学 総推
457 名古屋学芸大学 総推
458 名古屋女子大学 総推
459 南山大学（外国語〈英米〉・法・総合政策・国際教養学部）
460 南山大学（人文・外国語〈英米を除く〉・経済・経営・理工学部）
461 新潟国際情報大学
462 日本福祉大学
463 福井工業大学
464 藤田医科大学（医学部） 医
465 藤田医科大学（医療科・保健衛生学部）
466 名城大学（法・経営・経済・外国語・人間・都市情報学部）
467 名城大学（情報工・理工・農・薬学部）
468 山梨学院大学

近畿の大学（50音順）

469 追手門学院大学 総推
470 大阪医科薬科大学（医学部） 医
471 大阪医科薬科大学（薬学部） 総推
472 大阪学院大学 総推
473 大阪経済大学 総推
474 大阪経済法科大学 総推
475 大阪工業大学 総推
476 大阪国際大学・短期大学部 総推
477 大阪産業大学 総推
478 大阪歯科大学（歯学部）
479 大阪商業大学 総推
480 大阪成蹊大学・短期大学 総推
481 大谷大学 総推
482 大手前大学・短期大学 総推
483 関西大学（文系）
484 関西大学（理系）
485 関西大学（英語〈3日程×3カ年〉）
486 関西大学（国語〈3日程×3カ年〉）
487 関西大学（日本史・世界史・文系数学〈3日程×3カ年〉）
488 関西医科大学（医学部） 医
489 関西医療大学 総推
490 関西外国語大学・短期大学部 総推
491 関西学院大学（文・法・商・人間福祉・総合政策学部−学部個別日程）
492 関西学院大学（神・社会・経済・国際・教育学部−学部個別日程）
493 関西学院大学（全学部日程〈文系型〉）
494 関西学院大学（全学部日程〈理系型〉）
495 関西学院大学（共通テスト併用日程〈数学〉・英数日程）
496 関西学院大学（英語〈3日程×3カ年〉） 新
497 関西学院大学（国語〈3日程×3カ年〉） 新
498 関西学院大学（日本史・世界史・文系数学〈3日程×3カ年〉） 新
499 畿央大学 総推
500 京都外国語大学・短期大学 総推
502 京都産業大学（公募推薦入試） 総推
503 京都産業大学（一般選抜入試〈前期日程〉）
504 京都女子大学 総推
505 京都先端科学大学 総推
506 京都橘大学 総推
507 京都ノートルダム女子大学 総推
508 京都薬科大学 総推
509 近畿大学・短期大学部（医学部を除く−推薦入試） 総推
510 近畿大学・短期大学部（医学部を除く−一般入試前期）
511 近畿大学（英語〈医学部を除く3日程×3カ年〉）
512 近畿大学（理系数学〈医学部を除く3日程×3カ年〉）
513 近畿大学（国語〈医学部を除く3日程×3カ年〉）
514 近畿大学（医学部−推薦入試・一般入試前期） 医 総推
515 近畿大学・短期大学部（一般入試後期） 医
516 皇學館大学 総推
517 甲南大学 総推
518 甲南女子大学（学校推薦型選抜） 新 総推
519 神戸学院大学 総推
520 神戸国際大学 総推
521 神戸女学院大学 総推
522 神戸女子大学・短期大学 総推
523 神戸薬科大学 総推
524 四天王寺大学・短期大学部 総推
525 摂南大学（公募制推薦入試） 総推
526 摂南大学（一般選抜前期日程）
527 帝塚山学院大学 総推
528 同志社大学（法、グローバル・コミュニケーション学部−学部個別日程）

いつも受験生のそばに — 赤本

大学入試シリーズ＋α
入試対策も共通テスト対策も赤本で

入試対策

赤本プラス

赤本 PLUS+ 本

赤本プラスとは，**過去問演習の効果を最大にする**ためのシリーズです。「赤本」であぶり出された弱点を，赤本プラスで克服しましょう。

大学入試 すぐわかる**英文法** DL
大学入試 ひと目でわかる**英文読解**
大学入試 絶対できる**英語リスニング** DL
大学入試 すぐ書ける**自由英作文**
大学入試 ぐんぐん読める
英語長文〔BASIC〕 DL
大学入試 ぐんぐん読める
英語長文〔STANDARD〕 DL
大学入試 ぐんぐん読める
英語長文〔ADVANCED〕 DL
大学入試 正しく書ける**英作文**
大学入試 最短でマスターする
数学Ⅰ･Ⅱ･Ⅲ･A･B･C
大学入試 突破力を鍛える**最難関の数学**
大学入試 知らなきゃ解けない
古文常識･和歌
大学入試 ちゃんと身につく**物理**
大学入試 もっと身につく
物理問題集（①力学･波動）
大学入試 もっと身につく
物理問題集（②熱力学･電磁気･原子）

入試対策

英検® 赤本シリーズ

英検®（実用英語技能検定）の対策書。
過去問集と参考書で万全の対策ができます。

▶過去問集（2024年度版）
英検®準1級過去問集 DL
英検®2級過去問集 DL
英検®準2級過去問集 DL
英検®3級過去問集 DL

▶参考書
竹岡の英検®準1級マスター DL
竹岡の英検®2級マスター CD DL
竹岡の英検®準2級マスター CD DL
竹岡の英検®3級マスター CD DL

入試対策

赤本プレミアム

赤本の教学社だからこそ作れた，過去問ベストセレクション

東大数学プレミアム
東大現代文プレミアム
京大数学プレミアム〔改訂版〕
京大古典プレミアム

入試対策

赤本メディカルシリーズ

過去問を徹底的に研究し，独自の出題傾向をもつメディカル系の入試に役立つ内容を精選した実戦的なシリーズ。

〔国公立大〕医学部の英語〔3訂版〕
私立医大の英語〔長文読解編〕〔3訂版〕
私立医大の英語〔文法･語法編〕〔改訂版〕
医学部の実戦小論文〔3訂版〕
医歯薬系の英単語〔4訂版〕
医系小論文 最頻出論点20〔4訂版〕
医学部の面接〔4訂版〕

入試対策

体系シリーズ

国公立大二次・難関私大突破へ，自学自習に適したハイレベル問題集。

体系英語長文
体系英作文
体系現代文
体系世界史
体系物理〔第7版〕

入試対策

単行本

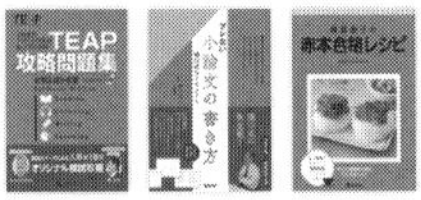

▶英語
Q&A即決英語勉強法
TEAP攻略問題集 CD
東大の英単語〔新装版〕
早慶上智の英単語〔改訂版〕

▶国語・小論文
著者に注目！ 現代文問題集
ブレない小論文の書き方 樋口式ワークノート

▶レシピ集
奥薗壽子の赤本合格レシピ

入試対策　共通テスト対策

赤本手帳

赤本手帳（2025年度受験用）プラムレッド
赤本手帳（2025年度受験用）インディゴブルー
赤本手帳（2025年度受験用）ナチュラルホワイト

入試対策

風呂で覚えるシリーズ

水をはじく特殊な紙を使用。いつでもどこでも読めるから，ちょっとした時間を有効に使える！

風呂で覚える英単語〔4訂新装版〕
風呂で覚える英熟語〔改訂新装版〕
風呂で覚える古文単語〔改訂新装版〕
風呂で覚える古文文法〔改訂新装版〕
風呂で覚える漢文〔改訂新装版〕
風呂で覚える日本史〔年代〕〔改訂新装版〕
風呂で覚える世界史〔年代〕〔改訂新装版〕
風呂で覚える倫理〔改訂版〕
風呂で覚える百人一首〔改訂版〕

共通テスト対策

満点のコツシリーズ

共通テストで満点を狙うための実戦的参考書。
重要度の増したリスニング対策は
「カリスマ講師」竹岡広信が一回読みにも
対応できるコツを伝授！

共通テスト英語〔リスニング〕
満点のコツ〔改訂版〕 新 DL
共通テスト古文 満点のコツ〔改訂版〕 新
共通テスト漢文 満点のコツ〔改訂版〕 新

入試対策　共通テスト対策

赤本ポケットシリーズ

赤本 ポケット

▶共通テスト対策
共通テスト日本史〔文化史〕

▶系統別進路ガイド
デザイン系学科をめざすあなたへ

CD リスニングCDつき　DL 音声無料配信
新 2024年新刊・改訂

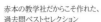

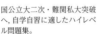

2025年版　大学赤本シリーズ　No. 405
明治大学（法学部－学部別入試）

編　集　教学社編集部
発行者　上原 寿明
発行所　教学社
〒606-0031
京都市左京区岩倉南桑原町56
電話　075-721-6500
振替　01020-1-15695
印　刷　太洋社

2024年6月25日　第1刷発行
ISBN978-4-325-26464-4
定価は裏表紙に表示しています